The New Perspectives of Western Classical Political Thought

西方古典政治思想新视野

包利民 主编

民主与知识
古典雅典的创新与学习

[美] 约西亚·奥伯 著
许晓光 等 译

Democracy and Knowledge :
Innovation and Learning in Classical Athens

华夏出版社
HUAXIA PUBLISHING HOUSE

图书在版编目（CIP）数据

民主与知识:古典雅典的创新与学习 / （美）约西亚·奥伯 著；许晓光等译. -- 北京：华夏出版社，2019.3

书名原文：Democracy and knowledge: innovation and learning in classical Athens

　　ISBN 978-7-5080-9434-2

　Ⅰ．①民… Ⅱ．①约… ②许… Ⅲ．①民主－政治制度－研究－古希腊 Ⅳ．①D754.59

　　中国版本图书馆CIP数据核字（2018）第034553号

Democracy and knowledge :innovation and learning in classical Athens / by Josiah Ober/ ISBN:978-0-691-14624-9
Copyright© 2008 by Priceton University Press

民主与知识：古典雅典的创新与学习

作　　者	［美］约西亚·奥伯
译　　者	许晓光 等
责任编辑	罗　庆
出版发行	华夏出版社
经　　销	新华书店
印　　装	三河市万龙印装有限公司
版　　次	2019 年 3 月北京第 1 版 2019 年 3 月北京第 1 次印刷
开　　本	670×970　1/16 开
印　　张	22.25
字　　数	388 千字
定　　价	89.00 元

华夏出版社　地址：北京市东直门外香河园北里 4 号　邮编：100028
网址：www.hxph.com.cn　电话：（010）64663331（转）
若发现本版图书有印装质量问题，请与我社营销中心联系调换。

"西方古典政治思想新视野" 丛书总序

古典政治意蕴的新探究

本译丛旨在向读者介绍西方主流政治理论界对古典政治、尤其是古典民主政治的探究的一些饶有兴味的新成果、新趋势。

熟悉西方政治思想研究的人知道,政治哲学、尤其是古典政治哲学曾经几乎是施特劳斯派等德语背景学者独家支撑的领域。主流政治学界严守社会科学的价值与事实的分离原则,沉浸于各种机制经验研究之中,试图跻身"硬科学"。但是这一趋势近几十年来有很大的改观。不少重要的主流学者开启了自己独特的古典政治哲学(政治理论)研究。这些学者有非常深厚的古典学(语言、历史)的学养,而且他们有意识地启用历史学、社会科学、文艺评论等等中的各种新研究方法论、新视角,在价值观上既坚持主流自由民主意识形态,又同情地对待曾经只是保守派孤独坚持的德性论和幸福论古典政治范式。开卷展读,让人获益匪浅。在这些丰富的成果中,既有通论性希腊政治思想史(比如列入本译丛的卡特莱奇和巴洛特的著作,读者不妨与施特劳斯等所撰《政治思想史》对观),又有专论性的理论家研究(比如斯科菲尔德的《柏拉图:政治哲学》),更有各种专门探究古典民主的意蕴的新专著(比如列入本译丛的奥伯、格林、法伦格等人的著作),都颇为可观。剑桥学派重要人物卡特莱奇的《实践中的古希腊政治思想》和美国重要学者巴洛特的《希腊政治思想》作为非常有特色的通史类著作,有意识地结合分析哲学的严谨逻辑论证和历史学的现场感,通畅地融合规范评价与事实描述,同情地打通古今重大问题视域。这些扎实公允的探究已经形成了庞大的文献传统。对其译介,将有助于我国读者认识到古典政治哲学的研究领域有百花齐放、百家争鸣态势,而非一家独秀。

下面我们将特别就古典民主意蕴研究的新视角多说几句。

希腊人在政治上的骄傲与沉痛都与民主政治有关。希腊人之所以被视为欧洲之祖先（以及因此全球化之先导），与其创立民主政治有内在关系。而希腊伟大的政治哲人如柏拉图与亚里士多德之所以为后人不断提及，也与他们对民主的利弊的犀利深刻的理论考察分不开。近几十年来，与我们时代的大形势有关，也与学界纪念雅典民主 2500 年有关，出现了一个"雅典民主研究"高潮，许多由名家主持的相关文集纷纷面世。① 但是，清醒的学者知道，民主曾经只是古代希腊史上出现的一个"反常的"政治形态。从进化论的角度看，这种偶发的政体"变异"（或许由于缺乏适存性？）在后来的罗马和中世纪的漫长岁月中遭到劣汰，长期埋没无闻。几千年来的人类常规政治形态都是非民主的。20 世纪突然潮流偏转，民主理念似乎成了全球性的"主流"并成为西方引以为骄傲的主要依据之一。但是，一切潮流总可能遮蔽真相：西方现代政治主流其实并非"民 - 治"意义上的民主（by the people），而是代议制民主。代议制民主是民主吗？如果一个伯里克利时代的雅典人穿越来到今天，目睹流行的利益集团博弈 - 选战 - 多数票胜出 - 妥协 - 党派分肥政治，他恐怕会骇然困惑，很难认出这是"民主"。当然，一个经过了联邦党人、托克维尔、密尔和达尔洗礼的现代人则会居高临下地教导这位疑惑不已的希腊人：直接民主是无效且危险的；作为人类的反常政治实验，它在经历了雅典暴民政治、法国大革命和 20 世纪民粹运动的恐怖之后，已经被宣告彻底失败。现代代议制民主是已经被公认为唯一可行的民主形式。

　　但是且慢高兴。即便这位希腊人放弃了直接民主而终于接受代议制民主，他真的会看到代议制民主在今天受到广泛欢迎的景象吗？未必。20 世纪学术界的诸多重要思想家们（远不仅仅是施特劳斯等"保守派"）都在论证代议制民主是一个笑话。[1]103,140诺贝尔奖在今天是学术权威的象征，说话有人听。然而诺贝尔奖获得者们对民主说了什么？阿罗和布凯南的公共选择理论、奥斯特罗姆的集体行动理论，都指出现代民主的基本预设——通过选票汇聚私人偏好，为共同利益行动——几乎是不可能的。这些学理化（数学化）的严密论证，实际上延续了一个现代社会科学的长久传统。早在 20 世纪开出之际，社会科学大师韦伯和熊彼特就已经提出了影响深远的经典看法：在现代的大国选战民主政治中，真正发生的事情并不是"人民当家做

---

① 这一"盛况"被许多学者提及，比如 Farenga, *Citizen and Self in Ancient Greece, Individuals Performing Justice and the Law*, Cambridge University Press, 2006. p. 2；R. K. Balot, *Greek Political Thought*, Blackwell Publishing, 2006, pp. 303ff；P. Cartledge, *Ancient Greek Political Thought in Practice*, Cambridge University Press, 2009, p. 55.

主",而是少数精英领导借助庞大的理性科层体制管理着国家。后来的许多重要的民主理论家如达尔、萨托利、李普曼、李普塞等等基本上无不沿着这个思路走。[2]⁴·¹³·⁹⁸

由此可见,西方思想界的主流与其说是无条件拥抱民主、不如说是对民主的深刻的、全面的失望。这一失望有着深远的现实原因:现代性主流是市场经济,人们私人化、多元化、异质化,不可能对政治保持长久的热情,非政治的冷漠必将成为常态。已经觉醒的个体再也不可能无条件地将巨大而陌生的行政机制认同为"共同体"。在深刻的无力感的驱动下,西方"公民意识"日渐淡漠,投票和参加集体活动的人越来越少。[3]²¹

正是在这样的大背景下,引人注目的是那些不断发声的反潮流学者,他们总是心有不甘,努力从各种角度出发为"民主"、尤其是古典民主的正当性进行辩护。如果说在现代共和主义的发展中出现了"新罗马主义"的话,那么,我们也不妨称这些为古代直接民主辩护的学者为"新雅典主义"或"新希腊主义"。他们希望被长期(故意)忽视的古典民主在今天依然能作为积极的、重要的资源发挥作用。① 这样的思想家大多汲取了最新哲学社会科学成果,尝试提出了各种出人意料的路径,对于理解我们的时代和时代的政治都打开了许多崭新视野。本译丛所选入的几种,可以作为典型代表,值得读者的细读。作为一种概括的介绍,我们下面就从对民主的内在价值的辩护和外在价值的辩护两个方面对其稍加考察。

一 民主的内在价值辩护——"表演-施为"(performance)政治

在现代性中为"内在价值"辩护是困难的,而为一种政治方式进行"内在价值"辩护,更让现实主义政治学家感到是文不对题。达尔就曾说现代民主理论与古代民主学说不同,不是价值导向的,而是描述性的。自由主义主流政治学说认为民主和共同体只具有工具性的好。然而,人们依然可以看到不少重要的思想家直接为民主政治或政治本身寻找内在价值。阿伦特当之无愧是其中最为著名的一个。她定下的基调是:共同体而非私人的生活是

---

① "新罗马主义"以剑桥学派和 Pettit 的新共和主义为代表。事实上,新共和主义之所以诉诸罗马共和而避开希腊民主,正是为了防止"民主的弊病"。这更让人们看到今天倡导希腊民主的学者们的难能可贵:他们并不是重复常识,而是在挑战主流,知难而进,竭力为处于守势的古典民主平反。

具备最高价值的人类存在，而这只有在共和政治生活中才能实现。她的理由有几个，首先，民主共和通过自由的普遍化，使得更多的人从奴隶变成为人。其次，人只有在一种表演（performance）式政治行动（action）中才能真正存在，即在同样平等自由（尽管个性各不相同）的人们为公共利益的公共奋斗中敢于创造，相互竞赛，追求卓越，赢得荣誉（他人的目光）。唯有民主共和式政治才能提供这种前所未有地拓展人的存在空间的机会。[4]⁹⁰⁻⁹¹

阿伦特的这种新亚里士多德、新共和主义的观点表达得颇为极端，但是沿着她的路线走的较为和缓的学者层出不穷。从某种意义上说，西方20世纪的社群主义、共和主义复兴都可以视为是在沿着阿伦特的路径继续发展。他们普遍对现代公民意识淡漠十分担忧，号召人们重新关心与参与政治行动。不过，在一个以自由主义为主流意识形态的现代社会中，很少有人会再主张国家水平的强直接民主，他们通常避免提出恢复雅典民主共同体那种万众一心的"伯里克利式政治"（所谓"美学化纪念碑精神的政治"）。他们大多提出了一些软化的版本。列入本译丛的法伦格（Farenga）的《古希腊的公民与自我》的"施为"（performance）公民身份学说就是一个典例。法伦格认为performance是当代对古代民主研究的最新最好模式。这种模式只诞生了三十年。[5]⁴⁻⁵不过，从法伦格所援引的主要学术资源戈德黑尔（Gold-hill）等人对"雅典民主的表演式文化"的概括——表演、竞争、自我展现、观看、荣誉等等——来看，这显然与更早的阿伦特思想十分相近。法伦格更推进一步的地方在于，他并不想仅仅用这个词表达阿伦特–戈德黑尔的"舞台演出"意蕴。他提示我们注意performance在奥斯丁–哈贝马斯那里，还有"施行"（施为）即"以言行事"的涵义。这样的含义就失去了那种光彩夺目的美学政治色调，而是日常化得多的"施行"、"执行"的意思。民主意味着公民们集体作为主体施行正义、统治国家。同时，法伦格也希望能保留performance的"展现自我"的那一层涵义，只不过这大多是通过语言的施行力量进行的，而且所展现的不是一种、而是三种类型的自我：社群主义的自我、个人主义的自我、商谈主义的自我。一个人成为雅典公民意味着首先要遵循共同体的"剧本"（script，这也是一个文化人类学概念），即当好共同体安排的角色（me，为他人之在）。但是同时，民主共和政治要求每个人都能自由自主，所以它必然会走向纯粹个体和内在自我的觉醒（自为之在，self）。进一步，只要公民们商谈性地施行正义，则这样的个体依然处于语言之中，从而就要适当尊重和服从他者（对语义的共同理解），形成某种"为我们存在"（being for us）。[5]²¹,²⁴⁻²⁵法伦格不像阿伦特那样突出地抬高共同体公民身份而贬低私人身份。在他看来，一个好的公民必须知道这三种身份都是不可缺少的，在施行正义时既要忠于自己的祖国，又要保持一定的独立性、忠于自己作为"人类一员"的身份。必须学会在各种身份之间自如地转化，从而让不同的自我（公共我与个体我）都得到展现，共同存在，相互制衡，相互促进。① 公民身份理论在西方兴起之后，关于究竟民主社会的公民应当将什么当作"公民身份"，是有不同看法和争议的，是国家公民还是世界公民，是精英还是大众。它带来的义务和权利又分别是什么。不同的学者持不同的看法。[6]⁹⁴法伦格的学说描述性很强，其规范性也可以说关注的是如何形成更好的公民身份，不过我们还是可以将其视为一种对民主的内在价值的辩护：民主所要求的主体施行正义的行动，有助于形成更为丰富多重和自主成熟的自我认同，从而开拓了人的更广的存在空间。[5]³¹

其实，民主的内在价值甚至未必需要是"给予每个人主权"那么强。每个人的基本尊严的保障也可以被视为具有重大价值（黑格尔：历史的终极成就就是"对平等人格的承认"意义上的自由），而这可以通过民主体制来保障。新共和主义者佩蒂特（Pettit）就认为，现代投票式民主机制未必能发挥民治的初衷，但是它依然是必须的和好的，因为它可以控制领导人，逼迫在意选票的当权者不敢任意冒犯百姓的尊严。② 当然，这样的内在之好未必需要直接民主体制来维护，可以靠代议制民主和法治。佩蒂特宣布自己是新共和主义而不是新民主主义。换句话说，他说自己是"罗马共和主义"，而不是"希腊共和主义"。但是我们知道，在日常生活中，人们并不那么严格区分民主和共和，尤其是代议制民主与共和。

前面提到，对任何东西（更别说是"政治"）提供内在价值辩护，在今天特别困难。市场经济与自然科学（尤其是生物学和神经科学）的超常（反常）迅猛发展，使这一切显得似乎太不"现实"。③ 也许，这更说明这种

---

① 参看 Farenga, *Citizen and Self in Ancient Greece*, pp. 30, 536. 法伦格的工作可以视为是在企图兼顾罗尔斯、桑德尔和哈贝马斯的直觉，将自由主义民主、古典民主和商谈民主整合到一个体系中。

② 参看应奇、刘训练编：《公民共和主义》，东方出版社，第 129 页以下。"现代民主理论"甚至主张这是民主唯一可以得到认可的目标，参看卡罗尔：《参与和民主理论》，上海人民出版社 2012 年，第 13 页。

③ 从市场经济的角度看，民主有没有价值，应当从效用量（货币值）的大小衡量；从自然主义的角度看，当事情可以在无意识层面更精确、更实在地解决时，人（民）治（理）将成为多余（副现象）。

内证努力在今天尤其有意义。因为内证指向的是对人这种存在的本体论意义的关切。否则，作为一种管理方式，民主确实是可以随着效率的有无多寡而产生与消亡，人们不必对其从哲学上加以如此坚持。①

二　民主的外在价值的辩护——"知识政治"

前面的讨论自然导向另外一个问题：即便民主有内在价值，但是政治是十分现实的，政治家必然要追问：民主是否有外在价值呢，它能否为一个国家带来生存、荣誉和强大？哲学强者的基本价值观是内心的强者：苏格拉底在《高尔吉亚篇》中批评伯里克利的"辉煌功业"为无意义。孟子也说王何必曰利，亦有仁义而已矣。然而，一个现实政治学家（韦伯：负责任的政治家）就不能止于此。如果以善致善不可能，那就只能以恶至善。斯坦福大学政治学系兼古典学系教授奥伯（Ober）提出，必须考察民主的表现（performance）。所以他不想与那些继承柏拉图理想主义、羞谈功利的保守派学者对话，因为双方的价值框架差距太远，实在难以有效沟通。② 他的基本立场是：民主作为一种内在之好（善）同时也能带来十分显著的外在之好（善），而这是值得庆贺的好（事）。收入本译丛的奥伯的《民主与知识》可以作为这方面的一个出色成果，让人看到学术界对民主的外在功效的最新系统论证方式。

奥伯其实十分熟悉古今对民主的质疑，他甚至写过这方面的专著。③ 他对今日学术界对民主的质疑也不陌生。民主具备外部之好吗？许多人对此质疑。甚至西方也有不少人艳羡信仰-集权-指令政体的高效率。柏拉图曾经批评民主的内在弊病是自私与愚昧。用今天的社会科学术语表达即，公共行动问题、协调共识问题、交易费用问题等等在集权国家中容易得到解决，但是在民主国家中却天然比较困难，结果势必导致民强国弱，在国际竞争中失

---

① 查看巴伯：《强势民主》，吉林人民出版社 2006 年版，第 4 页。
② 或许"不同派别的对话"也是有限度的。参看 Josiah Ober, *Democracy and Knowledge: Learning and Innovation in Classical Athens*, p. 40 注。对比：布鲁姆、密尔、尼采等等哲人都认为一国之好，在于自由、个体、丰富。维拉也认为公民具备批评力量才是真正重要的价值（Dana Villa, *Socratic Citizenship*, p. 300）。
③ 参看 J. Ober: *Political Dissent in Democratic Athens. Intellectual Critics of Popular Rule*, Princeton University Press, 1998.

败，或者走向某种集权体制。这就是意大利精英政治学派代表米歇尔（Michels）等人论证的"寡头铁律"。[2]$^{8-9,21,31-35}$

但是奥伯指出，这样的推理并不符合历史事实。事实是，民主在外在效率上丝毫不逊色于其他体制。它完全可以解决经济活力和强大凝聚力等等问题，甚至远远胜出其竞争者一筹。在他的《民主与知识》的第八章中，奥伯用现代社会科学方式将一个政体的"表现"（即它所带来的"外好"）具体化为几个指标：历史评价，总体繁荣度，硬币的分布，在历史文献中的提及次数，等等。他指出，按照这些（不少是可以量化的）指标，民主雅典的表现在古代可谓出类拔萃，无与伦比。于是，问题就不是"民主行吗"？而是"民主为什么这么行"？由于雅典即便在古代各个民主城邦中也表现得超常出色，还要询问为什么会出现"雅典例外论"的现象？总之，这不是一个有没有、而是一个如何解释的问题。

我们知道对此曾经有过许多解释，比如雅典的帝国主义与奴隶制度是其强大的来源。这是以恶致善的解释思路。不过，还有以善致善的解释。伯里克利的葬礼演说就开创了这样的由内善向外善的解释路径。伯里克利理解的民主内在之善是民主赋予每个人以自由和尊严，这带来了超常的爱国心和凝聚力，使其心甘情愿地为国奋战。[7]^{98}奥伯的解释汲取了当代社会科学的最新研究。他首先指出，真正的强大在于知识（得到有效运用），这显然是"知识经济"、"信息社会"的特有思路。如果说知识经济是新强者，知识政治也将成为真正的新强者。① 当然，柏拉图早已重视知识的力量，并且正是因此而批评民主无知愚昧因而是坏体制。奥伯认真看待这一批评，但是他借用了市场学说和新的企业（公司）学说来为民主辩护。民主完全可以是智慧的，民主体制如果能充分汇聚和共享分散在大众中间的知识，反而能集思广益，比专家型集权政治更好地完成合作行动中的各项任务。[2]^{268}奥伯提示人们：希腊民主城邦可以类比的是当代新兴企业即某些 IT 公司，在这样的公司中，最为有价值的财产就是它们的成员的知识。事实证明，这些企业在激烈的竞争环境（市场）中往往通过对知识－信息的有效汇聚获得了巨大的成功。[2]$^{18,90,104-6}$

---

① 我们可以将现代专家视为某种新强者，知识强者。古代强者靠的主要是物质力量和纪律，比如斯巴达和罗马；而雅典的强大主要是知识带来的。在所谓现代性和后现代时代，知识的力量日益明显是主要的"强者"力量之所在。参看 Josiah Ober, *Democracy and Knowledge: Learning and Innovation in Classical Athens*, p. 106, note.

奥伯的新思路的核心启发是：民主的许多机制可以发挥我们意想不到的、导致外部高效率的作用。如果仅仅按照代议制民主的理解，投票是汇聚私人偏好的，那么这确实是无效的体制，阿罗这么看，奥伯也同意：如果只是当选民，其实没有什么力量。但是如果我们发现这些机制可以是为了别的目的，则它们非常有效。[2]⁹⁸⁻⁹,¹⁰⁸这一目的首先就是社会知识论的。著名政治思想家邓恩曾经悲观地认为，专业知识的存在与人人统治的民主主张之间是无法协调的。民主的诸项体制设计是为了"避免直接镇压"，而不是保障"有效理解的稳定产生"。① 但是奥伯认为未必。如果仔细考察，就会发现民主雅典确实在用一个复杂系统的体制将分散的知识汇聚起来，全民共享，同时形成稳定的共识，保障了有效理解的稳定产生，使得国家强大而有活力。

具体而言，知识政治的任务分为三个方面：

首先，汇聚共享。人们大多知道被梭伦、克里斯提尼、伯里克利等逐渐建立起来的雅典民主的那些繁多的机制，比如十部落，500 人议会，民众大会，陪审法庭，等等。它们忙忙碌碌，热热闹闹，每天在活动，花费也不菲。奥伯的问题是：如此巨大的活动费用，必须有相应的回报，才能维系。回报是什么呢？正是知识的汇集。民众当中其实有各种各样的知识，而且有各行各业的专家。但是如何将其汇聚起来，让大家都分享到，需要有效的机制。奥伯认为，从这个角度看，则雅典民主制中的 500 人议会、官员工作组等等，都可以视为是将分散的公民频繁地聚会在一起，建立起沟通和信任，同时熟知谁是能人，推举其填补结构洞，让各行各业的专家被认出和启用，让各人的不同知识得到互补性运用。[2]¹²³,¹³⁵,¹⁴²

其次，形成共识。人们在不知道其他人的意图时，往往难以协调行动。集权体制比较容易通过颁布命令和洗脑来解决这个问题。民主怎么办？有办法。奥伯认为，雅典民主发明了许多聪明的办法"形成共识"，比如建立了大量的公共纪念碑、建筑、剧场等等可以将共同信念广而告之。奥伯特别介绍了近来学者们对雅典民主时期大量建造的环形剧场和会场的功能的研究。这种"内观式"建筑可以令观众们在观看舞台上的表演的同时，相互看到伙伴们的反应，从而自然而然地达成信念共识。这样的建筑在雅典的非民主时期就隐而不显、很少建造了，在其他集权国家也很少见。阿伦特也注意到希

---

① 民主与知识之间的紧张关系，自古就是思想家关心的一个问题。参看 Schofield, Malcolm. 2006. *Plato：Political philosophy*. London and New York：Oxford University Press, chapter 4.

腊民主的公共领域中的"相互观看"的重要,不过她主要是看重这种措施所提供的荣誉的形成机会,而奥伯则从社会认识论的角度出发,强调这样的建筑可以帮助共识的建立。[2]^{169,194,199}

最后,建立规则。在知识汇集和形成共识之后,为了减低交易费用,必须将知识建立为法规(codification)。雅典民主热衷于订立大量法规并认真依法行事。这样的政治文化使得普通人只要通过学习传统、遵循条规就可以完成许多大事。柏拉图认为民主的致命(外在)弊病是无知且高傲,不承认自己的无知,不愿意学习。① 但是我们看到,奥伯所理解的民主体制恰恰是一种学习型组织。当然,奥伯也意识到法规化的弊病是容易导向僵化。但是他认为雅典民主在学习与创新之间还是设法保持了平衡。

这三个方面完整地证明了民主可以是"智慧"的。要注意的是,上述社会知识论预设了民主的公共性。众所周知,柏拉图对民主的批评是两大方面:私心与无知。奥伯也知道现代民主理论公认民主的本质是私人利益集团的冲突和博弈。不过他并不认为这是民主的必然特征。如果民主是这样的东西,那确实难以解决公共行动问题。但是,完全可以像古代民主那样假设民主是公共的。于是,公民就会愿意和他人分享有价值的知识,而非总是想通过伤害他人来获利。那么,为什么古代民主可以是公共性的?奥伯的解释是:当时环境非常险恶,民主国处于众多竞争者之间,这会导致共同体的内部团结。[2]^{100-2,169}更早提出"强势民主"的学者巴伯则认为,其实只要制度设计得当,进入公共领域的民主人会自动从私人转化为公民,所以不会仅仅在设法利用体制拼命实现自己的利益集团的偏好,而是会在共同商讨中改变自己的偏好,从而不会出现现代民主理论家们经常喜欢说的"投票悖论"等等问题。②

三 民主机制的其他作用——目光参政

奥伯的民主作为"高效知识政治"的思路可以归结为:第一,对人们熟知的体制做出新解释,第二,对被忽视的体制从新角度加以重视。这种"重新审视民主体制功能"的思路表明了古代民主研究者们不断借鉴其他学科的

---

① 熊彼特也认为民主的特点是无知。参看卡罗尔:《参与和民主理论》,第16页。
② 参看巴伯:《强势民主》,吉林人民出版社2006年版。哈贝马斯的商谈民主亦有与此相近的意旨。

新成果。事实上，自从 Finley 开创雅典民主研究之后，借鉴政治学、历史学、社会科学、法学等等学科领域模式的各种研究进路纷纷涌现。[5]²·⁵⁵⁰ 在本译丛中，我们收入了格林的《人民之眼》，集中体现了这样的新尝试、新思路。

格林首先同意大多数学者的看法：人们对现代西方民主的效果普遍失望。然后他指出个中缘由是，大部分人一直都是在用声音模式（vocal）思考民主，将民主参政理解为人民直接进入公共领域发出自己的声音，包括最新的"商谈民主"也是如此（其要旨就是尊重各方的声音）。然而，这种"直接发声决策"（或者公共意见的汇聚）式民主确实已经被从韦伯到公共选择的主流民主理论家们证明基本上是失败了，是一个幻觉。不过，格林认为不必对民主灰心，他相信，解决之道其实已经存在。他说，人民直接充当统治者不可能，他们必然永远停留在被统治者（ruled citizen）状态，但是弱者依然可能能发挥强者的作用，"民主"依然可能，只不过新的渠道将不是"声音"，而是"目光"（visual）；不是"谈说"，而是"凝视"。

这样的命题初看上去是反常识的，因为"看客"、"旁观"（spectatorship）本来似乎意味着软弱无力，怎么会是强有力呢？格林却论证我们可以拓宽思路，破除常见。第一，即便从日常视角乃至各种理论看，"凝视"也可能意味着强者的巨大杀伤力，让我们想想"神的注视"，"良知的目光"，萨特的"自为之在的对象化目光"，福柯的"权力凝视式目光"等等，就不难明白了。[1]¹⁰ 第二，民主政治正是要采取许多措施让这些潜在的目光力量变得真正强大。比如当代民主体制中的总统选举电视辩论，公共质询，领导人新闻发布会，等等。[1]⁹⁹·¹⁹⁴ 这些制度作为民主制度，其特点是领导人公开露面的整个过程的程序和条件不得由统治者本人操纵，而必须由人民控制，从而符合一个关键标准：坦诚性（candor）。

这样的"目光式民主"理解有几个好处，第一是顺应历史时代潮流。古希腊人确实以政治生活为最为主要的生活形式，人生大部分时间津津有味地放在其中。① 但是，在大国－工业化－市场经济的时代，人民不可能热衷于经常性地投身公共领域"谈说"。除了四年一次的选举，大多数人大多数时间中都是被动的被统治型公民（弱者）。② 这一沉默的大多数长期以来被民

① 参看 Balot, *Greek Political Thought*, pp. 298 – 299.
② 参看 Jeffrey Green, *The Eyes of the People：Democracy in an Age of Spectatorship*, pp. 204 – 205. 实际上，达尔认为穷人是暴民，他们少进入公共领域直接干政，或许是一件好事，参看卡罗尔：《参与和民主理论》，第 89 页。

主理论所忽视，这是不应该的。难道我们找不到让他们也能以某种方式经常性地发挥统治（强者）的方式吗？换句话说，为什么不可以设想弱者或被统治者也可以有自己的"政治生活"？[1]33,62第二，目光式民主让"人"重新回到政治中。发声类民主包括商谈民主，关注的重点是立法而不是人的生活，是如何最终推动某种有利于自己党派的法律被通过。这样的党争式民主，其实是将人当成工具——推动立法的工具。[1]204但是观看型民主则首先让统治者作为人重新登上舞台，出色表演（performance）；[1]184人民虽然并不登台表演，但是观看演出，并且享受观看政治家坦诚而高明的演出。这才是人与人的关系，它维系了表演自由与观看自由两种美好。这样的美好，在一个日益理性化、自然主义、市场化的今天，尤其难能可贵。在此意义上，格林的观点符合我们在第一节所说的"民主的内在价值的论证"。第三，这是让"民主"真正重新回到政治中。这种民主，是罗马式的而不是希腊式的，但是又不是"罗马共和主义"的，毋宁说是罗马式"群众民主"（plebiscitary democracy）。这个词在民主学者中一直是个贬义词，甚至比"希腊民主"还要糟糕，因为它唤醒的是对罗马时代由"民众领导"率领"暴民大众"反对共和贵族们的历史的回忆。格林用这个词强调，今天的民主国家中的真实事情和罗马民主一样，是领导人在表演，人民则是"被动"的观众——或许像当年角斗场中的大众一样，他们还享受观看。[1]120唯有认清这是事实，才会由此出发设法设计有效的民主方式制约领导们手中过强的权力。如果忽视或者故意无视这个事实，反而会忘记或是故意不设计制衡方式。① 格林认为他的"目光民主"的设计，还可以使得被多元民主派搞臭的"人民"概念终于再次恢复名誉。"人民"在发声参政时，大多是作为利益差异很大的小群体，确实不太会是一元的，所以可以说此时并不存在作为统一实体的"人民"。但是，他们在"观看"或者监督领导人时，并不考虑党派利益，便在实质上构成了一个共同的"人民"实体。[1]205-206

　　所以，在今天也不必对"民主"失望，只不过如何看待真正发挥民主作用的渠道、机构、方式，需要我们有足够的理论想象力，需要政治思想史上

---

① 韦伯已经指出：领导与人民之间相对清晰的区分，以及领导依然拥有很大的权力，乃是现代大众民主的一个特点。格林因此认为既要承认事实，又要想办法在此基础上继续贯彻民主。比如，既要接受领导，又要用观看等方式来制约领导。Jeffrey Green, *The Eyes of the People：Democracy in an Age of Spectatorship*, pp . 149, 152, 156.

的方法论创新。

无论是奥伯还是格林，无论是"发声"还是"凝视"，都坚持古代直接式民主在今天依然可以发挥相当积极的作用。这在今天普遍质疑古典民主的大背景之下，是反潮流的。

四　制约民主的民主——哲人式公民

上面介绍的著作可以说都对古代直接民主的意义重新加以肯定。但是，古今思想家忌惮和反对直接民主，也不是没有道理的，比如大众暴政、不尊重私权、不尊重自由思考、情绪化、愚昧，等等。历史上也曾经发展出一系列对治这些弊病的机制，比如法治、① 理性化②包容机制、宗教、大众传媒和自由思想家的独立，等等。这些机制的本质究竟是什么，又有争议：它们究竟属于"民主"的一部分或应有之义呢，还是对民主制衡的非民主机制?③

民主的特有弊病大致可以分为两大类：私人化或是公共化。前者是柏拉图所描述的民主倾向于走向个人主义和党争，以及自由主义体制下的最小政府论和政治冷漠；而后者则是人民主权所容易带来的道德优越和狂妄。"复兴古代民主者"可能会忽视后面这种民粹主义问题。不过，历来有不少深刻的思想家意识到这个问题的危害，并且建议用民主之外的某种机制抗衡之。著名的有诸如托克维尔和尼布尔，他们强调独立的信仰体系能抗衡民主的道德自义天性。非宗教的抗衡方式则主要是代表独立自由批判性反思的哲学。维拉（Villa）的《苏格拉底式公民身份》提出了"哲人型公民"学说，是这方面的一个富有新意的成果，我们已经收入本译丛。

在维拉看来，为了反对政治冷漠而热烈拥抱社群主义已经成了今天的一

---

① 维尔南就指出，雅典民主机制的主旨可能是为了法治：将权力放到中间（meso）。

② 理性化是现代性的重要特征，韦伯传统的人比如历史学家黄仁宇都这么看。泰勒式管理体制或许是其典型例子。但是，它的本质恰恰不是"民主"。参看卡罗尔：《参与和民主理论》，第49页。

③ 比如，法治其实与民主可以是对立的。民主是主体的、表演的、生活的；而法治则是结构－功能机制化导向的。作为乐观主义者，奥伯认为雅典已经看到民主的所有问题，并都加以防范了。Ober, Josiah. 2008. *Democracy and Knowledge: Learning and Innovation in Classical Athens*, pp. 78－89. 这些问题的现实意义是：如果一个后发民主国家总是失败，是因为民主体制不健全还是忘记了同时建设这些"民主之外"的体制?

个时尚。① 然而，对古代式民主即公民政治的无条件复活号召，是相当成问题的，它很可能会带来更可怕的危害，导向毫无批判能力的新盲从。[8]³⁰¹为此，他诉诸苏格拉底的洞见：未经过审查的公民生活不值得过。而苏格拉底作为与政治拉开批评距离的哲人，以这样的方式维护民主政治的健康，也可以说是一种另类的"民主派"或者"公民"。[8]³⁰⁵

维拉认为苏格拉底与柏拉图不一样，从未提出过任何正面的道德教条。苏格拉底如果说在历史上首创了"道德个人主义"的话，那么就在于他集中精力专门批评民主国家和一切共同体的道德自义。伯里克利时期的民主，以思想和行动的"合一不分"为骄傲自豪，个人完全认同共同体。但是，未经批评反思的行动，承载了道德优越感，会带来许许多多更为严重的灾难，这值得哲人专门投入时间和精力去对付。[8]²³·²⁶·³⁹·⁵⁷⁻⁸在《高尔吉亚篇》中，苏格拉底自诩为雅典唯一的政治人。不过，苏格拉底"哲人公民"的特点是仅仅批评，而并不行动，其主要任务就是通过反思使得政治行动慢下来。从这个角度看，苏格拉底的"不行动"与梭罗等的哲学行动观相比，也可以避免乌托邦革命的危险。[8]⁵⁴⁻⁵⁶这种纯粹负面性的哲学批评治疗工作，对共同体的健康发展，本身就具有很大的建设性意义，尽管民主共同体往往并不领情，而是将其视为不道德、坏公民。②

总之，维拉旨在论证从苏格拉底身上我们可以看到一种新型的公民身份，即哲人型公民，他本质上不是反民主，而是民主的健康发展所不可或缺的一个要素。有意思的是，有的学者认为民主的"商谈"或人人有权发言的制度的更深刻意义，恰恰就是相互批评提醒；③而有的学者如 Schofiled 和 Wallch 甚至认为，柏拉图也是这个意义上的民主派。[5]¹⁸

维拉为了防止民主共同体崇拜的狂热，可能过分强调个人与共同体之间的距离了。其他许多希望恢复古代民主的益处的学者们则努力同时治疗现代民主中冷漠与狂热双问题。比如法伦格就建议在内在个人主体自我和社群共同体自我之间保持某种平衡。一个健康的公民应当能够在不同的框架之间来回转化身份，因为它们各自都重要，而不能让一种框架吞掉另外一种。[5]⁵⁴³·⁵⁴⁷

---

① 中国学者对西方有关公民身份的热烈讨论已经关注，并且有多部译著在"西方公民理论书系"的翻译工程中出版。

② Dana Villa, *Socratic Citizenship*, pp. 29, 33. 当然，在《高尔吉亚篇》中，苏格拉底自诩雅典唯一的政治人，参看 Dana Villa, *Socratic Citizenship*, pp. 17, 19.

③ 参看 Balot, *Greek Political Thought*, pp. 65 - 66.

结语

在今天的政治哲学和政治思想史学界中，当说到"反对民主"时，人们一般会想到施特劳斯派等少数保守派，而认为主流政治理论家是力挺民主的。但是从联邦党人到托克维尔，从公共选择论到集体行动论，主流学界即便看到民主的必然性和优越性，还是一直对民主尤其古典民主的潜在问题感到深刻的忧虑：直接民主既是无力的，又是危险的，它有可能带来大众暴政，压制多元和自由，罔顾专家而自信傲慢，低俗而无效率。许多人甚至认为：西方社会如果成功的话，靠的也不是"民主"，而是其他的东西诸如自由主义，小政府（弱政治），共和，分权制衡，市场经济看不见的手的作用等等。① 为民主的价值辩护者，反而显得是"逆流而动者"，必须提出扎实的理由论证。本译丛将这样的学者——他们有哲学家、史学家和政治学家——的一些最新成果译介给读者，正是试图展示学者们为民主平反的新切入角度，不少是前人未曾思及的，非常有启发性，开拓了政治哲学和政治思想史的视野。然而，这些工作之间又不完全相同，甚至观点有分歧和冲突。比如奥伯主张人民之声依然非常有用，[2]¹⁰¹ 但是格林则持不同意见，他认为应当更多地考虑人民的眼睛。这样的分歧还体现在对一些关键词的理解上。比如，Performance 是一个在近几十年西方学术界十分流行的关键词，然而它在不同的人那里意味着不同的理论模式。在阿伦特那里，它更意味着表演，在法伦格那里，就添加了"施为"（施行）的意思；在格林那里，领导表演，群众观看表演。而在奥伯那里，performance 指的是一个体制的能力或"表现"。[5]⁵ 总之，这一个词可以表达人类行为由内到外的各个层次。

正是看到学者们的分歧或者丰富性，上面我们试着对其宗旨进行了一些划分。最主要的划分是将民主辩护论分成从内在价值出发的论证与从外在价值出发的论证。有意思的是，哲学家们多从内证看民主的利弊，而历史学和政治学学者则多从外证看，他们更为"现实主义"。不过，这样的学科偏好也不是绝对的。甚至以专门论证民主的外在效力著称的奥伯，也强调民主的

----

① 参看约翰·邓恩：《让人民自由——民主的历史》，新星出版社，2010 年版，第 183 页。

正当性证明主要还是内在的，即它的内在价值是首要的。① 在此值得指出的是：阿伦特的'外证'和奥伯的'内证'，都来自亚里士多德。甚至他们描述终极目标时所用的术语即"繁盛"（flourishing），也都来自亚里士多德。可见亚里士多德的思想极为全面，内外兼修，影响至今不竭。

在现代，从内在价值论证民主共和的意义，尤其困难。因为现代性设定个人主义为最终价值本位，于是一切政治方式归根到底是个人的幸福的工具。如果从这个角度看，则民主能完成的事情，只要可以被开明专制或自由贵族制等其他体制完成，逻辑上看不出为什么一定要坚持民主与共和。② 由此看来，希望依然维系民主共和内在价值的，是所谓"强者"。强者政治学与弱者政治学③不同，关心的不是第三人称的效率（或者演化论适存度意义上的功能），而是第一人称的内在价值或人作为人的幸福（之善）。用伦理学类型学的语言说，它关心的不是后果论，而是完善论。关心这样的价值，尤其是试图在极为现实的政治当中追求实现这样的"理想主义"价值，确实是某种"奢侈"。从古典哲学的角度看，唯有强者才能享有这样的奢侈，同时也必须去追求这样的奢侈。否则就不配"强者"之名。

进一步的问题是：内与外有没有关联？在一个险恶的国际环境下，仅仅重视内在价值比如人的尊严，或许是玩不起的奢侈。然而，奥伯认为民主不是奢侈，它很现实。民主作为一种内在之好能带来外在之好。注意这种解释并不像它看上去那样是自然而然的。许多学者尝试过，但是都失败了。比如卡罗尔在解释现代企业民主化实验时也提出了类似的论证：当工人能控制自己的工作时，就能感到尊严和自由，便会主动发挥更大干劲，带来更高效率。④ 但是，这种"企业民主解释"显然过于理想化了些，她所钟爱的南斯拉夫的工人自治的实践从后来的经验看也未必成功。科斯的企业理论表明，作为

---

① Ober, Josiah. 2008. *Democracy and Knowledge: Learning and Innovation in Classical Athens*, *p. 23*, 奥伯在古代民主史领域发表过许多影响广泛的著作。他之前的一些重要著作可以视为是对民主的内在价值的辩护。

② 参看巴伯：《强势民主》第 26 页。政治的未来与以神经科学、演化论、人工智能等为代表的结构功能取向的"新自然主义"价值观的关系，值得专文讨论。

③ "强者政治学/弱者政治学"的理论模式参看包利民：《古典政治哲学史论》，人民出版社 2010 年，导论。这个模式在今天依然有效。现实主义者如韦伯、熊彼特等都用切实的事实指出，在民主社会中，人民并未真地直接进行统治。"强者政治学"与"弱者政治学"的二分，在今日西方民主世界中还是清晰可辨，进入 20 世纪之后甚至加剧而非缓解了。

④ 卡罗尔：《参与和民主理论》，第 54－55, 58 页。

降低交易费用的需要而出现的企业应该不是民主的，而是等级体系的。① 奥伯却用"新企业理论"由内向外解释雅典的成功。这是基于一种独特的社会认识论解释：如果将雅典民主的那一套机制理解为"高效知识共享机制"，那就自然可以理解民主国家为什么会取得外在的强盛。奥伯的思路如果能够普遍成立，在历史哲学上将引发深思：这是否意味着善（好）而非恶（坏）也可以成为推动历史进步的主要动力，从而亚当·斯密和黑格尔的历史哲学（看不见的手与理性的狡计）就未必成立？人类将可以在现实政治经济中直接地既追求外在之好，同时又追求内在之善。

当然，这即使是可能的，也并非自动的、自发的；它需要自觉努力。当一个民族获得了外在之好后，应当积极乘势发展内在之好，如古代雅典人的所作所为那样，从而为人类文明做些永久性和普遍性的贡献，并且为自己的可持续发展保持某种特殊而强大的红利。

许多人为本译丛的选题、翻译和校对做出了贡献，我们在此表示十分的感谢，尤其要感谢的是奥伯教授、林炎平先生、格林教授等人对本译丛的大力支持，感谢林志猛编订了译名表，并与罗峰、文敏等校对了部分译稿。热心古典学术事业的人是纯粹的。

包利民
2015 年 3 月 1 日

参考文献

1. Jeffrey Green, *The Eyes of the People*：*Democracy in an Age of Spectatorship*, Oxford：Oxford University Press, 2010.

2. Josiah Ober, *Democracy and Knowledge*：*Learning and Innovation in Classical Athens*. Princeton：Princeton University Press. 2008.

3. Robert D. Putnam, *Bowling Alone*：*The Collapse and Revival of American Community Putnam*, Robert D. Simon & Schuster, 2001.

4. ［美］阿伦特：《人的条件》，上海：上海人民出版社，1999 年。［Hannah Arendt, *The Human Condition*, trans. By Zhu Qian, Shanghai：Shanghai Renmin Press, 1999 ］

---

① Ober, Josiah. 2008. *Democracy and Knowledge*：*Learning and Innovation in Classical Athens*, p. 103.

5. Vincent Farenga, *Citizen and Self in Ancient Greece*, Cambridge：Cambridge University Press, 2006.

6. ［英］德里克·希特：《公民身份——世界史、政治学与教育学中的公民理想》，吉林出版集团，2010。［Derek Heater, *Citizenship*：*The Civic Ideal in World History, Politics and Education*, trans. By Guo Taihui and Yu Huiyuan, Jilin：Jilin Publishing Group, 2010］

7. ［古希腊］修昔底德：《伯罗奔尼撒战争史》，广西师范大学出版社 2004 年。［Thucydides, *The Peloponnesian War*, Guangxi Normal University Press, 2004］

8. Dana Villa, *Socratic Citizenship*, Princeton：Princeton University Press, 2001.

9. 约翰·邓恩：《让人民自由——民主的历史》，新星出版社，2010 年版。［John Dunn, *Setting the people free*：*the story of democracy*, trans. By Yintai, Xinxing Press, 2010］

如果人民缺乏普遍的知识，自由就不可能被保有；人民对知识有着天赋的权利……维护社会最底层追求知识的渠道对于公众的价值，要高于这个国家所有富人财富的总和……因此，我们应精心呵护获取知识的手段。让我们大胆地去阅读、思考、言论和写作，让人民中各个层面的人都能激发对知识的兴趣和学习的决心，让他们所有人都关注政府的原则和基石……让我们学习自然法……考量古希腊与罗马的伟大典范……简而言之，让知识的每一道闸门都打开，并形成畅通的沟渠。

——约翰·亚当斯（John Adams），《有关教会法与封建法的论文》（1765）

此处我们遇到的（离散知识）问题绝非经济学所特有，它几乎与所有真正社会现象相关……并实际上构成所有社会科学的核心理论问题……现实中的问题之所以产生，正是由于事实从来不会仅仅偏爱某个头脑，因此，唯有善用散落在人群中的知识才能使问题得到解决。

——弗里德里希·哈耶克（Friedrich A. Hayek），《社会中知识的运用》（1945）

缪斯的仆人与信使如果拥有任何不同凡响的知识，是绝不会吝惜而独享的……因为，如果只有他一个人拥有知识，知识又有何用？

——忒奥格尼斯（Theognis），《诗歌残篇》第 769—772 行

目 录
Contents

中文版前言

"民主"这个词，在今天对不同的人们和不同的国度有着非常不同的意义。比如，它意味着：多数人统治、人权的承诺、宪政和法制、多党制政府。还有，最近在我自己的国家（美国），这个词还意味着强烈狭隘的党派偏见和政治僵局。这本书将我们带回到了民主的初始阶段，回顾了当时的古希腊人是如何实践民主的。正是这些古希腊人，创造了"民主"这个名词并实践了这个理念。回到民主的起点，有助于我们理解民主的真正含义和可贵之处。回到古希腊，我们发现，民主是这样一个奇妙的系统，它推进了公民社会的安全和福祉。在古希腊人的实践中，民主是一部永不停息的推动社会进步的引擎。它通过促进创新和学习，共享了原本离散的知识所蕴含的丰富能量。一旦理解了民主最初的含义，我们便能够对今天的社会进行更好的改进。

对古希腊人来说，民主绝不仅仅是多数人统治，而是"民众为自己的社会，在重大事务上，获得整体成功的整体能力"。古希腊人发现，为了做到这点，他们必须力促对公民意识的有力承诺。这就需要公民享有言论自由、结社自由、社会平等、人格尊严。进而，大众的立法必须符合基本准则，这些准则由大众定时确认，但不会瞬间改变。这一机制使得大众处理重大事务的能力得以提升，而不是受到限制。古希腊人因此而得出了关于民主的成熟理念，这就是："由政治上自由、平等和有尊严的公民们自我管理的、集体的和有限的政府。"

这是民主历史长卷中最早的篇章，我认为，对其关注是理所应当的。这是因为，每一个人都理应去争取政治自由、平等和尊严。我相信，如果人们按照公民的理念一起生活，他们的生活会变得更好，而且，他们可以一起决定他们整体的将来。我也相信，人们还有其他能够和值得关心的事情，比如他们国家的安全和他们个人的福祉。如果可以做到如下要求，则人们将生活得更好：没有恐惧地生活，享有足够的食品，住在体面的居所，获取合理的报酬。

雅典是古希腊最为民主的城邦，其史料也最为完整。古雅典的历史证明了这点。亦即，设计得当的民主，使得国家更加安全，民众更加幸福。民主之所以建构了国家安全并增加了民众的福祉，是因为民主提升了人类的知识。无论是古希腊，还是现代社会，要想保持长盛不衰，不断的创新和深入的学习至关重要。无论什么组织，小到一个公司，大至一个国家，要想在这个复杂多变的世界里保持历久弥新的繁荣，都需要不断创新和学习。在这点上，今天的世界和2500年前的古希腊并无差别。

雅典民主的历史证明了，要把散落在广大人群中的多种多样的知识组织起来，民主是一种行之有效的方式。借此我们可知以下的看法是错误的："使得一个国家长盛不衰的知识，总是掌握在少数人的手中"，"由个别专家便可做出对整个国家最好的决定"。在以公民为中心的社会里，如果某种知识有助于社会在重大问题上做出更好的决定，每个公民便都有真正的机会和很好的理由与社会分享。民主本身就是一种对每个公民的激励，让他们以分享自己知识的方式取得更大的个人成功，从而使得整个社会变得更好。因此，民主便是最好的创新和学习的平台。

古雅典之所以如此伟大，是民主使然。这段民主的经历，至今依然可以作为所有组织和所有国家的经验和教训。这对西方来说是不言而喻的，因为在那里人们时常忘记民主是关于公民和知识，而不仅是某个政党当政。这样的经验教训也适用于别的国家，比如中国，因为在那里有着悠久的精英统治的传统，却无久远的公民理念、政治自由、政治平等和公民尊严的历史，然而它目前正积极地在世界事务中扮演重要角色。

古希腊传统是人类的普世价值之一，它包含了民主但不限于民主。这些价值不是狭隘的西方价值，而是被所有民族和国家接受的价值。古希腊的传统不仅属于美国人民和欧洲人民，也同样属于中国人民。我希望中国人民将走向具有公民身份、自由、平等和尊严，并以此提升自己国家的安全和福祉，以及整个世界的安全和福祉。正是因为这个目的，我同意将我的这部著作在中国翻译出版。

我要特别感谢林炎平，是他安排邀请了我访问中国，使得我得以把我的著作呈现给中国学者。他还慷慨地捐助了在中国、加拿大和美国的古希腊学术和教学基金，并协助翻译了这本书。我也要感谢许晓光，他做了很多翻译此书的工作。在他访学斯坦福期间，我的博士生范德丽卡·克古娣（Federica Carugati）积极有效地协助了他。最后，我要感谢浙江大学和复旦大学的学生和教授们，我们之间关于公民和民主的对话很有意义，这意义既是古代的，也是现代的。

约西亚·奥伯

斯坦福大学

2013 年 12 月

前　言

在古希腊世界中，雅典在诸多竞争对手中脱颖而出，没有其他城邦能够如此富裕、充满生机，或影响深远。本书试图说明民主是如何带来雅典的辉煌成就的：富有创新的政治和经济体制让公民们能在追求他们私人利益的同时一起合作共事，协调彼此的行为，并分享共同资源而不致冲突。现代社会科学的深刻洞见早为古代雅典民主所运用，通过众多人的自由选择而将分散知识的力量有效利用起来。

《民主与知识》是我几乎整个学术生涯所致力的任务——从历史、社会科学及哲学视角对古典雅典的民主理论与实践进行研究——的三部曲中的最终曲。雅典历史值得一个人付予终身的研究，因为，它表明参与及协商民主如何促成了一个多元社会共同体在高度竞争与快速变化的环境中保持繁荣。雅典证明，民主的高度成就并不仅仅是特定现代社会条件下偶然发生的结果。这是个很重要的结论，如果人们要假定（正如我所想）我们的现代性并非历史的终结，民主对于人类繁荣具有独到的正当价值——无论在物质繁荣的层面上，还是在亚里士多德的"符合人性"的幸福（eudaimonia）意义上。

现实世界的民主没有能被称为十全十美的正义社会的。雅典当然也不是，它有奴隶，而且只有男性被赋予公民权。但民主促进自觉的道德人士的正义和高尚行动。通过参与共同事业，与同胞们协商重大时刻的事务，民主制下公民们能意识到他们自己是自由而平等的个体，并且是彼此息息相关的命运的共同创造者。民主是唯一的政府体制，在其中与公共决策相关的人的内在能力能够充分得以实现。因此，我们应当理解人类以往容许充满活力的民主实践种子发芽开花和传播的土壤和条件，因为这不仅在道德上，也在实际中具有重大意义。

在二十世纪七十年代晚期时，我并没料到自己会写出这样一个三部曲。

我当时开始收集笔记并最终形成《民主雅典时代的大众与精英》一书。直到约二十年后，我完成了另一本《民主雅典中的政治异议人士》，我意识到对雅典的描绘还缺乏对民主、城邦成就与有用知识间关系的恰当阐述。但要阐释民主知识的目标，事实上艰难而令人生畏。在我极力探索我的研究的真正对象的过程中，我的课题受两次富有启迪的经历而被转变。第一次是作为一个小咨询团体成员来试图重新设计一家大型专业服务公司治理结构的高强度工作经历。这项工作使得我开始支持对公司以员工为基础的治理模式，并让我将重点放到在高度竞争环境中知识管理与组织成就的关系上。第二次转变是在加州斯坦福大学行为科学高级研究中心的一年访问经历（2004—5 年）。我与此中心的同事及斯坦福学者们的交流，触动我围绕公共行为与理性选择问题重新定位此书，也使我意识到统计量化方法论的潜在价值。

在写作本书过程中，我得到大量的支持与帮助。在我的 2000—2001 年度学术休假年期间，我完成了本书的雏形架构。我先是在巴黎得到了巴黎第一大学顶级的古斯塔夫·格罗茨中心的赞助，之后又去加州大学尔湾分校做人文学院尼克尔斯访问教授。另外，我自己曾工作的两家大学，普林斯顿大学及 2006 年后的斯坦福大学，无论在研究基金还是创造无与伦比的教学与科研的学术环境方面，都支持了此书所需要的跨学科研究。普林斯顿大学的古典系及人文价值中心，及斯坦福大学的古典系及政治学系是持续进行此项目研究的能想象到的最佳环境。每年夏天，我总会回老家蒙大拿州的伯兹曼，近三十年来的避暑地。本书的大部分写作是在与家人般的朋友们一起爬山、野餐和在河水、溪流边共度夜晚的间隙中完成的。

我将初步成果在一些学术场合作为演讲发表。对下列这些学院、大学和研究机构的演讲组织者们及出席并给出批判意见的听众们，我要致以深深的谢意：伯根、布里斯托、布朗（沃森学院）、加州（伯克利、尔湾、圣地亚哥、圣塔克鲁兹分校）、斯坦福、哥伦比亚、杜克、埃默里、佛罗里达州立、乔治亚、哈佛、印第安纳、洛桑、密歇根、新英格兰（阿米代尔）、诺丁汉、奥纳西斯基金会（纽约）、奥斯陆、巴黎第一（索邦）、宾夕法尼亚、普林斯顿、崇实（首尔）、南佛罗里达、南弗吉尼亚、悉尼、叙拉古、多伦多、塔夫斯、南加州、维多利亚、弗吉尼亚理工、沃巴什、华盛顿（圣路易斯）、华盛顿（西雅图）、威斯利和威斯康星。约西亚·科恩（Joshua Cohen）和克里斯丁·里斯特（Christian List）邀请我分别在《波士顿评论》和《知识》上发表了第四与五章的初稿，他们的评价与建议对本书的改进有相当帮助。我在普林斯顿与斯坦福研究生班的学生们，以他们惊人的洞见来帮助我在论证的许多方面更为完善。

对于将未发表的作品与我分享、对初稿章节予以评论、乐意回答我时常幼稚问题的学者们，我深表个人衷心的感激和歉意！感谢维肯·阿左雷（Vincent Azoulay）、简—玛丽·伯崔德（Jean—Marie Bertrand）、保罗·达蒙特（Paul Demont）和保林·施米特—潘特（Pauline Schmitt—Pantel）让我在巴黎度过一段愉快而收获颇丰的日子。在我在斯坦福行为科学中心时的同事中，比尔·伯纳特（Bill Barnett）、琼·班特（Jon Bendor）、米歇尔·海勒（Michael Heller）、玛丽和彼特·卡森斯丁（Peter Katzenstein）、南（Nan）和鲍勃·基欧汉（Bob Keohane）、布兰德·因伍德（Brad Inwood）、大卫·孔斯坦（David Konstan）、达格·麦克亚当（Doug McAdam）、诺兰·麦克卡丁（Nolan McCarty）、山姆·波普金（Sam Popkin）、苏姗·夏克（Susan Shirk）和卡拉·史崔姆（Kaare Strøm）对我有特别帮助。林·戈尔（Lynn Gale）作为中心统计学家，尤其在教我如何建立并分析第二章所依据的资料库上，提供了非常多的帮助！

我还大大地受益于与下列朋友的谈话、他们的点评或未发表作品：丹尼尔·阿伦（Danielle Allen）、莱安·巴洛特（Ryan Balot）、约西亚·科恩、约翰·弗里琼（John Ferejohn）、莎拉·福斯蒂克（Sara Forsdyke）、查尔斯·海捷克（Charles Hedrick）、布鲁斯·辛特纳（Bruce Hitchner）、约翰·基恩（John Keene）、杰克·克罗尔（Jack Kroll）、苏姗·莱普（Susan Lape）、克里斯丁·里斯特、约翰·马（John Ma）、史蒂夫·马克杜（Steve Macedo）、格里·麦基（Gerry Mackie）、詹姆斯·马奇（James March）、泰里·摩（Terry Moe）、菲利普·佩迪特（Philip Pettit）、大卫·普里查德（David Pritchard）、罗勃·里奇（Rob Reich）、莫利·理查德森（Molly Richardson）、莫纳·林维格（Mona Ringveg）、达格·史密斯（Doug Smith）、彼特·斯东（Peter Stone）、拜利·施特劳斯（Barry Strauss）、克莱尔·泰勒（Claire Taylor）等人。很多同事慷慨地提供他们的专业知识，包括克莱斯·阿亨（Chris Achen）（剧场分布统计）、米歇尔·安吉尔（Michele Angel）（图文学）、迈克·布拉特曼（Michael Bratman）（行动哲学）、罗勃·弗克（Rob Felk）和安蒂·汉森（Andy Hanssen）（农业经济学和哈耶克）、马琪·尼尔（Maggie Neale）（工作团队）、彼特·罗德斯（Peter J. Rhodes）（雅典政治体制）、比利·史密斯（Billy G. Smith）（历史论证统计学）、彼特·范·阿尔芬（Peter Van Alfen）（钱币学）。我向保罗·卡特莱奇（Paul Cartledge）、鲍勃·基欧汉、艾米利·麦奇尔（Emily Mackil）、伊安·莫里斯

（Ian Morris）、拜利·温格斯特（Barry Weingast），及普林斯顿大学出版社两位不知名的审读人，在此深表谢意！他们的批评对本书在形式与内容上都有重要影响。大卫·提嘉顿（David Teegarden）将大多数据填入书中图表，他是无可或缺的协调人。里贝卡·卡兹（Rebecca Katz）作为参考书目编撰者，爱丽丝·卡雷普赖斯 Alice Calaprice 作为文字编辑，巴巴拉·梅尔（Barbaba Mayor）作为校对，使得一本不成样的草稿成熟起来。查克·梅亚（Chuck Myers），普林斯顿大学出版社本书极富耐心而考虑周到的编辑，从研究一开始就看到其核心要素，并劝我放弃所有无关部分。

　　如果没有两位密友与导师无数次有关政治、文化、经济及更多话题的交流，难以想象本书能够成篇。吉拉德·奥尔森（Gerald C. Olson），一位极具天赋的博学之士，在 2006 年不幸意外去世，他无尽的好奇之心和智性的慷慨令我怀念至深。布鲁克·曼维尔（Brook Manville）对组织具有深刻洞见，对公民自治持有极大热情，这些一直启发我思考。最近，艾里尼·沙克普洛（Eleni Tsakopoulos）和马柯斯·库纳拉奇（Markos Kounalakis）以其远见和无私在斯坦福建立了 Mitsotakis 讲席教授席位，他们对希腊文化的真正而持久的价值充满热情，这一切都让我的生活意想不到却极为美好地掀开新的一页。安卓·梅尔（Adrienne Mayor）是我最好的读者、生活伴侣和我的中心。此书献给我的家人，以及天生与结交的亲友们，他们让我从未忘记：研究过去是为了将来。

常引文献缩写表和雅典金融常识

缩写表

Ath. Pol. = *Athcnaiōn Politeia*（《雅典政制》）

F = Fragment（of a lost work by an ancient author）（古代作者遗失作品的残篇）

IG = *Inscriptiones Gracae*（《希腊铭文》）. Berlin，1873 -

LSJ = *A Greek—English Lexicon*（《希英字典》），compiled by Henry George Liddell and Robert Scott，revised and augmented by Sir Henry Stuart Jones，9th ed.，with supplement. Oxford：Oxford University Press，1968

RO = *Greek Historical Inscriptions*：404 - 323 B. C（《希腊历史铭文：404 - 323 B. C.》），Rhodes，P. J.，and Robin Osborne. 2003. Oxford：Oxford University Press

SEG = Supplementum Epigraphicum Graecum（《希腊碑铭补》）. 1923 -

West = Martin L. West，*Iambi et elegi graeci*（《希腊短长格诗与哀歌》）2nd ed. 2 vols. Oxford：Clarendon Press，1991 - 92.

雅典货币，税收，年入

6 欧宝（obol）=1 德拉克马（drachma）

4 德拉克马 = 泰特拉德德拉克马（tetradrachm，大约重 17 克的标准银币）

1000 德拉克马 = 1 迈那（mina）

6000 德拉克马 =1 塔伦特（talent）

（每日）参政薪酬 = 3 – 9 欧宝

拥有相当地产而需支付财产税（*eisphora*）的家 庭 = 约为 1 塔伦特（约 1200 – 2000 家）

拥有大地产而提供公益捐赠的家庭 = 约 3 – 4 塔伦特（大约 300 – 400 家）

雅典国家年收入 = 大约 130 – 1200 塔伦特

第一章 导论：分散知识与公共行动

民主共同体应该如何制定公共政策？古代雅典公民有个简单的准则：无论政策本身还是政策制定的过程都应有利于共同体，有利于民主。一个穿梭时光来到今天的古雅典民主人士会谴责当代美国民主实践，因为它忽视了广大民众中间的有用知识。[1]

民众意见无足轻重，这在左派或右派是几乎一致的看法。保守派的小布什总统在2002年筹划伊拉克战争时，采取的方式和自由派的克林顿政府在十年前制定全美医疗保险政策时的做法几乎一致：找些专家，关起门来，设计政策，颁布推行，拒绝批评。这些著名的政策失败案例虽然并不能证明专家闭门造车的方式绝对不可行，但政策若要有可行性，相关专家必须对相应问题深入了解。来自古雅典的观察者会说，这种闭门造车的政策制定是有悖民主且不利整个共同体的，因为它无视了大量非专家群体所掌握的相当重要的信息。现代政治的运行往往将自由公民视作消极个体，不认可他们知识的价值，但古雅典民主是与此截然不同的。

古雅典城邦社会正好是一个天然实验室，可以让我们研究民主与知识之间的关系。按前现代的标准，希腊社会的进步是惊人的（Morris 2004）。进步源自创新——我相信，公共知识管理领域中最关键的创新，源自古雅典发展起来的民主制度。雅典当时在上千城邦中是最为成功和最具影响力的。雅

---

[1] 这里我指的是美国的政策制定。雅典访问者很可能也不认可其他当代民主体制的决策操作，无论是议会制还是总统制。雅典人相信政策（尤其在法律中规范的）以及公共运作（制定法律的过程）必然会对城邦公民（公众）和民主有利，这一信念在公元前337/前336年《（攸克拉提斯法案）反僭主法》中有清晰的概括；其概要的前言描绘了如何形成法律的体制化实践，其经常被人复制的浮雕展现了一位拟人化的"民主"女神为拟人化的"民众"加冕。见 Ober 1998 第十章的讨论；Blanshard 2004,；Teegarden 2007。

典独到的汇聚、协调和规则化有用知识的手段，可以让他们掌握各种机会，从错误中吸取教训，极为灵活有效地利用资源。雅典人的这种有效利用大量的、分散在人群中知识的能力，使得他们能在与其他非民主城邦竞争中脱颖而出。当然雅典也不是总能理智而正义地发挥以知识为基础的民主优势。无论在国内还是国际上，他们对公共权力的误用也带来巨大灾难。但不管怎么讲，从较长的一段时期看，希腊城邦文化的确得益于创新性雅典政治体制的不断扩散。

雅典为人们提供了取代专家闭门造车的政策制定方式，雅典模式同不少现代有关民主与知识的经典思想是一致的。本书表明，亚当斯（2000［1765］）和哈耶克（1945）的思想是对的：自由必然要求"人民拥有普遍的知识"。而"散布于众多人中间"的知识如何得到运用，确实是所有社会科学的核心理论问题。美国第二任总统和1974年诺贝尔经济学奖得主都指出，应当关注存在于而且必然存在于社会各阶层中的有用知识。无论是古代还是现代，致力于自由和社会正义的民主共同体要制定好的政策，都需要拥有有能力组织利用众多散布于民众中间知识的相应制度。我将论证亚当斯这一深邃命题的真理性："维护社会最底层追求知识的渠道对于公众的价值，要高于这个国家所有富人财富的总和"，并进而论证，民主曾经是而且也可以再次是这样的制度。

亚当斯所言的那种"让知识的每一道闸门都打开，并形成畅通的沟渠"的愿望，与组织学习、创新有效知识的能力相吻合，这是民主的核心力量。一旦政策制定过度依赖观点类似的专家意见，民主的锋利之剑就会变钝。正如之前的伯里克利那样，哈耶克也意识到，对分布在广泛人群中的社会、科技等知识的获取，使自由社会具备了相对威权社会的独特竞争优势。雅典民主政治的历史表明，充分利用分散于民众中的知识是民主力量的最终来源。这给予了我们最大的希望来维护民主的繁荣，尽管现今世界既有原教旨主义信徒叫嚣甚至以武力反对思想多元化，又有新的混杂政体如"管制式民主"或"威权资本主义"所提出的经济或者军事上的挑战。

民主社会在面对威权国家政体和宗教狂信徒们的非国家的社会网络的挑战时，也许会考虑模仿对手。民选官员在面对危机时会想办法集中行政权力，建立更严格的指令系统，增强政府的保密措施，控制公共信息。他们还模仿自己敌人的狂热，采用恐吓或原教旨的辞藻方式。公民一旦允许他们的领导屈从此类诱惑，就会失去自由以及由此带来的物质繁荣的源泉。自由民主政体永远无法建立威权政体那样庞大的指令控制体系，也无法激发那些狂热者的激情。悲观点说，唯有将广泛分布在一个真正多元的群体中的知识加以充分利用，自由社会才有希望胜过对手一筹，同时还真正维护其核心价值。乐观地讲，民主确实能将知识运用起来，故而民主能实现这一希望。[1]

理论与实践

自亚里士多德以来，民主作为一个研究领域，总是希望将价值为核心的政治理论与政治实践的科学分析相结合。但联结民主理论与实践的工程一直并未完成；而亚当斯要人们关注知识的关键性公共作用的迫切呼吁总是被人所忽视。大量学术著作一谈民主就想当然地搬出十九世纪早期托克维尔的解释，"多数人意志的绝对主权就是民主政府的本质"。受美国公民社会的躁动氛围的影响，托克维尔认为"多数暴政"带来平庸（尤其在军事行动中）、立法和行政的不稳定以及普遍的不可预测感。[2]

在这种将民主作为"多数主义"理解的框架下，二十世纪中叶的社会选择理论进一步将托克维尔关注的民主不稳定问题，确认为民主选举架构下所显现的致命漏洞。肯尼斯·阿罗［Kenneth Arrow 1963（1951）］论证了各派别间的投票轮转周期使不同偏好形成稳定集合的可能性在数学上为零。安东尼·唐斯（Anthony Downs 1957）阐释了对政治问题不感兴趣是选民的理性抉择。这些精确的科学发现看来似乎是对那些"为民主喝彩"的人的致命驳斥。在过去半个世纪中，有关民主政治的大多数有影响力的著作都会大谈民众参与的恼人代价，或者强调在不完美选举规则框架中精英群体讨价还价的

---

〔1〕 伊丽莎白·安德逊（Elizabeth Anderson，2003 和 2006）在参考阿玛特亚·森（Amartya Sen），弗雷德里克·哈耶克和约翰·杜威（John Dewey）的基础上，提出了一个"认知民主"的哲学表述，它与我在此表达的雅典协商和参与式民主的画卷相协调。安德逊强调分散知识和实验主义的积极价值。安德逊的经验案例来自现代性，她首先关注性别多样性的价值。雅典公民中缺乏性别多样性，这是雅典民主的道德和实践的缺陷；见后面讨论。根据 List and Goodin（2001），"认知民主"一词是 Joshua Cohen（1986）中构造的一个词。Page 2007 发展了一个正式的模式，表明认知多样性能改进问题解决。我在本书中运用的方法是进一步厘清认知多样性与民主的关系，通过评析民主如何利用多元、分散的知识来改进其组织的表现成就。这包括（但不仅限于）更好地发现有关世界的真理。强调认知过程并不会贬低体制和文化的因素。见 Mokyr 2002：285—287，及该书后面的内容。

〔2〕 Tocqueville 2000（1835）：I. 227—231；引自 227。托克维尔也说了许多支持地方民主联合体的话；更深入的讨论见第四章。

策略。在承认没有更好选择的同时，政治科学家们找不出充分理由不将民主视为差劲政府中最好的那个。用丘吉尔那句名言说就是：民主是"除了历史上所有其他已尝试过的政体以外的最糟糕的政府形式"。[1]

另一方面，当代政治哲学家通常视民主为一种规范性的理想。他们认为，民主作为价值观彰显了自由、平等、尊严的价值，同时实践了非干涉、非统治式的自由，以及程序公正、权力与资源的分配公平。参与式民主应当通过锻炼个体的参政能力并在公共决策中与他人合作，从而扩展人类幸福的范围。民主对于协商的承诺，要求决策在相互说理的理性平台上做出，对政治异见的民主宽容，则使得批评者对当下现实与核心价值不一致的地方能予以批评曝光。民主文化以持续而自愿的社会合作的形式鼓励公民美德的发展，但民主政府也无须要求其公民或领导成为道德圣贤。丘吉尔说民主本质上不完美，这是对的，但参与式与协商式的民主原则上可以自我纠错并能日趋完善。如果成员间平等相待，在异质化的社会共同体中，这些美好的品性就能通过集体决策、有效程序及规则制定的整个过程而涌现出来。

如果从古代雅典的视野看民主，就会发现规范的"应该"与描述的"是"更为紧密地关联着。参与或协商民主，由道德价值观所引导和规定，可以建立在相互依赖的理性个体做出的选择之上：人们关切（尽管不是仅仅）自身利益，同时又意识到其利益（尽管不是全然）依赖他人的行为。规范性的政治理论与联合行动的哲学以及理性选择政治科学一道，可以为民主理论与社会认识论带来进一步的概念提升空间：它指向将民主规定为一种公众的行动能力（而不仅是简单的多数统治），关注创新与学习之间的关系（而不仅是讨价还价与投票），设计出汇聚有效知识（而不仅是偏好或兴趣）的机制。

潜在的收益非常巨大。由于它促成更美好的价值和结果，参与式的协商民主比所有其他形式的政治组织都更值得人们选择。但在为参与、协商欢呼前，我们有必要问个实际点的问题：在激烈竞争环境下，好价值的胜出是否代价太大？鉴于参与和协商过程太长，人民统治的政府（同时也是人民所有，并为了人民）能否在军事、经济上与控制式民主、威权资本主义、准国家化的社会网络以及其他现代混合政体相抗争？民主能应对未来的挑战（这些挑战包括气候变化、自然资源枯竭、人口变迁和流行性疾病）吗？

---

[1]　获得知识的成本：Sowell 1980；R. Hardin 2002。Page 2007 中 239—296 页回顾和概括了有关多样性和知识汇集的文献。丘吉尔的引文见 Hansard，1947 年 11 月 11 日。

古往今来，民主制下的公民不会有人愿意看到民主的消亡。但是他们也同样希望自己的国家卓有成效地解决各种紧迫问题并胜出对手。那么，寻求竞争优势和解决全球范围问题的急迫性，是否意味着民主国家会为了守护他们的价值观而倒向精英治国的政府？二十世纪中叶时，民主的敌人是法西斯和共产党政权，人们就已经在回答这个问题。有些人，包括约瑟夫·熊彼特（Joseph Schumpeter 1947）和沃尔特·李普曼（Walter Lippman 1956），拥护一种"民主精英制"的管理制度；但像约翰·杜威（1954）这样的人，追随的是亚当斯对知识的关注，坚信实验与试错的民主公众可以解决自身的问题。1989年的前苏联解体又一次激发了学者们挖掘"民主优势"深层原因的兴趣；二十一世纪早期，民主及其结果之间关系的研究仍不失为政策制定者和民主理论中的一个重要问题。当我们审视国家以外的地方政府、非政府组织时，民主的效率问题就变得尤为尖锐了。尽管民主可能已经成了一种普世价值（Sen 1999），在我们大多数人所工作于其中的组织形式中，它还是非常少见的，甚至只是人们的一种渴望（Manville and Ober 2003）。

本书拟对民主与经济、军事实力、公共体制、知识和选择的关系进行分析，并认为民主通过提升民众参与，完全能在与威权对手的竞争中胜出，以应对未来的挑战。如果无论在理论还是实践上，民主都能最好地将理性政治选择与道德选择相匹配，如果这一匹配产生极佳效果，则民主无可争议地是可能实现的最好政府形式。如此而论，选择民主就不仅是简单地找个"最不差的政体"，它所体现的是对于一种政治制度的充分合理而正当的偏好，这种制度促进自由、公正和持续物质繁荣（不仅这些）等有价值的目的，从而其本身就有价值，值得追求。[1]

理性选择与联合行动

为什么我主张民主能形成政治选择与道德选择的一致，并会产生令人瞩目的非凡表现？这是以一系列有关知识、体制和国家表现的论证为依据的。

---

[1] 尽管本书并没有使用正式的经济模式，本书还是试图通过运用社会科学的选择和集体行动的理论解释复杂的历史进程；这样的尝试近似于 Bates et al. 1998（尤其见该书导论）、Rodrik 2003 和 Greif 2006。当然，这只是部分的解释。要了解雅典民主如何运作的更详尽的解释，除本书外，还应阅读 Ober 1989 对修辞术与权力的分析，以及 Ober 1998 年对异议知识分子的讨论，见本章后面的内容。

以下各章将给出民主实践的一个历史实例分析，通过大量的经验事实，并以规范的（价值取向的）和实证的（因果解释取向的）政治科学予以阐释。本书将说明，在古代雅典，民治的政府是如何让大量社会上分散的公民对某些看似无法解决的社会问题找到惊人出色的解决方案，这些问题涉及联合行动（joint action），而且要求对共享价值的承诺。每当自利取向且相互依赖的个人组成的不同群体试图合作共事时，这样的问题就会出现。所有国家，事实上还包括古往今来所有其他有目的的人类组织，无一例外地都会面对人与人之间联合行动的问题。[1]

如果一个群体确实拥有卢梭在《社会契约论》［2002（1762）］中阐述的那种单一的公意，那么政治领域的合作就变得很容易了。但正如迈克·布拉特曼（Michael Bratman 1999：93—161）所言，意图是属于个体的。说"我们意图怎样"表明我们的意图是共享的，然而共享的意图不同于公意，是允许实质分歧和自由竞争的。布拉特曼认为，在哲学意义上，联合行动可以解释为个体间共同合作的活动。为了共同行动，个体不但要共享特定意图，还必须使相应的具体计划相互切合，表现至少一段时间的合作稳定性，并具备相关的共同知识。菲利普·佩迪特和里斯特在一部正在写作的著作中，参考了布拉特曼的还原论的个人主义式论证，得出联合行动需要以下四个前提步骤：

1. 群体中的每个成员都有共同促进某个目标的意愿；

2. 每个人为实现这个目标都自愿在一个明显的计划中尽好自己的职责；

3. 每个成员之所以拥有这样的意愿，至少部分是因为相信其他人也有自己同样的意愿；

4. 这实际上是一个共同知识的问题，即每个人都相信前三个条件已经满足，每个人也相信其他成员也和自己一样如此相信……如此类推。

民主制度没有命令—控制的政府机构，也不搞"自上而下"的政治意识形态，所以初看起来，自由、平等的个体不太可能组织起来形成协调的意愿，不能对他人意愿具有共享的信念或获得共同知识。但雅典人必然做到了

---

[1]　联合行动的一般问题，与所有经济及政治行动有关，涉及行动哲学、心灵哲学和道德心理学。此处，我运用了菲利普·佩迪特和克里斯丁·里斯特正在发展的一个理论框架，他们援引了 Bratman 1999 and 2004, Pettit 2002 以及 Pettit and Schweikard 2006。我的工作与佩迪特及里斯特的主要不同在于侧重点上：他们首先考虑在应当有一个正确解答的处境（如司法审判）中汇集团队判断的投票程序，而我关注汇集社会和技术知识来制定公共议程及公共政策的程序。

这一点。我们将看到，雅典民主的特点是拥有发达的参与、协商的机制，形成并落实各种复杂计划；从各个角度衡量，雅典作为独立民主政体，在一百八十年的历史中，一直在古希腊城邦中基本处于领先地位。要解释古代雅典民主的联合行动，就需要运用文化、历史和社会科学的多重视角，来搞清楚为什么人们在特定条件下会有特定行为，以及这是如何展开的。[1]

社会机制，作为指导行为的规则，扮演着极为重要的角色。在某些可想见的情形下，机制有可能成为决定人们选择的强有力行动指导。就此而言，社会结构制约个体行为；自主性（即作自由选择）与内生变化的可能性一道消失。但在现实世界中，即使是最严格规则约束的情况下，自主性依然存在；在民主制下，自主性极为重要，个人自由选择是最基本的价值。个人的选择总是要受到支配正式机制（就本书而言，最明显的是立法、司法和行政机构）的规则，以及意识形态和文化规范的影响，但从未完全被决定。与此同时，机制反过来也通过个体所做出的选择而不断形成、维持、修正和被抛弃。[2]

在现实中，联合行动在有强行规定的明确规则的等级制下是容易理解的。当某个掌权的独裁者发号施令，众多接受命令的个体就得到他的具体任务指令。如果所有人都有服从的意图，并相信其他人也都一样服从独裁者的命令，并且命令是公开传达的，从而是一种共同知识，那么，佩迪特和里斯特每项有关公共知识形成的条件就可能得到满足。但联合行动的问题没有那么轻易被彻底解决，因为个体的自主性从来就没有消失过。接受命令的人们不能仅简单地看作被动地服从他人意志的工具，就犹如泰勒的管理理论中那

---

〔1〕 Morris and Manning 2005 列举了本书某种程度试图解决的方法论问题。

〔2〕 决策主体与社会结构间的往复关系：Giddens 1979，1990；尤其 28—32 页及 184—186（民主中的自主性）页的讨论，1992。主体与结构间的关系在许多领域是中心议题并且是争论焦点。比如，见 Leifer 1988（社会学：社会角色与本地行为）；Baumol 1993：尤其 30—32 页，40—41 页；North 2005（经济学：时间变迁下游戏规则改变，相应于从社会学习中产生意愿变化）；Orlikowsky 2002（组织理论：知识既是能力也是实践表达）；Wolin（政治理论：结构固化会腐蚀行动者中心的民主）；Sewell 1996（历史人类学：事件影响社会结构）；Pettit 2002（行动哲学：规则遵循取决于回应）。Avner Greif（2006）强调，要理解机制就有必要关注个人行动者（3—14 页），并给出更宽泛的"机制"定义，包含了意识形态和文化。此处我更关注狭义的正式机制，因为我在其他地方就意识形态和文化问题作过详细探讨。就机制的研究、意识形态和批判的关系，请见本章后面的内容。

样驯服。[1]

从一个命令到众多接受者共享的意愿，再到对他人意愿的共同信念，这个命令就一定要在每位接受者心中具备有效力量。如奥斯丁［J. L. Austin 1975（1962）］的言语行为理论所言，命令要"深入人心"就要得体地发布，被接受，从而形成一种新的社会事实（服从命令的人们）。一旦这种得体性条件成立，民主联合行动所涉及的意愿、信念或共同性等团体行动难题就好解决了。此一思路的某种版本支持着二十世纪的一些社会理论家［例如 Michels 1962（1911）；Williamson 1975，1985：见后］的观点：大规模民主参与式的组织必然被其等级制的对手击败。但哪怕最威权的命令的发布也可能非常不得体，适得其反；就像其他规则一样，支配言语中的得体性的社会规则总是有待解释和可能变更。[2]

我们在研究希腊民主体制中，将不时遇到三个与公共产品和联合行动相关的问题：联合行动、协调合作以及公共资源。[3] 尽管我们会看到，这三方面问题在实际社会生活中是重叠的，但每个方面还是有不同的形式属性和对政治的涵义。每个问题都关系到社会群体在尽可能获取合作好处过程中的某种具体困难。困难通常由两点造成：第一，对自己的幸福具有理性自利的个体，在问自己"应该与他人合作吗？"时，回答并不必然是肯定的。第二，在回答说"应该合作，如果他人也与我合作的话"时，人们也可能缺乏他人意愿的相关知识（相当于对这一问题的答案："他们认为应该与我合作吗？"）；这样一来，生产性合作的机会就错失了。当代的理性选择理论认为，我们自问是否应该合作时，通常付诸对激励的考量（根据我们的目标，我们每个人是否有足够理由合作？），而不是利他的动机（我们是否有理由相信，

---

〔1〕　泰勒主义（就此可见 Rothschild 1973 和本书第三章）忽视了下命令的人（委托人）与命令接受者（代理人）的动机不同问题——"委托/代理问题"一直是组织管理讨论的核心；见 Roberts 2004 及本书第三章。

〔2〕　我在 Ober 1998 第 1 章中讨论了将奥斯丁的"言语—行为理论"运用到政治行动中（尤其是在民主雅典）。进一步可见 Petrey 1988，1990；Ma 2000。不佳表现可参见 Butler 1997、Ober 2004。区分由言语行为带来的社会事实及并非语言所带来的"直接"自然事实，见 Searle 1995。

〔3〕　我所谓的"公共行为（public action）难题"的术语来自博弈论，不同学者在使用这个词时，所指并非一致。"集体行动"（collective action）可能（如此处）限于搭便车问题，但是有时也用来表述更广范围的非合作博弈的社会选择模式，或既包括合作，也包括不合作博弈（non—cooperative games）。有关这个领域的综述，见 Mueller 2003。

合作会帮助对方实现他们的目标?)。[1]

　　以自我利益为中心的理性选择模式不认可利他的善心是独立的动机。但我们必须考虑到，纯粹理性主义者只不过是一种方法论上便利的虚构：简化还原以获得分析力量的一种过于简单的人类心理——通过剥除所谓与分析无关的、真实世界中的人的许多复杂动机。其实，人是可以同情地体验他人的苦乐，感同身受的；他人的幸福同样可以是一种正面的动机，即使对纯粹理性的个体也是如此。在此，我采取的是一种相对简化的（非利他）的理性观，以突出在民主联合行动中的分析性难题。我并不假定完全的利己是或应该是任何人的道德心理的充分基础。[2]

　　与联合行为（joint action）相关三个问题的第一个是关于集体行动（collective action）的。之所以有此难题是因为，尽管相互协作会产生实实在在的更好的共同结果，但每个个体的理性选择却是不予配合（还是按狭隘的自我利益行事），而不是合作。集体行动在博弈论中被"囚徒困境"的模式所表达，其中两个囚犯可以选一组行为（拒绝透露信息给警察）合作而一起被判短期监禁，但他们的理性选择却是相互不合作，导致最终共同长期服刑的

─────────

[1]　就集体行动难题作为理性选择结果，见 Olson 1965 和 R. Hardin 1982。就公共资源问题，见 R. Hardin 1968 和 Ostrom et al 2002 中收集的论文。就协作而言，见 Chwe 2001；民主作为公民间的协作问题：Weingast 1997。理性选择理论假设一个理性的行为者是被"期待的功利"所激励，而不是利他主义，其围绕的中心问题是对所同意的合作的背叛（或搭便车）。功利是主体偏好的总和，这可能包括偏好于并非有利于他个人狭隘私利的公共政策。理性是如何受文化或伦理规范或认知所限制（Simon 1955）的问题，是选择理论学者们的关键问题。Ferejohn 1991 强调将理性选择与文化解释相结合的必要性，就因为价值和功利都受文化影响，并且能在重复博弈中减少可能的平衡选择的范围。简言之，当我假设每个雅典人的理性都受限于文化与伦理规范，我还假设我们必须尽力理解像古典雅典这样的集体的行动，这要按照每位个体做出的选择，这些个体只有在相信他们做的理性选择有可能实现自身愿望时，才有意愿彼此合作。当理性选择关注复杂体制如何在个人选择中形成，并由个人选择所支持时，就有助于揭示历史。但历史学家不应当将自动机或"模式化行动者"和实际的人类行动者相混淆，人的动机和认知能力都更为复杂；对选择理论的批判见 Green and Shapiro 1994，Gaddis 2002，Mackie 200 以及 Mueller 2003：657—670 页（文献综述）。

[2]　理性、同情与利他的道德心理学涉及政治理论、心理学、经济学以及道德哲学；见最近的相关讨论：Frank 1998；Mansbridge 1990；Sen 1993；Elster 1999；Nussbaum 2001，2006；Gintis et al. 2004；Pettit 2002：167—169 页，222—244 页；Haidt 2006。在亚里士多德主义的基础上对强利己主义的辩护见 Smith 2006。由于将一切价值还原为经济物品而带来的不良社会后果，见 D. Smith 2004。

结果。两个囚徒都不想承担"输家出局"的风险，即一旦对方不合作、透露了信息而自己犯傻合作，致使对方无罪释放而自己却被判更长的刑期。

第二个难题是协调问题（coordination）。与第一类问题不同的是，这里没有输家的问题：人们有足够好的理由共同集体行动，但在如此行动时却总是困难重重。在协调难题中，如果没有共同合作的行动，就没有人能获得任何好处。选择是在两个（或多个）不同的协调均衡中做出的。如果每个均衡都一样好（例如，大家都行驶在马路的左侧或右侧），那就不存在深刻的政治矛盾。当许多人都已经倾向于与现状不同的另一个合作均衡，但却不知道其他人的意图和偏好时，问题就出现了。这个问题的一个典型例子就是"被鄙视却稳定的独裁"。大多数独裁下的人们也许愿意采取一定程度的冒险行动来推翻独裁，但每个采取行动的个体一开始会有很大的风险，除非（或直到）每个潜在的行动者都有足够理由相信其他人会和他一样站出来。因为每个人由于对他人的意图和取向缺乏共同知识而缺乏这样做的理由，所有人都保持沉默，于是独裁得以维持。

有关人们不合作理由的第三个原因，关系到共同的公共资源。这里的问题在于，在群体中每个个体的理性做法是，采取欺骗的方法来多享用些资源而不是遵守共同分享资源的协议。最终导致的后果是资源的整体匮乏，这通常被称为"公地悲剧"。它的典型例子就是由一群牧羊人共享一片牧场。他们清楚可以允许多少只羊放养在上面，通过相互协议规定了每人可放养羊的具体数量。可每位牧羊人都想违规多放一只羊。这对他是很理性的，因为短期而言，他会有更高的回报来多养一只羊，远胜于养这只羊所引发的牧场难以为继的边际恶果。但问题是如果所有人都违规，牧场很快就会被过度放养，从而造成公共拥有的资源的毁坏。不熟悉此类"理性选择与行为"难题的读者，可进一步参阅本书三至六章。

在后面我将把这些由集体行动、协调或公共共享资源所造成的联合行动问题称为"公共行为难题"，因为我主要关心民主问题。民主（demokratia）在古希腊的原义是：由许多进行自由选择的个体组成的公众（demos）通过"行动以造成变化的力量"（kratos）（Ober，2006a）。联合行动所带来的各种问题在组织人类共同体时是普遍存在的，不过对此的政治解决方案，或者说形成并维系合作的方法，是各不相同的。各种方案从道德上评判或好或坏，从经济上评判则是效率的或高或低。我想说明的是，民主的方案在独到地解决公共行为难题中，比专制或寡头政体在经济上更有效，同时还具有道德优势。本书所强调的是效率，即证明人们不必牺牲充分的参与民主来换取竞争

力。但支持民主的最终理由是其道德上的优势：民主是更自由的——更好地
促进个体自由、尊严和社会公正，并且，民主通过提供更好地共同进行公共
决策的机会，能更好地促成人类内在能力的表达。

预设与问题

以下我先给出本书有关人性、竞争、文化和权力等的基本预设，以及我
将要求证的论点。

人是具有高度社会性（形成群体并相互依赖）、相当理性（总是在最大
化预期效用并使用策略）和沟通交流性（使用语言和解释符号）的动物。
因而，我们生活在这样的世界里：我们通过社会交往为自己和他人创造意
义；我们在追求利益时，经常以对他人行为的期待为基础；而且我们交换各
种各样的东西，包括思想和信息。[1] 生活在（或参与到）一个现存共同体
中的所有个体的选择总和，就构成自我强化的社会—经济均衡。一个特定均
衡可能相对而言更多或更少具有合作性，相对而言更与时俱进或封闭僵化。
由于社会合作能产生经济价值（而且也能有非物质形式的美好），所以，更
多的合作以及（在变迁环境中）更有活力适应变化的均衡，在经济上会表现
出色；而缺乏合作和僵化的均衡则表现糟糕。均衡是否具备强劲活力，在于
它能否在不断的环境变迁中保持一致性。[2]

---

[1] 追求意义是所有对人类社会生活的全面解释的一个必要部分；这一直是我较早许多
　　有关雅典和民主的研究的关注点（尤其是 Ober 2005b），但追求意义并非我在本书中
　　的主要关注。

[2] 在博弈论中的"纳什最优均衡"的达成，是当每位参与者在对成本与收益充分了解
　　后都没有（个人更高收益）任何提升空间的行动可以选择时。但要明白，当运用到
　　具体社会时，"自我强化的均衡"是又一个便利的虚构而已：一种理想类型的完美
　　稳定，但在现实世界不能得到。另外，在完美的均衡中也没有内在改变的冲动，（参
　　看 P. Cohen 1995，尤其是 12 页的批评性评论）而我所要解释的民主类型是动态
　　的——也就是它内在地包含变革与改良的倾向。最后，所谓的博弈论中的 Folk 定理
　　表明在多人重复游戏（这是对政治共同体的历史个案研究相关的范畴）当中，有无
　　数的可能均衡，它们在从合作中得到潜在收益（即获得"帕累托最优"）的能力大
　　为不一。实际世界的社会均衡始终不完美，但有些不完美的均衡（在提供更高的总
　　回报上）要好于另一些。在多人重复游戏的理论中，可能更好或更坏的均衡的多重
　　性，见 Binmore 1994, 1998，尤其是 293—398 页。社会正义问题关注合作结果的好
　　处应怎么分配（主要见 Rawls 1971）。有关此道德问题，博弈论保持沉默。

各共同体（包括国家）是在多重群体相互竞争稀缺资源的生态环境中生存的，尽管它们也通过交换物品、服务或其他方式进行合作。在更具竞争性的环境中，一个特定的共同体必须通过社会合作来赢取更多经济利益。无法有效合作则必然品尝失败苦果。因为共同体间的竞争是永久的，对每个共同体要取得高效表现的均衡的压力也是持续不断、相当沉重的。在竞争压力下，各种政体形式优胜劣汰（Waltz，1979）。因此，我们认为，在古希腊世界这样高度竞争环境中能赢得并保持领先地位的国家（第三章），是因为在几个方面胜过了稍逊的对手：比如避免公地悲剧，有效解决集体行动难题，增强承诺的可信度，降低交易费用，减少搭便车行为。简言之，从历史看，更成功的希腊城邦应该是那些更好地组织起来的城邦。

在环境变迁条件下的竞争，会奖励创新并惩罚僵化的路径依赖，后者意味着集体遵循传统的处事方式一成不变，即使这种行事方式的效率已不断降低。另一方面，国家间的竞争带来对有价值创新的模仿，并提升国家间合作的潜力。因为强国会支配弱国，权力不平等可以导致强制合作和文化趋同。不过，国家间的合作与模仿同样也可以是自愿的，并建立在对利益和优势相容的认可上。无论怎样，国家间的机制与文化规范共享能超越国家生态，潜在地能使某一文化作为整体更好地与其他文化竞争，并进一步与其他文化相互合作、模仿与被模仿。公元前五世纪希波战争时代和战前与战后的爱琴海与西亚的互动历史，就是这种互动过程的范例。[1]

按此逻辑，极端而言，模仿与趋同可能最终使文化多元性完全消失。但没有国家或文化取得过如此高的成就优势，以至使其他所有对手被灭绝或被迫奴性地模仿。公共行动难题的解决在人类历史进程中，在不同共同体中有相当不同的方式；有关公共行为，历史长河提供了大量的、丰富的仍未挖掘的或成功或失败的实验和案例。[2]

在一个特定共同体中，文化或意识形态可以有助于说服个体采取比"自然状态"中博弈时更多的合作选择。[3] 文化教化可以采取强制举措，逼迫

---

[1] 城邦间的合作，见 Mackil 2004；Mackil and van Alfen 2006。国家作为囊括许多子文化的"社会文化"并存在于一个覆盖城邦生态圈的"母体文化"之中，见 Ober 2005b，第四章。波斯战争后的模仿，见 M. Miller 1997。

[2] Brief 2006 表明，我们能通过对公共行为的一个历史案例的详细了解而学到许多东西。

[3] 如何将理性人从不合作的、不可欲的自然状态转变到集体受益的合作情形，却不必启用意识观念或文化，这是契约政治理论的核心问题，例见霍布斯1660年的《利维坦》，卢梭1762年的《社会契约论》，罗尔斯1971年的《正义论》；有关这个传统的批评性综述，见 Nussbaum 2006，第一章。

人们接受一些特定选择，也可以采取柔性方法，让特定选择相对更为人所愿和更具道德优先性。鉴于文化有精神教化之功，效应和效用预期所依据的社会信息都不是既定不变的。文化的一个重要作用是帮助个体形成效用概念，并筛选有关如何最佳获得效用的社会信息。[1]

在此共同体内部环境中，权力应当被理解为包含（但不仅限于）了这几个方面：直接或间接地控制对社会合作产生的额外产品与服务的管理（即，通过民主选择还是权威命令），这些产出如何分配？如何在与其他共同体的持续竞争中使用它们并解决相关问题？国家同公司或其他目的性组织一样，是整合性的系统，其中对合作产生的剩余的控制总是由某些个人和机构来组织、拥有（或失去）和使用。[2]

因而，民主作为一种社会政治体系，进行相对而言较为柔和形式的文化教化，它为个体提供了相当广泛的选择和相对充分的社会信息。民主体制的权力不被个人或少数精英所垄断，也不仅仅只是在正式机构内部运作。社会合作带来的好处应当如何管理、分配、运作，这样的问题必须在相当广泛与分散的公民群体中间通过协商解决（通过商谈决策和投票），而不是由少许排他性的领导精英所决定。在竞争性生态环境中，按民主原则组织的国家必须找到办法，与更为等级制和启用强硬意识形态的对手竞争。等级化对手看上去在使用文化解决激励问题方面享有实在的优势，而民主看似容易出现搭便车现象，难以使其承诺具有可信性，容易混淆决策主体与任务执行人，对专家判断重视不足等。[3]

根据以上段落展示的前提，读者可能会认为，在其他条件相当的情况下，在竞争环境中民主的表现不会太好。但是，即使有些当代民主政体确实表现不怎么样，还是有一些极为出色的国家。我们会看到，的确有理由相信

---

[1]　有关民主与文化的进一步讨论，见 Ober 2005b。重要的是注意到：一个人的文化（在我此处所使用的意义上）从来不是单一或同质的，没有任何个体只是单一文化的产物。除我们所想到的主（即国家民族）文化，所有个体都是多重子文化的成员，而主要文化又关联于整个"母体文化"。

[2]　我在 Ober 1989 的结论提出，在雅典，民主意味着付予符号以意义的权力由人民所掌控。这是个间接但相当重要的权力的例子，对资源分配和运用具有重大的影响。更多见 Ober 1996，第 7 章。理性选择框架中的权力和政治机制，见 Moe 2005。

[3]　军事纪律问题，见 Wallace 2005；无视专家的情况，见 Cary 1927 and 1928。民主来自参与成本的劣势（"民主优势"的另外一面，见 Schultz and Weingast 2003 的讨论）见本章后面的内容。

有些古希腊民主城邦无法与专制对手匹敌。但在古代，也包括现代，有些民主政体表现实在很棒；古代雅典就是一个典型范例，从各个方面衡量，雅典城邦都是出类拔萃的（第二章）。本书的目的就在寻求这个问题的答案：为什么民主雅典有如此相对不俗的表现，它是如何做到的？

　　鉴于民主相对其他政体在道德上的优越性，确定民主在何种条件下会有出色的外在表现，就显得尤为重要了。对民主带来繁荣问题的探讨吸引了经济学家和政治学家的真切关注，但迄今在为何卓有成效的民主政体表现如此不俗上，没有达成明确共识。高效民主政体的历史案例比较的价值在于，它们让我们通过分析不同条件下的具体机制，来检测社会选择、文化和权力之间的关系的理论。古希腊诸城邦的竞争世界是个极佳的实验室，条件相对稳定，我们可以排除一系列外生性的环境和文化因素，这些因素使人难以检测民主在现代国家繁荣中所起的作用。[1]

　　本书通过两种方式对民主与成就的研究做出贡献。首先，本书分析了古雅典的运作机制，这从十九世纪中叶开始就引起历史学家的持续关注，但当代社会科学家对其的研究却相当不足。[2] 其次，本书还尽力阐明某些促进国家经济成就的机制也可以培育富有活力的公民文化，以及（在特定领域）令人生羡的社会组织。当然，我们对任何社会的称赞都有限度，如果这个社会剥削奴隶劳动，排除妇女参与政治，使用暴力（或威胁）对不情愿的臣民进行资源掠夺——古典时期的雅典正是如此。但这些（普遍存在于希腊城邦中的）重大道德缺陷不应妨碍我们设法理解雅典社会生活的哪些方面促进了程序正义和分配公正，扩大个体自由范围和人类繁荣幸福。

　　我的假设（在本章的最后有更正式的表述）是，古雅典在经济和政治上无与伦比的不俗成就，至少部分是民主体制和公民文化的产物。民主无论在古代还是现代，都与一些经济上有益的机制相关联，较明显的有使政府承诺

---

〔1〕 以各种成功标准衡量相对的民主成就（尤其在经济与军事上），见 Putnam 1993；Sen 1999；Barro 1996；Rodrik 1999，2000a，2000b，2003；Przeworski 2000；Tavares and Wacziarg 2001；Reiter and Stam 2002；Schultz and Weingast 2003；Rodrik and Wacziarg 2005；Freedman 2005：327—345；Acemoglu and Robinson 2006。

〔2〕 社会科学家总是相对忽视古代希腊，不过有些冒险的最近例外，如 North 1981：102—107；Lyttkens 1992，1994，1997，2006；Schwartzberg 2004；Fleck and Hanssen 2006；Kaiser 2007；Karayiannis and Hatzis 2007。当代对古典时期的忽视是可笑的，如果人们考虑到社会科学奠基人如马克思和恩格斯及韦伯、杜尔凯姆对古典时期的兴趣的话。

对产权、公民权和法律程序等权利加以保护的机制。这种承诺的特征是最近社会科学研究试图解释"民主优势"时的关注焦点。各种类型的承诺特征在许多希腊共和、寡头和民主城邦中都存在，这当然有助于对雅典繁荣乃至希腊整体城邦文明繁荣的理解。但是，我们在本书中特别关注的是雅典在城邦环境中的独特性。因此我关心的焦点是民主机制的认知功能；我的假设是，对雅典卓越成就的最有力解释是弗里德里希·哈耶克（Hayek 1945）所说的"知识在社会中的运用"。

哈耶克反对由少数专家控制的计划经济，指出"（推行经济理性）在现实中之所以会产生问题，正是由于事实从来不会仅仅偏爱某个头脑，而且因此，唯有善用散落在人群中的知识才能导致问题的解决。"（1945：530）。哈耶克强调他所关注的知识并不简单地等同科学知识（即以专业性为关键）；他在对知识的定义中特别包含了关于特定情形的具体信息。有用知识在哈耶克看来不仅为专家所拥有，"几乎所有人实际上"都具备（1945：521）。哈耶克研究重点在微观经济学，如价格就表达了供应与需求不断变化的社会信息。他进一步还论证，"此处我们遇到的（离散知识）问题绝非经济学所特有，它几乎与所有真正社会现象相关……并事实上构成所有社会科学的核心理论问题……"（1945：528）。[1]

政治与经济的不同在于，没有一个充分类似的价格机制来将大量分散信息立即转换为一个简单的可交流途径。[2] 但哈耶克认定，少数专家群体的集中计划的最佳努力也无可避免地会遗漏掉大量分散在社会中的知识。这一看法正好可以说明为什么民主可以胜过等级制政府。我将论证，参与式民主在对待有用知识时，有可能像个市场，而非计划经济委员会。雅典风格的民主能赢得竞争优势，是通过设计了运用行动知识应对变化的机制。

所谓行动知识（knowledge in action），意指通过进化过程的背景下做出个人选择，使信息能用于社会生产的目的。它涉及创新和学习两方面。[3]

---

[1] 参见 Hayek 1937。有关哈耶克从分散的知识来理解民主的社会认识论的洞见的价值，更多见 Anderson 2006；Sunstein 2006：118—145 页，2007。有关社会认识论，见 Goldman 1999 和发表在 *Episteme* 杂志前三卷（1—3：2004—2006）上的文章。

[2] 现代代议制民主选举的偶尔结果很难类比于价格机制；见下面第 3 章。

[3] 此定义源于哲学实用主义，不过它并非一定会与一般对知识的分析性定义"证明了的真信念"相抵触。它承认社会认知论的基本观点，即对真理的追求强烈而不可避免地受体制安排的影响，这种安排影响信念持有者相互间听到、看到什么。更多讨论见 Goldman 1999（分析派的社会认识论）和 Rorty 1979（实用主义的社会认识论）。

民主决策成功的关键在于，将分散和潜在的技术知识和社会知识及共同价值观整合起来。雅典取得了意外成就，在于它能更出色地进行信息处理——将原始资料和未处理信息转变为政治上有价值的知识。[1] 这个转变是通过对知识的汇聚、协调和规则化的过程，并同时平衡创新和学习这两种潜在冲突的力量，前者产生新的方案，后者则将已经接受的价值社会化为常规。

组织理论家詹姆斯·马奇（James March）和他的同事（通过公司架构的研究）表明，创新和学习有可能是相互冲突的力量：社会学习的价值在于，学习带来常规化，而常规化可以提升努力的回报。但创新的能力对于在充满竞争的变迁环境中取得成功至关重要，这种能力有赖于人们已有的常规社会化并未完成。在剧变环境中，过多学习会降低竞争优势；反之，在稳定可预测的条件下，学习能提升竞争优势。[2]

无论是公司或国家，当创新与学习的平衡达到最佳时，生产力就会大大提高。我们可以说这样的体系展现了"出色的组织设计"。要注意：我所用的术语"设计"并不必然意味着有个设计者。某个政治体系可能是长期无人引导的实验调适的结果（如英国的"宪法"），或者是正式计划的产物（像二战后西德或日本宪法）。也有可能同时结合了实验和计划（如美国宪法）。在后面章节中，我会涉及但不会试图解决这个问题：即，雅典政治体系表现出的组织设计在多大程度上是不断调适实验的结果，又在多大程度上可以归为自上而下理性选择的蓝图规划。[3]

图 1.1 是一个系统的和（有意）静态的理论模型，其中展示了知识的要

---

〔1〕 "资料""信息"和"知识"这些术语被组织理论家们下过各种定义。Davenport and Prusak（1998：1—6 页）建议，资料是有关事件的事实，信息是给了了相关性和目的的资料，知识是经验、价值、理解和特定信息的综合，有利于新经验和信息的获取。另见 Dixon 2003：13；Brown and Duguid 2000：119—202 页；Page 2007 是关于通过不同角度、解释、探索和预测模式来解决问题和预测；下面第三章讨论了社会、技术、潜在和默会的知识。

〔2〕 Levitt and March 1988 和 March 1991 指出"能力陷阱"的危险，人们十分熟悉低级运作而不愿实验高层次的运作，"学习迷信"来自太多的成功或太多的失败，精确记录或常规化所知的难度，以及对历史解读的差异。更多见 Brown and Duguid 2000，95—96 页；Chang and Harrington 2005；及本书第三章及后面内容。

〔3〕 Davies 2004 认为，古代民主不是正式理论的产物，而是对特定情形与危机的一系列反应结果。Pettit 2002：170—172 页，245—256 页，讨论了没有设计者和缺乏准生物筛选机制下如何出现有效社会均衡问题的解释。通过正式的与实验的方式的结合，能衍生非政治体系，并且繁盛下去，包括互联网及其许多产品，（尤其是"维基"：Sunstein 2006）。更多内容见本书第三、七章。

素在理想型民主中所扮演的角色。下面各章节的任务就是将这里的各种要素放进互动关系中——通过解释其内在应变能力，将此体系生动演绎出来。这意味着我首先要表明，为什么理性个体在特定体制结构下，会选择分享与交换有用知识。其次，我必须阐明，引导行为的机制会同时促进社会学习的增长并激励创新。最后，我将要解释，雅典体制在避免僵化的同时，如何保持足够的可预测性，从而使关注日常制定、修改、追求他们个人或集体的人生计划的普通人愿意选择投入大量时间去学习这些机制的运作方式，并投身于雅典自治的"具体运作"当中。

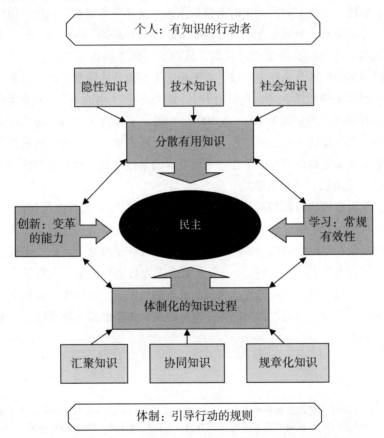

图1.1 民主和知识。理想类型的认知民主将个体行动者与体制结构融合在一起。个体拥有的知识在体制化过程中被组织起来。社会学习与持续创新是行动与过程结合的产物，并输入到民主中去。

在雅典有效的民主机制和活力四射的公民文化支持下，对知识的卓越组织成为关键利器，使它在与对手竞争中立于不败之地。没有理由认为，雅典民主的生产力是不可复制的一系列历史偶然情形的独特结果。尽管雅典与任何一个现代民族国家在规模上有差别，进行直接比较不很合适，但是，有些雅典民主机制在结构上与现代组织在有关方面非常相似，从而让人可以断言，雅典经验也可以推断到现代情形之中。本书目标之一，是解释民主理论为何应当关注公共行动；我也希望证明，古代历史对社会科学研究有很大的价值，反之亦然。最后，我希望本书有助于说服政治学家或者历史学家更多地关注分散性知识、创新与学习，这将使他们获益匪浅。

古代雅典提供了一个极好的研究民主与经济成就的具体案例。它的历史完整，前民主、民主与后民主时期都持续颇久，且史实完整。以地中海为中心的古希腊城邦世界联系密切（Horden and Purcell 2000，Morris 2003），使人可以视其文化与环境变量相对稳定，从而支持民主内在生产力的论证，亦即，国家实力的提升是民主所致，而不是由于其他外在因素。城邦世界的特点是剧烈的城邦间竞争（也包括合作），而非一个"小池塘"。古希腊在这段历史时期（大约公元前 600 ~ 前 300 年）展示了其在人口与经济方面无与伦比的、全方位的、强劲的增长。古希腊的生活水准和人口密度从前现代社会标准看非常之高，而且至少在古希腊世界的某些区域，甚至已经接近了现代水准（见第二、三和七章）。

由于民主雅典面积相对较大，人口组成多样以及个人自由选择的文化，在公共行为问题上就迫切需要有效的公共解决方案。作为一个社会，雅典相当错综复杂，足以令当代学者产生兴趣，甚至在一定意义上可以自然而然地称其为"现代"的。[1] 当然，一个人无须成为政治理论家、古典学家或社会科学家，也会对民主雅典璀璨夺目的成就感到困惑。由成千上百的非专业人士聚在一起公开讨论、做出决策，这样的决策体系是怎么造就出"希腊的辉煌"的？[2]

---

〔1〕 Harris 2002 确切地指出在雅典人中有关市场交易有着广泛专业技术知识，并提供了一个大约 170 种雅典职业名录的初步类别。雅典的现代性：Ober 2006 使用了 Anthony Giddens（1990）关于现代性的定义。

〔2〕 当然，典型的与"希腊的辉煌"相联系的高级文化并不仅是民主雅典的产物（Boedeker and Raaflaub 1998；Robinson 2007）。不过，在相当广的程度上，古典希腊的高级文化确实是由雅典人（公民和外邦定居者）所创造的。Morris 2005b 记录了雅典文化在公元前 5 世纪的主导地位。有关音乐表演的不断增加的研究专著（Wilson 2000；J. Shear 2003）表明，在前 4 世纪雅典至少在某些文化领域中继续占据主导地位。

方法和说明

没有哪个案例研究是完美的，雅典研究能告诉我们的也是有限的。我将试图阐明，公共行动难题的创新解决方式有助于希腊城邦文化的繁荣，并使民主雅典比其对手更富裕、更强大（整体而言或持续相当时期）。伊安·莫里斯、杰弗里·克朗（Geoffrey Kron）和其他人收集的证据显示，与其他前现代社会比较而言，大体上古典希腊（约公元前 500～前 320 年），尤其是在人均值上（主要在营养和居住面积上）要大大领先或远远好于他们自身之前的"黑暗年代"（约公元前 1150～前 750 年）和古风时代（约公元前 750～前 500 年）的前辈。[1] 当然，在已有的资料下，几乎不可能去追查财富与福祉的短期变化，或去衡量城邦间在人均财产与收入上的差异。这里我主要关注城邦之间整体表现的比较，这是对它们一般经济福祉的一种折中的替代反映。我们将采取术语"繁荣"或"能力"的简化说法，指的是特定城邦在与其他对手相比之下的经济和军事的实际和潜在实力，以及它在竞争环境中积累资源、确保安全和影响其他城邦的能力。[2]

物质富裕当然重要，但这远非故事全貌。通过超强的经济和军事实力赢取与对手竞争中的优势只是民主时期雅典要达成的目标之一。以适当仪式敬畏神灵，维护公民的自由、平等和尊严，都被认作极为重要的目的。经济与军事成就可以看作是"基本满意条件"，因为必需取得最低限度的可支配财富与权力，以便处于竞争状态下的雅典人或任何城邦的人可以将社会资源与能量投入其他目标。追求更高实力与促进其他价值的目标相互之间会有一定牵制，但不应视为零和游戏。国家在经济上成功了，就有能力建造庙宇，举

---

[1]　Morris 2004，2005a；参看 Kron 2005；Reden 2007a，表 15.1（古典雅典晚期骨骼平均高度）。在后古典时期，希腊语世界征服并殖民了亚洲与埃及的一些地区，在爱琴海希腊区域似乎还持续着高经济水平（显著的有岛国城邦罗德斯），尽管在公元前四世纪之后希腊本土的大多地区的本地农业经济直线下滑。见 Alcock 1993；Reger 1994；Gabrielsen 1997，1999；Eich 2006。繁荣在罗马帝国时代继续着，但到古代晚期，无论经济还是人口均遭重创，明显衰退始于公元三世纪。在部分复苏后，在六世纪后的萧条相当严峻了，见 Scheidel 2004；Hitchner 2005；Jongman 2006。

[2]　无法衡量任何希腊城邦的国内生产总值。一组大致的现代经济衡量标准在第二章和附录中将得到讨论。我运用的这些数据是粗略的，但它们足以表明基本事实，即雅典在物质繁荣上更成功，在古典时期整体上好过其他任何城邦对手。

办各种华丽节日盛典以及其他公民身份认同和宗教情怀的公共演出。并且，如上所述，促进国家实力的社会选择与保护多数（尽管不是全体）雅典人个体自由、平等与尊严等公共利益的道德选择也是相融洽的。[1]

在以下章节，我将试图论证，雅典的繁荣，尤其在公元前四世纪的后帝国时代，更少依赖寻租（利用权力强行索取超出竞争性市场所能提供的酬劳），而是建基于雅典作为一个富有吸引力并且开放便利的交换中心的不断发展。雅典的发展路径截然不同于前现代的"自然状态"，后者的社会、政治和经济的稳定均衡是靠通过少数掌权者与一个封闭排外的专家群体达成的策略性协议，以暴力方式分享"税金"。自然状态下的主要经济活动关注点在掠夺"税金"，并严格限制法律权利或社会补偿。相反，雅典的繁荣和不断增强的国力的原因在于创造条件使人都能受惠于各种交换和法律机制——包括底层公民，甚至最终包括一些非公民阶层。雅典发展成为贸易中心，所依靠的机制和实践同样推进并支撑着其程序公正和自由参政的民主价值。对知识运作的关注，有利于澄清民主、公平与在政治、法律及经济领域中的开放性之间的关系。[2]

雅典在权利共享上的公平与开放是有限度的。雅典人所坚持的许多做法在道德上难以站住脚，在经济上缺乏生产效率。古代雅典从未达到其可能的最优表现的水准，部分原因在于雅典人没有将政治平等扩大到本地男性公民之外。无数分散而潜在的社会及技术的有用知识得不到公众的有效利用，因为在政治参与秩序中，雅典男性公民不愿接纳妇女扮演同等角色，外国长期居住者归化为公民的过程也太漫长，奴隶制度一直盛行。雅典奴隶制的有关规则已经表明，雅典人意识到奴隶制在根本上是不公正的，但他们仍不愿抛

---

〔1〕 以物质成功作为一种满意条件是按行为经济学家的视野看待雅典，他们的传统由赫伯特·西蒙（Herbert Simon）建立，用于解释商业企业对利润的追求：见 Simon 1976（1947），1955；Cyert and March 1963。参与宗教庆典和仪式是大多雅典人生活的有意义部分（其他希腊人也一样），而恰当地敬拜诸神是雅典城邦的重要功能；见 Garland 1992，Parker 1996，2006；Munn 2006。雅典有着尤为密集的仪式日程（见第五章），但是宣称无论是发现神的意志并相应行动是雅典民主的主要目的（如 Bowden 2005 所做），或者，还是说民主雅典非同寻常地缺乏宗教表达，都需要过多的诡辩（Samons 2004）。

〔2〕 寻租的定义，见 Krueger 1973；文献综述见 Mueller 2003：333—358 页。有关前现代国家和寻租，见 North 1981。虽然还保留一些"自然国家"的特色，雅典可能已经是 North, Wallis and Weingast（即将出版）所描述"开放秩序"的一个早期的、初步的例子，见本书第 6 章。

弃这一文化上可接受的寻租形式。[1] 考虑到我们判断雅典作为一个道德共同体，这些缺陷就显得很沉重了；同时，它们很可能还导致公元前四世纪末雅典被马其顿的民族帝国所击败。但是，由于这些缺陷在希腊城邦较为普遍，它们对雅典的负面影响与其他竞争城邦比较时显得并不突出。

问题依然有：雅典政治参与的成本或代价，对雅典政治与军事是否有不好的作用？尽管很难量化，将众多具有一般或特别能力的人们安置到相对重大公共责任职位上，必然要花费相当的经济成本。如果参与公共服务没有报酬，多数雅典人的生活会难以为继。[2] 庸庸碌碌的公务人员造成的代价有时会很高。下面我会具体谈到，精良的制度设计可以控制这些参与成本，而且长期而言，成本将由于雅典人通过参与民主所大量获得的知识而得到回报。但有必要理解，参与在某些方面是有代价的，甚至这种代价有时还会牺牲短期的竞争优势。[3] 除了经济成本和代价颇大的错误，雅典的开放与参与的政治体制还会失去相当多的机会。如果雅典社会均衡不是足够强大到使雅典挺过各种危机的话，那么搞民主政治这套东西的高成本早就导致城邦的总体失败了。雅典需要一次次挺过危机，这一事实表明了，雅典确实并非始终都能保持强盛地位。

而且，虽然雅典人喜欢自视具有独到的创新能力和善于捕捉新机会，就其历史语境看，雅典在这一方面并非一枝独秀。过分强调雅典的例外性从而过高估计其自身能力，带来公元前五世纪的傲慢及随之而来的糟糕的公共决策。尽管雅典人经常说起来或表现得似乎他们的制度是难以模仿的，但雅典

---

〔1〕 奴隶制在怎样的情形中是经济上有效率的，是一个棘手的问题；J. Cohen 1997 回顾了奴隶制经济的证据，同时提及社会认可奴隶制的不正当性和将奴隶制认作寻租。White 2006 认为，奴隶制被视作寻租仅当我们假设普遍自主权作为初始起点。希腊奴隶制实践似乎确实假设了这一点（亚里士多德的独特的"自然奴隶"学说是个例外；逃跑是个持续的问题，并且逃跑的动机对于希腊人是明显的）。希腊奴隶制因此是我所在此处运用的基本定义的一种寻租形式，尽管有些特殊雅典奴隶的例子（如从事银行业的奴隶）强调创新与生产，并不吻合此定义。另见 Osborne 1995 有关古代奴隶经济性的不同看法和结论；参见 Garlan 1995；Garnsey 1996；EE. Cohen 2000；Schneidel 2005b；Morris and Papadopoulos 2005。

〔2〕 Burke 2005 考察了民主雅典通过支付公共服务及其他形式补助穷人的历史。M. H. Hansen 1999：315—316，估计了城邦为公共服务买单的开支。见本书第六章。

〔3〕 参与的成本，见 Dahl and Tufte 1973：66—68 页。Williamson 1975：46—54 页讨论了决策无效率和比如参与的"伙伴群体"统治中的缺乏沟通经济性，他指出"充分的团体讨论……可能耗费时间但收益无多"。另外，他认为缺乏有效的指令控制机制导致分享信息中的机会主义取向并逃避职责。见本书第三章。

并不能垄断好的制度设计；本书有些结论可以有助于解释其他古典和希腊化时期希腊城邦和非城邦共同体——包括最终统一希腊城邦的马其顿王国——的相对成功。

在希腊古典时代，其他城邦对雅典制度的成功仿效减弱了雅典的绩效优势，尤其在伯罗奔尼撒战争后期和公元前四世纪中叶的所谓"社会战争"时期。到希腊化时期，由民主雅典先行探索的公共体制和文化创新，被其他城邦尤其是西亚所广泛采用。[1] 这种模仿最终导致雅典再也无法确保其独一无二的领先地位。然而，出于同样原因，对雅典的仿效在希腊世界几乎肯定地带来全方位的长期积极效果。也许此假设难以验证，但极有可能的是：希腊城邦作为一种组织形式的活力，之所以能一直延续至马其顿和罗马统治时期，在某些方面是由于对雅典解决公共行为难题的制度设计的广泛的成功模仿。

雅典人的不足之处，如他们的道德缺陷、傲慢倾向、错误判断、经常无能，以及不愿承认自身的有限性和可模仿性等，是不会被人轻易忘却的。这些问题自古以来就反复被人提及；雅典历史总体而言是被其最苛责的古代批判家们所重构的。希腊城邦的历史，作为弥足珍贵的制度形式的潜在知识宝库，一直以来为有志于政治革新的人士感兴趣。但许多注重实际的希腊历史的研读者们，包括美国建国者在内，对采用雅典式的参与协商机制有所疑虑。他们的疑虑部分地来自雅典历史似乎记载了太多错误，这些错误被批评家们归咎为大众集会的无知。[2]

将雅典的失误解释为公众的无知是不对的；哈耶克更关注分散的知识，并指出精英的无知才是更严厉的问题，因为它通常不会被人承认。我将论证，民主在行动中运用知识的积极效应，使得雅典从其错误中存活下来。通过分析民主以知识为基础的过程的效用，本书旨在减轻将参与协商的实践导入当代组织化统治体系的潜在的和实际的风险。[3]

---

[1]　明显例子包括戏剧、剧院建筑、"碑铭习惯"和公共条令形式；例子见 Hedrick 1999和下面第七章。对雅典式体制和政治文化对希腊化生活的影响的全面历史考察将大为有利我们对后古典城邦的理解。见 Rhodes and Lewis 1997，该书收集了大量希腊城邦条规。

[2]　雅典作为反面例证，见 Robert 1994。但雅典作为正面灵感的源泉，见 J. S. Mill；Urbinati 2002。

[3]　出于这一考虑，我们写了 Manville and Ober 2003，尽管是为了工商界的读者。本书后面的内容我从布鲁克·曼维尔得到的帮助是无尽的，没有他的鼓励、建议和案例，我不会关注研究在此提出的一系列问题。

　　我将论证，雅典对于公共行动问题的非同寻常的有力且有效的解决，依靠的是发现有效的手段来组织大规模的共同体中分散人群中的各种知识。我在这么论证时将主要关注三种认知过程，每一种都涉及创新与学习。第一种是汇聚知识，即以有序的方式收集分散的有用知识，帮助决策。第二种是协同共识，即通过让有心达成相似结果的大众了解共享的价值和共享的共同知识来协调他们的行动。第三种是形成规则，即使得到贯彻的决定成为指导行动的规章，从而能够影响未来的社会行为和人际交换。

　　这三个认知过程分别受到社会科学家们的深入研究，不过他们经常在不考虑其他两种情况下孤立地研究其中的一种。比如，有关知识汇聚的文献（通常关注商谈过程实践）一般会认为共同知识与信息的继起随动（cascades，跟风）是一种决策病态。然而，一旦做出了决定，共同知识和继起随动就必须发挥作用，以便使非等级化的群体能从决策的做出走向决策的贯彻。同样地，有关规则在降低交易费用中的作用的大量文献经常会忽视规则在民主语境中是如何制定和修订的问题。因为我们在试图解释知识对民主组织的绩效发挥的作用，我们就必须对整体的认知处境心中有数，而且努力把握这些认知过程之间的动态互动。在图1.2中我形象地介绍了这三种过程的结构，我将在第三章中对其加以更为详细的解释。

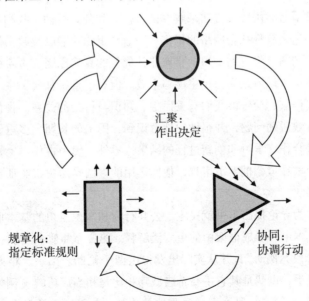

图 1.2　概括表达在雅典政府体制中的认知过程（形状）和知识流动（小箭头），大箭头表示整个过程的动态循环关系。

为什么一个古代民主制对于知识的汇聚、协同和规则化能具有积极的，甚至在某些方面可以说是"现代"的态度，对此问题的探究将有助于解释历史上令人困惑的"雅典例外论"。下面各章所采取的视角有的是共时性的，即将"民主雅典"视为一个单一体，有的是历时性的，即将从公元前7世纪到公元前2世纪的漫长雅典历史分割为12个不同的时期（参看第二章）。"为何雅典在其竞争者中出类拔萃"是一个更有意义的问题，因为民主雅典并没有"一次性地"成功主宰一个单一的经济领域；相反，雅典通过适应变化的环境和在新的集体事业领域中获得成功而在一系列挫折打击中复苏过来。对于古典雅典为何长期繁荣的回答的一个关键要素就是，当初建立民主机制时，是为了解决公元前6世纪晚期这一具体历史时刻的具体问题的，但是后来却显示出能够高度适应接下来的六代人的情况。体制创新保证了雅典在面对变化的环境时继续保持解决公共行动问题的能力，最终的结果便是维持了高度的国家财富、权力和文化影响——这样的结果可不是民主体制的最初创立者所能充分预想到的。

论证及其背景

以下章节将运用各种方法来解释社会行为和公共行动。我相信，通过运用熟知的理论来解释社会网络的运作、一般知识的功能以及政治体制在减少交易费用上的角色将有助于揭示雅典非凡成就的真实原因。古希腊人缺乏相应的社会理论来说清楚为何民主能够生效。但有过直接雅典民主生活经验的杰出的古代作家，会告诉我们有关民主、知识与行为的关系。古代雅典作家认识到了有效激励问题，并很敏锐地意识到，民主的长期、多重领域繁荣是制度化推进合作、学习和创新过程的结果。另外，因为古代作家喜欢将公共行为和知识放在道德框架下审视，他们运用的方法是历史、实证理论和规范理论的综合。

本章作为导论提出本书就民主、公共行为和知识组织的基本假设，将此假设置于在本书所形成框架中的更广泛解释。第二章将雅典历史按十二个时期作"多阶段案例研"，并从实际出发得出两个论断。第一，雅典与同时代的政体或对手，也就是其它主要希腊城邦相比是相当成功的（例如，其长久的物质繁荣）。第二，民主在导致雅典的成功中扮演了重要角色。第三章介绍竞争、规模和知识的组织。我推断，在竞争环境下，对知识有规模的组织及其与公共行为的关系，是用来解释为何雅典民主制度在当时情形中被证明富有生机和活力的至关重要因素。此章还会厘清我们将关注的各种相关知识的种类和处理过程，并回应组织理论家们对民主是否具有功效的质疑。

第四章到第六章将详细考察第三章中所发现的与生产力特别相关的三种知识过程（汇聚，协同和规则化）。位于本书中心位置的这三章的每一章都会描述雅典独特的民主机构和实践。我们将仔细探究各种机制在初建之际旨在解决的那些问题，以及它们在民主共同体及其变化的竞争环境中是如何发挥作用和演变的。关注雅典人是如何发展与修改各种机构以回应环境的挑战，又会进一步帮助解释民主机制是如何在各种活动领域的内部和跨领域之间，促进创新和学习，奖励合作行为，惩罚错误行为，并处理激励问题。用方法论的术语来说，第三章所提出的行动中的知识理论应当可以（而且确实也）预见到第四章到第六章中见到的流行于雅典的各种机构。

第七章是一个总结，它将本书关于机构和实践的发现与我过去一些著作中关于雅典民主意识形态和政治异议在建立与维系一个大型的、多样化的和参与性的民主共同体中的作用的发现结合起来，从而得出对于"雅典如何和为何能表现得如此之好"问题的更为充分全面的解释。

本书是独立成篇的。不过它也完成了一个有关民主雅典的理论和实践的三部曲。在这个三部曲的前两部（Ober 1989，1998，概要见下面）中，我有意识地不谈政府和交换的正式机制，而将重点放到权力、演说、意识形态和异议上面。本书则填补了我对雅典的阐述中的机构方面的空白，但是它预设了正式机构仅仅是故事的一个部分。我在下面概要介绍三部曲前两部的主要论证，但是因为我们这里的关注焦点是正式机构和公共实践的作用，本书对早先的著作中详细讨论的主题将不再赘言。意识形态和批评，以及表达它们的文字形态，是雅典政治生活的非常重要的方面，并且与民主政府的正式机构紧密交织在一起。如果我们要理解雅典人做出的选择，无论是个人还是集体的，我们必须时刻注意到正式机构既受到意识形态承诺和批评挑战的影响，也是表达这些承诺和挑战的平台。如果我们的目的是刻画出一个"全面的"雅典政治生活的塑像，以把握参与式和商谈式民主的潜能，我们就必须将对意识形态和批评的分析与理性计算和伦理责任的分析融为一体。

研究雅典的国家绩效，对于我们来说不仅是发好古之情，因为雅典是一个多样化的社会，由一个真正的和强有力的民主制连续统治了整整六代人的时光（从公元前508年到公元前322年），此后还不时复兴。假设雅典的参与式民主仅仅是浮光一现的，或者仅仅是掩盖精英统治的面具，那么雅典就不值得作为民主成功经验的案例研究了。况且，如果雅典建立在高度一致的思想和文化的基础上，使得现代民主标志性的选择多元性无处立足，那么雅典同样也不会让我们感兴趣了。既然雅典提供了一个国家确实由人民统治，而且具有高度的认知多样性和个人主体性的可靠典例，那么，一开始就设定"参与式民主是如何运作的"这样的问题可以分析地等同于"神马是如何飞翔的"之问题——即只适合想象的实体的问题，就是不合理的了。

关于民主的最重要的事先否定式批判在米歇尔的"寡头铁律"〔Michels 1962（1915）〕中得到了著名的表达。米歇尔对欧洲劳工党派在 19 世纪和 20 世纪初的历史发展的研究十分有影响，在这些研究中，他用分析性的断言摒弃了"参与式民主如何运作"的问题，因为民主作为一种大批普通人在一个大型团体中的参与式自治形式，不可能长期存在（当然不能存在六代人那么久的时间），因为可以预期它会迅速堕落为管理精英的统治。这一堕落是由于，为了组织起来获得（甚至是寻求获得）其目标，人们就需要大型集体。这种需求极为强烈，而直接形式的大众决策又使得组织明显不可能形成，这些都让米歇尔提出了他的社会学假设——精英统治乃是一条"铁律"。当然，如果在一个参与式民主制中确实出现了有效组织，而且维系了相当长的时间，使得人民大众一直都能获得他们集体选定的目的，那么"寡头铁律"就被驳倒了——即便米歇尔对于需要精英领导的一般性宣称在大多数情况下还是成立的。

在《民主雅典的大众与精英》（Ober 1989）一书中，我论证道，没有历史证据可以证明雅典向精英统治堕落发展。在公元前 5 世纪和前 4 世纪，作为一个整体的 demos（民众，公民群体，其典型代表就是会场上的公民）与普通公民，作为个人和小组，实际上通过直接参与首要的政府机构而实施统治。这并不是说那儿就没有领导了，或者没有具备组织化管理的专长的精英领导了，而只是说民主的领导身份建立在自愿的专业顾问的模式之上，他们不断通过与公民们的沟通寻求公共注关注和同意，而不是建立在权威性专家统治阶级的模式之上，后者只是偶尔通过选举寻求合法性证明。雅典的社会精英们保留着自己的私有财富。民众的政治权力并没有被用于通过系统地践踏公认私有财产权来强行推广结果平等。富有的公民可以而且确实取得了政治声望以及领导地位，这是通过语言和行动展示他们的专业技能和对民主文化规范与理想的承诺。不过，他们并没有变成米歇尔类型的统治精英。在本书当中，我会通过更为详细地具体阐明参与式公民群体在相当时间中展开公共行动的机构条件，来讨论精英与大众在民主组织中的角色的问题。

　　我在《民主雅典的大众与精英》的最后总结时强调了普通公民的意识形态霸权地位的重要性——对评判个人的公共行为和评估抽象概念（比如自由、平等）及其政治异议的话语场景实施控制。这个结论使人容易简单地回答雅典民主的成功：以公民为中心（从而成年当地男子统治）的雅典政治文化的霸权地位牢不可破，以至于清除了思想或行动的多样性，并随之清除了许多公共行动的问题，本来那些能确定和寻找自己利益的个人所组成的多样性共同体是会出现这样的问题的。

　　如果沿着这条潜在的论证思路走（这条思路既可以用卢梭的术语积极表达，也可以用奥威尔的术语消极表达），那么产生成功结果的，实际上就不是通常理解的民主，而是某种社群主义的"举国一心"，它消除了个人主体性并模糊了共同体内部的多样性。这么一来，雅典就可以用同质性来解释，这会被强社群主义者视为值得赞美，而被自由主义者视为应受责备。不过，由此推出的一点是，这样的同质性通常被认为（不管这是好事还是坏事）只有在前现代的条件下才能存在。如果将民主思考为一种现代的组织化的统治体系，那么一个同性质的雅典就对我们没有什么意义了，因为所有的现代民主体系都必须接受认知的和社会的多样性，必须承认个人自由地寻求满足其自身愿望的选择。

　　在《民主雅典的政治异议》（Ober 1998）中，我论证道，雅典民主不可以用统一文化规范化和认知的同质性来加以解释。我专门讨论了雅典知识分子中发展出了一种影响很大的异议式"批评者共同体"，并讨论了他们的著作的形式和内容。异议者们认识到雅典是一个具有社会多样性的政治群体，由通过个人行动有意识地追求个人愿望的个人所组成。这些异议者绝不认为雅典的文化规范使得公共行动简单易行，他们反而担忧面对这样一个个人关心自利、伦理规范又无法约束鼓吹个人自由的社会成员的局面，良好的公共决策会显得完全不可能。他们试图解释一个"坏的"（或至少是一个被误导的）大众政体怎么会如此明显非常成功，以及怎样才能在理论上或实践中设计出一种替代品。他们的努力产生了大量文献（包括修昔底德的史学、柏拉图和亚里士多德的政治哲学），这都是我们现在一般看作典型的古典希腊的代表作的。

　　我在《民主雅典的政治异议》的结论中论证说，雅典民主之所以有能力不断在回应新挑战当中变化自己，一个重要的原因就是民主制开拓的空间允许发展和表达公开的异议看法。在本书中我只是简短顺便地回到作为民主制理论家的修昔底德、柏拉图和亚里士多德，主要关注他们是如何解释这一问题的：解决公共行动问题与组织有用知识是如何使得参与式民主超越了人们的期待的，尽管这些理论家认为民主作为一种统治体系具有严重缺陷。

　　总而言之，我们不应该企图诉诸或者秘密的专家统治精英，或者以规范命令消除潜在的公共行动问题的同质化前现代大众文化，来事先就取消雅典参与式民主如何运作的问题。不过，熟悉现代关于民主的讨论的读者还是会立即想到另外两个解释民主繁荣的明显答案。第一个是自由市场的信念，即民主之所以成功是因为它能发展开放市场和取得有力的经济增长。第二个是古典共和主义的看法，即民主得益于高度道德精神和公民德性，以及爱国主义、共享认同，以及公民中的共同体团结感。

　　市场与道德精神当然有助于解释雅典民主的个案，并有助于解释一般的共和式（非独裁式）宪政与希腊城邦们的成功之间的总体正相关关联（参看第 2 章）。在下面各章中，我们会更为详细地谈及这两种要素中的每一种。目前人们广泛（虽然不是全部）同意，尤其是在公元前 4 世纪，雅典经济从某些重要方面看是市场取向的。而且，民主肯定促进了相当强烈的公民身份意识，这部分地是基于自由、政治平等、安全保障的价值。但是，市场经济和公民中心的道德精神自身只不过是知识组织的两个方面。在我看来，就雅典的市场经济和公民的道德精神自身而言，如果要解释处于城邦生态环境中的雅典例外论，还是远远不够充分的。雅典市场的成长，是由制度化的公共知识过程所刺激的（参看第 6 章）。而且，相互竞争的共和式希腊城邦（比如斯巴达）的特点就是专门旨在最大化地提升道德精神水准的非民主式统治体系。如果道德精神就足以解释城邦的繁荣，那么民主的雅典在竞争中就不会像它所做到的那样，成功地战胜其非民主的共和式城邦对手。

专家与利益

　　专注于社会知识论，即以知识作为解释民主成功的关键要素，表面看来可能有些出人意表，因为这一成功要求专业知识，而参与式民主却让非专家掌握公共事务。评论家正确地指出，民主机构和文化有助于公民的道德精神以及政府承诺偿还其债务的可靠性。这些民主特征可以转化为军事动员和集聚资金等关键领域中的优势。然而，从专业知识角度看，人们经常假设雅典这样的参与式民主获得的成功必然是在于能够避开其组织有用知识的方式的弊病，而非恰好是在于有这样的组织方式。柏拉图的《理想国》对此提出了一个经典性的讨论。

柏拉图在《理想国》中的论证非常有名，他说，民主制作为一种统治形式具有系统性的缺陷，因为（其他问题除外）它建立在知识（即得到证明的真信念）和政治权威的错误关系之上。他推理道，民主的实践需要非专家的普通公民，无论是个人还是群体，对于基本问题"何种选择最能导致人类之好"有良好判断的能力。柏拉图否认普通人对于人类之好能做出判断，或是能学会做这样的判断。他认为，在任何一个领域（无论是制鞋还是统治）中，下判断的人应当是那些具有做出正确判断的专门知识的专家。柏拉图论证说，在一个理想的国家里，只有哲学家才应该统治。他的论证建立在他的假设上，即，统治领域需要对于至善（最好，the Good）的专业哲学知识。因为只有极少数人有能力发展哲学专业知识，而且他们还必须经历长期训练，所以统治权只能由极少数智慧精英掌握。

后来很少有对政府理论与实践进行批评的人追随柏拉图，主张对于至善的理念知识是统治的前提。柏拉图自己在其后期政治对话录《政治家篇》与《法义》中也提出了其他不同的方案。但是柏拉图在《理想国》中的一般性论证，即统治主要是专门技艺之事，以及发展相关的专业技艺限于少数人并需要专门训练，却流传甚广。柏拉图在知识和意见之间划出鸿沟，认为在一个领域中不是专家的人只能发表意见，却说不出真实的知识。他的统治学说建立在意见领域和知识领域的严格区分上。现代政治和社会理论家一般会同意柏拉图对意见与知识之间的区分。他们大多数人不同意柏拉图之处在于主张：为了得到正当性证明，一个政治体系必须想办法赋予意见一定的权重。从这个角度看，民主政府可以被理解为一个在专家知识领域中适当接纳非专家的公共意见的体制。现代民主制接纳这些意见的主要方式是大众投票及代议制结构。如果这么看，那就完全可以为了效率而论证对大众参与进行一定限制。

在一个影响很大的（而且公开反对柏拉图的）模式中，达尔（Robert Dahl 1989）将民主建立在广泛接受的（被柏拉图视为错误的）信念之上：每个人都是自己利益的最好评判者。但是从这一假设并不能推出：个人能够形成甚或判定最能促成自己利益的政府实际政策。因为，如果没有这一能力，受意见主导的个人就无法成为对自己利益的合格的直接立法者。这意味着，非专家的意见在统治中的作用很可能带来危害，除非它得到非常精心的控制，故而，精心设计的代议制结构就是必不可少的了。达尔的理论就像麦迪逊以来的大多数共和制理论一样，认为一个政府要获得正当性就必须允许非专家的公民投票选举代表，即，根据自己对不同的统治者谁最可能有效促进自己的利益的意见，选择其为代表。真实的统治留待专家进行。这一思路从定义上讲就排除了直接参与式民主作为一种统治形式的可能性。

民主理论引入代议制和专家，是为了两个目的：一个是解决规模问题，另一个是作为一种代表机构方式，来解决非专家没有能力为自己的利益直接统治的问题。规模问题确实很严重，第三章将对其进行探讨。因为现代国家的规模远远大于最大的希腊城邦的规模，所以雅典的案例不能说对任何现代民主国家代议制提供了一个参与式替代选择。但是代议制的代表在实践中常常非常笨拙。雅典的商议和参与机构关注于使用多样化来源的知识解决问题，或许能对现存的代议制政府形式，尤其是在地方层面上，提供一个有价值的补充。当然，如果雅典的政治经验要有效地补充现代代议制实践，那么首先就要证明雅典机构具有潜在地可以超脱其原初的古代环境的独特的和有价值的特征。本书就是要尝试进行这样的结合理论与描述的学术工程。

本书的假设

在以下各章中将展开讨论的基本假设可以概括如下：

> 民主雅典之所以能够充分利用它的规模和资源，并从而成功地长期在竞争中击败等级制对手，是因为政治参与实践的代价通过社会合作上的巨大回报得到了补偿，而社会合作是来自有用的知识被组织起来用于民主机构和文化的语境中，这样的语境同时既鼓励创新，又立足于学习。

这个假设能够在雅典政府机构和历史当中付诸检验，并潜在地可以证伪。如果这个假设是正确的，那么雅典机构的独特的、似乎反常规的设计特征就能最简化地得到解释：它们有助于组织和运用有用的知识。进一步，人们将可以证明民主机构确实将分散的有用知识组织起来，从而可能导致了普遍的物质繁荣。最后，如果这一假设是对的，那么雅典机构，无论是单个机构还是作为一个整体，应当被证明有助于社会学习，从而产生了富有生产力的规则化。它们还应当随着时间演进而不断创新，适应环境的变化。如果雅典机构表现出与强大的社会化形式相关的强烈路径依赖，或者如果它们随意变化（这是托克维尔等人视为大众民主特有的属性），那么这一假设就被证伪了。不过，在检验民主与知识假设之前，我们需要先确定真的存在一个有待解决的重大问题：民主雅典确实是一个特别成功的城邦吗？

第二章　对雅典成就的评价

雅典首先是个城邦，是在与其他城邦相互交往中共存的一个城市国家。[1] 因此，对雅典的成就评价先要从与其他城邦成就的比较中得出。这就要弄清楚一般城邦及雅典主要对手城邦的大致成就水准，然后以此来衡量雅典的成就。下面，我将给出衡量城邦成就的三项比较指数：整体的物质繁荣、铸造货币发行和在古代希腊文献的突出地位。每项指数的资料都有"偏差"（包含相当程度的随机错误），但也没糟糕到失去研究价值。基本结论是一致而无可争议的：每项指数雅典都独占鳌头，胜出其他城邦一截。考虑到希腊城邦社会按前现代标准衡量，可谓人口密集，经济成就非凡，这就尤为引人瞩目。所以，在当时这样的高度竞争的环境中，雅典可谓出类拔萃的竞争者。[2]

雅典不仅明显在各项指数上超过普通城邦，而且在第一集团与主要对手如斯巴达、叙拉古等比较中也都全面胜出。这一基本结论与学界的主流观点一致，并无异议。本章最后，我们会关注更棘手的问题，即城邦成就与民主之间的量化关系。尽管数据解释相当不易，但仍然显示雅典在表现成就上的变化和雅典走向民主政治的变化有着很强的正相关联系。

民主雅典是怎样产生如许积极的硕果呢？无论与其他希腊城邦还是其自身民主之前或之后的情形比较，古典时期雅典的独树一帜不仅体现在高度发

〔1〕　希腊城邦群体本身又存在于一个更大的地中海与西亚环境中，这包括了著名的非希腊城邦（闻名的有迦太基）。在一项有影响的研究中，Horden and Purcell 2000 强调了地中海环境（尤其在人口的流动、松散交易关系和文化互动交流方面）的长期连续性。Morris 2003 提到规定所谓"地中海人"的困难，他反对超越时空的"地中海性格"作为分析架构，强调有必要关注导致"胜利与失败者"的政治与社会进程。

〔2〕　不同寻常的强盛的希腊经济及人口成就，见 Goldstone 2002；Morris 2004，2005a；Schneidel 2006；M. H. Hansen 2006b（最近的对希腊世界总人口的较为可靠的估计）。

达和创新的参与体制上，还包括它在关键的经济和法律体制上的相对开放。更进一步，随着雅典历史进程中创新体制和公平开放相结合的趋势不断增长，到公元前354—前322年古典晚期表现出尤为绚烂夺目的全面繁荣。本章稍后将考察雅典历史进程。在更大范围的希腊城邦世界中，成就和民主（即托克维尔说的以全体公民参与和多数统治为特色的政体）之间的关系相对较弱。这种情形下，强大的民主伴随着依然不错的成就，但并不卓越。古典雅典不管与其他希腊民主城邦相比，还是和自己历史上的非民主时期相比，都具有无与伦比的优势，鉴于此，我们有必要在下面章节中更为详尽地分析民主雅典独到的体制和文化的特色。

历史评价

我想，大多希腊历史学家都同意我们这么说：整体而言，在公元前508～前322年期间雅典是极为强盛的城邦，如果我们从两个条件来具体评价的话。首先，衡量城邦成功的相对标准应当是财富、国力、安全、稳定和文化影响，而不是道德准则，诸如美德（遵守传统价值）或虔敬（一神论传统的理解）之类。其次，相比较的对象应当是从古风时代晚期持续发展到古典时期的那些其他真实希腊城邦，而不是假想的理想国家或帝国。[1]

雅典有时会被古代政治哲学家拿来与理想城邦相比较，如柏拉图在《理想国》中的美好城邦或亚里士多德在《政治学》第七卷中的"人们所祈愿的城邦"，或者是理想化的、凭空捏造的毫无瑕疵的雅典。与这些假想的政体比较，雅典当然并不成功；但是，不够完美并非一种有用的衡量标准。民主雅典具有高度实验性，它的许多实验以失败告终，有些一败涂地，并且劳民伤财。指出雅典所犯的过错和误判很容易，没有这些，雅典肯定会更辉煌。雅典失败的故事既多且长，为那些批判"雅典式参与型民主"的人提供

---

[1] Brock and Hodkinson 2000：9—13 页表达了专业历史学家的共同意见：与其他希腊城邦相比，雅典尤为人口众多，在富裕程度、城市化及政治稳定方面表现得尤为出色。虽然我很关注用当代民主理论和分析政治哲学使用的道德语词评估雅典，我却无意于回答 Samons 2004（见 M. H. Hansen 2006d 的评论）或其他意识形态社会保守主义者的质疑，他们认为无论雅典（尤其在后帝国的前四世纪）还是现代美国都缺乏敬畏神灵、家庭和国家的"传统"价值，并且视民主（古典或现代）所尊崇的自由、选择和多样化为浅薄而可鄙的。鉴于在价值标准上的巨大差异，我们无法找到积极争论的共同基础。

了不少口实。他们认为这样的民主缺乏效率、道德沦丧，或两者兼而有之。但是，将雅典与想象的完美作比较是没有历史意义的，这如同拿一个真实的投资记录与一个可以在低谷买进并在高峰抛出的理想投资人进行比较。这样一个理想投资人在完美市场中确实可以很快控制所有资金，但这和对一个实际投资记录进行评估却毫不相干。同理，评估雅典成功与否，并不在于事后指出雅典其实还可以做得更好，而在于雅典是如何与它现实世界的对手一比高下的。[1]

另一类有时会被错误地拿来与雅典比较的政体是古代的民族帝国（例如，亚述、波斯、马其顿、罗马帝国等）。[2] 毋庸置疑，雅典或其他希腊城邦需要不断对抗的还不仅仅是整个希腊世界的城邦。在古希腊历史的不少关键时刻，希腊城邦军事对抗的是试图征服希腊的庞大的民族帝国（波斯失败了，而马其顿成功了）。伊安·莫里斯（Ian Morris 2005b）提出了一个有趣的反例，假设雅典没有在公元前415年犯下入侵西西里的错误，就有可能超越城邦的规模限制而演变成帝国。但在此事件中，雅典仍然是城邦；而且也和其他所有城邦一样，雅典的运转首先就脱离不开"城邦文化"的环境限制，这是和其他城邦个体或群体（koina）一起营造的环境。[3]

由于城邦和帝国的规模和组织形式不同，因此将城邦和帝国相比较并不是很有意义。但历史学家老是会提出这样的问题，"为什么在公元前338年雅典未能阻止马其顿的入侵？"各色各样的答案都有。但事实是在公元前338年之后十五年内，马其顿国王就统治了绝大部分（就希腊人所关注的）

---

〔1〕　有名的雅典的失败包括在公元前450年代的灾难性的远征埃及，在前440年代试图征服波埃提亚（Boeotia）失利，伯罗奔尼撒战争爆发后民众涌入城市导致前430—前429年的瘟疫灾难加深，前413年的西西里惨败，前406年对将军们的集体审判，紧接着是前405年埃各斯波塔米（Aigospotami）战败并在前404年向斯巴达投降，前399年处死苏格拉底，在前350年代社会战争中的衰退，及前338年在珂罗尼亚（Chaeronea）和前322年的拉米亚（Lamian）战争中被马其顿人击败。"雅典民主是失败的，因为它犯了许多错误"的历史学说法可追溯到古代，并一直被人重复，见J. T. Roberts 1994。

〔2〕　比如参见 Runciman 1990，认为希腊城邦尤其是在结构上"注定失败"，因为与其他成功的前现代帝国相比，希腊城邦太民主了，从而无法发展出令精英巩固自己权力的制度。朗西曼（Runciman）引述了众所熟悉而错误的观念，即民主受制于内在的不良制度设计（权威关系的失败），从而无可避免地在与等级制国家的竞争中失利。更多见第三、七章。

〔3〕　见 M. H. Hansen 2000，2006a 对于"城邦文化"的概念，及其他历史例证。

已知世界。这表明自变量"雅典成就"不大好解释因变量即马其顿的扩张。要评价雅典成就，相应的问题不是"为什么一个城邦不能击败一个民族帝国"，而应当是，"在帝国的长期阴影下，城邦应对挑战的总体表现如何?"应对策略可以是军事对抗、外交谈判和调解。在希腊历史的任一节点和整个时段，按照面对威胁与机会（包括在有帝国存在的更大竞争生态中）时它如何达成自身目标，可以评价特定城邦相对其对手的排名。

历史记录清楚无误地显示了雅典在与其对手比较时，在它民主时期的不同点上，在各个方面都成就非凡。在公元前435年或者335年，雅典都毫无疑问是希腊城邦中最大的经济体，并且是地中海东部贸易的中心，而在公元前535年（民主未建立）或前235年（民主被推翻）却都不是。在公元前435年和前335年，雅典拥有无与伦比的资本资源（国库储备和税收基础）和庞大无敌的海军舰队。雅典有固若金汤的城墙，能召集大量的陆军，有着稳定的政府和解决争端的可靠体系。在这两年里，雅典都是无可争辩的希腊世界文化之都。雅典的文学、艺术和建筑登峰造极，比任何其他城邦的文化作品都更广泛地为世人仰慕，更经常地被世人效仿。

同样引人瞩目的是雅典成为并一直是自由迁徙的"磁场"。在古典时期，任何希腊城邦看来都难以在其外籍居民的数量和多样性上与雅典媲美。从某种程度上看，一个城邦的繁荣可以用"作为移民目的地的综合向往程度"来反映。在这方面，雅典同样独占鳌头。虽然雅典作为移民目的地的向往程度在不同时期有所变化，但如果可以拿整个民主时代（公元前508～322）取个平均值，那么雅典完全可能在所有的目的地城邦的名单中名列榜首。但在民主时代之前或之后两个世纪，它都没能做到这点。[1]

整体繁荣

最近在《古风时代和古典城邦志》（Hansen and Nielsen 2004）这本书中，对约一千个古风和古典时期的希腊城邦所找到证据进行了分类整理，其采集的证据证实了雅典相对表现突出的历史判断。此书中的量化事实有助于我们对单一城邦成就的某些方面形成统计性的概貌。以下讨论就建立在从

---

[1] 定居雅典的外邦人，见 Whitehead 1977；E. Cohen 2000。著名的雅典外邦人的辞典：Osborne and Byrne 1996；更多见第六章。

《城邦志》原始证据中提炼的数据库基础上。[1] 运用这些综合采集的文本和指数可进行各类国家活动与成就的跨城邦比较，包括（此处的）名声（计算书中所占的文本篇幅）、国土面积（按平方公里）、城邦间互动（往来使者数量）和公共建筑数量。

我们还可以按城邦有记载的一般政治形式（从专制到民主分成5级）和政治历史的某些方面［尝试过的政体类型（民主、寡头和专制），内部冲突和毁灭］进行比较。《城邦志》中包含了199个城邦（大约占已知城邦的五分之一）的政体的某些证据和其中166个城邦的国土大小。这些统计数据的选择具有相当大的偏颇，原因在于证据来源于文献和考古记录。而有的城邦有文献，而另一些城邦却没有；有些城邦的考古发掘很全面，而另一些则没有。下面我们要考察的统计数据（硬币储存）就较少受系统偏见影响，但也就没有那么完整。《城邦志》的证据可以帮助人们为城邦进行一个初步排名，然后再对照其他数据加以检验。

以下讨论基于将这164个城邦按满分80分进行排名，其中名声、国土面积、城邦间互动程度和公共建筑的数量都占同样权重（每项最高20分）。每个城邦各项相加所得总分就大致体现它的"整体物质繁荣"程度。[2] 图2.1就反映了164个案例城邦总分的排序（将名声分数单独列出作为对照值）。

我们将会考察排名前20的希腊城邦（在图2.1中最左边的城邦）；但是，为了将雅典及其他第一集团城邦置于恰当地缘政治大环境中，我们应先考虑"中间集团"，它由城邦排序四分位法中的中间两分位的80个城邦构成（就是整体排名在41~120分，在图2.1中位居中间的城邦）。中间集团的80个城邦在80分制中，总的得分是平均18.4分。[3] 这个集团中包括许多希腊

---

〔1〕 M. H. Hansen and Nielsen 2004 比其他百科全书式的参考书更为全面，因为它也涉及了小城邦。不过，如果可以进行比较时（每个个体城邦覆盖量由文本数量衡量：比如"名声"得分），在《城邦志》与其他两个最新的标准参考书（《牛津古典词典》，第三版）之间的相关性相当高。

〔2〕 编制资料库是在我指导下由大卫·提嘉顿（David Teegarden）完成的。还应感谢CASBC的林·戈尔（Lynn Gale）在组织和分析数据上的支持。应当考虑到个体城邦的具体繁盛是在公元前800至前300年整个希腊世界全面经济增长的背景下发生的，这一持续增长水平（特别按增长人口、死亡年龄、居住面积衡量）从前现代标准看是相当惊人的。见 Morris 2004。

〔3〕 综合得分范围：10.68（Massalia）到25.34（Karystos）；标准偏差＝4.23。

历史学家熟知的城邦，也有些相对不知名的。中间集团城邦通常是地区性的佼佼者，但却很难成为第一集团 20 个城邦的真正对手。因此，中间集团城邦大概可以称作"普通希腊城邦"，就其规模与地位（如果不算美德）更合理地接近亚里士多德的中等大小的"众所祈愿的城邦"。[1] 但需要记在心上的是，这个中间集团的城邦比绝大多数的希腊城邦都要出色。在我的数据库中没有排上序的已知古典时期 850 个城邦中的大部分，在历史上都不甚明了。[2] 尽管缺乏数据证明，但是几乎可以肯定，它们整体上规模不如中间集团，与其他城邦间互动不多，公共建筑也较少见。在附录 A 中，这一排名被更为详细地制成了表格（并说明了计算的方式）。

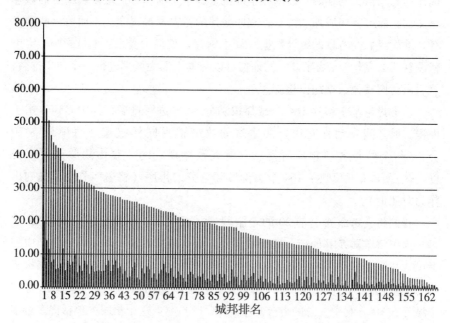

图 2.1　164 个城邦按 80 分值给" 综合物质繁荣"（名声＋领土大小＋国际事务＋公共建筑＝高条柱）排名，并按 20 分值给"名声"（按《盘存》中的文本数量＝低条柱）排序。荣誉得分的锯齿形表明，综合繁荣并不仅由于名声的作用。（皮尔逊关联系数：附录 A.1）

〔1〕　亚里士多德的"众所祈愿的城邦"如此之小以至公民相互熟悉，并且，传令官无须拥有超人力量。它有城墙围守，能够自御，拥有合适的现代技术，见 *Politics*，卷七。就一般城邦的定义问题，更多见 M. H. Hansen 2006a，第十三章。

〔2〕　一些众所周知的城邦（如阿姆菲城、马尼撒、麦罗斯）未收入资料库，因为《城邦志》对其领域面积及政体形式无从知晓。在历史学家更多努力下，这些及其他城邦应该可以编入扩大版的资料库，但整体结论不会有太大不同。

在古典时期，标准中等城邦（相当于位于中间集团的一般城邦）的领土面积大致在 200~300 平方公里之间，总人口不会超过几万人。[1] 其中普通体制是寡头制，但很可能有过僭主制（40% 的可能性），更可能有过实际的寡头制（50%）和民主制（55%）。中间集团的 80 个城邦中，已知有 26 个召集过公民大会；28 个有政府议事会；但已知只有 6 个有过法庭审判体系。80 个城邦中间有 50 个同时铸造银和铜制（或其他金属）的硬币，其余有 23 个只用银，而有 3 个只用铜，还有 4 个城邦发行铸币的情况不明。就城邦间活动而言，大约一半以上（46）的城邦已知接受了其他城邦的外交使者身份（即一个或多个它邦受到外交礼遇的公民），只有四分之一的中等城邦（23）给其他城邦公民提供使者身份。圣息地（*Theorodokoi*，前往神庙途中给使节的休息场地）在 28 个城邦建立，有些还不止一个。80 个中间城邦的 28 个城邦公民在泛希腊运动会中至少总共赢得 40 项胜利。中间城邦中 46 个至少有一个（通常有更多）神殿；已知 27 个有一处（少数有更多）公共建筑；22 个有剧院；13 个有一个或更多的柱廊。80 个中间城邦中，只有两个有运动场，无一有体育馆。另外，几乎所有（72）中间城邦都有城墙围绕城中心；其中三个只有加固的卫城；5 个卫城没有防御加固。一半中间城邦（41）在有记载历史中经历过一次或以上的内战。尤为引人重视的是，30% 的城邦（24）在古风时代或古典时期在某个阶段遭受过毁灭性打击（完全或部分地）。详细的细节可以参看附录。

　　让我们暂时仅仅从《城邦志》中收集的资料看，雅典在有些方面看来和"标准中等"城邦相似：城市环绕着围墙，发行银铜硬币，历经民主、寡头和僭主制。如同许多中等城邦，雅典有过内部战乱，城市被毁过（被波斯在公元前 480 年毁坏）。它有着记录完备的公民大会和议事会（见第六章），还有系统的法院和特别的"立法者"机制。雅典要远大于标准中等城邦——面积 2，500 平方公里，总人口估计在 250，000。雅典在国际事务上极为活跃，无论是派出或接受使节，建立圣息地，其公民在四大主要泛希腊节日上都赢得过运动比赛胜利。雅典在其公共建筑数量上远远超出中等城邦：包括大量用于政府目的的重大建筑以及神殿、剧院、拱廊、健身场和运动场。[2]

---

〔1〕　很难估计实际的人口。如果我们取低、高区域数目，乘上低的每平方公里 50 人和高的每平方公里 100 人，得出的人口数在 10，000—30，000，这应该是正确的大致区间。更多见 M. H. Hansen 2006b。

〔2〕　在《城邦志》索引中的数据严重低估了实际的雅典公共建筑的数量，这是由于索引的计算方法所导致的。见下面的进一步讨论。

雅典以总成绩75分（总共80分）雄踞综合物质繁荣城邦排名的榜首，超过最为接近对手一大截。事实上，从图2.2可见，雅典除面积大小外，其余都占领先优势（具体见附录A），不仅超过中等城邦平均水平，还包括其成就突出的对手。

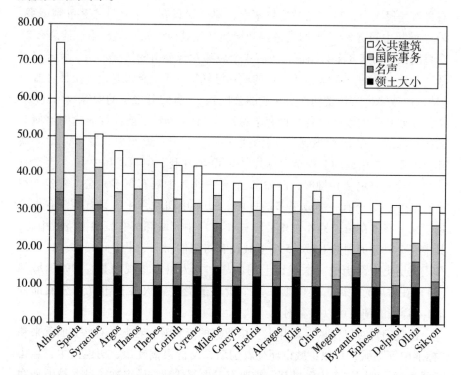

图2.2　前20名最出色希腊城邦的比较。按照综合的领土大小、名声（《盘存》中文本的列数）、国家事务及公共建筑的80分值的均衡值。

图2.2所列的"前20名"集团包含了一般读者所可能熟悉的城邦，希腊历史学家或许会将这些城邦说成古典时期的领先性城邦。[1] 从这20国集团可得出雅典主要对手的基本情况。雅典的75分总分是个异数，比前20名的平均得分37.4分高出一倍，而中等集团的平均分18.4则比前20名的平均分又少一半。前20名中的其他19个都与平均分较接近，只有斯巴达和叙拉古两个城邦高于50分，没有低于30分的（标准偏离值=6.5）。当然，雅典在古典文字、碑文文献、考古证据等方面要远好过其他任何城邦。但以《城

---

〔1〕 埃基那（Aigina）明显在前二十名单中缺失，见下面的硬币方面的讨论。

邦志》中的文本和索引为基础进行排序的计算方法恰恰纠正（如果不是精准地）了这点，由于《城邦志》中收集的文本相对较多地关注记录较少的城邦，因此它的索引在系统性上对有名城邦的国际交往水平和公共建筑数量的估计相对不足。[1]

硬币分布

若担心雅典综合得分高高在上仅仅是证据收集的选择偏见的结果，那么对第二个量化数据群的考量则可以减轻这种担忧：计量各城邦所铸硬币在希腊世界各地被发现的囤积数目。硬币囤积数目受选择偏见的影响相对极少，但雅典还是在与其他领先城邦的比较中远远胜出。并且，硬币囤积数目使得排名可以跨越长时段进行，不仅仅是对综合数据在某个瞬时进行度量比较。

硬币囤积是指在古代被有意识地集中起来储藏而被现代研究者发现的一群硬币。其埋放时间的确定通常可以精确到四分之一世纪以内。在标准《希腊硬币囤积城邦志》（Thompson et al. 1973）中列出了公元前550～前300年间整个希腊世界所有852个硬币囤积点（共146,099枚硬币）。这些点上相当数目的硬币（40,508枚）确定是出自前面谈到的164个城邦中的前80名。[2]通过确认哪些囤积点有哪个城邦的硬币，以及这个城邦有多少硬币出现在每个囤积点，我们就能知道这个城邦的硬币在时间和地域上的分布。

每个城邦的分数按照下面变量进行计算：囤积点数量（该城邦的硬币在多少个囤积点挖到），硬币总量计数（所有囤积点该城邦硬币总数），历时长度计数（从公元前550到前300年每25年该城邦出现的硬币，总分十分），地域广度计数（该城邦硬币出现的囤积点在希腊世界的地域，总分九分），城邦外比例（该城邦硬币出现在其他城邦囤积点的比例）。具体详见附录B。

---

[1]　《城邦志》中每个城邦所占的份量可以与比如一个城邦的名字在古典希腊文献中出现的次数进行比较（运用TLG作为数据库）。通过这样的比较，古典雅典出现频繁，远超它主要的竞争对手；只有斯巴达勉强接近。（见下面及附录C，低估的理由在附录A中可以看到）

[2]　在古风时代和古典希腊贮藏点的许多硬币不是由城邦权威发行的，尤其在东部君主国如吕底亚（Lydia）和波斯；到前四世纪晚期，马其顿国王和君主的硬币在贮藏点很显眼。以下结论是由按照Thompson 1973而建立的数据库所得出的，由大卫·提嘉顿在我指导下于2005年编纂完成。

表 2.1   前 80 名城邦（排名按"整体物质繁荣"得分的 164 个城邦样本中的前 1/2）
硬币储藏的中值与均值

	储藏点数	硬币数	日期范围	地区范围	地区外比例
中值	13.0	123	4.0	2.0	21
平均值	17.0	506	4.6	2.5	26
标准偏差	18.3	1098	3.0	1.7	25

　　城邦的囤积硬币点的分布并不能精确衡量其整体经济成就。[1] 但囤积硬币数量是很有说服力的，其可被称为"货币成就"（而这当然是经济成就的一部分）。对此有两点理由：一，挑选特定硬币保存（囤积）的决定几乎都是直接由古代在特定时间地点通过某种交易获得该硬币的个人（或团队）做出的。我们可合理假设把这些硬币专门储存起来是合乎经济理性的，因为它们被看重首先在于它们具有货币价值，是可兑现的金融财富。二，囤积点通常由非考古学家所发现，因此它们的已知分布并不取决于现代专业化的对发掘点的选择。简言之，至少就囤积计数而言，后古典时代的挑选偏见相对较少。[2] 表 2.1 列出前 80 名的中等或平均的分数。

　　正如物质繁荣指数所显示的一样，在少数排名领先的城邦和中等城邦之间有相当的差异（排名垫底的城邦在囤积点和总硬币数上都为零，因为在囤积点中没有这些城邦铸造的硬币）。将"囤积点"作为首要指标，"总硬币量"作为第二指标，图 2.3 显示了前 80 位城邦的分布情况。

　　尽管 Y 轴的长度和标本大小不同，但将图 2.3 与图 2.1 相比是极具启发的：两图的首要指标（高的那条）在少数几个最前列的城邦（最左边）后都循着一条急剧下降的轨迹。然后是相对平稳下降，直到第四分之三处，最后的四分之一处于极低的数值。整体的相似度在前 20 位城邦（囤积点排名中）也保持一致。请见图 2.4。

---

[1]　对希腊硬币的介绍，见 Howgego 1995。就如何将贮藏证据用到关于货币生产、经济货币化、贸易模式和古代城邦的比较优势上的困难而言，见 Howgego1990；Buttrey 1993，1999；Picard 1997；Callatay 1997，2006。

[2]　我们需要关注的主要的系统偏见来自计算特定城邦在特定贮藏点的硬币数：有些点相对其他点拥有更好的记录，而在相对糟糕记录的点当中，很普通的硬币（如雅典"猫头鹰"）只简单列为"有"和"量多"，而稀缺的硬币得到了更仔细的计算。排名前列的城邦（如雅典、埃基那和叙拉古）的"总硬币数"肯定被在很大程度上低算了。

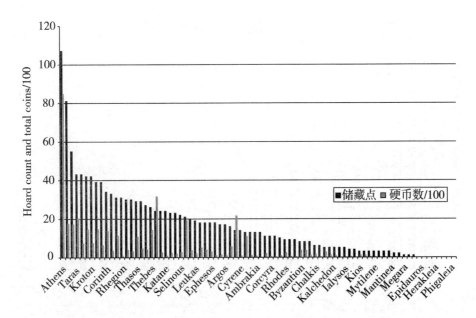

图 2.3 80 个城邦的硬币储藏点（黑条柱）与 1% 的储藏的总硬币数（灰条柱），在 X 轴标出的城邦是按每三个的顺序。

所有前 20 名城邦的囤积数都高过前 80 名城邦的 13 个点的平均水平。除一个例外（雷吉昂），其他所有分数都高于 123 这一"总硬币量"的平均分。所有前 20 名铸造的硬币流通时间相对更长，它们的时间跨度相对一致，大致从一个半到两个半世纪不等。[1] 相对而言，有些排名靠前的城邦的硬币只在特定区域流通，而另一些则分布更为广泛。流通地域数差别很大，从 1（塔拉斯、奥尔比亚）到 8（雅典）都有。地域外比例也同样差别巨大，从 0（塔拉斯、叙巴里斯）到 78%（雅典）之间。图 2.2 中 20 个城邦（这 20 个是按整体物质繁荣积分排的）中的 9 个在图 2.4 中重新出现。这说明 80 个综合物质繁荣总分在前的城邦与它们硬币囤积数总分间确实有整体相关性（相关系数为 0.57），尽管具体关联还远非清楚。[2] 例如，埃基那岛、大希腊范围的一些城邦和小亚细亚在硬币囤积数上的排名就远高于整体物质繁荣。

---

〔1〕 六个城邦的时间范围：塔拉斯（Taras）、格拉（Gela）、雷吉昂、叙巴里斯（Sybaris）、图力奥（Thourioi）、忒拜（Thebes）。按十个计算：埃基那和萨摩斯。

〔2〕 与总体物质繁荣相关的其他帕森（Pearson）关联要素：总硬币，0.53；地区数 0.43；时间范围数 0.34；领土外比重 0.18。

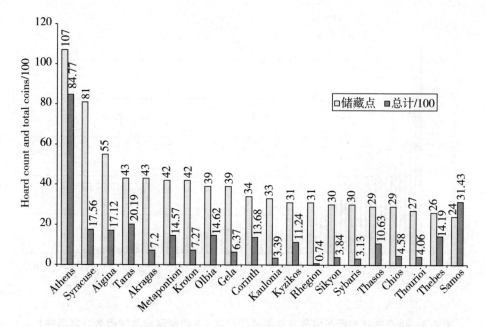

图 2.4　前 20 名城邦（按储藏数排名）的硬币储藏数（左条柱）和 1% 的储藏的总硬币数（右条柱）。

雅典再次在这个排名中雄居榜首。在整体繁荣度中总分列第三位的叙拉古（排在雅典和第二名的斯巴达之后），在这个排名中位列第二。[1] 显然，雅典和叙拉古的硬币都在希腊世界有相当需求；它们的硬币被许多个人所选择收藏，因此出现在许多囤积点中，从时间和地域跨度上，都有相当的数量。囤积点中的雅典硬币在时间上覆盖了两个半世纪中的 9/10，而在地域上覆盖了 8/9，叙拉古在这两项上的成绩也很突出：分别是时间上的 8/10 和地域上的 6/9。但在地域外囤积比例上存在显著差异：雅典硬币存储量的 78% 位于雅典的希腊本土之外，但叙拉古被囤积的硬币却只有 17% 在西西里岛之外。这个差异看来说明了它们方式不同却同样成功的货币策略。有证据表明，这些策略同样为其他排名靠前的城邦所运用。显然，一个城邦可以选择不止一条路径来发展成功的货币政策。[2]

---

〔1〕　物质繁荣排名第二的城邦斯巴达在古典时期没有铸造任何硬币，这是它有意为之的城邦政策，因而不在考虑中。

〔2〕　埃基那在贮藏数上排第三位，其城邦外发现量指数为 38%，这打断了差异值。

雅典与叙拉古及斯巴达的对比

雅典、叙拉古和斯巴达都是出类拔萃的城邦，甚至可以算是古典时期的三大领袖城邦。[1] 就一些关键指标将它们的得分相互比较，同时对照前 80 名城邦的平均值（前半部分城邦的物质繁荣＝总硬币囤积地样本），可以让我们更好地理解雅典独特性的程度（表 2.2）。

表 2.2　雅典、叙拉古和斯巴达与"前 80 城邦"均值的标准偏离

	整体物质繁荣	名声（文本数）	国际事务	公共建筑	储藏数	储藏点硬币
雅典	4.9	5.1	2.5	5.4	4.9	7.3
叙拉古	2.4	2.1	0.3	1.4	3.7	1.1
斯巴达	2.7	3.0	1.4	−0.1	无数据	无数据

就各种衡量指标看，雅典与前 80 名城邦平均值的标准偏离指数是 2.5 到 7.3。[2] 从最具意义的两个指数即综合物质繁荣和硬币囤积数看，雅典偏离平均值达到了 4.9。在每个数字来自完全独立的数据库的情况下，这样的一致性是极具意义的。叙拉古的分数基本都在雅典之下，与前 80 名城邦平均值的标准偏离指数在 0.3 到 3.7 之间。不过，再次而言，叙拉古在最具意义的两个指数上都较接近，综合物质繁荣偏离平均值为 2.4，硬币囤积数为 3.7。斯巴达没有铸造硬币，它的其余标准偏离指数为 −0.1 到 3.0。斯巴达的综合繁荣标准偏离值与叙拉古有得一比，其名声和国际活动分数排在雅典和叙拉古中间。斯巴达记录的公共建筑数量较少，事实上它这项分数低于平均值。但这里有必要提一下修昔底德的著名警告（1.10），鉴于雅典和斯巴达各自的实际国力和外在辉煌之间并不成比例，他预测如果简单地看外在留

---

〔1〕　在前五世纪晚期，雅典和叙拉古在许多其他方面相近，尤其在政体和军事力量上。修昔底德将雅典与斯巴达在各种指标上做过衡量比较。更多见 Ober 1996，第六章。

〔2〕　中值是每组的平均值（在此样本中，一直比中数要高）；标准偏离是在排名组的两个中间四分位数间的数字的偏离均值。因此对八十个城邦（当然，每个变项的排序不一），将与中数的标准偏离加在均值数上，就包含了排在 21—60 名的四十个城邦。表 2.2 所依据的数据列在附录表 A.5 中。

存物，那么雅典有可能被误判超过其实力一倍，而斯巴达则会被严重低估。但即使我们遵循修昔底德的判断，将雅典公共建筑数目砍去一半，雅典的公共建筑数和平均值的标准偏离仍然达到 1.8。

考虑到"物质繁荣"和各种可以统计地测量的变量之间的关联度并不紧密，并且古代城邦数据的较大误差，这些数字都只能仅供参考。它们并不能准确评估城邦相对实力和整体国力，更不用说反映居民的整体生活水准或长期的经济增长状况。然而，总体结论依然明确无疑：雅典即使与它两个最接近的竞争对手相比，也是遥遥领先的。

希腊文献中的提及和其他标准

第三个可量化的数据亦应给予简短的考虑：城邦"提及次数排名"，即在古典时期，希腊作家在文献中提到的特定城邦名字的次数（数据库是标准《希腊文献宝库》）。这个标准可被大致看作"古典时期知名度"指数，尽管以提及次数排名所衡量的只是各城邦在现存文献中的著名程度，而这些文献仅仅只占古典时期实际所写下的著述的一部分。提及次数排名还有强烈的偏向性，因为公元前五到前四世纪保存的希腊文献有相当大的比例出自雅典，由雅典公民（如修昔底德、柏拉图、德摩斯梯尼）或长住居民（亚里士多德、吕西阿斯）所写。但这一事实本身又说明雅典的繁荣的一个方面，因为它突显了其主要文化中心的地位。

在古风时代时期（公元前八世纪到前六世纪），也就是民主制度建立之前，雅典（得分 40）只是一小群 20 多个城邦（都在大陆上）中的一个，古代雅典得分不如斯巴达（47），和阿戈斯（40）相当。在公元前五世纪，当民主制确立后，情形骤然大变：尽管所有主要城邦得分都大幅上升，但雅典（2622 处提及）现在完全占据领先优势；只有斯巴达（1555 处）还勉强接近。到公元前四世纪，许多突出的城邦，包括斯巴达（1316 处，仍据第二）都在被提及次数上有所下降。相反，雅典的这一数字却仍大幅增加（3273处）。如同硬币储藏数据所提供的证据（见表 6.3），"希腊文献提及次数"的得分不仅表明雅典相对其对手的突出优势，也说明了雅典的表现具有长期的韧性。依据这两个标准，雅典在公元前四世纪的后帝国时代甚至比公元前五世纪的帝国时期更为独领风骚。具体细节请见附录 C。

如果忽略综合物质繁荣、硬币分布或古希腊文献中提及次数之类的成就

指标，而仅以基本军事实力衡量，很显然雅典有着强劲的对手，比如叙拉古
（长期或短期殖民地数量）和斯巴达（军事实力和外交影响）。[1] 但从其他
各种古典时期城邦活动和影响的潜在可量化的指数衡量，如公共碑文数量、
作家和艺术家居民数量、知名居住人士数量、现代古典学提及次数等，雅典
毫无疑问远远超出对手。[2] 影响综合繁荣和"文献提及次数"分值的选择
偏见问题同样在这些量化标准中存在。雅典无论在古代或现代都是独一无二
闻名于世的城邦。但相对客观公正的硬币储存数据表明，雅典的名望是同它
的实力相称的而不是徒有虚名。已有的客观数据可证实，历史评价是能够成
立的：雅典相对其希腊竞争对手在民主时期一直都是卓越成功的城邦，而之
前并不如此。于是，问题就是要解释怎样的因素或一系列因素促成雅典的相
对出众的实力，使其能获得并保持优异的公共成就。

表 2. 2　雅典、叙拉古和斯巴达与"前 80 城邦"均值的标准偏离

时期 （公元前）	阶段	挑战	回应
I . 700 – 595	世袭贵族寡头制	城邦形成、地区竞争和社会与财富精英冲突.	出现复杂的"自然城邦"。一小群权力统治并寻租掠夺
II . 594 – 509	梭伦与僭主制	精英内部冲突斯巴达崛起成为主导城邦	第一次开放性体制：成文法公民豁免、共同身份建设。促进工业与贸易
III . 508 – 491	民主奠基	被对手攻击，国内冲突，传统权力结构瓦解	新基础性体制建立，公民参与新过程，公共领域，新政体的建筑。

[1] M. H. Hansen and Nielsen 2004，附录 27（殖民化和希腊化）在古典时期提及叙拉古
作为殖民者的次数是 18，雅典的次数则是 26。但雅典在特殊栏目"雅典殖民者短期
占据"中列在 19。在前二十国"竞争"集团中没有其他城邦在古典时期积极从事殖
民活动，尽管有些城邦在古风时期相当活跃。

[2] 相应的统计学论证的原始数据可在以下资料汇编中找到。铭文：Hedrick 1999（初步
论断雅典占优：389—391，395）；cf. Davies 2003：326—327。姓名：《雅典人名辞
典》。当地居住的作家与艺术家：《牛津古典字典》（第三版）。现代学者的引用：
Database of Classical Bibliography。

时期 （公元前）	阶段	挑战	回应
Ⅳ. 490 – 479	波斯战争	有野心精英的冲突。入侵，城市被攻击并洗劫	放逐制，建造战舰，城市坚壁清野并在战后重建，地米斯托克利领导
Ⅴ. 478 – 462	提洛同盟和战后重建	波斯撤退，基础设施破坏，有野心领导间的冲突	最高法院权力受限，建立主要的反波斯爱琴海联盟体系。攻击波斯。
Ⅵ. 461 – 430	帝国与对希腊主导权的争夺	联盟转变成帝国。财富与权力的不断增长。与斯巴达战争军事冒险主义的代价。	司法体系精细化，陪审员付薪，帝国体制精细化，放逐制，试图打破斯巴达联盟，主要建筑工程
Ⅶ. 429 – 416	伯罗奔尼撒战争阶段Ⅰ：僵局	瘟疫、入侵、附属国起义有野心领导间的冲突	复杂的陆地与海上军事行动，外交。与斯巴达停战
Ⅷ. 415 – 404	伯罗奔尼撒战争阶段Ⅱ：危机	军事不利，大量人员与财产损失。寡头政变，帝国境内叛乱斯巴达统治，寡头制复辟。	反对寡头制，重建民主，重建军事能力法律规则化开始
Ⅸ. 403 – 379	伯罗奔尼撒战后	严重人力短缺，失去帝国与舰队，对斯巴达－波斯轴心无力应对，对寡头制犯罪愤怒。	民主恢复。大赦。法律重写；对制定法律的新程序化规定向公民大会参与者付薪。与之前对手结盟。基础设施重建
Ⅹ. 378 – 355	海军联盟、社会战争和金融危机	来自边界各方的外部威胁，复杂的外交政策处境，躁动不安的联盟。军事及国内预算的资金不足	重要的新反斯巴达联盟；边境防御的巩固，战场上的将军可临时想法筹集资金支付军队。军队招募改革，税收改革，硬币鉴定员

续表

时期 （公元前）	阶段	挑战	回应
XI. 354 – 322	对抗马其顿、经济繁荣	前 350 年代中期的财政危机。马其顿帝国兴起，溃败，失去外交政策自主权	金融改革。海事法庭和其它给非公民的好处。银矿和贸易收入的增长立法、陪审员招募，公民大会程序改革。主要军事及公共建筑。
XII. 321 – 146	马其顿和罗马统治权，被驱逐，竞争市场的出现	丧失自主，丧失公民	维持某些民主体制，偶尔起义、妥协、谈判，期望减少

雅典的 12 个时期：分时段案例研究

　　以下各节简要介绍雅典历史的十二个时期，从前民主时期到创建民主制的一代，再到雅典开始在希腊事务中起主导地位，一直到民主雅典建成一个强大的帝国力量，再后来是危机年代，在此期间民主制在战争中损失惨重并且两度被推翻，再是复苏年代，雅典面对新的金融危机和成群的非城邦对手的挑衅，进而成为地中海贸易财富中心，但在外交政策上失去独立性，以及最后终结于后民主时期的马其顿和罗马统治。以雅典的政治体制发展变化为基础，将其历史细分的方法是有很好的古代先例的：亚里士多德的《雅典政制》[（Aristotle]）*Ath. Pol.* and Rhodes 1981)就将雅典的政治历史划分为十一个时期（直至公元前四世纪的第三个 25 年）。

　　在每一时期，我会强调：（1）体制的持续和变化；（2）雅典不断应对挑战与发展，表明它有能力在外交政策、国内政策和公共建筑这三个普通领域开展重要项目；（3）雅典的政治发展，这体现在公民权、多数统治和法律权威三个方面。在最早阶段，雅典只是个"自然国家"，以既得利益精英集团的普遍寻租为特色。在其整个历史当中，雅典城邦都存在以某种形式寻租的传统行为。但是，在从公元前六世纪早期开始，到公元前四世纪晚期为顶点的历史进程中，雅典社会在某些方面出人意料地演变成某种"现代"开放国家，推崇个体自由、个人选择和社会多元等价值。这个历史演进的历程，至少在其自主和民主方面，终止于雅典被马其顿征服以及后来的罗马对整个希腊世界的统治。

从方法论角度，将雅典历史细分成多个阶段是将单个案例转化为系列案例，"雅典 1 至雅典 12"至少在一定程度上有助于清晰观察一个城邦如何应对各种挑战，从而有助于我们将民主在漫长历史岁月中发挥原因的作用识别出来[1]。表 2.3 概括了十二个时期，每个时期的相关内容详见下面的讨论。许多新的机制创建起来，在法律程序、军队招募、税收、贸易政策、福利供给和金融体制等方面都有实质性的改变。这里仅简单谈及一些历史发展，更多内容会在第四～六章展开。详细历史叙述在标准希腊历史文本或对特定时期和体制的专门研究中都能找到。以下列出的是其中最为重要的一些内容[2]。

阶段一（公元前 700～前 595 年）：世袭贵族寡头统治

雅典通过在古风时代早期整合了阿提卡半岛［范围在卡撒山脉（Kithairon—Parnes）东南］诸多城镇、村落而形成了一个超级规模的巨大城邦共同体。但早期雅典无论就经济或军事实力而言，与其他城邦对手相比，都不算突出。雅典没有参与这一时期由科林斯、厄瑞特里亚（Eretria）、卡尔基斯（Chalcis）和其他领先城邦发起的大规模海外殖民活动。雅典正式领导职位（一些行政官）被几大豪门，后又称为"高贵出身者"（*eupatriadai*）的世袭贵族松散联盟所垄断。世袭贵族寡头统治在政治和经济上统治了社会。尽管有些海外贸易，经济活动绝大多数建立在寻租基础上。尤其是在农业领域

---

[1] 有关使用这个多阶段案例研究方法对历史资料进行量化分析，以便得出可靠的描述性的和因果性的推断，见 King、Keohane and Verba 1994：221—223 页。

[2] 包含雅典的希腊通史：《剑桥古代史》，第二版，第 3—6 卷。更精简的则有 Morris and Powell 2005；R. Osborne 1996（第 1—4 阶段）；Ehrenberg 1973（第 2—8 阶段）；Welwei 1999（第 3—6 阶段）；Hornblower 2002（第 5—11 阶段）；Buckler 2003（第 9—11 阶段）。希腊经济史最新详细考察：Eich 2006。希腊神庙建筑与比较经济成就：Salmon 2001。雅典历史，包括外交政策：Meier 1998；Meiggs（第 5—8 阶段）；Powell 2001（第 5—8 阶段）；Mosse 1962（第 9—11 阶段）。公共建筑：Boersma 1970；Camp 2001。税收与公共责任：Christ 2006。国内政策与机制化发展：Andreades 1933：197—391 页；Rhodes 1981；M. H. Hansen 1999（重点在第 10—11 阶段）；Raaflaub, Ober and Wallace 2007（第 2—5 阶段）。我在下面引用了一些专门关于雅典各个阶段的历史研究成果，但这仅是海量文字中的很小部分。

中，对各种不自由劳力的盘剥，给大量拥有土地的财富精英积累了盈余。政治体制建构处于低级阶段。很少有大规模军事行动。除了偶尔或短期的"大众动员"（明显的一次发生在公元前七世纪晚期，针对一次僭主制企图），证据表明，军事力量基本由地方强人募集，也应该没有所谓国家军队。在第一阶段雅典在许多方面都是典型的未发展的"自然国家"。

麦加拉（Megara）和埃基那岛是相对较小但却更为发达和协调一致的区域竞争对手，对雅典控制的西部边界构成严重威胁，并与雅典竞争对重要战略岛屿萨拉米斯（Salamis）的控制权。雅典有某种形式的城市中心，但可能除卫城（在此时期少有证据）上有一座神庙外，没有理由相信当时有大型公共建筑。到这一时期末，在世袭贵族和富裕非世袭雅典人之间，以及富裕地主和贫民之间，对抗和冲突不断升级，社会凝聚力几乎到了全面崩塌的边缘。本地居民未能偿还债务被迫沦为奴隶的做法，在公元前六世纪初日益增多。雅典看来很快会坠落为僭主制或发展一种斯巴达式的主奴关系来建立大型城邦社会组织，即，本地出生的居民被严格分为自由民或奴隶。[1]

阶段二（公元前 594～前 509 年）：梭伦与庇西特拉图家族（Peisistraid）僭主制

公元前六世纪的特色在于准君主统治形式的试验和雅典相对地位的大幅提升。在前 594 年，社会危机的不断增长导致梭伦被任命为行政官和调解人，拥有体制改革的特别权力。梭伦没有借此机会将自己的职权变成僭主制形式，而是进行了重大社会政治改革，包括一次性废除债务，取消雅典人之间的奴役关系，采取吸引有一技之长的外来移民的政策等。他还重新调整官员准入机制，以财富（年收入，以农业收入衡量）作为担任不同官职的基础。在法律领域，他建立了地方行政官的责任制度化原则，并且使所有公民都拥有可起诉罪犯的法律权利。他的新法典形成文字并公布于众。梭伦的改革决定性地让雅典走上与斯巴达方式截然不同的对大规模协调问题的解决道路，但并没有结束僭主制的威胁。

前 546 年，庇西特拉图连续发动政变，在第三次取得成功，他和儿子们确立了城邦唯一统治者的地位。在庇西特拉图僭主制时期，雅典取代科林斯成为希腊主要有彩陶器的生产和出口基地。雅典学习区域竞争对手埃基那的

---

〔1〕 Snodgrass 1980；Morris 1987。

方法，也开始铸造银币。雅典最早的纪念神庙开始在卫城及山下城镇修建；市场作为城市中心日趋完善，建有主祭坛和公共喷泉。雅典巩固了对萨拉米斯及一些周边地区的统治，雅典武力在基克拉德群岛和赫勒斯庞特海峡偶尔卷入军事和殖民行动。总体而言，雅典在此时期的对外政策相对收敛，相比之下，其主要竞争对手，尤其是斯巴达，却控制了当时整个伯罗奔尼撒。雅典并不存在统一协调的全国征兵体系，外围阿提卡地区与雅典中心仅保持松散联系。僭主们通过赞助新的民众庆典、全希腊运动员趋之若鹜的体育比赛、大规模的全国游行，来增强社会凝聚力，削弱区域庇护网，提升雅典的威望。单个的农户亦可得到发展贷款。那时的君主制相对较仁厚，此情形一直维持到前514年庇西特拉图的一个儿子被刺杀为止。在不满的雅典贵族支持下，斯巴达入侵雅典，在前510年废止了日益妄想偏执而众叛亲离的最后一位庇西特拉图。[1]

阶段三（公元前508～前491年）：民主的奠基

在斯巴达武力的阴影下，不同的贵族之间激烈地争夺对雅典政治的控制权。在与亲斯巴达的对手竞争中失利后，克里斯提尼（Cleisthenes）开始寻求雅典底层人民的广泛支持。但这导致了斯巴达再次出兵占领雅典并驱逐了克里斯提尼。受重新退回到有如"第一阶段"世袭贵族寡头的威胁，雅典民众揭竿而起，驱逐斯巴达武力并召回克里斯提尼。他随即展开一系列重大政治变革，奠定了民主的体制基础。首先，公民权扩展到所有成年男性居民；随后，公民权限定在他们的后裔，由139个由乡村及周边地区新组成的"行政区"（demes）公共投票确认下来。每三个非毗邻行政区的居民组成十大新部落（tribe）之一的成员———这样，雅典公民就划分为本地、区域和全国的不同层次（这项改革极其重要，在第四章会有详细提及）。部落制很快成为雅典第一支真正全国性军队的基石。随后的改革确立十大将军（每部落一个）作为这支全国军队的民选首领，还建立了一系列"资助仪式"让最有钱的雅典居民来负担戏剧或合唱表演的赞助。

新的政治制度开始建立起来，其中著名的有设定议程的五百人议事会，人选由所有公民抽签而定；以及陶片放逐制，由公民每年决定是否驱逐某个

---

[1]　梭伦：Blok and Lardinois 2006；庇西特拉图：Lavelle 2005。Holkeskamp 1992、1999
　　　看到，在古风时代的希腊，综合性的法典几乎不存在，仅有的在雅典和高丁
　　　（Gortyn）。

卓越人物并通过投票选举"胜选者"的程序。在集市广场中，相当数量崭新的为民主政府新官职而建造的公共建筑拔地而起，雅典卫城上新的神庙工程开始动工。此时或"阶段二"后期，雅典开始铸造它闻名于世的"猫头鹰"系列银币。

这个阶段雅典国力提升极为迅速，得以完成许多目的。前 506 年，雅典士兵击退了由斯巴达带领的从多面入侵雅典国土的联军。历史学家希罗多德（5.78）指出，这场胜利是雅典在希腊国际事务中转向占据主导地位的明确信号。雅典开始最早的巩固比雷埃夫斯港口的工作，表明它日益关注自己的潜在海上活动。雅典在公元前 499 年派出二十艘战舰协助伊奥尼亚城邦摆脱波斯统治，展示了其新兴强国的地位。尽管还存在外来威胁，但雅典已是不可小觑的国家，雅典巨大的领土和人口所蕴含的强大潜力已渐明朗。与此同时，雅典彩绘陶器被所谓的"先锋画派"画家们令人惊奇的艺术实验赋予了独特的风格，并主导了地中海高端陶器市场。[1]

阶段四（公元前 490 ~ 前 479 年）：波斯战争

前 490 年雅典全国范围招募步兵，按照新的部落制度，约九千人组成军队在著名马拉松战役中击败波斯人的入侵。胜仗之后竖起多处显要的战争纪念牌。新民主政体继续其体制的试验，在前 480 年代，首次尝试了实际放逐制。这十年还见证了相当数量的大规模建筑修建，尤其是在雅典卫城上，还包括开始在德尔菲建造新国库，在阿提卡的苏尼翁（Sounion）和雷姆尼斯（Rhamnous）修建神庙。但十年间最为卓著的新成就是建成了一支庞大海军。在前 480 年代中期，在阿提卡南部的银矿源源不断地开采出矿石，为雅典带来了丰厚的收益。在地米斯托克利的倡议下，雅典议事会没有将矿石利润一次性作为红利分给每位国民，而将之用于建造强大的海军力量。据希罗多德记载（7.144.1~2），其规模为两百艘有桨战船。银矿收益并不足以用雇佣军装备船只。海军筹建计划因此想到让不能为自己提供重装兵铠甲的公民（约占三分之二公民）来为战船划桨。这支海军本想让雅典胜出长期区域竞争对手和海军强敌埃基那，但却用在了与波斯的第二次战争上。

前 480 年波斯武力对希腊的大规模陆地入侵导致希腊本土的两大主要强国斯巴达（及其伯罗奔尼撒同盟）与雅典之间建立联盟关系。当希腊联军无

---

〔1〕　Anderson 2003，Pritchard 2005；Forsdyke 2005。陶器的情况，见 Neer 2002。

法在希腊北部阻止波斯力量时，依然是在地米斯托克利的提议下，雅典人民从其领土撤离，雅典城被洗劫一空。但雅典强大的海军和富有战略头脑的领导人使得希腊获得萨拉米斯海战的胜利，以此扭转了劣势。波斯陆军随后在普拉泰亚（Plataea）被希腊联军击溃。雅典成为与斯巴达几乎并起并坐的希腊超级强国。[1]

阶段五（公元前 478～前 462 年）：提洛联盟和战后重建

被波斯人洗劫后的雅典一片废墟。在战争刚结束的年代里，雅典的银币铸造速度缓慢。但人口仍然完整，重建城市的工程得以马上展开，首先是修建新城墙。波斯的威胁并没有结束，雅典很快成为希腊沿海和岛屿城邦联合的领袖，此联合被称为提洛联盟（Delian league），旨在维持其海军在爱琴海的优势地位。联盟大多数成员提供资金，雅典则建造船只并配备武装力量。联盟海军成功地阻击了波斯人，同时严惩了不服从的联盟成员和那些有同情波斯倾向的爱琴海城邦。

到了前 460 年代，雅典经济从战争重创复苏，雅典重新开始大规模建筑工程，主要集中在集市广场。雅典城和其西南的港口地区被连绵到大海的长城墙包围成一片，守护起来。在阿提卡西部，重镇厄琉息斯（Eleusis）也被围护了起来。此时的雅典开始举办一种新的国家仪式（*patrios nomos*）来悼念当年战死者，举行公共埋葬和葬礼演讲。在这个时期末期，雅典和斯巴达的关系日趋紧张。支持与斯巴达妥协的主要领导被放逐，由以往行政官组成的战神山最高法院，曾在希波战争中撤离雅典城时扮演关键角色，却被剥夺政治权力，降格为司法组织。雅典悲剧成熟，主要代表是著名的埃斯库罗斯早期作品。[2]

阶段六（公元前 461～前 430 年）：全盛帝国与争霸希腊

在此阶段，提洛同盟明显已成为雅典帝国，雅典经济全面繁荣。银币铸造在阶段五时期曾经一直相对缓慢，但在这一阶段，尤其是前 440 和前 430年代迅猛增长，达到鼎盛状态。[3] 雅典人口和军事实力也创造了新的纪录：

---

[1] 波斯战争，见 P. Green 1996，Strauss 2004。地米斯托克利和海军的情况，见 Labarbe 1957。

[2] Fornara and Samons 1991。

[3] 此阶段全部铸造出的货币量无法衡量。衡量的标准做法是估计正反面模子使用数，这能以模子与个体硬币数的联系计算，例见 Starr 1970 对前 480—前 449 年雅典硬币的讨论。雅典在前五世纪中期的猫头鹰硬币的产出巨大，所以无人尝试过对这种联系进行研究，专家们也认为这样的研究几乎不可能。感谢彼特·范·阿尔芬就此的讨论。

除了强大的海军和庞大步兵储备力量之外，雅典还组建了大规模的常备骑兵部队，创立了维持骑兵部分费用的制度。无论富裕阶层还是底层雅典人，都实实在在得到帝国寻租的更多机会。雅典以不断增长的实力在"联盟"城邦领土上建筑要塞，占用土地，转入雅典食利者手中。帝国每年从"联盟"地区可能得到的收益在一千塔兰特，其中 400～600 塔兰特直接来自进贡。前458 年，传统竞争对手埃基那被迫加入"联盟"。到前 431 年，埃基那本地居民被驱逐，由雅典人取而代之。雅典通过实施贸易制裁对麦加拉施压，这最终催化并导致伯罗奔尼撒战争的爆发。伯里克利始终是这一阶段雅典政治的领袖人物，尽管修昔底德（2.65）夸大了其地位的重要性，但伯里克利确实影响了雅典政策的许多方面。

在所谓第一场伯罗奔尼撒战争（前 460～前 445 年）中，雅典在海上成功地迎战斯巴达联军。但在雅典北部与波埃提亚（Boeotia）城邦的陆地军事行动中却没占到便宜，未能将波埃提亚纳入雅典的势力范围。海军有几次大规模出征波斯据点，如塞浦路斯和埃及，但胜负参半且伤亡惨重。雅典出兵镇压帝国各地的叛乱，有名的如成功镇压萨摩斯岛国，但代价不菲。雅典在图利奥（Thourioi，意大利）和安菲波里斯（Amphipolis，色雷斯）建立殖民地，并在西西里寻求同盟关系。这一时期末雅典与伯罗奔尼撒城邦间产生新冲突，尤其是与科林斯之间，并最终将斯巴达牵扯进来从而爆发全面的伯罗奔尼撒战争。前 430 年，战争开始的第二年，雅典瘟疫四起，几年时间里死掉 1/4 到 1/3 左右的人口。

此时的雅典已成为帝国司法中心，规定各类案件必须由雅典陪审团在雅典进行审判。帝国源源不断的收入使得大规模公共建筑持续繁荣，尤其在雅典卫城，也包括下城区和阿提卡各城镇。第三条长城修建到比雷埃夫斯港口，这里成了雅典海军和商业活动中心以及地中海东部贸易中心。

民主制度得到了广泛的细化发展。陪审员工作得到付酬，各种类型的政府公职也开始或进一步获得报酬。公民大会的召开更为常规化（可能每年三十次），用于记录公共决策的碑文的数量也大幅度急剧增加。尤其在前 440年代，陶片放逐制执行得较为频繁。战死公民的遗孤受到国家监护和抚养。雅典的戏剧和表演文化进入"黄金时代"。[1]

---

〔1〕 Samons 2007。伯罗奔尼撒战争的起源，见 de Ste. Croix 1972。

阶段七（公元前 429～前 416 年）：伯罗奔尼撒战争，第一阶段。僵局

尽管受到瘟疫打击人口剧减，雅典仍继续与斯巴达作战，运用海军优势来海陆整体协作，成功地对抗伯罗奔尼撒各城市和海军，镇压附属联盟城邦的叛乱，著名的如前 428～前 427 年的米提林（Mytilene）叛乱。战争行为日趋残酷，体现在双方对敌方战俘进行肢解，以及对敌方将士甚至平民的大规模屠杀。前 425 年在伯罗奔尼撒西南海岸外一个岛上，几百名斯巴达士兵被俘，从而中止了斯巴达对阿提卡每年的入侵，但斯巴达却转而进攻雅典在北部希腊的帝国重镇，其中有名的是雅典的战略要地和殖民地安菲波里斯。战争双方都没有能力取得压倒性优势，前 421 年签订停战协议。战争终于告一段落，但之后伯罗奔尼撒同盟内部不断分化重组，纠纷不断，结果给雄心勃勃的阿尔西比亚德（Alcibiades）和其他雅典人提供机会重新制造敌意。前 416 年雅典入侵米洛斯（Melos）岛国，整个城邦被灭绝，全部人口或被处决或被放逐。雅典人接手该岛。

民主制度仍保持完好。为扩充帝国财源，雅典人开始被征收直接财产税（*eisphora*）。雅典颁布法令（应该在此时期，也可能在第六阶段），规定在帝国范围内使用雅典铸币及统一雅典的度量衡。尽管这些改革的初始目的可能只是增加雅典收入（比如收取改铸费），但长远的效果却是形成更巩固统一的地中海东部的贸易区（见第六章）。与此同时，各处建筑仍在继续，有在集市广场（广场南边柱廊）的，有在阿提卡周边各地和雅典统治的圣岛提洛岛（Delos）上的。[1]

阶段八（公元前 415～前 404 年）：伯罗奔尼撒战争，第二阶段。危机

前 415 年，在阿尔西比亚德的促使下，雅典民众大会通过决议大规模出海远征西西里，明显抱着征服叙拉古和吞并该岛的野心。远征在前 413 年的惨败，无异是对雅典的沉重打击。帝国财税征收方式于是发生重大变化，附属联盟国被迫的"进贡"被对外贸易百分之五的税所取代。这场战争还导致了雅典附属盟国的骤然叛乱。第一波叛变在前 412 年基本被镇压。在此期间，通过一系列暗杀事件的酝酿，雅典贵族寡头发动政变，将权力垄断在四百人团队中。但这"四百人"并不能赢得海军船员的忠心，或令重装兵军团

---

〔1〕　Kagan 1974, 1981; Mattingly 1996。

保持忠诚。少数寡头制很快被废除，由更温和的寡头政府"五千人团队"来取代。到前410年，这个政府还是让位于重建的彻底民主制。同年，雅典成立立法委员会，历时十年整理颁布法律，带来整个法律体系的重大修订。也是在前410年，城邦设立了两欧宝（obol）的福利制度来帮助因战争导致的贫困雅典人。另外，百分之五的帝国贸易税取消，恢复进贡惯例。

前413年，斯巴达攻占了雅典领土内的一个重要据点，两万多雅典奴隶逃跑。斯巴达还得到波斯大量资金援助建造军舰。在北爱琴海悬而未决的长时间拉锯战极为消耗人力和财力。雅典几乎耗尽其国库储备，不得不举债发行内部镀银货币。这场战争最终以雅典在前405年在埃各斯波塔米（Aegospotamis）惨败并随后在前404年向斯巴达投降而告终。斯巴达摧毁了雅典剩下的海军船只，破坏了防御性城墙，与波斯瓜分了雅典帝国的财富，在雅典安置了亲斯巴达的"三十人"寡头政府。三十人政权处决了许多平民，驱逐平民离开家园，巧取豪夺富人和外国居民的财产，向斯巴达大量借钱支付卫戍部队来施行他们高压武断的统治。一直到投降之前，雅典卫城上还有建筑工程在进行之中，在集市广场还落成了一座新的议事堂。到此时期结束，雅典无论是物质富裕程度或国际地位都跌入自民主制确立以来的最低点。战争和疾病的严重后果之一就是，本地男性居民数量已不到全盛时期的一半。[1]

阶段九（公元前403～前379年）：伯罗奔尼撒战后

支持民主的力量（包括公民、外邦居民和奴隶）在雅典城外结集，在一系列的小规模战斗后击败三十人政权，重新恢复民主制。新民主政府马上宣布特赦，并规定之前被掠夺的贷款如数返还。鉴于斯巴达势力延伸到很远的安纳托利亚西部，心怀不满的波斯向雅典提供资金以重建城墙和舰队。最晚在前390年代后期，也可能在民主制重建之后，战时镀银硬币被召回取消。雅典与前斯巴达盟国忒拜和科林斯组成反斯巴达同盟，进行了所谓科林斯战争。期间，雅典海军驰骋在北爱琴海上，表明无数雅典人心中燃起重振帝国雄风的希望，但此希望并不现实。雅典海外据点最多就局限在爱琴海上的三座战略要岛利姆诺斯岛（Lemnos）、里布罗斯岛（Limbros）和斯基罗斯岛（Skyros）上，它们持续地以谷物税形式向雅典提供财政收入。前387年，波斯再次改变立场以支持斯巴达，使得斯巴达重新赢得希腊陆地的军事主导

---

〔1〕　Kagan1987；Munn 2000。

地位。

前410年开始的法律改革到前400年完成。随之产生正式的"基本"法典，它有别于公民大会颁布的规章；新法典现在必须由抽签产生的大型立法会制定。公民大会不再制定此类根本性法律，但每年表决，对法典各部分条文是否需要做出调整进行讨论，从而使法律的稳定性和可修订性保持适当平衡。此时首先引入了给参加公民大会者付酬的制度；到前392年，报酬达到三欧宝，与陪审团员的报酬相当。在集市广场上，新的铸造厂建成，普尼克斯（公民大会聚会处）的重建完成。在城市主入口建造了新的游行仪式建筑。雕像在集市广场竖起，以表彰为雅典复兴之路立下军事功勋者；在凯拉美克斯区（Kerameikos）建成了精致的私人纪念墓冢。[1]

阶段十（公元前378~前355年）：海军联盟和社会战争；金融危机

前378年，雅典促成了一个新的反斯巴达海军联盟，其创立章程就明确提出对潜在同盟利益确切的保证，不至于重复提洛同盟的历史，沦为第二个雅典帝国。同时，新型而强有力的城邦间合作形式开始改变政治格局。忒拜逐渐变得强大，在复兴的波埃提亚联盟中占据领导地位，于前371年在留克特拉（Leuctra）一举击败斯巴达。到前360年代，忒拜取代斯巴达成为雅典的主要竞争城邦。在希腊的边缘世界，如色萨利（Thessaly）、塞浦路斯、马其顿和卡里亚，当地君主不断增强地区影响力，部分地引进和采纳了希腊、波斯的体制和政治技巧。前359年，腓力二世掌控马其顿，并开始在爱琴海北部威胁到雅典利益。卡里亚的摩索拉斯（Mausolus）王在爱琴海中部构成对雅典的挑战。雅典海军不得不疲于奔命，应对这边或那边的威胁，同时又要确保色雷斯粮仓生命线的万无一失。由于雅典已经失去其帝国地位，大量海外军事行动所需的资金就比起前五世纪曾经的帝国辉煌时期来显得捉襟见肘。为保证有足够资金开展这些行动，有些雅典将军们采取敲诈雅典同盟的办法。雅典指挥官们这种半帝国半强盗式的行径被公民大会所默许，导致前350年代中期自我伤害的"社会战争"（即，与同盟国的战争）。

至前366年，义务兵役制的重装步兵团征兵方式变革，步兵按年龄级别招募。新体制更平等也更有效。前378年，财产税制度进行了重大改革，这些税仅由有钱的富豪们支付。前373年随后跟进的改革规定，由最富有的三

---

[1]　Strauss 1986。

百个雅典人预付财产税。前358年，战舰筹备制度也进行了类似改革，仿照之前证明行之有效的财产税的富人们支付模式。如同招募制度，税收制度也考虑到同时解决效率和公平的问题。

在此期间重新展开了大规模的银币铸造（也可能早在前390年代就开始）。雅典的猫头鹰银币此时成为整个地中海中部和东部的标准交易流通贸币，也造成外国政府或个人大规模、广泛地仿制相似的"雅典猫头鹰"。雅典任命新的官职即银币"鉴定师"。他们在比雷埃夫斯和集市广场的主要市场都设立了办公地点，负责确保在雅典境内商人贸易流通的硬币没有弄虚作假。同时，通过了新法律调整来自利姆诺斯岛、里布罗斯岛和斯基罗斯岛的谷物的农业税（见第六章）。到前360年代早期（或更早），国家颁发银矿开采许可证，但采矿活动还是不太多。雅典似乎重拾荣耀回到过去前五世纪的帝国位置——成为地中海贸易的集散中心。但由于在"社会战争"中惊人花费以及相关军事支出，到前350年代后期，雅典面临金融危机。在此时期结束时，每年总收入不过约130塔兰特。

在此时期，绝大多数雅典公共建设带有军事性质，并且位于市区以外。经历了前378年的斯巴达进攻，面对忒拜持续的军事威胁，雅典沿西部和北部界线建筑或修复了一系列的堡垒或瞭望台。随着海军的重建，在比雷埃夫斯港的造船厂和码头也被恢复起来。[1]

阶段十一（公元前354~322年）：对抗马其顿；经济繁荣

随着马其顿帝国崛起成为希腊世界的主导力量，雅典和其他陆地及爱琴海希腊城邦一样失去了外交政策的独立性。在此期间雅典对待马其顿的策略不尽相同，从前340年代早期的敌意态度到中期的勉强示和，再回到公开敌对，并升级到决定性的凯罗尼亚战役，忒拜和雅典联盟军在主要反马其顿雅典政治家德摩斯梯尼的指挥下，在前338年被击溃。雅典被迫加入马其顿主导的科林斯同盟，支援亚历山大大帝统帅的马其顿对波斯的入侵。在前323年亚历山大死后，雅典统领希腊同盟军反叛马其顿，却在前322年的拉米亚战争中彻底落败。

尽管此时期的对外政策连连失利，但同时也推广了一系列经济上创新举

---

[1]　Buckler 1980；Cargill 1981；Ober 1985。税收和军队招募改革（后者发生在前388—前366年间）：Christ 2001，2006：144—170页。专门从经济角度解释舰队领导方式改革，见 Kaiser 2007。

措，解决了雅典的金融问题，并将城邦的繁华程度恢复到与伯罗奔尼撒战前的水平不相上下。到前 340 年代后期，年均国库收入在 400 塔兰特，到前 330 年代中期达到 1200 塔兰特，可与全盛帝国时期相媲美。新建立的财政官员制度使许多才能卓越的官员当选，有名的如前 340 年代的伊布鲁斯（Eubulus）和前 330 年代的吕库古（Lycurgus），他们为国家制定出新颖合理的财税政策。在此阶段每年用于民主政府的开支（主要是对政治参与的国家付酬）大概在 100 塔兰特左右。

为提升雅典作为贸易中心的地位，采取了一些新举措，百分之二的港口税成了公共资金的一个主要来源。一部商业法规允许外邦居民、甚至奴隶都可以和雅典公民一样按契约合同进行诉讼。对非公民拥有地产的特许剧增，一些外国人积极从事对外贸易，通过公民大会特批可授予其完全的公民权。在前 354~前 353 年，显然与大规模发放新"猫头鹰"银币（"P"系列）的计划相联系，可能开始执行更为积极的措施，以确保雅典货币在城市流通的良性循环（Kroll 2006；亦可参见第六章）。到前 340 年代，银矿开采恢复到相当高的水平。雅典使用海军执行镇压海盗任务；此阶段后期，为此目的在亚得里亚海建造了一个海军基地。

前 340 年，税收体制深化改革，采取措施有效打击逃票人现象，使雅典富人更合理承担、分摊税费。司法管辖权方面也做出重大调整（如叛国罪指控不再由公民大会审判，战神山最高法院获得了新的调查角色），制度要求陪审员随机出任法院工作，程序确保公民大会有序进行辩论。公民大会报酬翻倍到一个德拉克马（每年参加十次会议，则翻三倍到九欧宝）。在招募和训练年轻士兵上也做出重大调整（对最年轻的两个年龄级别即 ephebeia 进行重组），在每年选举产生的十位将军委员会进行职责更专业化的分工。如同帝国时代，这些变革的目标似乎旨在让民主体制变得更公平、同时更可靠和更有效。此阶段可视为雅典成为"开放透明国家"的最有力尝试（见第六章）。

相当数量的公共建筑开工建造。城墙防御升级，采用外垒保护，在比雷埃夫斯建造新的造船厂以生产更庞大的海军舰队船只，并开建新的军械库用于海军物资储存。在雅典城，狄奥尼修斯剧场和普尼克斯会场得到重建，规模都相当惊人；一个新的泛雅典运动场落成。集市广场建了新神庙、法院及其他纪念物，如闻名的水钟。雅典城以外，在吕克昂（Lyceum）启动新工程，厄琉息斯（Eleusis）建起了泰勒斯台里昂（Telesterion）神庙，在一些行政区则建起了新剧场。[1]

阶段十二（公元前321～前146年）：马其顿和罗马统治

拉米亚战争后，马其顿废除了雅典民主制。尽管奉行民主的文化依旧根深蒂固，在之后的两代雅典人仍不遗余力地争取机会恢复民主制，有名的如前317和前307年，但民主制再也无力回天。马其顿国王任命的寡头政府废除人民法院和其他关键民主机构，剥夺公民权并驱逐大量底层公民。新成立的国家机关（如妇女风化监督会，用以控制妇女）颁布法令来限制私人生活的方方面面。雅典失去其作为希腊世界的军事大国的重要地位，罗德岛国（Rhodes）成为爱琴海上最重要的独立海军力量，取代了雅典的镇压海盗的角色。军事行动大多为摆脱马其顿统治的联合努力，但最终都归于徒劳。

到前三世纪早期，雅典城基本被罗德城和亚历山大城所取代，再后来是提洛岛，作为地中海东部贸易中心。除前307～前306年最后一次重修城墙的工程，几乎没有新的大规模公共建设上马，直到公元前二世纪才有外国人赞助下在集市广场新建柱廊。雅典仍然一直是有高度影响力的文化中心。哲学和修辞学校盛行，雅典的戏剧作品（尤其是新喜剧）广受欢迎并被四处模仿。雅典作家的文字作品占了亚历山大城规模庞大的图书馆收藏的相当部分。在此期间，由雅典民主创建的制度和实践被许多希腊城邦所采用和改进，尤其在安纳托利亚西部。雅典的猫头鹰币的流通已不如马其顿在其他城市铸造并发行的贸币，但雅典硬币重量标准却依然为地中海东部的主要硬币所遵循。[2]

民主作为一种解释变量

在第一阶段，公元前七世纪的雅典就其大规模公共活动而言，无论在国内还是国际，在希腊城邦中间并不引人瞩目；其他城邦显然更为出色。到第二阶段，公元前六世纪，雅典开始崛起，漆绘陶器在国际市场上占据领先地位，开始大型建筑工程，与地区竞争对手军事对抗取得一些胜利。但此阶段雅典始终处于斯巴达的阴影下，势力范围被其更小邻邦的军事力量限制。在

---

[1] Cawkwell 1963；Montgomery 1983；Buckler 1989；Bohlen 1997；Burke2005。

[2] Habicht 1997；Shipley and M. H. Hansen 2006：66—68；Oliver 2007，强调铭文（第三、四章）及在前三世纪公共建筑（第三章）的考古学证据数量剧减。

第十二阶段的后民主时期，雅典虽保持文化中心的地位，并最终在外国赞助下建设了不少建筑物，但是它在经济上被其他城邦超赶，在军事上又被马其顿压制。与此形成鲜明对照的是，整个民主阶段（从阶段三到十一），即便有时面临严重的金融危机和军事压力，雅典一直在外交政策、国内政策和公共建设上保持展开和实施重大举措的活力（进一步见附录 E）。

如果我们不看重短期的上下波动，无论"雅典民主"（定义为本地男性公民权、多数人统治和法治权威）和"雅典国力"（定义为在外交政策、国内政策和公共建设上开展活动的能力）都表现为相似的钟形曲线：曲线从最低的阶段一开始，在阶段二平缓上升，到阶段三直线上扬，在阶段四到十一保持相当高度，最后在阶段十二急剧下降。其他城邦在同样的五个半世纪的历史中，因不同的体制历史，表现的"国力曲线"大不相同。

在以上所概括的民主历史九个阶段（第三到第十一）的每个时期，雅典都面临不同的内外部的挑战，有些是针对其政治制度的威胁，另一些威胁则对城邦生死攸关。雅典应对这些挑战的方式不尽相同，每个时期在政治、社会、经济金融、军事、外交的整体策略各有差异。就人口、财富来源、国际威望和建设环境等方面而言，雅典在各个时期经历重大变化。但除了前411～前410年和前404年两次短暂的寡头制插曲外，整个一百八十五年的民主时期（公元前508～前322年），核心政治理念（言论自由、平等选票等）保持不变，创建时期确立的根本政治制度（如议事会、集会、行政区、部落）也一直延续。这些民主机制以及其他（尤其是法律和金融方面）后来增加的制度，对所有雅典公民及其家庭的生活发挥了极其重大的影响。第三阶段，约公元前500年克里斯提尼的雅典，在许多方面与前435年伯里克利的雅典（阶段四），以及前335年德摩斯梯尼的雅典（阶段十一）都不相同。但如果让克里斯提尼穿越时光来到伯里克利时代或德摩斯梯尼时代，他会感觉到民主政府的关键方面相似度很高，在两个时代他都会发现自己置身于一个经济富裕、文化繁荣、建筑精美、国际事务活跃的民主共同体中，是人们高度向往的移民目的地。

无论从其成就的记录还是政治历史看，雅典都明显在希腊诸城邦中脱颖而出。雅典在公元前508～前322年期间作为城邦取得的高度成就及其民主政治文化和体制，都使得雅典远超其对手，也远超雅典自身在此之前和之后的表现。雅典的国力和民主制显然有关联，但究竟如何关联的呢？归纳而言，存在三种可能性：

1. 国力增强使民主得以实现；

2. 外在因素可解释国力和民主的增长；

3. 民主促使国力提升。

尽管这些可能性并不相互排斥，而且在现实中，国力、民主和外在因素必然有更复杂的循环反馈。在此我的观点是，第三个可能性可以最好地解释这一复杂的历史个案：以民主机制和实践作为独立自变量，能很好地解释作为应变量的国力提升。[1]

第一种解释即"国力增强使民主得以实现"，缺乏历史依据：民主最初在雅典确立时，其正处于安全危机和国际危望的谷底。雅典即便是在前480年被波斯全城洗劫，在瘟疫年人口锐减，在伯罗奔尼撒的最后阶段，以及在前五世纪后期和四世纪中期的金融危机中，都仍保持了民主制。确实有两次由于灾难性的国力下滑而导致寡头制的插曲，亦即前413年西西里之难促使前411年寡头政变，前405年在伊哥斯波塔米河军事溃败后向斯巴达投降，并在前404年出现了三十寡头统治。可无论哪次，民主制都迅速被恢复，雅典重回繁荣、安定和具有影响力的状态。民主同样在前338年的珂罗尼亚军事失利后得以幸存。在雅典的前700～前146年的历史中，没有任何证据能说明达成公共成功的国力是导致民主的先决条件或是民主赖以持续的必备基础。

第二种解释即"国力的增长和民主的实现都是由外在因素导致"，因为缺乏相关历史知识，不能被直接证伪。不过，很难找到有说服力的外因。雅典与其竞争对手无论在气候、位置、地质、民族、历史背景和文化传统上都相当类似。[2] 雅典的确在阿提卡南部拥有不同寻常的银矿，但资源本身并

---

〔1〕 Gaddis（2002）批判那种依赖原因（独立的）和结果变量的解释方法，而倾向于模型或数据的文字叙事方法，并提议"相互依存"的灵活（有人或许说：模糊）的概念，这大致来自混沌理论。Gaddis 显然是对的，在任何试图找到单一因变量以充分解释特定历史情形的所有其他变量，都是内在荒谬的僵化企图（见 Baumol 的评论）。他说有些社会科学陷入了此泥潭，这是对的；但他意指所有当代社会科学都有此问题，那就夸大其词了。比如，可以比较社会科学家将历史叙事与模型相综合的研究，如 Haber 1989；Bates et al. 1998；Rodrik 2003；Manning and Morris 2005；Greif 2006。

〔2〕 Fleck and Hanssen 2006 认为，某种程度上的不同地形和降雨模式更有利于民主体制的出现和持续。他们将希腊民主与难以监督但有利于橄榄种植的断裂山谷农作如阿提卡（雅典一带）相联系；寡头制与利于种植小麦的开阔地（农作活动更容易监督）相联，如拉克尼亚（Laconia）和美塞尼亚（Messenia，斯巴达一带）。因此，他们得出结论，与农作体制相关的外在因素也可以影响民主及经济成就。他们的农业经济角度的论点有助于解释为什么前六世纪晚期是雅典而不是斯巴达达到向民主转型的可能点上。但如我们所见，农业在阿提卡仅是更大的雅典经济的一部分（尤其在民主时期）。

不必然带来成就。其实，发展经济学的研究者提出了"资源诅咒"的概念：极其丰富的资源拥有反而有可能降低对创新社会合作组织的激励，从而抑制经济增长。并非所有资源都是诅咒。至于到底是诅咒还是祝福，则取决于对知识的组织。如经济历史学家盖文·莱特和杰西·卡泽鲁斯塔（Gavin Wright and Jesse Czelusta 2002）所阐述的，"对以资源为基础的发展，最关键的不是资源的内在特性，而是使得资源的经济潜力得以实现的认知过程。"如果在地米斯托克利将银矿资源用以公共目的（保证安全和其他公共原因，见上述阶段四、十一）提议后，雅典没有做出合作决议，南阿提卡银矿资源的开采与雅典综合国力提升的之间就不会有关联了。其他希腊城邦拥有更丰富的矿产资源，却未能取得相应水平的成就。[1]

　　除了生产和出口特别精致的黑、红色陶器，雅典在前民主时期与其主要对手相比表现平平。后民主时期的雅典也未能有突出表现。在前 322 年后马其顿的占领，显然是外在因素，因为它导致了雅典民主与国力的衰退。但是，马其顿统治者在拉米亚战争后在雅典安排寡头制，这说明他们认为雅典民主制有违他们的利益。另一方面，无论德米特里一世（Demetrius）在前四世纪最后十年将雅典作为基地与对手展开竞争，或本都的米特拉达提（Mithradates of Bontus，在前一世纪早期与罗马进行战争中寻求主要希腊城邦为盟时，都支持在雅典恢复民主制。完全有理由假定德米特里一世和米德拉底特都认定民主制将提升雅典的军事实力。

　　人们提及最多的导致民主的外因是帝国的力量，但这也只是民主时代某些特定时期的相关因素而已（在阶段六、七强有力而在阶段五、八的作用则弱小）。如果雅典仅有一次繁荣的历史，那么外因解释还说得过去。但要解释多阶段的"强有力民主制和高度繁荣成就"之间的关联，那么就必须给出多重外因。雅典面临的挑战和采取的应对方法在九个民主阶段是有相当差异的。应当注意到两个基本趋势：民主在一定时间内会带来综合国力的提升，以及相对于国力表现而言，民主更为稳定。

　　这两个趋势在图 2.5 中有简要图示。该图大致给出了某种变化轨迹：随着时间进展，国家取得相当成就（综合军事行动、公共建筑工程和国内项目

---

〔1〕　"资源诅咒"：Fleck and Hanssen 2006：135 页，及所引文献；Wright and Czelusta 2002。其他有独特矿产资源的城邦包括塔索斯（Thasos，综合排名第五，48.3 分：金和银），帕罗斯（Paros，第 51 名，23.1 分：上好大理石），辛诺普（Sinope，第 54 名，22.82 分：鸡冠石），及辛芬诺（Siphros，第 144 名，6.5 分：金和银）。

等）的曲线与民主水平（这综合了本地男性居民完全具备公民权比例、民众政治权力和法律权威）的曲线是关联的。国力和民主按百分比进行分析，三项要素中每项最高分为一百。估计的人口（成年本地男性和归化的男性公民）是控制变量并按千计算。[1]

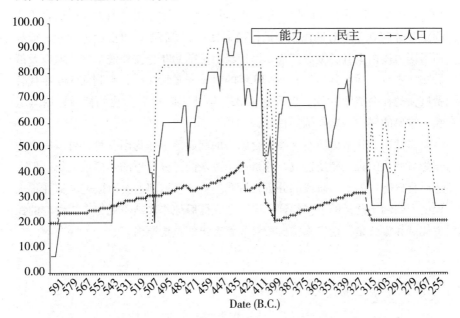

图 2.5　从公元前 600 年到前 250 年，雅典城邦能力（整体军事活动、公共建筑和国内项目），民主（整体公民权、多数统治和法律权威）和人口（本地及归化的成年男性）。

整体而言，除了前六世纪中期的庇西特拉图家族僭主制的明显例外（民主下降而国力上升），国家实力、民主制和人口三条线展示的轨迹相当接近。

----

[1]　国家实力及民主的三项组成元素的每一项按两年 1～5 打分。5 分表明雅典在该项取得最高分。这些分数是主观的；另一个希腊历史学家可能在特定两年的特定项上给出更高或更低的分数。但我的打分建立在上面做出的历史概貌上。由于在一定程度上这个概貌是准确的，所以大致趋向勿庸置疑。这些分数然后转化为百分制；在图上 100 分的能力，在我看来，就意味着雅典城邦在特定两年内在军事活动、公共建筑和国内活动上每项最高的表现。同样，在民主方面获得 100 分指雅典在公民组成、多数统治和法律权威上达到最高水准。有关细节见附录 E。类似地，一般雅典人口趋势也很明显，尽管绝对数量仍有争论并很不确切。有关讨论见 M. H. Hansen 1986 和 2006c：19—60；Oliver 2007，第三章。

如果我们仔细分析，就能明显看出"民主导致国力和人口增长"的趋势，尤其在前508年民主制确立后的年代和前403年民主重新恢复之后的年代。民主作为主导因素的相同趋势，还明显地体现在前413～前412年西西里远征惨败后短期内雅典有能力重组军事力量，以及寡头制垮台后，在前410～前406年能够重建基本体制和设施。第二个趋势"民主相对国力表现而言更为稳定"体现在某些时期民主制运行稳定良好，尽管当时可能国力锐减，或经历了国力逐渐上升的复苏年代。即使经历了前480年波斯洗劫雅典城以及战后重建岁月，而且其后还有前430年的瘟疫和随后年代，直到前350年代耗费巨大的社会战争时期，以及在前338年外交政策失去独立性后依附马其顿，雅典的民主制运作依然良好，

当然，一味地讲所有这些综合国力的起起落落作为因变量，可以完全由作为自变量的民主制所造成，这是近于荒唐的过分简单的还原论逻辑。但上述对雅典历史的十二阶段的分析告诉我们：这个城邦的突出成就能够在很大程度上归因于这样的政治解读。可以令人信服地作出结论说，广泛参与的民主体制和实践是长期以来雅典相对成就突出的重要原因。

共和国、民主制和雅典独特性

雅典是独特的高度参与类型的民主。尽管还有许多其他希腊民主制（参看 Robinson，即出），但雅典的许多政治体制在古典希腊时期都找不到类似者。政府的大部分立法和司法职能都由普通公民组成的大规模团队执行：司法机构人数有好几百，而立法集会人数则有好几千。行政执法责任由行政委员会负责（通常由十人组成），官员大多通过抽签由业余人士担任，有些行政官员（包括将军委员会）则由年度选举产生。所有官员，无论如何产生，都服从严格的问责制度，这同样也由公民团队督促落实。[1]

由普通公民直接统治，至少给人的第一印象是使专家未能在足够广的范围内进行领导，并且给个体、机制和政治过程之间的协调合作带来诸多混乱。这种疑虑使得许多观察者，无论在古代还是现代，都假定任何由其人民

---

〔1〕　古典时期在雅典以外的民主，见 Pierart 2000：阿戈斯（Argos）；Robinson 2000：叙拉古；Robinson，即出对该主题作了全面考察。雅典民主体制的详细研究见 Hignett 1952；Bleicken　1985；Mosse　1986；Sinclair　1988；Kinzl　and　Rauflaub1995；M. H. Hansen 1999；Camassa 2007。

直接统治的组织都没有可能成功（见第一、三章）。雅典的历史确凿地证明了这个观点（至少当这么简单化表述时）是错误的。核心的问题——"参与式民主在竞争生态下有可能成功吗"或"民主政府可以促成国家强盛吗"——都已经在雅典历史中找到答案了。这就导出下面更为复杂的问题：民主是如何促成雅典的强盛的，以及，在怎样的条件下这种正相关可能被复制？

有理由说在其他希腊城邦中，作为"在广大公民中通过多数统治来决定公共政策"这一基本含义的民主制与国家繁荣至少有某种较弱的联系。从我们对那些体制与领土大小有所了解的 164 个希腊城邦中找到的综合证据看，更多的民主制历史与城邦更高成就确实是正相关的（通过综合得分衡量）。这可以用一个简单统计度量法来表达："民主的程度"（在从 1 到 5 的体制量表上位置很高）作为一个解释变量，确乎对整体物质繁荣具有相当正面的影响（相关系数为 0.31）。这表明，事实上在这个方向上存在积极相关："更多民主带来更好的国家实力"（更多见附录 D）。[1]

但当我们将数据分解开来看，事情就没有那么简单了。民主程度与国家强盛程度的关联并非线性的。类型 1 和 2 体制的城邦（一般为僭主制或君主制）确实通常得分很糟糕。那些平均在 3（寡头制）的城邦表现要好。那些平均在 4（温和寡头制）的城邦则表现得更好些。但城邦体制类型接近 5 的（制度更民主），表现却大致和类型 4（寡头制）相当，而一定程度上不如类型 4 体制（温和寡头）的表现。这样的话，现有的 164 个城邦的证据就不能支持"城邦越民主，国家实力就越强"的总体性说法。但是，它确实表明，"共和"（从寡头制到民主制）政体要优于专制政体（君主或僭主制）。

有着复杂多样化政治体制历史的城邦（经历过三种不同体制，这些城邦包括许多成绩最好的"类型四"体制群体）通常比没有复杂历史的城邦远为成功。这部分是由于名声的作用：拥有复杂体制历史的城邦通常是那些较有名的。但这些数据还是给我们以启发。僭主制经历在和民主、寡头制经历相结合时，常常能得出较高平均分，但是如果我们将民主、寡头制与僭主制

---

[1]　如果我们将成功标准限在原始分数如国际活动和建筑上，相关性达到 0.39。亚里士多德按相似大小的"资料组"（158 个城邦）以及每个城邦的更多轶事传闻证据，认为民主在整体上比僭主制和寡头制稳定，而且在他所处时代条件下，民主之外其他任何类型的政体的出现并不容易。至于他究竟将雅典政府放在"相对好"到"最坏形式"的民主光谱中的哪一点上，难以确定。对所有这些问题，见 Ober 1998，第六章。我没有发现在政体形式与硬币贮藏点分布间存在有意义的数据关联。

单列出来，我们就会发现僭主制经历的效应是相当差劲的。总而言之，数据一再表明僭主和君主形式的城邦与物质繁荣是负相关的（与"共和"形式的寡头制和民主制相比时）。一旦城邦体制从君主制、僭主制的专制形式转向民主、寡头的共和形式，就完全可能提升其物质繁荣的得分排名，但其联系也不是很紧密。从全部样本看，领土大小这一变量与综合物质繁荣的相关性要大于体制形式或历史。[1]

对整体繁荣和 164 个相对资料完备的希腊样本城邦的已知体制历史的相关性数据分析得出的证据表明，拥有一般意义上的共和体制确实有助于雅典的强盛。但是，这告诉我们的信息还是十分有限的。雅典大多数的关键竞争对手同样是共和体制，但没有那个可以真正和雅典达到的成就高度相媲美。同理，作为以广为人知的"多数人统治"的民主，也难以充分解释雅典独一无二的成就。如果正如雅典历史事实所表明的，民主对于雅典提升实现其公共目标的国力而言，是一个核心因素，那么我们可以假设，雅典民主政体具备某些特质，而这些特质并未被其他相对不那么成功的希腊城邦的政府所完全复制。

本书下面的章节就试图确认这些独特属性。

概括一下到目前为止的论证：鉴于希腊城邦间大致相当的环境条件和文化背景，不同经济成就最合理的解释是：各个城邦是否拥有体制化能力通过解决公共行动难题来获取社会协作的好处。与其城邦对手相比，雅典是极为出色成功的城邦。参与式民主表面上看来容易出现"搭便车"问题、委托人—代理人之间的协调所引出的问题，难以使其承诺显得可信。但是，有足够理由相信雅典民主产生与发展的历史与雅典强大国家实力的发展和巩固有必然因果联系。比较数据表明，既不是一般的共和制（非专制），也不是一般的民主制（广泛公民权和多数统治）的事实就能解释雅典的异乎寻常的突出成就。

问题在于：民主是怎样促进繁荣的？雅典民主时代正好发展了众多体制与实践，正如制度经济学日益增多的研究表明的，它们都有助于解释国家实力的提升：如致力于财产权保护、尊重个人自由选择、开放市场、广泛公民

---

〔1〕 知名度：$r = 0.83$；领土大小：$r = 0.77$。但注意：名声和领土大小是整体综合分数的部分之一（25%）。在领土大小与政体之间只有轻度关联（$r = 0.12$），政体与国内冲突几乎没有关联（$r = -0.04$）。更多内容可见附录，表 A.1，A.2 及 A.6。

权和高度社会流动率以及成文法权威的提高。[1] 但这些体制特征，或多或少在其他希腊共和城邦中都有体现。在古希腊城邦生态环境下，这些增强国力的体制扩散传播就能解释为何这个竞争生态在整体上比其他前现代社会的成就更出色。但我们还是没有解答清楚在此生态中雅典显而易见的独特优势。在第一章我们提出了一个假设：雅典式（与一般希腊共和制不同）民主特有的那些参与和协商体制很费财力。如果雅典无法从如此耗费巨大的体制中得到相应成就利益回报，雅典就本该采纳没有这些花费的其他希腊共和城邦政体。

　　下面四章将讨论雅典的参与 – 协商形式的自治政府中的某些具体特性是如何促成雅典解决公共行动难题的超群能力的，这使它能从高度合作中赢取更大的社会收益。我将论证，雅典人获取合作益处的一个重要手段，就是他们组织有用的知识的独特体系。

---

〔1〕　例如，参见 North and Weingast 1989；Morris2004；732；Acemoglu and Robinson 2006；Greif 2006。

第三章 竞争、规模与知识的多样性

古代雅典作为一个希腊城邦，完全可以被视为一个一般历史学和社会科学意义上的"国家"[1]但是，民主雅典在某些特定方面与大多其他希腊城邦相当不同，而所有城邦在许多方面又都与当代民族国家有着差别。最明显的是，尽管雅典作为城邦规模很大，有 2，500 平方公里土地和约 250，000人口，但只能算个很小的民族国家。[2] 不那么显而易见、但同样重要的是，应当看到雅典和其他希腊城邦一样，存在于一个竞争高度激烈的环境中，并随时有被灭亡的危险。如国际关系理论家所指出的（Waltz 1979），缺乏效率的国家组织形式不可能在国家间相互竞争的环境中长久存在下去。

竞争及其后果

约一千个国家组成了希腊城邦文化，它拥有共同的语言并共享其他文化特质，在地域上集中在地中海和黑海周边。很明显在约前 800 ~ 前 300 年间，它们经历了一个惊人的高速持续的经济增长阶段。尽管希腊世界人口增长迅速，但生活水平的提高也相当之快。这段历史整体持续保持增长，虽然不同城邦的增长比例不尽相同。某个城邦面临的竞争环境在一定程度上类似一家现代企业在不断扩张而高度竞争的市场中的处境。如扩张性市场中的竞争型企业一样，规模越大则越具备强大的竞争优势。三个最突出的希腊城邦——雅典、叙拉古和斯巴达——就领土和人口而言都位居最大城邦之列（见第二章）。但正如现代企业管理者早就意识到的，规模会带来合作方面的问题，

---

[1] 城邦作为国家：M. H. Hansen 2002a，尤其提到了巴伦特（Berent）的论断（1996 和 2000），即古代希腊城邦最好理解为一个"无首的"或无国家式政治社会。

[2] 民族国家的大小：Dahl and Tufte 1973；Alesina and Spolaore 2003。

灵活的小组织的联合体可能赛过行动缓慢的巨无霸组织。有利于规模效益的竞争环境激励着雄心勃勃的希腊各城邦想方设法增加人口，扩大可控制的领土；但是，随着规模扩大而来的复杂公共行动难题则需要有创新性的解答方案。[1]

如同大多现代企业，但不同于大多当代（1945 年后的）民族国家，希腊城邦面临相当的灭亡风险，无论是被竞争对手（其他城邦）或是被外来力量（如马其顿或波斯）所灭。我说的灭亡不只是失去自主性或政体改变，而是在中心城市被洗劫或全体人口被灭绝、沦为奴隶或强迫驱逐离境后，该城邦作为一个物理的和社会的实在被彻底终结。从古风后期到古典时期，在1035 个已知城邦中有记录的将近 12%（120）城邦惨遭灭绝。这个数量并没有真实反映出城邦实际面临的风险。在第二章讨论过的 164 个城邦如果分为四组，则其中的前 3/4 组的记录相对完整的 120 个城邦里，被毁灭率如下：最前的 1/4 是 33/100，第二个 1/4，是 30%；第三个 1/4，是 30%。这些数据令人吃惊地一致。[2] 没有任何理由相信其他不知名的城邦（第四个四分之一的四十四个城邦以及八百多没有排名的城邦）就更少可能被灭亡，只不过它们的灭亡更少被记录而已。所以，看来在古风和古典希腊历史中，一个希腊城邦在某个时间被灭亡的概率大约是 1：3。

有些城邦，包括前 480 年的雅典，在城市、农村的基础设施遭到毁坏后仍有能力重建。另外有些城邦，像前 348 年的奥林托斯（Olynthus），就彻底被毁灭了。很有意义的一点是，希腊内部竞争的后果并非总是彻底毁灭性

---

[1] 增长策略的例子包括斯巴达征服美塞尼亚，叙拉古强行兼并西西里诸多城邦的人口，雅典的帝国及吸引外来人口的方法。我此处的重点只在个体城邦内的协调和规模问题，但这只是问题的一面。Mackil 2004，2008 评价了通过城邦体制化的地区性结盟（*koina*）解决规模问题的方法。马其顿在腓力二世领导下发展成为一个大民族帝国，克服了它一直以来的协作问题，这部分地是因为成功地借鉴并采纳了最为成功的前四世纪希腊城邦的体制革新，也提供了规模研究的一个个案。对于现代公司如何"大象学跳舞"的一个新古典派的阐释，见 Gerstner 2003。

[2] 毁灭率在第四个 1/4 组下降 15%。毁灭率在前二十集团是 25%。引人注目的是，虽然毁灭率在最初的三个四分之一一组没有下降，其他有记录的历史事件发生（经历各种政体形式和内部冲突）从一组到另一组都在下降，很有规律。有关细节参看附录，表 D.4。假设其他事件数量稳定下降部分地是由于知名效果（越排名在后的城邦，完整保存的历史记录越少），那么，毁灭记载的是特别显著的事件，就比其他事件少受"记忆衰退"影响。雅典辩论家在毁灭是否是终极性的问题上争论不休：Lycurgus 1.61 将毁灭等同为城邦死亡；Hypereid 2.8 则宣称毁灭后的城邦往往能重返繁荣。

的。当外来力量有能力毁坏时，当地的竞争对手往往不愿或不能利用城邦处于被毁的虚弱期而再来"致命一击"。因而，许多更成功的城邦在被毁后仍然设法存活下来（如雅典或米利都）或随后重建（如叙巴里斯、埃基那或忒拜）。概而言之，足以带来（直接或间接地）物质上更大繁荣的那种内生性政治选择或许无法避免一个城邦被毁掉，但有可能提高它遭受沉重打击后不至于永久灭亡的机率。[1]

古风时期与古典时期城邦间的竞争没有导致希腊世界兼并成少数几个大国，也没有造成共和或民主政体失势而中央集权政府独大的局面。尽管在古风时代早期斯巴达成功征服了邻邦美塞尼亚，在古风晚期和古典早期叙拉古强行吞并西西里的诸多城邦，后来雅典人、斯巴达人、叙拉古人和忒拜人在前五世纪中叶和前四世纪兼并邻邦的企图最终还是破灭了。希腊世界的政治主权仍然分散在大量独立或半独立的城邦之中，这些城邦许多都或多或少带有民主性质。

希腊城邦文化中的国家兴起与持续的历史模式与其他耳熟能详的古代或现代国家之形成方式大相径庭。例如，古罗马发展成为一个庞大中央集权国家是通过掠夺式的不断领土扩张。罗马的国家形成过程在很多方面与早期近代欧洲的中央集权式民族国家的形成相类似。[2] 任何国家都有可能遭受灭顶之灾，确实是古希腊城邦文化与当代世界秩序的本质区别。若把希腊世界看成一个多国家体制，有广为分散的主权结构，共和及民主政体盛行，而且城邦间机制既引发竞争又促进某种形式的合作，那么，这些都与当代后霸权主义国际秩序相类似（Keohane 1984, 2002），而不同于古代罗马或任何历史上其他中央集权帝国。我在第七章提出这种相似性的一些可能含义。

---

[1] 见附录，表 D. 4，源自 Hansen and Nielsen 2004 的证据。现代国家（1945 年后）极少消亡，见 Dahland Tufte 1973：120—122 页。Fazal 2007 确认"国家死亡"在 1945 年后很少，但指出 1816 年的国家现在只有一半存在。关键并不在古代比现代经历更多恐怖：没有理由来支持这点（Glover 2000）。关键在于不同时代人们面对的风险的性质不一，现代许多人有可能会遭遇痛苦，但这并不是国家被竞争对手毁坏的结果。究竟是怎样的外在或内在的因素影响希腊城邦在毁灭性灾难后的不同后果，这个问题值得进一步研究。这是个难题，因为毁灭明显影响成功的榜单。所以，根据现有证据，很难说国家在毁灭性打击后消亡而不再存活，是由于它相对低的排名；反之亦然。

[2] 世界历史上还有 35 个其他的城邦文化被记录（M. H. Hansen 2000, 2002b），但没有哪个有像上千城邦的希腊文化一样长期而密集。罗马国家的形成与欧洲国家的形成相似，见 Eich and Eich 2005。

在古典时期，建立和维持稳定而大规模的中央集权帝国的内部企图都破产了，可能部分原因在于城邦间机制化合作的有效性。这些合作机制包括城邦联盟（Koina）、多城邦协议和同盟，这些形成了对可能的霸主城邦的平衡和制约，并产生了或多或少有效的正式或非正式的规则来对城邦间的战争行为做出限定。这样的安排有利于减轻时刻被灭亡的风险和暂时处于弱势的不利后果，同时促进重要的经济交往。但同样地，生产性合作带来的潜能使政治选择以及做出选择的体制化过程变得尤为重要：随着城邦间生产性合作的选择多样化，任何城邦面临的公共政策选择的"菜单"就更丰富。问题不是简单的"如何最有利打击我们的对手并逃避他们的反击"，而且也是"应当与哪些对手保持合作关系，保持到什么程度，在哪些方面保持合作？"对这些问题的回答应该在某个城邦中使得某种利益比其他利益更占上风。如修昔底德对科基拉岛（Corcyra）内战的经典叙述中所指出的，改换同盟会带来对城邦的社会政治均衡的致命打击，并导致自我毁灭。[1]

希腊城邦间的竞争不仅只使用有组织的毁灭性暴力：对手间竞争还展现在运动场上、公共建筑工程上和音乐戏剧表演上。希腊城邦间竞争也不总是零和游戏。竞争促进了战争方式的革新，也在其他许多领域如表演文化、建筑以及（尤为重要的）体制设计上带来了创新。竞争与合作导致创新和系统整体发展的类似模式，也在公司间的竞争关系上得到体现。公司相互竞争是在有规则可循的环境中，与对手建立合作性伙伴关系并进行竞争性仿效，等等。这些并非一定都是零和的。但"什么时候合作以及和哪个组织合作"的问题并不容易解决，尤其在面对根深蒂固的组织之间利益的情况下。与此同时，被灭亡的现实可能性仍会刺激个人或集体行为，无论是古代城邦还是现代公司。

城邦竞争的赌注毫无疑问高于公司竞争的赌注。商业组织管理者不必担心失利后他们的厂房被洗劫或员工被屠杀，或沦为奴隶。但他们也经常性地面临组织失利后的严重后果。他们知道失败或许不仅意味着更微薄的利润或更低排名，而且可能是他们公司的解体。更进一步，他们懂得这样的结果可能来自于组织决策人不能有效管理知识和信息。组织知识的问题随着规模增

---

[1]　希腊城邦间关系的合作与互惠，见 Low 2007。联盟方面的情况，见 Mackil 2003，2008。从当代国际关系研究的角度看古希腊的外交策略，见 Lebowand Strauss 1991。修昔底德论科基拉 3.70—85，Morrison 1999；Ober 2000a。竞争公司之间的合作在现在高度竞争的商业生态中很普遍，见 Baumol 1993：193—222 页，Gomes—Casseres 1996。

大而不断严重。就如一家现代企业在寻求竞争优势最大化时要协调"人力资本"（即人的活动）一样，希腊城邦也会面对如何去保持竞争优势问题，这将随着城邦规模的扩大带来的如何有效组织大量知识的问题而出现。本章讨论希腊城邦面临的公共行为难题及他们的解决方案，我们的讨论将参照当代民主国家和非国家组织进行。

参 与 和 规 模

在希腊城邦间竞争中，规模是明显优势：按综合繁荣度（见第二章）排名前二十的城邦的领土平均比中等城邦大三倍，而中等城邦则平均远远大于大量没进入排名的城邦。这种关系基本成立，即使领土从综合得分中除去。尽管我们对大多希腊城邦实际人口数量只有极有限的数据，但是很可能人口多少与领土大小紧密相关[1]。

在古风时期和古典时期存在的约一千个希腊城邦中的大多数与"前二十名"相比，都谈不上庞大、富裕或强盛。相当数量的城邦显然符合鲁森布什（E. Ruschenbusch 1985）所说的"一般城邦"（Normal poleis），即那些人口非常少（平均从几百到几千），控制面积非常小（小于一百平方公里）的城邦。这类共同体一般是直接面对面的熟人社会，人们之间确实了解（不管这是好事还是坏事）他人的许多性格和习惯[2]。"一般城邦"中有许多都没有完全独立：有的被迫加入同盟体系（如伯罗奔尼撒同盟或雅典帝国）；有的将自己纳入复杂的地区体系，由共同经济利益、宗教活动和政治体制来维系[3]

─────────

〔1〕　Nixon and Price 1990 提出了对大小城邦的资源的一个有深度的分析，这建立在向雅典帝国奉献贡品的名单的基础上。前 20 名集团平均领土水平在 5.7，相当于约 800—900 平方公里。在扩大范围的 164 个城邦当中，领土面积与按公共建筑或国际活动等衡量的成功密切相关：r = 0.51。有关城邦领土大小证据的调查，见 M. H. Hansen and Nielsen 2004：70—73 页。城邦人口与领土大小的估计关联：M. H. Hansen 2006b。现代国家在气候和地理上与希腊城邦大不相同，领土面积与人口的关联较大（r = 0.69）：Dahl and Tufte 1973。有关现代世界在国际关系上国家大小不同的效应，见 Dahl and Tufte 1973：120—122 页。

〔2〕　有关熟人社区，见 Laslett 1973 的经典研究。

〔3〕　城邦的总量：M. H. Hansen and Nielsen 2004：53—54 页。由 M. H. Hansen and Nielsen（2004：71）编辑的 1035 个城邦库中做出以下领土大小分类：60% 城邦在 100 平方公里内，80% 城邦在 200 平方公里内，90% 城邦在 500 平方公里内，仅有 13 个城邦面积大于 1000 平方公里。

大小城邦的分布情况在图 3.1 中展示。

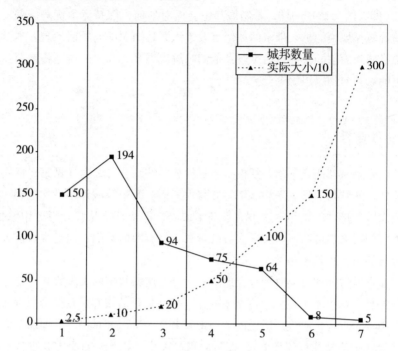

图 3.1　590 个城邦按领土大小的分布。横（X）轴是领土大小的排序（分 1－7 个等级）。竖（Y）轴是每个等级中的城邦数量及（估计的平均）实际大小（按每平方公里除 10）。

图 3.1[1] 图示表明，样本中有一半以上的城邦（590 个中的 344 个）处在水平 1（不足 25 平方公里）或水平 2（25 到 100 平方公里），这些是"一般城邦"的典型。如我们所知（第二章），中等城邦（164 个样本中的中间第二和第三的四分位数）的中等水准的面积平均要大些：处在面积水平四的低端，约 200~300 平方公里。少数很知名的城邦（如德尔菲或埃基那）也在水平 2 之中，但它们的人口肯定很多，与其领土的大小不成比例。但大多历史上有名的城邦都在水平 3（100~200 平方公里），如泰格阿（Tegea）、普拉泰亚、帕罗斯，或水平 4（200~500 平方公里），如麦加拉、萨摩斯，或水平 5（500~1000 平方公里），如科林斯、忒拜和希俄斯（Chios）。所有

---

〔1〕　数量为 590。城邦数量 = M. H. Hansen and Nielsen（2004）中的每个大小级别的城邦的数量（1—7，第 8—10 级类似 7）。实际大小/10 = 由每个级别领土大小（平方公里）除以 10。见 M. H. Hansen 2006b，第 13 章，用略大的资料库得出了相近结论。

已知城邦中只有十三个是水平6（1000～2000平方公里）和7（2000平方公里以上）的。2000平方公里以上的超级城邦只是屈指可数的那几个最著名的古典城邦，包括米利都、叙拉古、斯巴达，当然还有雅典。[1]雅典总人口大约五十万，领土（不包括帝国时期占据的）约2500平方公里，大致是一般城邦大小的25到50倍，是"中等"城邦平均面积的10倍。

随着政治规模的变化，对知识的组织也急剧发生变化。对于大部分人类历史，共同体大小是受环境制约的。在定居的农业社会成形前（约一万年前），人们生活在数十人的四处猎食的队伍中，社会规范相当均等化（如果人类学证据能说明问题的话）。[2]即使当农业生产的食物剩余能支撑规模经济，使更大型、更等级化的社会潜在地更有效率时，许多人仍然继续生活和工作在小规模、更同质化、面对面的共同体中，每个居民相互了解他人的习性和专长领域。这显然相当好地描绘了"一般城邦"、许多中等大小的希腊寡头制中的"积极公民"群体和（见第四章）古典雅典的诸多组成村落及近邻。

在对集体行为的一项有影响力的研究中，曼瑟尔·奥尔森（Mancur Olson）宣称："除非个体数目相对较少，或除非通过强制或其他一些特殊手段让个体为共同利益行动，**理性、自利的个体是不会为达到他们的共同或集体利益而行动的**"。[3]在小的共同体中，如一般城邦或寡头"积极公民"群体中，一些集体行为和知识组织的问题可以很容易被解决：人际知识有助于降低交易成本，不断的沟通则促成团队成员间信息与物品的交流。共同知识在公共仪式中很容易形成，对有效信息的收集也方便，因为人们基本清楚哪个

---

[1]　M. H. Hansen and Nielsen 2004 列出下面一些城邦领土的大小（平方公里）：叙拉古，12，000（在前四世纪）；斯巴达，8400（在前371年占"伯罗奔尼撒的五分之二"）；雅典，2500（不包括海外占据地）；阿戈斯，1400，科林斯，900（总人口70，000）；忒拜，650—800。

[2]　搜寻食物群体的平均主义：Boehm 1993，1999，2000a，2000b。群体大小：Dunbar 1993，建立在九个搜寻食物部落的人类学证据的样本上。最新考古学成就表明某些形式的农业可追溯到13，000年前（但被气候变化打断），前农业的搜寻群体大小在出现智人到出现农业间的五万年左右之间变化很大。但几乎不可能有群体人数在公元前9000年以前超过150人的（Morris，即出，第二章）。毫无疑问人类大脑和社会性在小群体中发展起来。

[3]　Olson 1965：2。奥尔森也认为"中等大小的群体"，也就是其中每位个体行为都相当可见的那种群体，可能有时会有集体好处。更多见 R. Hardin 1982：48—49 页；Keohane 1984：76—77 页；Ostrom 1990：5—6 页；Davenport and Prusak 1998：18 页。Ostrom 2003：29—34 页及 Kopelman，Weber，and Messick 2002，134—137 页概括了有关有利于合作因素的心理学著作，强调双向沟通。

人在哪个领域擅长。就共同体重大问题进行协商时，能合理地运用社会和技术的知识。[1]（正式或非正式的）教育鼓励个体内化团队规范并学会做出和遵守承诺。同时，各种易察的不当行为所催生的对行为的规范和处罚，可以有效控制个体占他人合作行为的便宜和从公共资源领域拿取多出他们份额的倾向。[2]

鉴于人类的小型面对面群体（群落、村庄）社会生活的漫长历史和奥尔森对解决集体行为难题时小群体优势的论断，小群体看来与民主组织的参与率有正相关性，这就不奇怪了。法兰克·布莱恩（Frank Bryan）在详细考察佛蒙特镇议事会后，运用一个系列的数据组（1435 次会议）来表明，解释佛蒙特镇会议参与程度的最重要的单一变量就是规模。在更换其他所有潜在相关因素后，他的结论是："真正的民主在小地方能更好地运作，好得十分显著。"在小一点的镇子里，大约只有不到 350 位公民（要知道每次会议的真实参与人数还要少得多，按样本平均只有 20.5%），镇会议的参与程度始终一致地高于更大的城镇。[3]

布莱恩有关小规模共同体与政治参与度提高相联系的发现与马尔科姆·格拉德维尔（Malcolm Gladwell）在他著名的《临界点》（2000）一书中有关规模的一般论断是一致的。以认知心理学的结论和实际组织（从门罗派社区到高科技公司）经验为基础，格拉德维尔假定 150 名活跃成员是个极限，若组织的成功依赖在平等的面对面共同体中才能产生的那种紧密合作和个人关系的话。格拉德维尔建议共同体要有意识地将团队规模控制在 150 位活跃成员之内，否则每个人相互不再了解，共同体也失去了只在个人熟悉情况下才产生的紧密凝聚力。公共行为难题便会出现，表现水准于是下降。[4]

---

〔1〕 Coase（1988：178）认为"在零交易成本世界，所有参与方有热情去发现和分享所有可以增长产品价值的调整。"Coase（1988：174—175 页）小心地强调，不会存在没有交易成本的世界；关键在于：一旦交易成本下降则科斯这里所指的激励就会增加。

〔2〕 有关道德教育和惩戒在建立合作行为中作用，更多见 Dietz et al. 2002；Kopelman, Weber, and Messick 2002，135—136 页。这个基本结合是许多社群主义政治理论的核心。自由主义理论家指出强规范有可能压制了多元主义（如 Waldron 1992）。经济学家（如 Baumol 1993）认为强规范会遏制创新。感谢保罗·爱德华（Paul Edwards）和我分享未出版成果并一起讨论此问题。

〔3〕 Bryan 2004；引述的是第 83 页。平均参与百分比，见 Bryan 2004：105 页。

〔4〕 Gladwell 2000，第五章；就认知心理学，格兰威尔引述了 Dunbar 1993 的文字。Bryan 2004：62—64 页指出在弗蒙特镇会议中，一天平均最高的参与数是 137 人。

亚里士多德（*Politics* 1326a）在讨论"可能实现的最佳城邦"时也提出过类似的一般观点，他说这样的城邦要足够小，才能确保公民们相互了解对方的个性和美德。在此意义上，亚里士多德的"可能实现的最佳城邦"至少与许多实际城邦差别并不很大。在小规模的"一般城邦"中，人们能够靠习惯解决一些公共行为难题，这样的习惯在小的人类共同体中，从某种程度上说是"自然"的。通过个人信息与面对面协商来对有用知识进行有效的、协调的汇聚和共享，会存在规模限制问题；不过这个问题对于中等大小的寡头城邦共同体就不会存在。在中等大小的寡头制中，成年的本地男性"潜在积极公民"的数量可能也就数百位。对完全公民资格的财产要求会限制许多本地居民对政治的积极参与，并降低政治参与者的社会和认知的多样性。寡头制的问题不在决策机构的内部协调，而是机构外的本地居民对更充分的参与权利的要求。这是亚里士多德认为寡头制比民主制更易引发国内冲突的一个重要理由。[1]

规模对于像雅典这样相对大型和高度参与的民主制国家构成了相当严重的挑战。确实，规模问题看来似乎使参与式民主无法解释任何拥有大量多元化积极成员的组织的成功。作为一个超级城邦，雅典不具备小型的"一般城邦"在集体行为上的"天然"优势，也没有中等寡头城邦对"积极公民"数量的限制。如其他大型组织一样，雅典面临竞争压力，要发展能解决其公共行为难题的文化制度和实践。奥尔森认为，除了规模小之外，"强迫"和"其他的特殊机制"都可以用于共同行动问题的解决；然而不同于其他超级城邦，雅典既没有付诸如斯巴达那样的"自上而下意识形态灌输"（用保守传统进行强制性社会教化）的特殊制度设计，也没有实施如叙拉古在其僭主制阶段所采用的那种命令—掌控式等级强迫机制。[2]

我在第一章中对米歇尔的论断作了反驳，他认为大规模的组织协作活动问题必然自身就会造成参与式民主不可能实现，这一观点已经被雅典的实践证明是错误的。但规模问题确实强调了体制设计的极端重要性。竞争环境中的大型民主组织必须找出办法来充分提高合作潜力和组织有用知识，这在小

---

〔1〕　寡头大小在组织效率上的优势，见 Brock and Hodkinson 2000：19—20 页。国内冲突问题：Ober 2000a，2005a。

〔2〕　Dahl 1970：59—103 页和 Dahl and Tufte 1973：20—22 页、66—88 页强调更大规模与更高沟通成本之间的关联，因此扩大民主参与规模会遇到困难甚至不可能性。但注意，他们假设"全面参与"意味着每个公民都必须在公共集会上发言。对这种难以实现的理想的机制化替代方案，将在下面详细讨论。

型的、相对同质化群体的参与者组成的平等共同体中会或多或少更自然地实现。由于民主制没有"自上而下灌输"的意识形态或强制，大规模参与式民主必须要设计制度来组织自己，将小规模的面对面共同体纳入其中，作为其体制结构的基本组成部分。[1]

规模管理（如第四章讨论的，这是通过行政区、部落和城邦的体系实现的）是雅典民主机制的关键运作特征，正如在大得多的现代代议制民主中也是如此。雅典管理规模的方式似乎在某种程度上更类似当代非国家组织以知识为核心的成功实践，而不同于现代国家的典型政治体制（Manville and O-ber 2003）。成功的现代企业，员工有数百到上万不等，有的甚至达十万以上，运作的规模与希腊城邦就大致有可比性。当代对现代民族国家和国际政体的研究也在许多方面对希腊城邦的解释提供了新的视野。但鉴于城邦面临的有限规模和剧烈的竞争环境，希腊城邦的某些方面，包括对知识的组织，最好还是按照社会组织理论的一些研究分支来建模研究，这些分支专注于研究高度竞争环境下的公司和其他非国家组织中的人类行为。

社会的、技术的和潜在的知识

在本章和后三章中的论证依赖于三个关于组织（organization）的重要前提：

1. 国家（更不用说城邦）是有目的的组织，其成员联合追求共同繁荣，以及其他共同的或个人的目标；[2]

2. 组织通常存在于与其他相似组织一起构成的竞争（有时也可合作）生态中，越是竞争激烈的环境，失利的后果就越严重；[3]

---

[1] 在组织中维持面对面互动的重要性，见 Davenport and Prusak 1998：12 页，22 页；Dixon 2000：3—5 页；Brown and Duguid 2000，第八章。参与本地自治的经验对公民的价值，是 Dahl 1970 的关键结论：153—166 页，但 Dahl 对地方自治作为更大国家体系一个不可分部分的潜力，却相当悲观。见 Fung 2004；Baiocchi 2005。

[2] 繁荣：见第二章。在某些例子中，成功完成"其他目标"可能对组织繁荣很重要（造好汽车对福特公司繁荣很重要）；在另外一些例子中，组织所追求的"其他目标"独立于其自身繁荣（不能结束苏丹饥荒不会影响牛津饥荒救济委员会作为一个组织的繁荣发展）。

[3] 有些证据表明竞争对组织的适应度有利；在垄断状态下能存在相当长一段时期的组织，一旦被置于竞争环境中，则可能难以成功：Barnett and Pontikes 2006；Barnett 2008。

3. 有效利用有用知识的能力造成了组织间的关键差别；在其他条件相等情况下，越能有效处理认知的组织，越可能在竞争状况下脱颖而出。

总之，第三至六章讨论的关键问题是"在竞争环境中，知识对于一个复杂组织的相对繁荣所扮演的角色"。[1]

在第一章，"行动的知识"定义为通过创新和学习的过程来组建信息，以达成有效的社会行动。我们可以对其定义再作如下阐释：政治上相关的知识包括人们的信念、能力、经验和信息，通过某种方式组织起来，从而能在集体范围或内部再生产和分享。如果通过常规化和创新手段付诸使用，这类知识会产生与竞争力有关的重要政治、经济效应。[2] 政治上相关的知识可以连接社会/人际及技术/专业形式的知识，而这些知识是整体（以体制化程序和正式规则的形式）和个体（明显和默会的）所拥有的。

社会知识包括关于人、习俗、体制及其运作特色等知识。它包括像这类问题的回答：谁是我的朋友或敌人？在怎样情形下，我可以信任或不信任谁？在公共场合我要怎样表现？如果我做错事该怎样纠正？社会知识是民主共同体中有效参与的必备条件。它多少以某种方式为每一个人所拥有。此外，有些人在积累和运用社会知识上要远好过其他人，特别丰富的社会知识也可以被视作某类专业知识。社会知识于是就融合到技术或专业知识之中。[3]

技术知识可定义为：在特定活动领域中如何运用工具或程序来获得既定目标的专业技能。最高水准的技术知识体现在特定领域中获取难度极高的专

---

〔1〕 就组织性学习与知识而言，有大量文献，有用的介绍包括 Levitt and March 1988；March 1991；Davenport 1998；Wenger 1998；Dixon 2000；Garvin 2000；及 Brown and Duguid 2000。其他研究见后面的引述。

〔2〕 "行动中的知识"的这个扩展定义大致接近于 Russel Hardin（2000：214—216 页）所谓"街头水平认知论"，他将其描述为"经济的"；这一般而言不在于正当性而在于有用性。它遵从约翰·杜威的"实用规则"：为了发现观念的意义，要询问其后果。本质上，街头水平认识论将此观点运用到知识上，得出的一般结果包括知晓并运用此知识的整体成本与收益。哈丁使用此定义来表明参与式民主的不一致性，而我却相信这可以有助于解释知识为中心的参与式民主是可行的。

〔3〕 社会能力（获取有用社会知识的能力）是内在的，在婴儿身上就有体现：Premack 1995。它可以用"情感智力"来衡量：Goleman 1995。当然，有些人可能先天就没有轻易获取社会知识的能力（如自闭症患者），但是，例外情况正好证明了常规的存在。

业知识。在某个特定领域（如经常举的例子，下棋或拉小提琴），通常只有具备最高水准的专业的少数一些人被称作"真正的专家"。但由于有许多的领域都能获取这类或那类专业知识，任何大型、复杂社会就完全可能拥有相当一批真正的专家。同时，还会有许多人对某领域的掌握即使不如一流专家，但也好过大多其他普通人。[1]

我认为在民主体制情形中，与政治相关的知识的社会与技术方面的**互动**扮演了十分重要的角色，使得雅典参与式民主成为可持续的政治组织形式，使所谓"寡头铁律"失效。它让雅典成为相对富裕、安全和强盛的城邦。知识交换的循环反复，随着时间推移，产生出崭新的"民主政治行动"的空间，许多普通雅典人都成为能力卓越的人，有的甚至成为真正的专家。在民主体制下社会与技术知识的交流带来更好的决策、更有效的日常生活和更富创意的方案，这些都给雅典带来了巨大的国家竞争优势。

有效使用专业化技术知识是国家成功的重要原因之一，这样的论断并无新意。任何对于复杂组织有过经验的人都明白，某些专业知识既是相当稀缺的，又对治理很关键。从这个直觉的前提很容易得出结论：参与式的组织是不可行的，组织成功完全依赖专家的领导，也就是说，有赖技术专家统治者做出的选择。[2] 如果对有用的、政治相关的知识的成功组织就是全部托付给真正的领导专家进行决策，那些大量非专家就毫无贡献可言。[3] 将非专家纳入决策体系，说得好听点，也会很浪费时间。参与式民主的程序因此在竞争环境中肯定会失败，民主在竞争压力下必然会被淘汰出局。这一连串的思路导致米歇尔的"寡头制不可避免"的结论，而我（在第一章中）指出，雅典的历史已经反驳了这一结论。如我们所见（第二章），尽管雅典决策过程花费很大，雅典民主机构也的确做出过一些错误决策，但雅典仍远胜出它

---

[1] 专长知识：Leifer 1988（如国际象棋中的战略下法）；Ericsson and Smith 1991，导论 27—32 页，在发展专长知识时实践与反馈的重要性；Salthouse 1991，有关专长知识作为对一般限制的规避；Ericsson 1999（文献综述）。专业政治判断及其限制：Tetlock 2005。Mokyr 2002 的重要研究是关于经济繁荣与事实知识及操作知识增长的关系的（尤其在公元 1800 年后）。默克尔专注于专家认知基础的扩大，但认为"无论这是好是坏，有用知识增长的历史是精英的历史"（291）。Harris 2002 表明，个体雅典人拥有很广泛的技能。

[2] 有关组织领导学的大量现代商业文献恰恰表明了迈出这一步是如此简单而看似自然。

[3] 当然，并不是说专家总能做出正确决定，即便在他们自身领域中：Camerer and Johnson 1991；Ericsson 1999，文献综述；Tetlock 2005。更多见后面章节。

的等级制对手。

米歇尔富有影响的组织角色理论得出了这样的假设：从效率角度看，毫无疑问更好的做法**总是**，非专家接受专家做出的任何决议，并且毫无异议地执行上面的指示。在工业领域，这是"泰勒制"原则，用据说是亨利·福特的遗憾来表达就是：很遗憾他所雇佣的员工除了双手以外还有头脑[1] 如第一章所述，柏拉图的理想国就是一个按统治专家与社会其他成员劳动分工的假设组织起来的严格等级制的理念国家的古代典型。由于他们掌握独特的善的理念的专业知识（这是难以传授给非专家的），理想国的哲学王们可以运用他们非凡能力来统治理想的城邦，并且保持其繁荣[2] 理想国文化（包括书报审查和"高贵的谎言"）的设计是为确保（通过教育和洗脑）那些不懂专业统治的人毫无异议地接受真正专家统治者的决策。

尽管没有一个真实人类社会是按照柏拉图理想国的模式建造的，但是对以"统治即管理"的专家知识为基础的严格等级制的价值的信念，在现代社会广为流行。泰勒制工厂与现代专制国家类似的全权掌控，就建基于统治者专业知识的信念之上。各种大规模现代技术专家治国的社会政治实验曾被信心十足地开展实施过，似乎专业化管理知识掌握在一小撮位居领导岗位的技术娴熟专家手中，就是成功的主要的或可能唯一的决定因素。按此原则进行的宏大社会实验全部都以灾难性失败告终，带来了巨大的人类苦难（Scott 1998）。尽管由专家设计、威权国家执行的宏大计划的惨痛失败的理由无疑很复杂，但失败的部分原因显然在于，非民主政府有意将普通民众的社会知识排除在外。

毫无疑问，领导力必然会带来不同，而且无论从潜在的积极或消极意义而言，它肯定在一些方面与专业知识有相同之处。但从古代雅典到现在，领导力或"在政治领导方面的一般专业知识"（希腊语为 *politike techne*），一直没有正式定义，并且被证明极难学会。在某种情形下十分有效的领导方式，在其他情形中却是灾难性的[3] 这样问题就是：领导力应当在一般意

---

〔1〕　福特和泰勒主义，见 Rothschild 1973。泰勒主义应用的历史研究，见 Aitken 1985。

〔2〕　理想国中的其他居民对那些使其享受繁荣的条件感到满意。有必要指出，理想国的每位居民都应当在某特殊领域中拥有专长，并且理想国的基本原则是专长知识在不同领域间无法转换。见下面的讨论。

〔3〕　这一点在商业组织领导学的经典研究中得到了重述；例如，Barnard 1948，第二和四章；Collins 2001；Drucker 2003，以及美国总统传记。此类的领导能力学在当代政治理论中并非主要领域；娜奈尔·基欧汉（Nannerl Keohane）正在着手的研究旨在填补此明显的空白。

义上被视为一个专业知识领域吗？我认为不应该，因为虽然领导力一般包括
对各种形式的专业知识的**协调**，在现实世界中，领导力本身不适于被定义为
专业知识的一种形式。如果这点正确，就意味着"政治上相关的知识"不能
被正当地描述为领导领域中的一种专业知识。民主的公认美德之一就是，公
民的常识（也就是社会与技术知识的综合）可以在政治领域得到合理表达。
公民能通过投票来表达这些常识，而对公民负责的领导人在面对是否实施按
宏大计划来推行但具有潜在灾难性的社会重造工程时，会更加犹疑。

　　除了从其消极角度看能抵御过于野心勃勃的、自上而下的社会改造工程
的有益功能之外，参与式民主还能对政策决定和执行增加积极价值。它通过
将各种形式的社会知识运用到解决困难问题上，以及拓展有利于政策决定的
技术知识的范围，而实现其价值。从几个理由看，将各种分散社会和技术知
识充实到政治决策中，即使民主参与过程费用昂贵，也是物有所值的。

　　首先，一个复杂问题的最佳决策所需的必要技术知识可能为相当数量的
专家拥有，专业知识分布在各种广泛的、有时不明显的领域。参与式政府有
系统地将各种不同经验和知识群体纳入协商决策过程。输入的多样性使得之
前不被权力精英认可为专业人士的个体所拥有的潜在知识进入前台。来自社
会各阶层的人们拥有适当信息及潜在能促进有效创新的专业知识。潜在知识
包括明显的本地知识，一旦将它们摆上桌面并被（其拥有者或他人）认可是
有价值的，就能被启用。但还包括各种形式的"默会知识"（Polanyi 1966）
或"知道如何行动"（经典例子是游泳或骑自行车）的知识，这些不容易写
下来，但能通过实践或个别指导来学习。默会知识往往是小组为基础的组织
过程的核心，这类默会知识不容易被记录（从而被模仿）的特点，使其成为
重要竞争优势的来源。[1]

　　分散的潜在知识不容易在一小撮"专业统治者"及他们所谓专家顾问圈
的协商中浮出水面，因为这些不被他们承认与问题相关。被各领域具备丰富
知识的专业人士和信息拥有者所掌握的潜在可能有用的知识，在之前不被认
为有相关性（他们的参与于是仅被认为是巨大的花费）；但是，在恰当情形
下，却可能被大家意识到相关程度极高。当它转化为能促进组织的目标的
"积极知识"时，这类潜在技术知识就能产生相当的益处；这些拥有价值不
可估量的本地的或默会的知识的人们，对于参与的组织化投资的回报会很丰

---

[1]　Davenport and Prusak 1998：68 页；Osterloh and Frey 2000；Dixon 2000：11—13 页；
　　Brown and Duguid 2000：122—124 页。

厚。大规模、广泛基础的参与更有回报，因为可能的重要潜在知识是种类不一、广泛散布又难以事先确认的。鉴于潜在知识的高度可利用价值，以及系统地将这些知识挖掘出来的难度，组织设计的一项重大挑战就是，将确认潜在知识来源的过程体制化，并将这些知识传授给其他人。[1]

除了确认潜在知识之外，花费不菲的参与程序虽然并不总是涉及协商过程，还能潜在有效地将各种分散的社会知识与各类技术知识引入到同一个"解决方案平台"。恰当类型的社会知识和恰当类型的技术知识的相互融合，可以导致更符合实际、可持续的政策。它同样还能降低执行成本，这是靠事先了解冲突的来源，并使决策者能对某项特定行动带来的后果和可能造成的社会成本具有更准确的理解而达到的。另一方面，在恰当的条件下，协商过程能让扩大的决策主体更好地领会特定行动的益处。于是，在要求公民做出牺牲的政策时，也可能执行起来少些民众抵触。[2]

最后，一段时期后，随着潜在知识发掘过程的标准化和常规化，与参与相关的一些成本便会减少而收益会增加。许多良好治理所必需的技能有可能被普通公民发展到相当高度，他们有足够机会来学习和掌握这些技能。熟悉公共决策过程的公民更少犯代价不菲的错误。同时，许多技能娴熟的业余人士参与常规政治过程可以降低成本，因为这有助于督促政府过程的透明化，并减少腐败机会。透明决策使得掌权者和政治内部人更难设计或操控"黑箱操作"体系。这使他们更难有机会利用体制来捞取个人私利或小集团利益，并损害大多无权者的利益或组织作为整体的共同利益。民主防范和惩制腐败的好处在"老寡头"（Ps—Xenophon, *Ath. Pol.* 3.7）和亚里士多德（*Politics* 1286a31—35）那里都被充分注意到。

总之，广泛民主参与潜在地有利于各种分散的技术专业知识被发掘出

---

〔1〕 有关默会知识及其潜在转化为行动，见 Hargadon and Fanelli 2002。组织如何管理其所知，促进常规化和革新，并从而帮助或阻碍短期和长期生产力的一般问题，是组织学习的社会学分支领域的主要关注点：例见 Levitt and March 1988；March1991；Baumol 1993, 2004；Osterloh and Frey 2000；Grandori and Kogut 2002；Orlikowsky 2002。

〔2〕 Ruze 1997 对古希腊协商民主有最详尽的研究。现代协商民主的拥护者包括 Fishkin 1991；Akerman and Fishkin 2004。对协商民主的批判往往指出协商容易增加团队的两极化（如 Sunstein 2000, 2002；Mendelberg 2002）。对协商民主的实证性研究的一个综述，见 Delli Carpini et al. 2004 和 Fishkin and Laslett 2003 当中的论文。现代协商民主试验一般缺乏雅典协商流程中的相关特色（如持续时间、突显性、重复性和声誉效果）；更多见第四章。

来，用来形成解决问题的创新方案，同时将与常规化和学习相关的一些好处，长期扩散到更广泛的人群中。如果创新和学习能最优化，并保持恰当的平衡，参与的好处就会大大超过其成本。可期待的结果便是更高水平的组织成就。但要取得如此理想目标，参与必须将潜在知识发掘出来，并将社会知识与技术知识无缝对接。当代关于组织学习的理论强调，找到并维持创新和常规化之间的有效平衡，以及让社会知识与技术知识很好地融合在一起，是一个难题。本书就是要解释雅典的参与体制如何在实践中有效运作，通过对认知过程的汇聚、协同和规章化而达成这种平衡和融合。虽然这些过程在雅典确实是政治的和民主的，但它们与现代民主国家的核心政治过程是相当不一样的。

偏 好、党 派 和 高 成 本 信 息

现代民主国家通过选举代表的做法将公共意见带入政治过程，以此来保证统治合法性；但是人们不清楚选举代表的过程是否能增进某些可以被恰当地理解为"知识"的东西，从而使选举的结果更有价值。[1] 事实上，个体投票者对怎样的选择才会真正促进他们最佳利益的无知，被经常提及为代议制政府的问题，甚至被视为是其最致命的缺陷。问题在于，如何投票以实现个体利益的最优化，这样的信息是需要花费相当成本去获取的，而个体的投票对他的利益影响是不大的，故而成本超过收益。投票按此说法是完全非理性的。[2]

---

[1] 关于代议制民主的有影响的最新讨论包括 Pitkin 1967；Manin 1997；Przeworski, Stokes, and Manin 1999；Urbinati 2006；D. Runciman 2007。代议制对收集公众输入（如就环境问题的大众看法）的美国联邦的政策机制缺乏实质性影响，这可能可以作为统治精英倾向于将公众看法不当一回事的佐证。Stasavage 2007 指出代表制中的透明（即，使决策过程成为公共知识）有可能会导致更糟的政策，因为这鼓励代表们固守已有观点来表明他们对核心选民的忠诚。Urbinati 2002 建议，密尔最初的代议民主概念关注的是在公民间发展并分享有用知识的机制。

[2] 致命缺陷，见 Downs 1957，Grofman 1993 中亦有讨论；Hardin 2002：尤其见 225 页。不同的方法论，见 Page and Shapiro 1992（公众意见长期而言是理性而一致的）；Gordon and Segura 1997（如果认知能力再加上激励及充分信息，普通大众选举人能做出理性而正确的选择）；Kaplan 2007（投票是非理性的，因为投票人会误读经济形势）。Lohmann 1994 表明，在以投票为中心的体制下汇聚分散政治知识，是非常复杂的，尤其是，试图教育其同胞的选举前政治行为，有可能出现增加选举过程"噪音"等令人意外的结果，这可能对实际愿望的汇聚产生不利影响。

代议制政府要求投票，因为以选举的形式诉诸公共意见，可以给予被选领导统治以合法性。反过来，这些领导被期待做出促进那些选举他们的人的偏好的决策，并以他们对政治体制的专业掌握能力和接触各种信息和专业知识的特权为基础，推进公共福祉。对比而言，投票选择候选人在雅典体制下的参与式民主中是相对不重要的环节，其根基不是被选领导的合法性，而是假定通过共享广泛分布在公民自身的技术和社会知识，可以使政治决策更有价值。

就对知识的组织而言，代表制可理解为选举和确定拥有统治复杂国家所必须的专业知识的政府官员的方式。我在上面指出，"统治领域中的真正专家"并不存在。在任何情形下，代议制民主领导的工作总是一种广为人知的自相矛盾：他必须在一定程度上在决策中准确代表（或表达）他的选民的利益和偏好，同时要在他所掌握的专业知识基础上为他们做出最佳选择，代表国家整体利益。[1] 虽然在宪政民主下的民选代表在履行职责时同时需要社会的和技术的知识，公民们却很少直接参与到决定特定公共行为的利弊的过程中。公民表达政治知识的方式一般仅限于选择代表。现代民主制下的公民即便就具体事项直接投票，如美国国家的公民表决提案，其程序必然被权力精英操纵和控制；其结果则往往事与愿违。[2] 这样的历史经验导致政治科学家倾向于相信，真正的"人民统治"不太可能实现。[3]

当代民主与知识的大部分研究都倾向于认为，民主最好理解为下列意义上的非合作游戏：民主的主要目的是对公民群体中各方无法一致的利益（或偏好）做出裁定（或给出恰当权重评价）。决定冲突利益相对重要性的主要方式就是投票。政治党派（及领导政党的个体政治家）就服务于聚集分散偏好，并以提供可以（或看起来可以）满足部分选民的利益的政策来竞争。选举政治的目的就是，通过成功赢取特定部分公众的支持以胜出竞争对手。这种方式在被许多当代政治科学家视为常态的政治生活情形下显然是说得通的：这种常态政治即在稳定的宪政体制框架中，缺乏必须用潜在危及共同体

---

[1] 代表作为"使……呈现"，见 Pitkin 1967。

[2] 现代直接民主（通过全民公投和公民表决提案，现在美国的一些州在使用：Cronin 1989；Budge 1996）**看上去**是参与式的，人们投票为了某项议题而不是某个人，但这无须许多组织设计和教育设计；我在第四章会论述，这些设计能使参与式民主在有效汇聚困难过程中取得成功。

[3] 这个论述清晰地由 Dahl 1970 做出：67—71 页及 143—147 页有关雅典部分，还在他后来的一些著作中时有提及，如 Dahl 1989，1998。

生存的行动来遏制的内外威胁（如 1945 年后的美国）。[1]

我在此关注的政治生活环境同当代政治常态的概念有所不同。[2] 每个雅典个体肯定有不同利益诉求，这些利益也能被融合为可确定的利益群体，尤其如"财富精英"或"劳动大众"。[3] 但在面对城邦生存受到外来对手或内部纷争的长期威胁时，雅典人对于生命攸关的重要问题——"我们城邦必须努力比竞争对手更为繁荣、安全和强盛吗"，答案是普遍一致的。当然，对于当代国家可能同样也是一样。区别在于问题的严重性和失利后的可预测结果。希腊人在此问题上的普遍一致，对制定政策的至关重要性，以及因此它在雅典人如何考虑他们个人利益时的相对重要性，都取决于这一事实：雅典经常性地面临生存性威胁，这是高度竞争性的希腊城邦生态的必然后果。[4]

如前所述，对城邦的毁灭是有很大现实可能性的，正如城邦也可能退化进入不断耗尽国力的内战毁灭性循环一样。在古典时代，许多希腊城邦遭受了这些毁灭性打击。[5] 民主雅典政府的许多工作就是制订政策令雅典避免如此可怕、但很容易想象的实际可能的后果。城邦的意识形态和文化实践的一个根本方面是，时刻提醒多元而自由的公民成员们应该共同维护一个富裕

---

〔1〕 超越"正常"假设的努力能在 Bates et al. 1998 的历史论文集和 Greif 2006 中看到。
参看 Padgett and Ansel 1993：1301—1302 及 1307—1308（提及公元十五世纪弗罗伦萨的政治时说道）："鉴于根深蒂固的角色限制，自私（及其特性）是显见的，但是在复杂的混乱中……游戏本身完全在于掠取。理性选择要求有共同的功利尺度作为基础，但所揭示的偏好（指推断目标与角色间交易的得失的基础）只存于事后分析中。"

〔2〕 这并不导致这样的结论：正常和极端政治之间的差异带来对无限制行政权威的渴望；所以事情并非卡尔·施米特〔Carl Schmitt 2004（1932）〕所想的那样。其实，我假定在古希腊，对"正常政治"的定义有所不同，部分原因是由于高度而后果严峻的竞争。

〔3〕 亚里士多德在《政治学》中指出，城邦"整体"的"部分"是建立在经济阶层或其他特质上的利益团体；古代政治理论的一个普遍的、历史现实主义的考量是，这些部分会发生冲突（stasis），并会削弱城邦，使其容易被对手击败。民主雅典相对政治稳定（除前 415—前 403 年期间外），表明了利益团体政治并不占主导。更多见 Gehrke 1985；Ober 1989，2000a，2005b。另见 Burke 2005。

〔4〕 参看 Funke 1980，有关在伯罗奔尼撒战争后雅典公共谈论中的一个普遍用词 homonoia（一致，同心）。

〔5〕 以上讨论的毁灭率并不包括城邦被对手强迫作为不平等的同盟或其他形式的附属国。Mackil 2004 讨论希腊城邦发展的用以减少自然灾难中的人力损失的各种社会和政治策略。内部冲突的频度：有关细节参看附录，表 A.1；进一步的信息：Hansen and Nielsen 2004，附录 19；Lintott 1982；Gehrke 1985。

而强大的城邦，以避免对其生存的威胁，而党派或阶级利益上过度的两极化都会危及此目标。[1]

面对普遍担忧的灾难结局的可能性而一致赞同为共同体繁荣奋斗，得出的后果就是普遍缺乏用以维系有组织政党政治体系的那种固化的意识形态信仰。政党及政党纲领的缺失意味着没有党派支持的候选人，也没有就政策进行公共投票时的党派纪律。比起联合执政或"廉价磋商"为特色的现代民主立法集会，雅典的公共辩论旨在辩论的真实和有效。雅典公民可以自由地听从、追随或无视当时各种背景的可能领袖的意见。[2] 雅典公共演讲人尽力向听众——政治经验丰富的决策者们——证明他们具备相关知识；他们的政策的成败与否至少部分取决于他们的表达效果如何。由于没有党派，公共演讲辩论是公共政策协商中的一个有意义的部分（Ober 1989）。

由于在雅典没有有组织的政党政治，选举公共官员职务候选人的活动对于普通雅典公民，就成了所从事的政治活动中相对较少的一块。在雅典历史背景下，当代的通用公式——"政治参与"等于"投票候选人"——就没有意义了。就信息的高昂成本而言，这种情况可能使雅典的参与与现代民主的参与相比更缺乏理性。雅典公民找不到花费更少的办法，比如依靠自己对某个他认为其政策特别有利于自己的政党的一贯忠诚来回答这样的问题："哪种选择能更好地让我预期的功利最大化"？[3]

假设一个雅典人认可城邦意识形态或文化，即认为他的个人利益应至少部分地与城邦利益相一致，他就要这样问自己："哪种选择更有利于促进城邦的安定与繁荣，从而让我能安全而有效地追求个人利益？"如此一来，他需要思考他的每个政治选择如何影响城邦整体利益。这种对每个选择深思熟虑的做法，表面看来成本高昂得离奇，由于一个政治上活跃的雅典公民可能每年都要做出数百个这样的决定，这么做似乎极为非理性。然而，我将在下面论证雅典体制的设计允许个体公民做出决定时，即便不是完全考虑周到，

---

[1] 柏拉图笔下的苏格拉底显然对这种一致意见持异议；如 *Gorgias* 518e—19c（苏格拉底将财富、战舰、城墙说成是"垃圾"）。这表明柏拉图如何自觉地采取了激进的批判立场，更多见 Ober 1998：209—210 页。

[2] 廉价磋商，见 Austen—Smith 1990。在雅典公共集会各种不同的发言者，见 M. H. Hansen 1983，1984；Taylor 2007；Rhodes，即出。有关当时的领导如何可能决定群体的方向，见第五章。

[3] 昂贵信息悖论：Hardin 2002。但参看 Popkin 1991 认为投票人在做出决定时，能巧妙地利用社会与文化的"线索"。

也基本是合乎理性的。进一步，这些决定通常是正确的，从而当所有个体的决定在经过一段时间汇聚起来时，就带来了城邦的繁荣。

确实有不少人对民主政体本身展开公共争论（还有许多私下怨言），一些雅典人在原则上鄙视民主制或怀疑其拥有使城邦强大的能力。有钱的少数人中有人害怕（结果证明没有正当理由）占多数的穷人会利用民主政府来激进地重新分配私有财产。由于此类无休止的不满，雅典民主制随时有可能被非民主政体所取代。雅典民选政府要花相当精力，来防止推翻人民集体统治的企图。[1] 但民主的日常工作并不由党派选举竞争或党派间意识形态的竞争所驱动。主要动力来自于，必须决定哪些知识或谁的知识最能确保公共福祉（城邦作为共同体的生存与繁荣），这种福祉被大多数人认为是每个人自由追求私利的根本保障。

在雅典，宗教、民族、地域和部落身份并没有固化为分裂的、群体性的政治利益。[2] 有关如何分配公共产品或负担的问题，确实常常令以共同核心利益为基础的决策过程不稳定。但领导间的竞争主要围绕如何为城邦提供最好的方法来促进持续生存（即安全）和共同繁荣（即强盛、富裕）。在此意义上，雅典在某些方面不同于和平时期安定的现代民主强国。另一方面，雅典可能有些地方相似于面临战争生死威胁的现代民主国家，或面临在与更成功对手竞争中有可能被排挤出局的非国家组织。

等级、民主与生产力

米歇尔有关规模效应和政治环境下组织需求的论述，以及他"寡头铁律"的结论，在经济学家奥列弗·威廉姆森（Williamson）的一系列关于体制和交易费用的富有影响的研究中得到了最新阐述。在一种明显以过程为中心的分析中，威廉姆森试图考察组织的治理结构，来分析其相对生产能力。他的结论是，在等级制的治理体制中，也就是领导岗位毫无争议、不轮职和有明确命令—控制链的公司中，交易成本（更多见本章下面及第六章）才能得到最佳控制。威廉姆森在他 1975 年的书中论证道，更多参与式民主的治理形式会带来标准的集体行为困境：决策无效率和机会主义——搭便车、开

---

[1] 见 Ober 2005b，第十章。Teegarden，2007。

[2] 事实上，至少在部落或地区认同感上，情况有可能是如此；更多见第四章。

小差和对有价值信息的滥用。对比之下，他提出在应对市场失灵（见本章下面）中出现的等级制度，还可以在几个方面有助于防止组织失败：以决策专业化来节约沟通成本，通过命令—控制来防范追求私利的个人机会主义倾向，协调各分支机构对不可预知情形的反应，以命令形式解决各分支与个体间讨价还价的不可控性，消除独立主体间的信息鸿沟；并且创造一个更少斤斤计较交易的氛围。[1]

十年后，威廉姆森就组织与交易成本出版第二本书（Williamson 1985）。在此书中威廉姆森在此提出自己过去的观点——民主治理结构即"同伙团队关系"（peer group）相对缺乏效率，并定义如下：

> 同伙团队：（工作站共同所有制），但工人按团队平均产出得到报酬……工人可能在各工作站轮职或专门在一个或少数几个工作站工作。并且，为避免需要全体成员参加讨论来做出调整或确保成员间更好协作，……同伙团队会选举临时"领导"，他代表团队做出运营——而不是战略——决定。但**重要的是团队成员轮流担任领导，以避免严格等级关系**。厄内思特·曼德尔（Ernest Maudel 1968，667）提议的自我管理即"每位成员轮流执行行政工作以消除指导者与被指导者的差别"是与此异曲同工的。非边际性生产力分享原则（共同分享所有人工作的利润，而不是人人按劳取酬）与民主决策相结合，就构成同伙团队组织的特色（Williamson 1985，217—218页，黑体字是我加的）。

威廉姆森有关"领导"的诸多限制的引述，对临时领导作战略决定的禁止，要求领导角色实行轮替担任，行政上指导者与被指导者界线的消除，尤其是对决策民主化的规定，都引向了一种相当明显的参与式民主形式。事实上，尽管威廉姆森考虑的是有如工厂企业的组织而不是城邦，但他的"同伙团队"可以说是对古代雅典的极好描述。

令人惊讶的是，在威廉姆森对各种组织形式的比较中，就整体效率而

---

[1] 最好由等级制公司控制交易成本：Williamson 1975，第三章，1985，尤其第十章。民主容易遭遇集体行动难题：Williamson 1975：41—56页．等级制避免了组织失败，Williamson 1975，257—258页的概括。Granovetter 1985：493—504页对 Williamson 1975 做了一个社会学批判，认为（499）"威廉姆森大大高估了在组织中等级权力的效率"。见 Kogut and Zander 1992，1996；Grandori and Kogut 2002：229—230页；J. Roberts 2004：106—115页。

言，"同伙团队"的排名几乎和明确的等级式"权威关系"一样高。在 11
项"单一效率属性"中，同伙团队有八项正分，而权威关系的正分为九
项——威廉姆森述及的其他四种形式的所有权或治理结构的得分都要低得
多[1]权威关系在"工作站恰当任务分配"和"领导力"上要优于同伙团
队。但同伙团队在其"本地创新"的卓越能力上胜出权威关系[2]这明显
地与他的早期发现相违背，当时他说同伙团队的民主组织毫无希望地缺乏
效率。对此的辩解是一个新的（表面上看是奇怪的）主张，即同伙团队其
实也是一种等级制：同伙团队与权威关系都"广泛依赖决策等级——这事
实上就很好解释了这两种所有权与治理结构相对于其他形式的突出表现"
（1985：231 页）。在诉诸米歇尔观点的基础上，威廉姆森的结论是："等
级制度在各种大小的组织中存在，并非巧合……非等级模式基本是短暂现
象"，这反过来说明"试图证明参与可以带来丰厚回报，是严重值得怀疑
的"（1985：270 页）。

威廉姆森的研究是在米歇尔寡头铁律的原则下开展的，他说："想贬低
这个定律是徒劳的，迄今为止它仍成立"（1985：264 页）。知识背景可能也
有助于解释为何威廉姆森认为参与不具有正当性，他旨在反驳某些"激进"
经济学家声称组织的唯一目标是建立权力关系（Williamson 1985：206—212
页），他也不关注古代（或现代）民主国家成功的潜能。但他所给出的相当
雅典式的"同伙团队关系"的高效率排名却暗示，正好与他的一般结论相
反，一种交易成本为中心的分析可能可以解释为什么参与式民主组织可以成
功，甚至超过更明确的等级制对手。

很有意义的是，在威廉姆森的框架中，同伙团队在本地创新方面胜出权
威关系，本地创新"包含改进个体工作站的过程，和能使本地成本节约化的

---

〔1〕 两者在以下各方面都得到正面评价：交通花费、减少存货、界面渗透、承包合同、
　　　设备利用及系统反应。两者都在工作强度上得到负面评价。Williamson 1985，226 上
　　　的表 9 - 1.
〔2〕 本地创新是部分地被这样的个人所驱动的：他们有动机、有机会将自己在某领域
　　　（即，一种"工作站职务"——在雅典这可能是比如在五百人议事会的一年任期）
　　　通过工作经验积累的专业知识转化到另一个领域（比如，一个十人行政委员会，如
　　　派遣官团队——第四章）。在某领域中属于常规的流程也许转换到另一个领域中就
　　　是革命性的。有些当代企业投入大量资本提供增加员工跨领域的大量经验的项目，
　　　其明确目标就在于从跨领域传递知识中培育本地创新。见 Hargadon and Fanelli
　　　2002；Osterloh and Frey 2000。

模式得到鼓励"（Williamson 1985：225）。如果我们想象一个创新过程对成败差别尤为重要的竞争情形，这一要素可以弥补与工作站任务分配有关的无效率，而且领导权应当以民主方式运作。一旦我们放弃威廉姆森所指的二十世纪中期的高度资本化的制造工业的模式，以及它固定的工作场所和垂直信息沟通结构，我相信，这一点就可以看得更清楚。我们不应该考察制造业工厂，而应考虑国家（至少古代雅典）与当代"知识型组织"的比较。[1] 这些组织（典型的如计算机制造或互联网公司如惠普和谷歌，以及军队如美军）中的成员所拥有的个人知识（或"人力资源"）被视为组织最重要的资产，一个网络化组织结构会对社会资本积累者进行奖赏，而**学习**被认为是促进成功的最重要特色之一。[2]

　　在许多当代知识型组织中，相当多的工作是由具体任务小组来完成的，而信息大多是横向（或更好，全方位地）传递的，很少考虑垂直权威关系。大量注意力集中在学习上：无论是组织个体成员持续获取技能，或作为整体的组织在集合知识库存上的增长。雅典的"知识型学习组织"的模式会在以下章节中有更具体的阐述。这里有两点要强调。第一，过程创新在知识型组织中具有高度价值，特别是因为它提供了竞争优势。其次，有足够理由相信，等级制确实妨碍了支持创新的必要知识流通。僵化的等级制可能十分有利于促成常规学习，但在高度竞争环境下，强调学习常规化而忽视作为创新的学习，对组织长期的生产能力或活力是有害的。[3]

---

[1]　Roberts 2004 认为，在作为一种组织形式的企业中，结构变化自 1985 年以来十分深远，尤如二十世纪早期的变化那样，当时通用汽车公司及其他主要公司探索了多部门公司的形式。但 Rothschild 1973 这部以美国汽车业为主的商业史表明，老的工业模式在 1970 年代早期就过时了。Williamson（1985：11 页）引用 Chandler 1962 作为商业史案例，它大大超前于更正式的经济分析："钱德勒（Chandler）显然确认，组织形式会产生重要的商业表现的后果，而这在之前经济学或组织理论中都没涉及"（甚至都没有想过要探究）。这个先例为我在本书中大量引述企业史文献提供了某种正当性。

[2]　P. B. Manville（1996）是首位提出雅典应被理解为以知识为基础的学习型组织的人。Burt 1997：359—361 页回顾了最新从命令—控制的等级组织向网络组织的转换。King 1994 以为人的进化和现代人作为种族的成功，应当部分地被理解为"社会信息转换"的激剧增长（相对猴子和猿），也就是信息获取（通过学徒培训），尤其是信息馈赠（更有经验个体的有意教导）。这个假设认为组织成功与知识组织间的联系可能是一个更宏观历史的一部分。

[3]　Levitt and March 1988。Baumol 1993 就创新的关键角色给予了强有力的论证。

作为公共行为策略的知识处理过程

为了检验第一章中提出的民主/知识假设，需要阐明一些相关背景问题和解释框架，现在我们已经完成了这个任务。本节将大致介绍一下后面三章，并初步呈现一下它们各自的主要结论。

通过民主体制和文化实践的发展，雅典人设计出有效策略来解决组织知识的三个主要问题，从而促成了城邦的成功：

1. **知识分散问题**：如何将分散在共同体各个成员中的潜在知识汇聚在一起，以便使共享共同偏好的个体们可以既学习、又创新，来达成特定问题的最佳答案。**策略**：网络化与分组化。雅典的各种机制通过各种强弱纽带将小规模的社会网络联结起来，培育出丰厚的、规模庞大的知识网络，并开花结果。他们对大量治理工作的安排，是通过由掌握基本程序并容易接触到专业知识的业余小团队开展的。

2. **行动无协同的问题**：如何让全都愿意协同行动的个人合理地确信他们知道他人所知，他人也知道他们的所知，……如此等等？**策略**：通过公共性和相互表达在公民中建立共同知识。公共会议场地建筑设计有利于大量参与者的相互可视性，公共纪念碑、通告和表演仪式则被用于构建公众关注的事务的共同知识。

3、**交易成本问题**：如何使个体进行潜在有收益的交易（订立合同、讨价还价）的预期成本最小化，从而使交易产生的利益（对个体或整个共同体）最大化？**策略**：规则和交易活动标准化，并广泛传播与此相关的知识。公开的、严格执行的标准，尤其是商业法，也包括可信赖的硬币，建立互信并确保相对安全的交易环境。

这三个问题及其解决方案，将在下面三章中分别阐述。但它们是紧密相关的，因为对三个问题中的每一个的解决方案，都与社会的及技术的知识的相互融合有关。并且，三个问题的每一个都是一般公共行为困境的一个表现方面：如何让个体拥有的有用知识和判断能力得到共享，服务于集体利益（群体繁荣），这被正确地视为对每个个体的发展和利益也是必要的。另外，以博弈论的语言说，这如何能带来稳定均衡，从而令每个参与个体在游戏中都没有可能多占便宜的行动策略可选？由于分散知识、无协同行为和交易成本的问题是相互关联的，我们在第四～六章对每个问题进行详细分析前，最好先将它们放在一起予以预先性考察。表 3.1 概括了后面的讨论，以雅典处理三个过程的要旨为总纲，重新对三个知识组织问题加以考察。

表3.1　解决公共行为难题的认知过程策略

过程	问题	策略	机制
汇聚 如果雅典能知道雅典人的所知 第 4 章	分散在组织中的知识很难在恰当的时间到达恰当的地点	为了分享知识，在面对面社会之间建立网络共同体，为了工作中的学习和士气建立团队	500 人议会＝分别由 50 人组成的 10 个部落代表团轮职，体制内标准化操作
协同整合 我只有知道你也会参加会议我才参加。 第 5 章	有共同偏好的个体不能协调行动获得希望目标	通过广泛参与公共活动、公开性及互见性来建立共同知识和可信赖承诺	互见性建筑特色，高度公开、信息清晰的纪念碑公共仪式：游行、宴会、舞蹈、宣誓等
规章化 让我们做个交易——但仅当交易成本低时 第 6 章	高交易成本减少交易的数量与价值，压制生产力。	通过减少由公共机构特权带来的信息不对称和权力不等，减少交易成本	高度公开的法典强调程序公平；可靠硬币标准度量衡。法律判决开放、公平。

汇聚

　　知识汇聚是三个过程中最奇妙的，所以值得更多篇幅来介绍一下。如果收集分散知识的问题对所有大型组织都有困难，那么对民主制就尤其突出。如果它被理解为通过投票程序来表达各种事先存在的个体偏好的汇总，问题就尤其难以解决。但是，如果我们假设一些核心偏好是共通的，大多团队成员在决策过程中并没有党派忠诚或先定的政策预想，那么，如何汇聚相关知识以达成正确（或最好可能）的答案，这个问题就可能有解决方法。[1]

　　1785 年，孔多塞（Condorcet）在他著名的"陪审团定理"中提出过一

---

[1]　尤其见 Arrow 1963（1951）关于"不可能性定理"：鉴于潜在的投票循环，通过投票来稳定地汇聚个体偏好，几乎是不可能的；这被 Hardin 2002：212 页引述用以表明，充分信息的参与式民主是不可能的；参看 Elster 1989：90—91 页。Chrisitan List（2005，及所引文献）和他的合作者接受阿罗的结论可以用于汇聚团体的判断上。他们认为，判断汇聚和偏好汇聚一样，都会陷入循环，但他们也证明了，如果做判断的正式条件被放松，集体判断就能够变得稳定起来。

种方法，有助于解释在一个大的、非专家的群体中汇集大家的知识，可以导向做出有效判断。孔多塞试图证明这样一种情况：由一群有同样偏好、但掌握不同信息的个体做出决定，要好过由独裁者做出的决定（或更正确）：他假设投票者都处于形式上平等决定的情形中（每票效力相同），他们真诚希望能在两个选项中间做出正确抉择（如在陪审中做有罪或无罪判定）。进一步，假设每个孔多塞的投票人至少最低限度地更希望做出对的而不是错的选择。孔多塞定理表明，尽管每个个体有49%的可能选错，但大多数人总体意见的综合则有可能超过51%是正确的，并且这种可能性会随多数人的比例的增加而提升，最终接近数学意义上的完全确定性。[1]

在其本源形式上，孔多塞的陪审团定理仅限于二元判断，由希望在最低限度上做正确选择的投票人做出。如果我们同意个体至少要做正确选择的前提，那么孔多塞定理可以运用到罪犯案件中的陪审团审判，即决定是有罪或无罪的二元问题上，假设陪审员确实非常希望找到此问题的正确答案。但孔多塞定理很难解释雅典公民大会的决策过程，这由一大群人组成，中间有些人如果精通当时相关问题的各个领域，通常要听一系列演讲，并在各种可能政策选项中做出决定。在雅典真实生活场景下，而非孔多塞思想实验中，听众要对作演讲的人和演讲的内容同时做出判断。

孔多塞定理可以被普遍化和调整，从而对民主制更有价值（List and Goodin 2001），并且实验证据从其他各种形式表明了"群众智慧"是显而易见的（Surowiecki 2004）。在有些情形下，最简单的例子，如让普通非专家来猜一个客观事实（经典案例是猜被屠杀公牛净重多少），往往好过大多或所有专家。如孔多塞最初的陪审团定理一样，这些发现与民主治理方式密切相关。如果一个团队要做出好的决策，它将需要获取有关真实世界的事实的判断方法。但由于政策制定关系到本质上不确定的未来，它需求的就不仅是关于世界客观事实的准确性，还要求指导决定相关问题的议程设定，文化上可接受的解决方案的范围，供参考的相关各种事实和每种要素的权重。

亚里士多德对古希腊的决策程序所知甚多，他给出了一个处理复杂决策

---

[1] 或者，如果个体正确性的边际或然性提升。有关论证见 McLean and Hewitt 1994：36—37，他们还提到，在1785年，当发表陪审团原理时，孔多塞还不是一位民主派，他还怀疑大多普通人群体事实上可能符合正确标准的边际可能性。关于运用孔多塞原理到当代政治理论与实践上的问题，更多见 Young 1988；McLennan 1998；List and Goodin 2001。

情形的知识汇聚理论的轮廓，让我们可以想象大量分散的有用知识如何被有效收集、汇聚起来，供雅典庞大而多元的决策团队来做出各种不同可能的决定。亚里士多德认为在某些情况下，为数众多的决策团队的判断要好过个体专家或小团队做出的决定。亚里士多德描述了一个过程，有时被称为"汇总"，它使一个大群体能认识到各种"知识或专业能力"：

> 许多不很优秀的个体汇聚成的大众（*hoi polloi*）却要比少数优秀人士表现得好，这不是作为个体而是作为一个整体，正如由大家都带点吃的"百乐餐"往往要好过一个人提供的菜肴。因为在多数群体中，每个个体都有一份品德与实践，当他们聚在一起，这一整体就如一个人，不过有许多的手、脚和感官能力，同样也拥有多种多样的性格和思维。这也是为什么许多人一起对音乐作品或诗歌的判断要更准确，因为每个人都对某些特定方面作判断，而大家一起则对整体做出了全面判断。（*Politics* 3. 1281a40 ~ b10）[1]

亚里士多德提到两个类似情形来解释"汇总"：第一是"百乐餐"（pot-luck dinner），即每人都带来不同的菜，最终是每位参与者都享有无比美妙的就餐经历；第二是对"音乐或诗歌"（当然也包括戏剧）水准的评判，这也需要不同感受能力的综合。例如，在悲剧中，需要懂得欣赏六个要素：情节、角色、言辞、思想、场面和音乐（对于这六要素，请见亚里士多德：《诗学》1450a6—10）。[2]但只有当决策团队是对的，民主"汇总"过程才可能产生出优良判断。良好的团队必须关注公共利益（从而符合亚里士多德"正义行为"的底线标准），并且敏感地顾及成员中相关专业知识的方方面

---

〔1〕　Waldron 1995 强调这段文字的重要性，突出其协商特性。波娜·格特里伯（Paula Gottlieb）在一本正在写的书中有力地指出，亚里士多德这里既没有讽刺也没有给出其他人的论点。她证明，在这一段和相关的其他段落中对民主决策的乐观表述，与《尼各马可伦理学》和《优台谟伦理学》中的美德统一性的讨论是一致的，因为"坏品行是零散的，而唯有美德才遵循统一而协调的形式"。见 Ober 1998：319—324 页的讨论和参考书目。

〔2〕　有关加总论证，见 Keyt 1991。这一"加总"论证强烈地使人回想起亚里士多德在《诗学》中对悲剧的分析，其中分析到"部分"是如何组成整体，以及理智和品性在行动和判断上扮演的根本性角色。雅典观众对戏剧的裁判：Csapo and Slater 1994；Wallace 1997；Marshall and van Willigenburg 2005。

面。也就是说，团队成员必须关心获得总体而言最好的解决方案，每个人都要关注不同专家的意见或反应，如（在戏剧表演中）擅长音乐的人对歌唱的看法，或精通视觉艺术的人对舞台场面的看法，如此等等。

亚里士多德的"汇总"与孔多塞陪审团定律所得出的合理解释方式有异曲同工之处。如孔多塞一样，亚里士多德也从这样的假设开始：一群有共同偏好的决策者，每个人都相信有个最优选择并真心地去找到它。亚里士多德和孔多塞都不讨论利益分歧或"合法的党派性"投票的问题。不像孔多塞，亚里士多德承认，群体内部多样性会使知识不同，并由此影响群体判断能力。并且，不同于孔多塞的是，亚里士多德假设大多数个体很可能做出错误判断（如果他们作为个人做决定），而且他设想的决策者可以在多种可能性中做出选择（如对三个悲剧诗人的比较）。亚里士多德假定，每个人的决定遵从群体中那些最有名的、能对某个特定方面的问题做出正确判断的人们的意见和反映，而并非直接从个体对某问题的可能正确判断中综合得出结论。我想，他是在此意义上说，"每个人对某些特定方面作判断，而大家一起则对整体做出了全面判断"。

亚里士多德理论没有涉及孔多塞的"待定问题上边际正确度提高"的假设，而是假设了人们有不同类型的专业知识，而且相当熟悉谁在哪方面有专长。"边际正确程度"的假设被更正了：不是从对某问题有很高要求的技术知识，而是要求不太严密的社会知识，即有关"谁在哪方面擅长"的判断。大多个体决策者不需要有对比如歌唱水准的准确判断力，他们只要注意群体中那些能对歌唱做出充分判断的人，并且这些人在表达出这样的专业判断时，既清楚又可信[1]。

汇总过程的最终投票在以下情形下会有恰当结果。正确选择位于有关重要性的判断分布的中心，多数票代表这个中心。大型团队民主投票的价值最显而易见在于这种判断各专家意见的相对分量并且发现分布中心的过程。这解释了为何"对音乐比赛作评判"的例子中，六个人的专家小团队（每人各擅长亚里士多德悲剧元素的一块）评判并不好：每位专家在作整体评价时对其他领域就很难做出恰如其分的权重评判，音乐专家可能会更多强调音乐

---

[1] 这个方法论系统地违背了个体独立决定原则，此原则是孔多塞陪审团原理和当代的判断汇聚方法论的基础。Listand Pettit 2004 指出，违背独立性会导致对他人判断的搭便车，从而不利于达致正确的选择。不过，我想再说一遍，实际结果有赖于体制设计和相关群体的政治专长知识。更多见第五章。

这块，其他人的做法也依此类推。当代对专业知识的研究表明，专家能力往往仅局限于特定领域中的判断，并且专家即使在他们自己的领域中，也并不必然是好的公共政策制定者。单个专家或小而多元的专家团队，不大可能就复杂问题，如评判戏剧，做出好的决定。[1]

真正需要的，乃是一批决策者，他们能清楚（通过社会知识）知道谁是真正专家，并且能（通过投票）决定给各种专业知识领域以适当权重。这个两阶段的实际运作过程并不容易具体描述，但是大家几乎都有过其经历。想象一下你正在一场戏剧表演中当观众，假设观众都是由有相当看戏经验的"戏迷"们组成，包括了一些对戏剧的各种技术要素都娴熟的公认老手，观众的鼓掌就构成集体判断。观众们一起来估计专家反应，并掂量各种"综合考虑"判断的要素，但每个人不会过多去想这些感受。决定并不需要正式讨论：掌声是持续或短暂，是针对某个特定演员还是就整个演出团队，都依赖观众整体的判断。你可以对这个判断有不同想法，但很可能观众作为整体判断要比你更准确，因为这是从更为多元的内部专业知识中得出的，而且更能判定各要素的价值轻重。

在亚里士多德的情景中，汇总过程可以成功，因为有关团队以恰当方式多元组成，而不是那种错误混乱的多元。如果团队的多元是有问题的，汇总过程就无法进行。如果团队成员每个人都已经对结果事先有想法，并且固执己见，那团队成员就将难以在过程中对他们当中的各类专家予以恰当的关注。要做出正确判断，成员们必须拥有一定程度的政治能力：团队每位成员要拥有起码的（用亚里士多德的概念术语说的）公民美德和实践理性。但要求的程度无须特别高，在此情形下的公民美德就是选择合作，而实践理性则意味这样做是出于理性考量。[2]

除了避免错误类型的多元性，团队的多元性必须恰到好处——它必须包含清晰有别的专业知识群的多元性。[3] 如果一个团队完全同质化，每个成

---

〔1〕　Ericsson 1999：298 论证道："专家的卓越表现通常局限在具体领域中，要从他们狭隘的专业领域知识转移出来，令人惊讶地极为有限。"我们将在第四章考察小群体专家们作为能做出跨领域高度有效决定的"真实团队"的必要条件。

〔2〕　更多见 Ober 2007b。

〔3〕　参看亚里士多德 *Eudemian ethics* 1216b31："每个人都可以对事实有他自己的贡献。"这导致我们在这里无法充分回答的问题：什么是知识与技艺中的多样性的起源？其实，如果一个共同体将每个婴儿视作白板，让他接受几乎一致的抚养和教育，这种多样性就不会出现；斯巴达试图创造"雷同"的共同体，就基于这种社会工程的意识形态灌输。此处所指的那种为人所欲求的民主多样性，假定了共同体成员有不同能力和不同生活经历。

员掌握的知识几乎与其他任何成员一模一样，那么甚至让任何一个人单独作决定也会一样好，甚至会更有效率。例如，在自带菜聚餐时，如果每人带的都是同样的菜，就没有机会遍尝各种美味。汇总过程有助于大型团队的判断，这仅当人们能"摆上桌面"的东西既不同又有价值。也许在高赌注的政治领域中做出决定与评判音乐或品尝百乐餐存在很大差别，但雅典人在日常政治生活实践中的某些做法与汇总过程确实相像。

协同

协同过程与汇聚紧密相关，因为它关注共享偏好的个体如何在团队场景中达成他们的目的。但是它不是旨在就特定问题得到正确答案，它要解决的是这样的问题：有着协调行动的共同利益的一群个体，如何有效地协调他们的行为？简单的协调问题可以通过基本偏好算法（如一群鱼的游动）来进行非认知的解决，或通过理性协议来遵守合乎大家利益的特定基本规则（在美国大家都靠右行驶）。这种简单机制可以带来大规模的高度协调行为的结果，但它们本身难以解释政治行为的协调。

更为复杂的协作问题可以通过"共同知识"来解决。举个熟悉的例子，假设我想参加一个政治集会，因为我希望推翻独裁统治。再假设还有许多人也抱有同样目的，也想参加这个集会。但没有人最终实际会去参加（害怕被捕或失败的后果），如果我们不知道其他人也有同样的打算的话。如果我知道他人会去，其他人也知道我和别人会去，而且我们每个人都知道他人知道我们已经知道（如此等等），那么我们就分享了有关我们共享的偏好与意图的共同知识。结果是我们大家一起参加，并有机会达到我们个人的和共同的目的。共同知识让协调变成直接了当的理性共识的问题——"右侧行驶规则"。但是，如果缺乏共同知识，我们将都待在家里——尽管我们有共同意愿要参加集，独裁者则仍逍遥自在。

解决如"集会难题"这样复杂的协调困境的关键是公共性，不过这必须是某种特定的公共性。为吸引更多人参加政治集会，我可能贴张海报来呼吁大家参加，并希望其他人能看到海报并真的行动起来。但这样的公共性只在特定情形下才能解决问题：我必须知道有（足够的）其他人确实看到海报，并且每个人都必须知道其他人也看到了，我们大家都要知道其他人知道我们都看到了，如此等等。因此我贴海报的那个地点必须人来人往，海报本身要非常醒目，信息要清晰明了。害怕此类公共性，是专制政体极力阻止政治异议人士公开发表信息的原因之一。这也是为什么在举办美国橄榄球超级杯大赛这样的大型活动时，许多公司愿意投相当费用给电视广告，它们的产品有赖于协调问题的解决（没有人用一项新互联网服务，除非很多人用上了）。其目的不仅是广告有大量观众看到，更重要的是每个人都知道有其他许许多多人同时接受了同样的信息，每个人都知道其他人也和他一样知道这一点。高昂的广告费物有所值，不仅是由于许多个人看到了广告（在非热点场合打更多广告，则平均而言更便宜），而且在于它在大量观众中间创造了共同知识。（Chwe 2001，49—60 页）。

来自公共性的共同知识在公共行为上扮演了重要角色。第默尔·库兰（Timur Kuran 1991 和 1995）论述了 20 世纪 80 年代后期，共同知识的共享及其协同式续动（alignment cascades，跟风），是如何意外地促使东欧的专制政权瞬间垮台的。但共同知识也可能维系政体。崔时英（Michael Chwe 2001）颇具说服力地说明了，许多文化仪式（如皇家游行、宗教集会）十分重要，不仅在于向每位观众传达了特殊含义，同时还创造了共同知识。他指出，在产生共同知识的仪式中，相互可见性（intervisibility）非常重要——当我参加一个特定的文化活动，并看到其他观众也在参与其中，当我能观察到其他人对这一活动本身的反应时，共同知识就迅速而牢固地建立起来——大量复杂而有价值的共同知识可以通过这种相互可见性的情形产生出来。崔论证道，特定的建筑形式（特别是圆形会场）意味着社会对相互可见性在构建共同知识中的价值的重视。各种形式的高度公共的、可见的通告，以及以相互可见性为特色的建筑形式，都与雅典民主紧密相关。

规章化

为什么复杂组织在一开始会存在？新古典经济学的关注点是开放市场的"零成本"（交易，建立在讨价还价或契约上），完全依靠价格（由供求关系决定的价值），所以对此无法做出解答。科斯［Coase 1988（1937）］这一富于开创性的论文指出，零成本交易和无摩擦机器一样都是幻想。在解答市场失灵的一般性问题时，科斯表明，要进行一项交易或签订一个合同，在时间和精力上总是要有所付出。在有些情境下，例如在复杂的劳动和货物交易的例子中，由于信息不对称，会带来签订每个合同的成本高得令人难以接受。如果将交易在开放市场中剔除，转变为以威权的、非市场机制的、规章化的、由规则束缚的体系，成本会被有效降低。因此，科斯论断，公司就出现了。[1]科斯的睿智见地，被威廉姆森概括为交易成本经济学（1975，1981，1985）。道格拉斯·诺斯（North 1981，1990，2005）之后又将交易成本分析运用到对国家起源和发展的解释上。国家，以及一些国际组织（Keohane，1984），可以被解释为大规模复杂组织，其出现及持续存在是因为要解决市场失灵问题，以及通过使交易成本内部化而使其降低到合理的水平。

如汇聚和协同一样，将国家出现及其规章化的做法解释为来应对高交易成本，也可以和知识与公共行为的研究联系起来。知识是交易成本分析的一个核心问题：组织之所以降低交易成本，是通过能降低个人获取信息成本的规章制度，并从而降低契约各方高成本的知识不对称性。这样的实现要靠制定规则，包括一般行为准则、价值和度量衡标准，以及解决争端的公平机制。[2]在雅典，降低成本的规章包括统一的法律规章和控制交易媒介的规则。

规则是影响人们如何做出决定的架构性特征，但如汇聚和协同一样，运作主体是在个体层面对规章化的准则做出回应。低成本的均衡不应被理解为仅仅以简单自上而下的方式达成——似乎如古希腊哲学比喻的那样，政治共同体如同一个人，其"头脑"（精英统治者）将理性指令发布给"四肢"或"腹部"（普通人）。恰恰相反，自我强化的均衡状态是通过程度不一的理性个体所做的无以计数的个别决定达成的。在雅典，正如在其他社会一样（Greif 2006），个人理性是受文化、伦理规范、制度、礼仪等约束的。雅典（男性）公民显然是民主法治政体的受益者。但法律也不断考虑到雅典外来人员的（无论长期或短期）商业利益。雅典妇女甚至奴隶仍然是自主选择的个体（尽管他们的选择范围基本上不尽如人意），并被特定法律豁免权所保护。

就其民主历史的整个进程看，雅典离开了一般的前现代的、相对生产力落后的、寻租式的"自然国家"，而走向现代开放社会秩序（North, Wallis, and Weingast，即将出版）。下面三章就试图通过剖析雅典体制和政治文化所特有的那种更有生产力的状态，是如何鼓励有效认知过程的增长，来解释这一切是何以可能以及怎样发生的。

---

[1]　Coase 1988，第二章，尤见43页："通过形成组织和允许某种权威……来引导资源，可以节约一定的市场成本。"有关对科斯的论点的一个新近深刻表述，见 J. Roberts 2004：74—117 页。

[2]　见 Barnard 1938 就这些问题的早期论述和有益讨论，及 Keohane 1984：82—109 页。

第四章　汇聚：网络、团队和专家

如何汇集分散的知识，对雅典构成了很大的认知挑战。如何使大型共同体的积极公民的相关信息，能持续地在合适的时间传输到合适的地点，并能被那些拥有决策权力的人认识到其正确性？简而言之，如何能"让雅典知道雅典人的所知"？知识汇聚要求复杂的联合行动，并由于政治规模和社会多样性而更为错综复杂。相关信息，以及处理这些信息所必需的社会与技术知识，藏匿于各个不同领域许多个人的脑袋之中。参与式民主中的知识收集要求那些至少开始时是彼此陌生的人们能够沟通交流。陌生人间的交流要克服一个基本公共行为难题：为何一个理性个体会无偿地把潜在有价值的信息告诉某个有可能搭便车的人？

体制设计：激励、低成本和分类

如果要解决知识汇聚问题，拥有潜在有用信息的个体就必须有理由去分享信息。并且，他们必须有合适的沟通交流方式——低成本的渠道来表达出他们的知识并为共同体所获悉。就共同体而言，必须有分类筛选机制，即一种在任何给定的决策情形下甄别信息不同有用程度的手段。

因为知识有交换价值，在稀缺条件下它可以被囤积而有利可图。例如，独特的信息或技术专业知识只有在知道的人极少（如可口可乐的秘密配方）时才是有价值的，能采用商业秘密所有权的保护形式。相反，比如源代码开放计算机软件，当它越被广泛知道和使用，它的信息的价值就越发增多。无论怎样，如果要达到高产出的认知平衡，对交流有用信息的激励，必须在一定程度上与分享信息的价值相称。通过物质刺激来达成认识均衡的例子包括侦探与线人的有偿协议，或公司总裁聘请管理咨询公司。在这些情形中，买家都愿意为专业化的知识买单，他们相信这将有助于其组织实现目标。[1]

激励并非必然使用物质形式。拥有知识者与渴望得到此知识的人之间潜在的契约，也可能是一种共同文化的内在特征。通过确立在某种"荣誉经济"中的交互关系，信息分享就可得以推广（Brennan and Pettit 2004）。在古希腊这样的竞争文化中，公众表达出对某人的尊重是此人的个人功利的重要部分，有些知识交流的激励可以通过公共荣誉的形式，即在国家组织的"知识汇聚比赛"中赢得胜利——只有那些意愿分享知识，并能说服他人同样如此做的人将赢得比赛。我们将在本章后面分析相关比赛的例子。关键点在于，对知识分享的公共激励要有相当分量，因为知识被个体或团队，甚至整个共同体，都认为是有价值的。一个组织为解决认知共同行为难题的体制设计的首要原则是：为知识个体提供激励，使其愿意分享他们的所知。[2]

接下来，交流的媒介——人们能获取有用知识的交流手段——应当尽可能地接近零成本（容易使用并随时方便），因为与交流行为相关的成本越大，则相应激励就必然越高。为促成知识流通而减少交流成本的必要性可以解释，比如为何执法机构设立免费或匿名"热线"，来获取有可能被旁观者掌握的犯罪活动信息（如毒品交易或偷猎行为）。如果潜在的报料人知道他们要付电话费或有可能被要求出庭作证，他们举报犯罪的意愿就会下降。减轻公众沟通的成本意味着降低每个个体的交流成本，通过补偿他们所承受的负担，鼓励大家将所知信息传达到组织的某个位置，以发挥有益的作用。[3]

最后，必须要有认知筛选机制，用以区分真实或虚假信息，并区分各类专业知识以及何种信息（在特定情形下）实际有效。如果相关决策者不能将错误或无关信息筛除，或不能忽视无足轻重的专业知识，他们就难以制定好的政策。筛选机制要有语境敏感性：有些技术知识对于公民大会辩论的某外交政策极有价值，但对村级聚会讨论公共土地的租赁安排却毫无意义。在古

---

〔1〕　贸易秘密：Davenport and Prusak 1998：16—17 页。激励作为有效知识分享的关键：Sunstein 2006：69—70 页，201 页，203—205 页。

〔2〕　有关"珍爱荣誉"的词汇和雅典与之相关的公共实践，见 Whitehead 1983，1993。知识分享的非物质激励：Davenport and Prusak 1998：22—51 页；内部"知识市场"：Osterloh and Frey 2000。Walker 2004 讨论了现代"口碑"营销技巧，认为至少对有些人来说，与其他人分享某种信息（比如关于新产品的信息）的经历本身就有价值，而物质激励相对不重要。相似的观点可见 Dixon 2000：6—7 页。

〔3〕　交流成本可以当作更普遍的交易成本问题的一个部分，在第六章有更多详细讨论。

代雅典的参与性语境中，社会知识扮演筛选角色。有经验的公民懂得区别对待，知道哪些人应予以关注，哪些观点在什么语境下值得相信。

激励、低交流成本和筛选等多重要求合在一起，意味着设计汇聚知识过程有内在的难度。这种难度随着要做决定的复杂性、决策所必需的信息的数量及多样性，以及所需要的专业知识的种类的递增而不断增加。随着组织不断扩大和多元化，知识收集也日趋复杂。但组织一旦无从收集或掌握相关信息以做出重大决策，代价则将相当沉重，如雅典人在灾难性的出征西西里过程中所吸取的教训。[1]

解决收集知识难题的办法之一是常规化，通过归档保存组织以往经验，建立标准规章，用社会教化的方式使成员接受"我们就这么做事"的规范。常规化可以使工作进程更有效率，并且更富有成效。但是，根深蒂固的常规化，在情形发生变化后会有损成效。有效利用以往资料并不容易，过度强调常规会导致过程的僵化和生产力下降。在新的状况下，要让组织保持竞争优势就必须要有创新：它要打破既定常规，从现有资料库之外寻求信息来源。创新依赖于从那些还没有被彻底社会化、不循规蹈矩的人们那里获取潜在知识。这反过来意味着，组织在竞争和快速变化环境中必须让其成员保持经验、专长和社会知识的多样性。[2]

现代组织的领导相当清楚拥有知识对于成功的重要性。他们意识到对于大型组织，要主动去掌握潜藏在成员中分散的、哪怕一小块知识，都是很难的。他们也知道，组织即使要了解其已归档的历史经验也不容易。这个认知难题被惠普前总裁概括为："如果惠普能知道惠普所知道的，我们的利润将会翻三番。"

本章主要考察雅典某些特定的政治机制的设计，并说明雅典的民主体制与实践从其社会背景看，可以理解为是汇聚有效知识的某种机器。并且，这样的"机器"在收获常规化的某些好处的同时，还保持创新能力。雅典政府机器在各种激励下活力十足，通过降低沟通成本和发展有效的信息传递等方式而补充能量，由正式或非正式限制加以规范。随着时间的增长，机器产生

---

[1]　一个有名的商业史案例是：施乐公司未能认识到最初在 1970 年代中期在其帕拉奥托研究附属中心研发的具有突破性的图文使用界面的商业潜力。见 D. Smith and Alexander 1988。

[2]　有效使用档案资料的困难，见 Brown and Duguid 1991，2000。在组织理论中的常规化与创新的二难，见 Levitt and March 1988；更多讨论和参考书目，见第三章。

了一种特殊社会知识，发展出相当高级的能力来甄别大量雅典人群中的各种信息来源。这种高级能力可视为某种政治专长，一种运作自治政府的专业知识。本章认为，越多的公民掌握这种专长，雅典的成就就越为突出。

这部机器不断被重新校准、完善。某些原始部件，在公元前六世纪晚期和五世纪早期的后革命时代设计出来并开始使用，被证明相当耐用。其他部件随着时间的推移而增加、减除或调整，这是由于或成功或失败的实验让雅典人不断改进他们收集知识的工具。改进方式包括：对知识分享者新的刺激、对知而不告者的惩治，以及普及低成本交流手段。在时间的发展中，政府机制不断改进，政治专长广为普及，学习/创新曲线不断向外扩展，于是雅典人便能够获取更多的有用知识。在图 4.1 中勾勒的就是这个发展趋势。

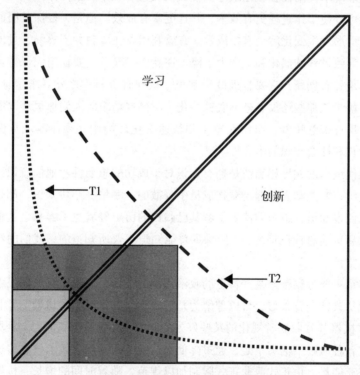

图 4.1　在一个既有学习也有创新的组织中的知识汇集能力（灰方块）随时间而变化（从 T1 到 T2）的框架模型。

在图中，双直线居中分开了学习（左上方）和创新（右下方）区域。曲线（点状是第一阶段："时间 1"，短线是第二阶段："时间 2"）分别代表早期和后期知识汇聚能力的曲线范围。两曲线间的距离表示，随着时间推移，组织潜在地从学习和创新的机制化过程中获取知识的能力。长方形（淡和深色）表示对组织创新（双直线以下）和学习（双直线以上）的价值。较小的淡色长方形是早期汇聚知识的价值，此时汇聚较少并主要来自学习。随着学习创新曲线域的不断外扩，以及组织不断发展鼓励创新的机制，较大的、深色长方形表明在后期汇聚知识价值的增加。我们在本章主要要回答的问题是，认知曲线区域是如何随时间而外扩的？答案是：曲线区域外扩是因为，随着越来越多的个体公民更为娴熟地掌握了城邦自治，体制创新使得知识更有效地被收集。

本章将密切关注雅典决策机制的两个特色：社会知识网络和具体任务工作团队。网络和团队对许多现代组织的运作都很重要，是组织理论与实践者的研究热点。网络和团队在参与式民主制中有独特运行方式；我将表明，它们与雅典知识收集过程高度相关，还有助于体现形成激励、低沟通成本及筛选的设计原则。

通过日常运作，雅典体制尽力确认并有效利用各个不同领域的专业知识。它还为公民提供持续的——实际上可能是终生的——学习民主机制的运作方式的实践教育，从而将组织学习中的创新激励与常规化相结合，结果是使得雅典个体政治能力日益加强，尽管他们只是业余人士，偶尔轮流承担政治职责，但却俨然如专家般掌握一些决策的窍门。

此机制要求，它所维系的多样化的参与者理解特定政治实践的价值，包括透明与责任。这种实践在雅典政府的许多机制运行上都是相同的。但有效民主运作并不要求所有参与者都完全社会化到通晓政府常规工作，或完全理解整个机制的复杂运行。事实上，别说柏拉图式的哲学王的知识，即使修昔底德在伯里克利身上看到的某种普遍政治能力，也并非所有雅典人所能掌握的。雅典政府最为显著的特点，可能是其在没有体系层面的大师的情形下依然运行的能力。[1]

本章和下面两章将用相当篇幅来从反方向考察：雅典自治政府的机器是如何运行的？我们将民主体制的各部件单独拿来，分析每个特定机制如何运作，以及它们是如何协调起来的。但在拆开机器之前，我们应先仔细看一下机器的运行。雅典民主出人意料的强大成就，是本书试图解释的现象；我们越是清楚了解雅典各种机制的实际运行，就越容易更好地解释其整体的组织

_____

[1]　更多见 Ober 1996，第六章；Ober 2006。

成就。我们将找一个"行动的知识"的具体案例加以考察,这将有助于我们
反过来看机器的运行,追踪各个移动部件与整体的关系。

建立海军基地（公元前 325—前 324 年）

在雅典公元前325—前324年的六、七月,公民大会颁布法令,授权在
希腊本土之西进行一次重大军事行动。有历史意识的与会者,可能有所疑虑
地记得九十年前尼西亚斯和阿尔西比亚德之间的争辩,以及随之颁布的对同
一地区的最终灾难性的军事出征令。但此次行动目标不是对整个西西里的军
事征服,而希望达成更温和的目标,在亚得里亚海某处建立殖民地性质的雅
典海军基地。殖民地将由雅典拉基亚戴镇（Lakiadi）的米太亚德（Miltia-
des）创建,他是公元前490年马拉松战役英雄的同名后裔[1]。法令颁布后
不久,雅典公民大会又颁布了补充条令,详细规定怎样的战舰可遣往殖民
地。此补充条令刻在石碑上流传下来,它部分记录了由一个行政官委员会即
当年的船坞管理者所公布（镌刻在公开陈列的大理石碑上）的海军装备的详
尽清单。在列出派遣远征的具体船只、它们当下的运行状态及负责船只重新
装备的人员等后,条令显然是完整地重新刻到石碑之上。[2]

此"派遣条令"作为管理者装备清单中的一部分内容,提供了公元前四
世纪晚期雅典民主机制架构下知识运作的一个概貌。条令要求众多官员及公
众团队协作,完成一项复杂而有潜在风险的崭新事业,具有军事和商业的双
重意义。与促成公元前五世纪晚期危机的前415年的西西里出征不同,当时
商业因素并不重要,而此次主要考虑的是雅典商贸。派遣条令颁布时,亚历
山大大帝正远征印度,雅典外交政策受制于马其顿帝国。雅典拒绝援助斯巴
达几年前（公元前331~前330年）反抗马其顿统治的起义。营建新的海外
基地的决定表明,雅典决心维护其城邦独立自主的命运,即便重点放到用海

---

[1] 具有讽刺意味的是,在马拉松战役胜利中扮演关键领导角色后,统帅米太亚德说服
    雅典人支持秘密攻击帕罗斯的计划,但当计划受挫后,他被以误导公民大会罪而被
    审判并处罚（希罗多德:《历史》6. 133—136）；他儿子奇蒙（Cimon）是打造雅典
    帝国的领导人物,直到他积极的亲斯巴达政策致其蒙羞并被放逐（普鲁塔克:《希
    腊罗马名人平行传》,奇蒙传）。
[2] 铭文:RO100,第165—271行,以及很有价值的评论。文本中间有些空白（由于石
    碑上有损坏）。Cargill 1995:xxiv—xxv,31—34页,将亚得里亚海殖民地置于阿提卡
    以外的相对少数为人所知的雅典前四世纪定居地的环境下加以考察。

军基地保护雅典或非雅典商人上，体现了雅典的重心一个世纪来发生了怎样的变化。

石碑上的条令（现已受损）先列出船只名单，包括两艘将派遣到海军基地运输马匹的船。然后条令宣布，依照此规定，米太亚德（从船坞管理者）接手三列桨、四列桨、三十桨等三类战船及船上装备。下列文字中带黑体的是文件中首次提到的十四个公共团队和官员的名字，文件按序列号形式重新排列，以方便阅读：

查拉戈斯镇（Chalargos）里锡芬（Lysiphon）的儿子色菲西芬（Cephisophon）提出议案。为了雅典人民的福祉，为让人民所决定的有关亚得里亚海殖民地的决议（之前条令）能尽快得以落实，现公决如下：

一、船坞管理者（curators）应将船只及装备，按照民众（授权）条令规定交给战舰司令官（trierarchs）。

二、被任命的战舰司令官应在穆尼希节之月（Mounichion）的 10 号之前，将船开到港口（在比雷埃夫斯），并准备好远航所需。

三、民众将授予第一位将船只开到港口的船长 500 个德拉克马（drachmas）以资奖赏，第二位 300 个，第三位 200 个。

1. 另外，五百人议事会的传令官将在塔尔盖利亚节（Thargelia）竞赛上宣告奖赏，

2. 公共资金接受者（apodektai）筹备奖赏资金，

3. （如此则）可令船长们对民众的热情广为人知。

四、为了让免除战舰服务的请求能得到听证，司法官员要组织 201 位陪审员的人民法院，在穆尼希节月的 2 号和 5 号由当选负责战舰官委员会的将军主持听审。

1. 雅典财政官根据法律规定为法院提供资金。

五、为了使

1. 人民可以在将来任何时间从事商贸或运输谷物。

2. 建立自己海军基地以防范伊特鲁里亚（Etruscan）的海盗侵犯。

3. 海军基地的创建者米太亚德及殖民者们可以使用他们自己的舰队。

4. 雅典人和外邦人航行在海面及行驶到雅典海军基地，船只及其他一切均受保护，知道……（因石碑受损，一些文字遗失）。

六、……对于任何人，无论是官员或普通百姓，只要违背条令规定

的要求行事，没有尽责的人要被罚款10,000德拉克马，这些钱依照法律归雅典娜所有，负责程序的行政官及其助理必须催缴罚金，否则自己代缴。

七、五百人议事会落实船只派遣，惩治违法乱纪的战舰司令官。

1. 议事会的执委会（prutanieis）为议事会安排港口（比雷埃夫斯）联席会议，商讨派遣事宜，直至船只出海。

2. 民众要在所有雅典人中选出十人作为派遣官，选中的人要专门负责监督议事会规定的派遣任务。

八、为奖励议事会或其分支完成派遣船只任务，建议可以由人民奖赏价值在1,000德拉克马的金冠。

九、如果此派遣船只的条令有任何遗漏，议事会有权通过法条，前提是新法条不能与之前的条令相抵触。

十、以上规定的最终目的是确保国土安全。（引自Rhodes and Osborne 2003，译文有微调）

接下去文档的内容是，议事会运用自己被授予的权威（第九条）为出航征收一艘额外四层桨船，并列出在公元前325—前324年，船坞管理者接手的所有战舰（297艘船）及桨的总数，以及下一年移交量（289艘）。船坞管理者接手数和移交的船只数量的差异，正好可以（至少部分地）说明派遣到海军基地的那些舰只。这反过来清楚地表明，增援舰队确实出海了，尽管新殖民地的命运如何，我们无从知晓。[1]

从派遣条令可以看出，在民主城邦有许多种汇聚有用知识并用于实践的方法。即便不必过于纠结条令中提到的每个正式官职的具体职务，但显而易见的是，我们在面对一个错综复杂的政府体系。条令涉及政策制定的立法、法规及法律判断，以及随后的行政执行等不同职责。最高决策和权力主体是人民，由约八千人参与的相应集会组成了雅典的公民团队。[2] 条令由查拉哥斯的色菲西芬提议。按照雅典通行做法，色菲西芬仅作为普通公民一员就

---

[1] 船坞管理者接管三艘马船，第二年移交给下一任却只有一艘。在发出船只名单上有两艘马船。这显然表明，没有交给下一任的船是因为它们现在在新海军基地（假设它们没有在航行中丢失或正在航行中）。

[2] 参与的数量：最高封顶数在八千人，这个"事关国土安全"的法令肯定是在一个被称为"首要"的会议上通过的，这种会议针对尤为重要的讨论议题，并对参与集会者的付酬加倍支付。

可以在公民大会上发言，他的提议被成功采纳。公民大会的条令颁发命令给各类政府部门，首先就是比雷埃夫斯的船坞管理者们，由十位执行官组成的委员会，由雅典的十个部族每个选出一人组成。公民大会通过的条令还涉及一些战舰司令官，即一定数量的雅典富豪，这些人被要求单个或一道（summorie，两人到十人）每年承担公共服务，花费巨资将战舰装备成可航行状态。

　　船坞管理者与战舰司令官的首要任务是，保证米太亚德和他的殖民者得到相应船只，航行状态良好并及时到位。并且，条令还直接与许多其他行政官及政府机构相关，它特别制定了一系列的激励或对渎职的惩罚。激励包括对出色完成任务的个人或团队，通过荣誉性金冠嘉奖的形式予以奖励。惩罚则对那些未能履行职责的人处以可能严苛的罚款方式。值得一提的奖励是，授予最快地准备好船只到达港口，并准备航行的前三位战舰司令官金冠，分别为一等（500德拉克马）、二等（300德拉克马）、三等（200德拉克马）奖励。以"码头冲刺"的方式来激励赢得高度荣耀，正是"汇聚/协调比赛"的典型例证。获胜者显然是这样一些战舰司令官们，他们能最快召集为船只服务的相应专业团队，如能很好装备、操控船只的船员，准备充足的专业桨手或舵手等。知识丰富的战舰司令官、装备良好的船只、技巧娴熟的船员的结合是码头冲刺比赛胜利的关键。通过比赛达成错综复杂的专业知识汇聚，使得雅典舰队在前五世纪纵横爱琴海。[1]

　　获胜战舰司令官的荣誉，将在重大节庆上由议事会传令官当众宣告（第三条）。公开宣告的意图，除了奖励崇尚荣耀的人出色高效地完成他们职责之外，也有另一层公共意图：特意要将"战舰司令官们为民众服务的竞争热情"公之于众。竞争机制及公开奖励可以强化与庆祝一种交互关系，这会对雅典人产生强烈心理共鸣：由城邦任命的精英官员为赢得任命他们的普通公民大众的尊敬而相互竞争。[2] 公开宣告累积了共同知识，使众人知道，在

---

〔1〕　奖励金冠的价值更多是荣誉性的，而不在于接受者获得的金钱价值。（接受者经常以向雅典娜奉献的形式将其返还给城邦，参看 Harris 1995）在铭文中具体的金钱价值可以将荣誉的程度量化：第一、二、三等的荣誉价值是5∶3∶2。杰出的雅典政治家阿波罗多鲁［（Demosthenes）50］在法庭的一个演讲提供了一个有雄心的船监为确保最好的人与设备而努力（50.7），以及他通过这样做而赢得奖励（50.13）的生动画卷。船监体系，见 Gabrielsen 1994。

〔2〕　更多见 Ober 1989（雅典大众与精英的互惠关系）；Brennan and Pettit 2004（尊严经济学中的互惠性）。

精英中间谁尤其值得人们敬重。三个嘉奖金冠的钱（共 1000 德拉克马）由掌管财政的相关委员会颁发。我们后来了解到（第八条），如果在海军基地支持项目的人物被人民认可，整个议事会及其分支小组也可能得到相当数目的集体奖励（奖 1000 德拉克马）。无论个人还是机制化的团队，都参与并赢得汇聚知识的比赛。

人民接下来（第四条）具体要求立法官（九名年度执政官或"主要行政官"中的六位）组织召开人民法庭，每次有 201 位陪审员，从而使"负责集合体（即为战舰提供财政支持的群体）的将领"更有效地应对未能履行职责的战舰司令官们的司法挑战。这位将领（每年由公民大会选出的十位将军之一，这些将领每位都具体负责某一领域）于是就有法律的手段来确保他完成调协战舰司令官们任务的使命。

同时，被指定担任战舰司令官任务的人，如果认为他们的财富与雅典的其他富人相比负担过重，拥有法律权利及时申诉。此类申诉（财产交换）的程序采用的是叫板形式。被要求贡献船只的人叫板其他富人，或者自愿交换双方财产，或代为贡献船只。这样叫板的理由在于，叫板者认为另外一个人的财产负担相对叫板者要轻。如果被叫板者拒绝这两个选择（既不愿出船只，也不愿交换财产），则进行法律诉讼，由陪审团决定谁的财产应当用于支付船只费用。

这样的法律程序，有时被现代学者认为相当奇怪，却有效地在富人阶层就他人的财富状况达成相当的专门知识的平衡，并从而消除了业余行政官对个人财产的干涉和可能无效的调查。[1] 根据相应法律，建立这些法庭的资金（主要被用于支付陪审员的薪酬）由另外一个有重要财政责任的行政官委员会，即雅典财务官来提供。

通过为雅典人或外邦人的船只提供安全保障，以防伊特鲁里亚海盗掠夺，海军基地和舰队保障了雅典商贸，为人民保证了谷物供应，在对这些理由进行与条令无关但必要的解释后（第五条），条令又回过来具体规定公务人员的角色，从奖励到惩罚（第六条）。任何个人，无论是私人公民或公众官员，只要参与承担完成派遣船只任务的，一旦发现有玩忽职守行为（就官

---

〔1〕 *antidosis*（程序的逻辑），见 Christ1990；Gabrielsen 1994：79 页；Kaiser 2007。它在消解雅典精英中的阶级团结上发挥的作用：Ober 1989：242—243 页。有关"不可见"（及流动的、非地产的）财物以及它们容易被藏匿躲避一般公共审查，见 Gabrielsen 1986。

员而言，这将在他离职时审查），都会处以 10，000 德拉克马的罚款。这是相当巨大的一笔罚金，只有最富有的雅典人能承受得起；所有无力支付罚款的人就成了城邦欠债人，并丧失部分公民权利。甚至相关的官员（审查员及其助手）在履行调查职责时，如果他们不能正当处罚那些有玩忽职守罪过的人，自己就会受到相应处罚。这样的惩罚机制补充了奖赏及荣誉的激励，显然被认为对整个制度的有效运行是同样重要的。

下一个条令（第七条）是绕回去讲有关此项目的整体监管的问题。这个任务交由五百人议事会，在码头举行全体会议直到船只派遣圆满完成：由五十名议员组成（见本章下面的）部落团队将安排此事。但是，由于意识到这么长一段时间让五百位议员直接监管，可他们同时还承担其他政府工作任务，如此安排过于烦冗，条令规定（第七条第二点）成立一个新的（估计是临时）行政职位：在所有公民中选出十位派遣官，他们的任务是确保议事会的命令被执行。条令的立法性语句总结（第九条）为，授权议事会可以通过与派遣远征相关的补充条令，但特别强调，议事会无权否决公民大会的任何决议。条令最后（第十条）简要陈述道：所通过的为派遣船只而定的各种措施都是为"城邦本土安全"的利益考虑。[1]

派遣条令生动地展示了一个拥有大量行动分支的行政管理体系，包括相当周全的考虑，尤其是检查、监督、资金转移、方案争议、拥有权、使用权、奖励和惩罚等。建立新殖民地的目标和动机，与古风时代希腊的做法相当不同，以前主要为解决人口压力而在肥沃农田的土地上建立全新的独立城市。[2] 而现在则为建造一个永久军事前哨，作为一个殖民地拥有永久居民，并由装备精良的战舰来全力护卫。这么做的动机（第五条）是为了消除对性命攸关的海外贸易的威胁，目标是保证雅典商货和有战略重大意义的谷物源源不断来自相对较远的亚得里亚海沿岸的供应。此派遣任务在复杂程度上可比拟为一次小型的西西里出征，尽管它在规模上相对较小，从而整体而言对城邦带来的风险也较小。项目的重要性是显而易见的：它几乎涉及了雅典政府机构的每个主要部门。显然，它要求相当程度的社会知识总动员，比如，关于奖励与惩罚的激励价值，关于财产的所有权和相关权利（注意不断重复

---

〔1〕 "为了国土安全"一词在此期间有时会附于法令中，尽管有些法令并不明显与阿提卡防卫相关。不过在此例中，这一术语看起来是相关的，因为雅典安全利益直接受到它持续海外贸易的能力的影响。更多见 Oliver 2007：209—212 页。

〔2〕 Cargill 1995 回顾了前四世纪海外殖民的证据，指出此阶段与之前时期的巨大差异。

提及 *oikeion* 一词："私人拥有"），以及公共与私人领域的区分与重叠的知识。

但更惹人注目的是，此项复杂工程所需要的各个门类的专业技术知识的集合。做出建立海军基地的决定本身，就首先要有某种程度的总体性成本—收益分析。毫无疑问，军事要塞就资金、人力的投入而言相当昂贵，还需要政府官员们的关注和精力。但海盗对雅典"自己的生意"（第五条），以及从亚得里亚海地区海运到雅典的、极为重要的粮船的抢劫的危险，显然让此投入成为必要。对雅典利益的保护，不仅要让雅典人心无惧怕地在海上航行，还要能让所有在这一地区从事海上贸易的人，无论希腊或非希腊人，形成普遍的安全感。要达成确保亚得里亚海贸易安全这个目标，应该采取什么积极举措？对这样一个总的政策问题的回答，需要综合运用军事、社会、外交事务等专业知识，来回答一系列的附属问题：永久性殖民地该多大？哪些人该被列为殖民者，对他们该有什么激励措施？殖民地该选在哪里，它会面临何种人为的和自然的威胁？殖民地享有多大程度的独立性，以及，怎样让雅典人确信，殖民地的利益与本土城邦长期而言是一致的？这些问题，还有其他的问题，都必然经过细致协商讨论，落实为一部源初的授权决议（很遗憾，我们没有这个原始文件）。

再来分析一下派遣条令本身，可以看到它需要综合军事、金融、气象和法律等知识。支援的海上舰队的规模与组成应当是怎样的？回答是，它要由各种不同种类的船只组成，包括运输马匹的船只。显然预计会有军事行动需要动用骑兵。在筹划过程中，海上事务的专业知识在规定远征的特定船只上体现出来（并没有出现在上面的文献中）。这些船只有专门的船名，如造船者名字（通常做法），或至少有一例是船只年代（第 272—276 行）。远航应当在什么时间出发？这是个重要细节，因为从伯罗奔尼撒到亚得里亚海的环行航线，每年安全期的时间相对较短。答案是所有船只都必须在穆尼希节月10 号前准备就绪（见第二条，约六月中旬），这意味着对所有战舰司令官职责的挑战，都必须在此月之前的两个法庭日加以解决（第四条）。所有这些准备都要求之前就应清楚资金从何处来，谁应监督每笔交易，在整个项目过程中如何能保证问责性。

总而言之，建造海上殖民地，如雅典人开展的许多其他重大项目一样，需要各种各样不同种类的知识能在适当时间、地点汇聚起来。在等级制组织中，一般认为相对重要的运作必然由中央行政权威管理，有个控制—命令的架构来协调、监控大量专家的工作。但在雅典派遣条令中，许多个人或公共团队被指定的责任角色，很少可以被视为是一般意义上的专业人士或专家。大多要做的或监管的工作由五百人议事会来干，这些人是每年抽签选出的。项目的其他许多责任，是由每年一任的行政官团队委员会承担。他们的当选是通过抽签、普选（比如这一条令中的将领或派遣官的任命），或在人口的特定社会群体（战舰司令官）中实行公平轮流的原则。[1]

拥有决定建立殖民地和授权海军支援的公民们，是由一群正好在特定日子想要出席集会的人组成的。虽然为行政官委员会提供了准专业的"职业秘书"，但真正做决定的官员是业余人士。几乎没有行政层面的命令—控制做法；在各种活动部分的运作中，也很难定义任何的正式等级。当然，这就让我们回到这个问题：雅典参与式的自治政府体制是如何实际运作的？[2] 从标准的命令—控制式组织的角度看，责任主体扩散，立法、司法、行政功能紧密交织，可能被视作此系统已经混乱的简单证据。本章的任务就是说明：恰恰相反，雅典政府最好被理解为一个复杂而有效的机器，从一开始到很后来的实验都是设计来确认并收集相关的社会和技术知识的。

下面各节考察一些种类不同的"运动部分"，从基本的社会架构成分之"行政区"（deme，一个乡村、镇或城市社区）和"部落"（由雅典境内不同地区的行政区组成）开始。然后我们来分析一个特殊机构，即五百人议事会的起源和功能。本章最后，我们会更简要地谈一下行政官团队委员会的功能，以及议事会、委员会和公民大会间系统的关系。贯穿本章的重心将是个体公民所做的选择——雅典组织设计是如何提升了使个人与城邦同时受益的选择，以及逃票人行为是如何被监控和禁止的。

作为社会网络的行政区和部落

想象一下在公元前六世纪末，就在雅典前 508 年革命和民主政治体制建

---

〔1〕 当然，许多由现代国家开展的事业要比雅典要做的事远为复杂且规模更大，并需要更多专业形式的知识。这里的要点不在雅典与现代国家一样复杂，而在于雅典案例对关于大规模且复杂的运作上由非专家管理与统治是否可能成功的直觉，提出了一些挑战。

〔2〕 我们实际上并不知晓它在这一事情中的运作是否成功：这个铭文是亚得里亚海海上基地的唯一证据，此外没有任何考古学发现的证据。关键不在特定事情的成功与否，而是雅典城邦的繁荣是通过相似程序而做出许多复杂政策而获得的。

立之前，有个典型的雅典乡村（行政区）（见第二章：第三阶段）。[1]普拉西埃（Prasiai）是位于阿提卡东岸、帕托雷弗蒂海湾南边的居住点。普拉西埃距离雅典城直线约2.5公里，但陆地徒步翻越许墨托斯山（Hymettes）的距离可能多一倍。极有可能这一带有个乡镇中心，虽然从未被发掘到，而普拉西埃的居民有些则可能住在当地分散独立的农田上。农业，辅助一些渔业，以及主要是本地贸易，构成了经济基础，尽管该村的特色是当地的阿波罗神庙，并可能受益于历史上与提洛岛的联系。除了一些奴隶和可能少量的外地人，普拉西埃总的自由人口大致在700人左右。这中间，约180—200的本地男性成年人作为雅典公民，在公元前594年梭伦改革后享有有限的权利，可以参与政治并享有某些法律豁免。[2]

在公元前508年民主革命后，普拉西埃的男性成年公民，与其他村庄及雅典城市公民一样，在城邦政府的中央机构中，作为完全公民享有充分参与权。他们还有机会定期在本村庄集会，以投票表决承认新的公民，或决定本地人们关心的各项事务。在公元前六世纪末，村子里的许多户人家已经在那儿生活了许多代了。一个半世纪后，到前四世纪中期，有些普拉西埃人搬迁到城镇或雅典其他地方。但根据雅典宪法，他们仍保持祖传行政区的公民身份；我们可以设想，他们中许多人仍然参加行政区集会。[3]

如果说普拉西埃人在政治上的互动还不够积极深入的话，那么由于他们在社会、经济和宗教上保长期持稳定的互动，到了公元前六世纪末，他们之间已经彼此相当熟悉。通过与其他小的、相对较平均主义的前现代农业村落

---

[1]　Osborne 1990 回答此问题："什么是行政区及它为什么重要？"这是在分析位于阿提卡东北岸的大而重要的拉姆诺行政区历史的背景下做出的。其他有些行政区有丰富资源〔阿肯耐（Acharnai）：人口；比雷埃夫斯：主要港口；厄琉息斯（Eleusis）：主要圣地；托里库斯（Thorikos）和苏尼翁：银矿和工业〕，因此非常完好地记载在文献、碑文或考古记录中。Moreno 2008 第二章分析了大行政区欧尼蒙（Euonymon）的资源和人口。我之所以关注小而不突出的普拉西埃，是因为它接近"中等行政区"的规模、资源和名声。行政区究竟是高密度定居的乡村还是分散的农庄，一直为人所争论（Osborne 1985a）。

[2]　有关普拉西埃，见 Vanderpool, McCredie, and Steinberg 1962；Whitehead 1986，索引；Camp 2001：281 页。

[3]　行政区生活与阿提卡农村居住模式的发展史，见 Osborne 1985a, 1987；Whitehead1986；Jones 1999。除了公民及他们家庭，我们可以假设还有些奴隶，甚至可能有一些长期居住的外邦人，尽管难说具体有多少。Moreno 2008 第二章认为，在前六世纪有高度的城乡互动，但其证据还仅仅只是推断。

的比较可知，现代理论家所讲的那种"社会网络"即强纽带存在于普拉西埃的男性成年公民之间。也就是说，普拉西埃人之间相互联结的本地社会网络，是建立在面对面的互动上，有大量的重叠和冗余。许多人的朋友和亲戚，相互之间又是朋友和亲戚关系。

这种社会关系网络链接的强纽带的一个结果便是，普拉西埃整体的相互间的社会知识程度相当高。比如，大多数人都知道在各个领域中谁的技术最突出，谁在怎样的环境中是可以信赖的，谁的建议针对某话题是有价值的。互惠及礼节的社会规范是清晰的，谁在怎样情形中应与他人分享哪类信息和知识是明确的。因为社会网络纽带无论在其日常意义（即，可靠）上，还是在网络理论意义上，都非常强。一个人的朋友们相互之间也是朋友，社会规范也相应很有效。在这种社会环境中做出承诺是可信的，因为人们很清楚相互的底细；并且有必要的话，搭便车的人就会受到惩罚。这样的环境是"安全"的，即合作是社会义务，而欺骗是不容易的。

做出这样的说明后（也许很片面），就很容易想象在普拉西埃会出现塔鲁斯（Tellus）这么一位雅典人。在希罗多德叙述的故事中，塔鲁斯被旅行经过的雅典立法者、贤哲梭伦称为"有史以来最幸福的人"。塔鲁斯作为幸福范例的证据在于他的家族关系（他儿孙满堂）、家境殷实，因为抵抗邻族入侵雅典时为国捐躯而倍受荣耀。正如塔鲁斯的生平故事所显示的，维系普拉西埃人之间的强纽带从根本而言是血缘和地缘。像塔鲁斯一样，他们相互非常明确哪些行为值得鼓励，哪些应受指责。在此语境中，幸福的依据是好运以及每个人按照自己明确的传统规范和共同遵守的一套价值行为准则行事。基于对彼此能力、个性和日常行为的充分了解的强烈的共同价值观，是社会网络强纽带的典型特征，并有助于理解传统熟人社会的运作以及某些迷人之处。[1]

如普拉西埃这样的理想型的村落（及如塔鲁斯这样的人生），被某些古希腊历史学家和社群主义政治理论家所赞不绝口。自由主义派学者（比如

---

[1] 根据希罗多德笔下的梭伦的说法，雅典的特鲁斯"来自繁华城市，他的孩子善良而高贵，他看着孩子们出生，个个存活。按我们的标准他的生命富足，他的死是光荣的：当雅典人与邻居在厄琉息斯（一座雅典城镇）战斗时，他前来助战，击溃敌人，壮烈牺牲。雅典人在他倒下之地用城邦费用将他埋葬，给他相当荣耀"（1. 30. 4—5）。这一画面的传统主义色彩，及其内含的与前五世纪后期雅典情况的比较，在Ober 2006 中有强调。Nevett 2005：93—96 页在对房屋建筑进行了研究后，得出农村行政区居民的紧密关系的结论。

Waldron 1992；Kateb 1992）则反驳说，根深蒂固的强价值观未必可取，偏见及对外人的不宽容，就可能是高度一元化的本地社群所推崇的态度（Putnam 2000，2007）。但在此处，我们的目的并不是在权衡个人自由与社会凝聚力相比的道德价值。关键是，从组织成就的角度看，主要建立在强纽带关系之上的小规模社会网络非常有助于内部信息扩散，但却很不利于从本地网络自身之外引进或传播有用知识。结果是，封闭的强纽带网络作为较大社会系统的组成元素，相对没有较高生产力。问题在于缺乏"桥梁纽带"。

在一篇经典性文献中，社会学家马克·格兰诺维特（Mark Granovetter 1973）已表明，个体间以强纽带为主的小规模社会网络可以增进频繁互动，却难以形成网络之间的外部"桥梁"。举个最极端的例子，如果我的每一位朋友相互间都认识，就根本不存在桥梁的空间，所有新的纽带都必然已经为我其他已有的朋友分享。那样就没有可行的办法，来架接其他的人际网络，也不可能让我有机会联系到另一个同样强纽带的网络。强纽带网络的运作类似小而封闭的团队。由于缺乏与其他网络联系的桥梁，这些团队往往拒绝自身网络以外的信息自由流动。团队封闭使大规模合作更为困难，使大范围社会网络之间的协调更为阻碍重重。结果，要大规模地汇聚知识或统一行动就很难。从大范围合作中受益的社会潜能被抑制，规模难题似乎无法解决。[1]

如果我们想象一下，公元前六世纪晚期的普拉西埃主要以强纽带为特点（一个单一的强纽带网络或此类网络的集合），普拉西埃的居民也许相对很少有他们本村落之外的桥梁联系，少有与阿提卡其他乡村或城镇的来往。当然，假设的极端情形——一个人的所有朋友相互也是朋友——实际上几乎不可能存在。但由于雅典境内分散村庄的普遍社会情形是强纽带网络，雅典的有效联合行动的整体能力就会有限。前民主化时期（第二章：第一、二阶段），在军事、建筑和国内政策等领域，雅典国力相对薄弱，这是与前六世纪普拉西埃（及其他雅典村落和行政区）的核心人际纽带网络的假设是相吻

---

[1] Granovetter1973。更多见 Granovetter1983，1985；Krackhardt 1992；Gargulio and Benassi 2000；Diani and McAdam 2003。Padgett and Ansell 1993 和 Gould 1995 是典型例证，表明社会网络理论可以如何被用来解释一个实际历史情形（公元十五世纪弗罗伦萨的美第奇家族兴起和十九世纪后期巴黎的社会运动）。M. H. Hansen 2002 考察了多部门公司的知识网络，这相当类似雅典及其组成行政区的组织结构。Chang and Harrington 2005 强调，建立在创新与学习基础上的有效网络运作需要网络内持续的多样性及高质量的纽带。我感谢保罗·爱德华分享其尚未出版的"强纽带的弱点"的研究，其重点在任人唯亲趋向导致平庸表现。

合的。[1]

看来完全有可能，这种假设的"普拉西埃情形"在前民主化时期，在雅典领土的大部分地区大同小异、被一再上演。有些雅典村落比普拉西埃要小，另一些则要大许多。有些雅典人生活在与世隔绝的农村，他们那种很小的群体网络几乎接近极端封闭的情况；有些住在城镇社区或靠近城镇的村庄，则可能拥有更广泛的社交网络和纽带桥梁。显然不能说，所有前六世纪雅典人都一辈子完全生活在本地的强纽带网络中；比如，我们知道有些雅典人就在从事地区间的或海外的贸易。但整体而言可以说，以上勾勒的普拉西埃模式在前七至前六世纪的雅典是普遍的，甚至也在整个希腊大部分地区是普遍的。克里斯提尼在公元前 508 年雅典革命后几个月内面对的核心问题，就是"塔鲁斯世界"的社会规范。

在革命那段时期，在面对重大国家危机时刻，雅典人民起码显示了短期集体行动的能力：当面临外族统治及倒退到前僭主制的少数"大人物"寡头统治的双重威胁时，许多雅典城的普通百姓汇集起来，逼迫斯巴达统领的军队在围困雅典卫城三天后投降。他们欢迎克里斯提尼回来，他因为"将人民视为友伴"，并提议进行广泛的体制变革，而被那些想当寡头统治者的人所放逐。回到雅典后，看到人们期望不断升温，克里斯提尼开始着手迅速组建新政府。[2] 在做成任何其他事之前，克里斯提尼的新政权必须由一支强大而有斗志的军事力量所维护，并且必须快速到位。这个任务挑战很大，因为雅典城邦似乎还从没组建过一支"全国军队"。之前雅典人的军事行动，如塔鲁克英雄就义的那次战役，都依赖各地的地方强人之间的临时合作。但在革命之后，他们的权威都受到质疑。[3]

克里斯提尼的友伴们，即欢迎他从放逐归来的人民，期盼着新的政府体制能满足他们新近表达的、作为政治共同体参与一员的身份。寡头制和僭主制，作为古风时代希腊政治组织的熟悉模式，已经由于导致人民起义的各种事件而受到唾弃。虽然在前 6 世纪，其他希腊城邦也经历政治动荡并有许多

---

[1]　Purcell 1990 对过度强调古代希腊村庄的狭隘性提出了恰当的警告。可以肯定的是，有些普拉西埃人拥有地区外的桥梁纽带，这可能是通过古老伊奥尼亚部落体系虚幻的亲戚关系，或通过宗教、婚姻纽带，尤其是近邻村落的人。关键在于与后期雅典历史相比，普拉西埃在前六世纪晚期显然相对缺乏桥梁纽带。

[2]　雅典革命：Ober 1996，第五章；1998；Forsdyke 2005；Pritchard 2005。克雷森尼斯：Raaflaub, Ober , and Wallace 2007。

[3]　在前 508 年以前，雅典没有常规军；Frost 1984；更多见 Siewart 1982。

政体试验（Robinson，1997），但却没有"现成"的组织模式供克里斯提尼参照。在"普拉西埃情形"中，以团队强纽带、本地网络为特色的普通雅典人社会生活，令大规模联合行动困难重重，这既难以抵御斯巴达的必然入侵，也不能维系一个繁荣的共同体，使雅典在人力与自然资源上的巨大潜能（相对其竞争者）方面，都难以实际得以开发。

如果"普拉西埃"是问题，革命起义本身则提供了答案。在雅典卫城被围困三天后，克里斯提尼被欢迎重返雅典，人民展示了大规模联合行动的巨大潜力。雅典人现在显然认为，他们共享雅典身份——这可能潜在地意味着他们属于包括整个城邦的一个扩展网络。克里斯提尼设计政体成功的机会，就在于依靠危机时刻人民展示的能力，并以这种共享雅典身份为基础。他面临的挑战是如何创造体制条件达成富有生产力的均衡，使雅典人在社会合作中得到个人和集体的好处。尽管克里斯提尼缺乏现代社会科学的理论工具，他所提出的解决方案以社会网络理论表述是说得通的。克里斯提尼创建的体制运用的基本原则是，激励知识分享，减少沟通成本，筛选相关信息内容。新体系的关键（尽管可能是体制设计的意外结果）是，在本地强纽带网络的成员之间出现了许多发挥桥梁作用的"弱纽带"。

格兰诺维特（1973）表明，与强纽带相比，弱纽带（如我的朋友们不一定相互是朋友）确实可以促进扩展的网络间建立联系。弱纽带打破了小团队的封闭环境，因为它们有效地在扩展网络之间传递信息。弱纽带因此是强纽带的重要补充，有助于实现社会动员和整体组织凝聚。格兰诺维特的核心论断（1973：1376）是："在共同体中存在越多本地桥梁并且程度越深，共同体就越有凝聚力，越有能力共同协作。"古代评论家们评论克里斯提尼改革时所用的专门术语是，其"致力于混合"［(Aristotle) *Ath. Pol.* 21.2—3］雅典境内的居民。[1]

克里斯提尼成就这样的混合，是通过放弃雅典人过去从属的四大传统伊奥尼亚部落（*philai*），并重建十个崭新的、明显人为的部落。这些新部落在新的政治体系中发挥重要作用，它们也将成为雅典身份的重要标志。十个新部落每个部落的名字都来自雅典神话英雄。根据雅典人的记忆，十大英雄由

---

[1] 社会网络在建立"共同体实践"上的价值，从而对组织表现的效应，在商业文献中得到很好的证实：Wenger 1998；Davenport and Prusak1998：37—39 页，65—67 页；Brown and Duguid 2000：142—143 页，157—159 页；Benkler 2006。

在德尔菲阿波罗神庙的女祭司从更长的名单中选出。引人注目的是，新部落在地理位置上并不相连，每个部落都由雅典境内的沿海地区、内陆地区和城镇区域三部分的共同体组成。[1]

克里斯提尼的部落改革的后果是，普拉西埃现在成为 11 个由村、镇及城市社区构成的行政区之一，共同从属于新成立的潘狄俄尼斯（Pandionis）部落。普拉西埃是沿海行政区，和其他三个邻近的村落都坐落在阿提卡东岸。这 4 个沿海行政区，组成潘狄俄尼斯部落的沿海"三分之一区"。在行政上它们与西部的四个内陆行政区（内陆的三分之一区），及三个城市行政区，即雅典城内或邻近的社区（城内三分之一区）组成在一起。11 个行政区的公民，按这三大板块划分，现在统一形成潘狄俄尼斯部落。同样的组织原则也适用于其他 9 个部落。新体系在图 4.2 中有概要的介绍。

克里斯提尼的组织设计，既是很激进的也很实用。它旨在将长期存在的、人们所熟悉的"自然"单元，即雅典现存乡村和四邻社区，重新组合为崭新的、陌生的、完全人为的单元：10 个新部落。部落及其三大板块组成部分是体制性桥梁，将稳定的本地身份（"普拉西埃的居民"）与所期待建成的国族身份（"雅典的积极公民"）相联系。

部落现在成了召集全国军队的基础。军队的核心是全副武装的步兵（重装步兵）。大致来说，这是雅典人口中最富裕的 1/3。在克里斯提尼改革之后，普拉西埃大约有六七十位男人应当会经常性地担任重装步兵，与来自沿海地区的其他 3 个相邻城镇的重装步兵村民一起奔赴战场。这并非什么新鲜事，我们能猜想雅典沿海中部的强人们，几代以来一直在召集武装力量，抵御海盗侵掠及其他对本地的威胁。不过，现在的普拉西埃人将会与潘狄俄尼斯部落来自远方内陆及城市社区的成员们一道被召集起来（Siewert 1982；Christ 2001）。

同样，许多雅典人的日常仪式性生活，现在要重新按照（新）部落来设计。普拉西埃人的祭祀、吃圣餐、上街游行以及仪式性舞蹈比赛都要与他们

---

[1]　Anderson 2003 提供了对克里斯提尼改革的详细回顾及参考书目。在实际中，新部落体系需要大量修补；比如，不是所有"沿海"行政区都座落在海边：见 Traill 1975，1986。有时有人会争辩说，这些修补是有意计划的部分，旨在让克里斯提尼家族（Alcmaeonids）掌控雅典政治：Lewis 1963；Stanton 1984。如果真的有过这类计划，也是失败的，克里斯提尼家族并没主导雅典政治。可以对比：在网络形成中"强力行动"而非积极计划，结果事实上却让美第奇家族在 1433 年后控制了弗罗伦萨政治：Padgett and Ansell 1993。

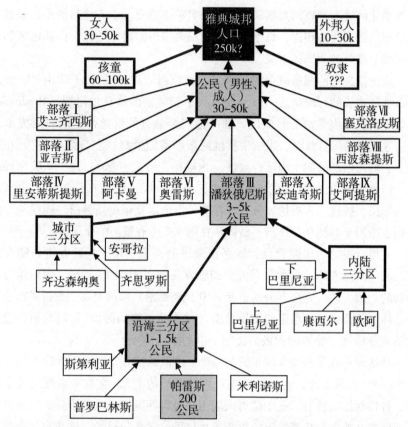

图 4.2　雅典公民的四个层次的划分：身份群体、部落、三分区、行政区。

的部落同胞"潘狄俄尼斯人"一道进行。[1] 结果，拥有相当不同人生经历
和不同社会与技术知识背景的人们，经常发现自己与那些本来无从认识的人
们在社会距离上相当接近。毫不夸张地讲，这个体系，以各种各样具有强烈
心理效应的活动，真切地"混合"了不同地理、经济区域的雅典人。在这样
新的"混合"群体当中一起游行、战斗、祭祀、聚餐、跳舞的经历，按克里

---

〔1〕　有关雅典部落中仪式、金融与公民生活的交织，见 Osborne 1994。牺牲与饮食，见
　　　　Schmitt—Pantel 1992。游行，见 Maurizio 1998。跳舞，见 Wilson 2000：56—57 页，
　　　　75—76 页；相反的观点见 Pritchard 2004，他认为部落歌舞队仅限于精英；但这种推
　　　　断式论证低估了本地有天赋者，结果会丧失机会——任何只招募精英舞者的部落都
　　　　可能在竞争中处于不利境地。部落网络在司法争执中同样有用，尤其对非精英雅典
　　　　人来说，见 Rubinstein 2000。

斯提尼的计划，将在城邦层面形成强烈的集体身份的认同。我们还将看到，此体制还促进了已存强纽带网之间出现广泛的桥梁式联结，这些桥梁对于知识汇集的过程至关重要。

五百人议事会：结构漏洞和桥梁纽带

　　与新的行政区/部落制度一起重组或引进的核心政治体制是新的五百人议事会，一个承担相当重要的议程设置功能的关键机构。议事会掌控最为重要的任务，决定在全体雅典公民大会中应该讨论哪些议题。所有表现良好的雅典公民都有权在他们希望的任何时候参加集会，这可能会是个乱哄哄的立法场所。在民主时期，成百上千的公民参与了其频繁的集会（在前四世纪每年达四十次）。公民大会是民众（deme）的体现，故而它决定所有城邦的重大事务，包括金融和外交事务，战争与和平。议事会在雅典经常性地开会，后期就设在一个专门为其建造的建筑综合体内（更多可见第五章）。除其最关键的设置公民大会议程的功能外，议事会还负责日常的城邦事务的管理工作，包括会见外国使团、考核离职雅典行政官的工作表现等。如我们所见，在"派遣条令"中，议事会同样扮演了重要的执行任务，以确保公民大会表决的决议能不折不扣地落实下去。[1]

　　根据克里斯提尼的计划，新的五百人议事会由十个"五十人代表团"组成，每个代表团分别代表新成立的十个部落。[2] 每个部落代表成员在行政区这一级选出。每年，每个行政区派出特定数量的议员代表，按行政区公民

---

〔1〕　Rhodes 1985 是对五百人议事会、其渊源及其在雅典政府中角色的一个基础性的、不可或缺的描述；见第三章对议事会主要负责领域的分析：金融、陆军与海军、公共项目、宗教。

〔2〕　Rhodes 1985：17—18 页赞同晚一点的时间（前 462 年）作为开始有部落代表团承担"主席"职责为议事会轮职服务，但他指出学术上公认的观点是部落代表团是克里斯提尼的创新。但是开始时间也可能更晚些，因为我们对此问题几乎没有资料来源；但鉴于早期民主资料的缺乏，这也不足为奇。Rhodes 还相信低社会阶层雅典人（thetes）在整个前五世纪被排斥在议事会之外，但在前四世纪，当人口出现限制时，他们也可以参加议事会了，否则名额无法填满。由于没有具说服力的证据说低阶层在早期议事会被排斥在外，我倾向于假设他们应该一开始就可以参与，但在实践上要过一段时间，只有通过提供足够报酬，才能让此阶层事实上为议事会服务。

人数多少而定[1]。普拉西埃每年派三位议员代表，参加潘狄俄尼斯部落的
五十人代表团。同时，内陆"下潘尼亚"（Painania）大型岛屿行政区和克
达斯内昂（Kydattenaia）城市行政区则各派十一名代表，而小的上潘尼亚区
和康提勒区（Konthyle）则各自只派出一名。潘狄俄尼斯部落在五百人议事
会的年度代表团概况请见图4.3。

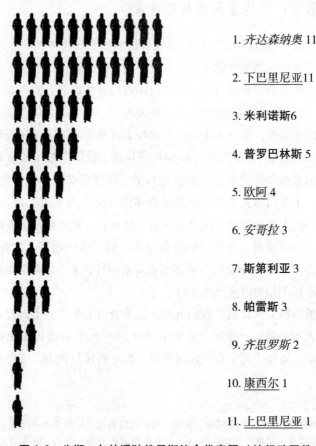

1. 齐达森纳奥 11

2. 下巴里尼亚11

3. 米利诺斯6

4. 普罗巴林斯 5

5. 欧阿 4

6. 安哥拉 3

7. 斯第利亚 3

8. 帕雷斯 3

9. 齐思罗斯 2

10. 康西尔 1

11. 上巴里尼亚 1

图4.3　为期一年的潘狄俄尼斯议会代表团（按行政区份
额）。城市行政区＝斜线，内陆＝下划线，沿海＝黑体。

---

[1]　具体名额以公元前四世纪的证据为基础。是否由于人口的变化，这些名额发生过变
化，以及是否新行政区在后克里斯提尼时代有所增加（以及这可能会对行政区名额
有何种影响），这些问题都很棘手；学术上还没有一致意见。此处我假设这个体系在
革命后马上运作，并且一直到前322年没有根本性的变化（在这一点上我同意Traill
1975：101—103页）。我在此的主要论点也不会由于那些新近建议的改变而变化，如
M. H. Hansen et al. 1990。

　　由每个议事会议员做出的决定，是如何促进或妨碍议事会整体联合行动的能力的？尽管缺少任何古代第一手个人叙述的详情，但做个思想实验就可了解个大概。假设来自普拉西埃的某议员（bouleutes），我们称他波塞蒂普斯（Poseidippos，至少有这样名字的一个人确实曾在普拉西埃生活过）。他在议事会成立后的第一年出发，去雅典履行他一年的任职。[1] 波塞蒂普斯的职位极可能由抽签而定，这肯定是后来的既定程序。他暂住在雅典城中，准备花大量的时间参与议事会活动；至少到后期，每年议事会有三百多天的会议。根据我们描述的前六世纪的普拉西埃，让我们假定在部落代表团的其他四十九人中，波塞蒂普斯只和他的两个普拉西埃老乡有强纽带关系，但与任何其他成员都缺少纽带联系。我想要说的乃是，当年新的议员代表团刚成立之初，组成每个部落五十人代表团的许多行政区代表，完全可能已经存在强纽带的网络。但在这些本地行政区的强网络之间，却相对缺少联结性的"弱纽带"。这样的五十人范围的小世界，反映出了克里斯提尼在启动他的改革方案时所面临的挑战。潘狄俄尼斯部落代表团在公元前507年为议事会工作一年，五十位成员的关系的假设的"起点"状态请见图4.4。

　　波塞蒂普斯在任职之初，在所有潘狄俄尼斯部落议员中，仅有两位与他同样来自普拉西埃的朋友，但他知道他必须与其他的四十七位议员紧密合作，尽管现在与他们没有任何或强、或弱的纽带联系；同样，还要与来自另外九个部落的四百五十位议员合作。根据克里斯提尼的计划，五十位部落议员承担相当的议事会职责，每个部落代表团，与其他九个代表团一起，轮流在一年的1/10时间里担任领导角色，主持议事会事务。在此部落代表团担任领导职责期间，代表团的1/3成员要求一天二十四小时在岗。到后来，在前四、五世纪，他们会一起在位于雅典公共广场集会广场西边中央位置的一座叫梭洛斯（Tholos）的独特圆屋中用餐（使用的器具专门标上"公共财物"）、睡觉。[2]

　　如果波塞蒂普斯懂得现代网络理论的专业术语，他会把潘狄俄尼斯代表团描绘为充斥了"结构漏洞"的网络。也就是说，在十一个行政区网络间有

---

〔1〕　我此处假设议事会以及行政区和部落体制在前508年革命后立即被建立起来；另一种观点认为，此体制完全运作要等到前501—前500年，Rhodes 1985：1，191—193页；Badian 2000。

〔2〕　有关梭洛斯作为轮职主席部落代表团的总部，见 Rhodes 1985：16 及 Camp 2001：69—70页和本书本章134页脚注1引用的研究。

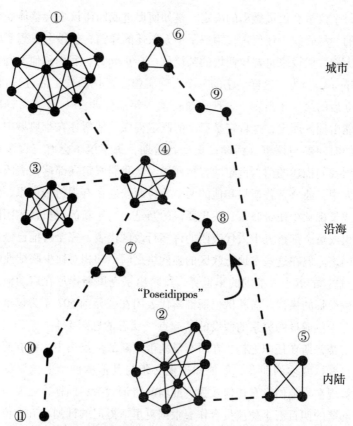

图4.4　潘狄俄尼斯部落代表团的社会网络：初始状态。行政区网络（1-11）内的实线是假设的强纽带。行政区之间的网络虚线是假设的弱纽带。帕雷斯是行政区8。

许多实在的鸿沟，几乎没有或很少有桥梁纽带，而内部却充满密集的强纽带。从图4.4看出，结构漏洞是相当明显的，例如，在行政区1和行政区6、9间，或行政区8与行政区7、2、5间没有任何纽带。从某种意义而言，这些漏洞是体制设计的问题所在，因为正如我们所见，它们表明如格兰诺维特所定义的、作为有效共同行动的必要前提的"弱纽带"在此类密集网络中是缺乏的。并且我们也可以说，漏洞正是克里斯提尼需要用其新的组织设计加以解决的问题。但是，悖论的是，正是这些结构漏洞却带来了真正的机会——无论对于希望努力相互形成联系的个体，或对组织整体而言，这么多的结构漏洞恰恰为有雄心、有创新意识的议员们提供了一个关键的激励。

如罗恩·伯特（Ron Burt）一系列有影响力的研究（尤其是 Burt 1992,

1997）表明的，在网络化结构中，紧密相连的子网络间的漏洞，正好是创新的机会所在，因为将这些漏洞填补的人们会得到社会资本。他们简单要做的，就是占据信息和社会知识流动当中的战略性位置；他们成为信息传送的导管，同时相应得到回报。伯特表明，在现代企业公司中，那些勤快的结构漏洞弥补者积累的社会资本，会转化为物质收益（如高收入）。这样的话，人们就有强烈意愿来寻找结构漏洞，并在漏洞间建立桥梁纽带关系。从弥补漏洞中积累的社会资本，潜在地对网络所有成员有益，而尤其使最初的弥合者获益颇丰。伯特的重要基本观点是，带有许多结构漏洞的网络化组织，同时也带来了许多创新回报的机会，只要人们愿意并能够占据桥梁位置。因此，在"填补漏洞"与发展并维持一个创业的、创新型组织文化之间，有一定的关联。[1]

　　伯特的不少成果其实建立在明了易见的直觉之上。一个人无须掌握网络理论也能理解，在一个必须从事一项共同事业的大团队中，那些意图在其中的小集团、子网络之间建立纽带的人们，会给自己带来相应的好处。勤快的"网络构建"社会活动家是所有类型的组织的共同特点。原则是相通的，无论是一所中学、一家企业公司、一个专业机构或者一个希腊议事会。

　　因为某个雅典议员的任期限定为一年，在议事会中构建网络的价值与那些成员任期可达数十年的机构（如美国参议院）相比，或许有所限制。最富有、社会地位最显著的议员可能认为，这种情况下建立网络不大会有回报。那么，让我们假定，波塞蒂普斯在他的部落代表团中是最穷、最没有关系的议员之一。如雅典其他做父亲的一样，他希望为自己子女物色好的对象，但他却难以支付高额嫁妆给求婚者。[2] 希望提升家庭地位的想法，促使波塞蒂普斯有强烈意愿来积累社会资本，从而可能代替更多金钱支出。再假定波塞蒂普斯是那种直觉意识到纽带联结者能获得社会资本（以及将来相应的实际回报）的人。这样他将利用潘狄俄尼斯五十人部落代表团经常开会的机会，来与其他行政区议员建立关系，可能先从分享职业兴趣、远房亲戚关系，或是共同密仪成员的人开始。部落代表团的人际互动相当频繁，因为假设的时间背景是公元前507年，其议员全心全意地致力完成他们的任务，以拯救他们的城邦，并使他们自己免受斯巴达人的疯狂侵袭。频繁互动有利于

---

〔1〕　有关结构漏洞，见 Burt 1992，1997，2004；Gargiulo and Benassi 2000。
〔2〕　嫁妆是相当大的一笔花费，即使对富裕家庭也是如此；"Attic Horoi" 所记载的许多前四世纪"非生产性"的雅典货款是借来支付嫁妆的：Finley 1953；cf. Cox 1998。

快速形成人际纽带，也使波塞蒂普斯更轻易地与陌生人们交上朋友。结果可见表4.5的示意图。

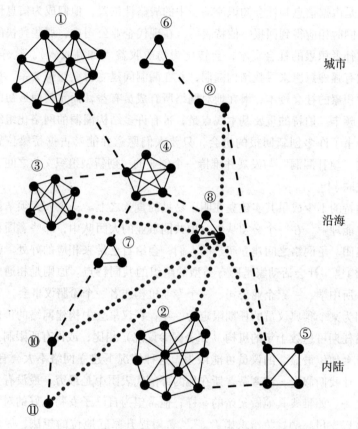

图4.5　潘狄俄尼斯部落代表团的社会网络：第2阶段。点状线代表假设的由"波塞底波斯"建立的新的弱纽带。

随时间推移，因为他的纽带联结地位，波塞蒂普斯不断成为他部落代表团中受人尊重的、高度被赞赏的成员。他拥有越来越多的有用信息，也就是说，他知道其他行政区的人们知道什么。比如，他从与城市行政区人们的接触中，了解了陶瓷制作的一些知识，他也从与内陆人们交往中，知道高地橄榄应如何种植，并且他还积累了越来越多的社会知识。他知道在他的潘狄俄尼斯代表团成员中，谁在什么话题上值得信任，谁和谁是朋友或敌人，诸如此类。因此，他处在这样一个位置：汇聚各类重要信息，将分散的知识聚拢起来以解决问题。因为他努力积累社会资本，所以他有分享自己内在知识的强烈动机，这些知识是他生命过程中不断得到的经验和专业知识，他也愿意把自己新获取的知识与他人分享。为议事会服务的亲密关系大大减少了沟通成本。同时，波塞蒂普斯不断获取的社会知识，也有利于更好地对信息进行筛选和区分。作为有用汇聚知识的一个源头和导管，波塞蒂普斯承担了协商交流中的信息领袖的角色。因而，他为自己赢得好处，也使他的部落代表团完成任务。

　　波塞蒂普斯并非唯一一个意识到在各个本地网络之间建立桥梁纽带的好处的人。他的代表团中其他人也会仿照他的做法，结果，潘狄俄尼斯代表团很快就形成了密集的弱联结纽带，见图4.6。

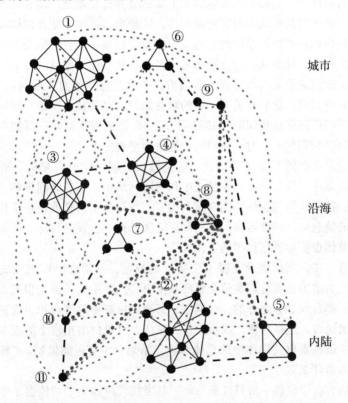

图4.6　潘狄俄尼斯部落代表团的社会网络：第3阶段。点状线代表假设的由各个代表团成员建立的新的弱纽带。

　　当然，潘狄俄尼斯在这方面并非独一无二的：根据克里斯提尼的设计，每个部落都有这样类似的人口结构多样性。因此，结构漏洞的机会在每个部落代表团内部都是存在的，作为议事会整体也是一样。这样的话，我们为潘狄俄尼斯假想的纽带联结，其实在十大部落代表团中间的每一个都在展开。

并且，在各议事会的部落代表团之间扩展网络层次上，同样过程也在进行中。如果在部落代表团层面的本地网络内进行纽带联结建构和知识汇集可以带来社会资本的回报丰厚，那么，在部落间进行纽带联结的回报就更为丰厚了。如此推论，我们可以假定，一年的时间里，作为议事会议员，由弱纽带相互联结成一个整体，作为单一的扩展网络而发挥作用，结果，五百位议员能更协调地共同工作，无论是在五十人部落代表团的层面，还是作为议事会整体的一个委员会。

我以上所作的网络建构过程的假设，是以五百人议事会的社会组合和政府职责为基础的，直接解决影响知识汇集的公共行动难题。随着弱纽带链将已存的、地区间的本地强纽带网络相连，跨越家族群体、职业群体和社会阶级，有用知识在扩展网络间的传递就不断变得容易。随着网络变得密集和社会资本的积累，社会知识的交换越来越自由。各个技术领域的专家们在目睹和经历交流沟通带来的社会资本收益后，更愿意分享他们"专利的"信息。其他人则意识到，他们有关人、事的默会知识，之前被简单地、理所当然地认为是强纽带网络成员间的"常识"，而一旦清晰表达给另一群拥有完全不同种类默会知识的人们时，它们的价值就会呈现出来。

无论是潜在的专业技术知识，还是做出合理决定所需的一般默会知识，以往隔绝在每个个体的头脑之中和封闭网络中；随着时间推移，现在却不断地能被团队作为整体协商时所利用了。当议员更清楚谁擅长于什么，哪个种类的信息应该向谁咨询，他们就更能区分他们提议的好坏。于是，作为议事会整体也更能胜任棘手的工作。

更进一步，当议事会克服了公共行动难题，并学会协作来完成共同目标，它就有潜力获得分散在整个雅典甚至更广人群中的外部知识资源。因为每个议员都有议事会之外的社会网络，每个议员都是议事会和当地更广泛人群的桥梁纽带。这样的话，议事会作为整体，可以付出相当小的成本就获取大量的扩散在雅典共同体中的总体知识。结果至少有可能做到，"雅典知道雅典人知道什么"。

最后，由于议员一般只任职一年，其考核或可能奖励的依据是他们为城邦服务的表现好坏，所以议事会作为一个机构从来没有发展出一种自私自利的整体身份或组织文化。[1] 议事会规则一直相当简单而透明，每年都容易

---

[1] 这一关键理解来自 Gomme 1951。达格·麦克亚当（Doug McAdam）建议说，如果在议事会开始的头几年里强制反对连续任期，恐怕会产生消极作用，因为新议事会会因此失去前几年积累的所有知识。另一方面，Peter Rhodes（在与我个人交流中）指出，也可能一开始就必须让不得连任的观念深入人心。

让下一届议员学习。因为每年的替换都相当彻底，所有同年进入的议员基本上都是平等的，也不会有团队内部"议员老手"来操控议程。随着议员建立他们的扩展网络，并在这一年中一起合作来面对城邦治理问题，他们更好地了解了大的政府体系的运作，他们自己就是其中一部分（一年时间）。政府不再被认为是个黑箱，议员们也很快对专业政治工作得心应手。

　　随着议员们系统层面的专业知识和以社会知识为基础的信息筛选能力的不断增加及相结合，他们就能更好地判断相应知识对于城邦整体目标的价值，从而能更好地在他们的任内做出合理的公共决策。最终结果是，更好的议程被制定，政府的日常运作更为顺畅，雅典整体而言也更为繁荣。这样，我们就可以理解，民主参与体制为何可以帮助促进生产能力的提高及组织整体的成功。

组织的及个体的学习

　　至此，我们主要聚焦于克里斯提尼成立五百人议事会后第一年的情形，我们设想波塞蒂普斯及其499位议员同事第一次走进他们部落代表团会议及全体议事会时，对即将发生什么毫无头绪。我们假定，他们的动机是担心如果没能很好履行革命起义后的承诺，将会导致雅典在即将发生的战争中被击败。因此，有些议员有迫切的意愿，在社会网络间建立桥梁纽带。如上所见（第二章，第三阶段），新的民主体系确实成功运作了，因为在公元前506年雅典能组织起一支真正的军队。斯巴达在他们盟军科林斯撤离后也放弃进攻。也许他们开始时仅以为会面对一群由西阿提卡地方强人领导的"传统"雅典武装力量，但后来却发现他们要应对一整支崭新的征兵入伍的全国军队。雅典在与其北部和东部邻邦交战中也取得骄人战绩。公元前506年的胜利给雅典人以喘息空间，于是新体制在一代人时间内很好地建立起来，正好可以面对公元前480年形势极为严峻的波斯入侵的威胁（见第二章，第四阶段），同时，雅典自治的经验不断增长。

　　下面我们来想象一下波塞蒂普斯的儿子，可称他为波塞蒂普斯二世（一般希腊人没有这样的命名习惯，只是方便起见）。在公元前470年代中期，在战胜波斯人之后不久的某年，他也开始了为期一年的议员任职。如他的父亲，波塞蒂普斯二世也住在普拉西埃。当他十八岁时，正式由他父亲的行政区公民对他投票，因为他们接受他是雅典公民的法定儿子，投票通过，波塞蒂普斯二世于是同时成为普拉西埃行政区成员和雅典公民。像他父亲一样，作为议员，波塞蒂普斯二世也面临着新的挑战，城市被波斯人洗劫一空，许多村落被毁，重建花费昂贵。因为斯巴达反对雅典强固城市的计划，并且不愿帮助建立和维持长期的反波斯联盟，而多数雅典人则认为雅典的长远安定和重返繁荣的关键在于此联盟，困难可谓重重。

与他父亲不同的是，波塞蒂普斯二世对于在议事会应期待些什么已经有所了解，他事先知道了许多议事会中通行的规则（写下的或未写的），他不仅可以参考父亲回忆的经历，还有整一代的普拉西埃议员代表们，每年三位代表回家后带给村民许多他们的见闻。随时间积累，每位有心要了解议事会情况的雅典公民，都可以轻易并且大量地接触到服务过议事会、而且面对过各种危机和僵局的议员们。无论是他们的成功或失败，都成为大众口头相传的一部分，在不同的本地社会网络间传播着。以往议员叙述他们的经历，成为对未来议员的激励。因为一直以来波塞蒂普斯二世都在了解、接触从政府服务中退下来的议员们，他明白在议事会待上一年就会带来社会地位和认可度的提升，他也清楚这份工作很艰辛并经常带来挫折，他还不得不放弃他正常生活的许多乐趣和机会。但相比于通过扮演桥梁纽带的角色，预期带来的荣誉和社会资本，以及因此得到的"实质性"长期好处，所有不利因素就不足挂齿了。[1]

在波塞蒂普斯二世的一生时光中，议事会服务经验的积聚和增长，改变了本地和整个城邦社会网络的结构。波塞蒂普斯二世从小长大的普拉西埃的社会情形，已经不同于他父亲出生时关系紧密的"塔鲁斯世界"。我们假定，波塞蒂普斯通过他获得的社会资本，让他能够把某位女儿嫁到城镇社区的某个富人家，因为他在议事会工作时拉上了"关系"。于是，波塞蒂普斯二世由于他父亲在议事会的这一年任职，便与不同社会阶层以及城邦内的不同地

---

[1] 没有明显方法来检验是否议事会服务作为自变量可以导致个体或家庭在功利上（按财富或其他方式衡量）的因变量上升。有时有人在少许证据的基础上说，已知的议员们平均而言比一般雅典人更富裕；见 Rhodes 1985：4—6 页和 Ober 1989：139—141 页关于此问题的考察。那些做出"更富裕议员"论断的人一般都认为因果关系是"先富裕，才能当议员"，而不是"做了议员，富裕起来"。但如果真有可衡量的关联，影响的方向可能是后者。这些问题都值得进一步研究；更多见 Taylor 2008（本章下面有讨论）。

区的人有了亲戚关系了。[1] 这里的要点是，在一年的服务中形成的"弱纽带"的友谊，在许多雅典个人的生活中开花结果，在整个城邦内遍地生发开来。结果是，在城邦范围，本地强纽带网络之上又不断增添了丰富而复杂的或强或弱的纽带网络。

强弱纽带交织的扩展社会网络，使城邦作为一个组织，有广泛机会来储备一个集体社会资本库，从而能够更协调、有效地应对公共行为难题。与此同时，雅典人口庞大，（至少在公元前五世纪早期至中期）增长相当迅速。因此，即使跨越扩展网络间的纽带桥梁的密度增强了，但总会有结构性的漏洞出来，也就是总有新的机会为创新型的"纽带联结者"准备着。较为大规模的雅典人口，及其时刻所处的人口结构变化（作为诸如伤亡、疾病、移民等的后果），意味着并无实质性的网络僵化的危险。城邦扩展网络的纽带，从来都不会紧密或重叠到危及如波塞蒂普斯在公元前六世纪后期所经历的那种创新文化。

现在我们可以把时间跳到本章开头所谈的时期：公元前325—前324年的议事会，由查拉戈斯行政区的色菲西芬提议，建造海上基地以支持航海远征。现在，假设波塞蒂普斯家族一直延续，到几代之后波塞蒂普斯六世，也到议事会任职。也许与这些一代代下来的其他雅典人一样，他也从自己的原行政区搬到城市中居住，但他仍参加行政区会议（有些在城市中召开）。他实际上真的在脖子上挂着他的行政区身份，这是一个铜制的公民身份标牌，用于比如抽签在行政官委员会服务时。（Kroll，1972）

波塞蒂普斯六世仍能感受到激励他祖先搭建网络的好处。但几代下来，议事会服务的物质激励已经常规化，他的服务有每日的报酬，而潘狄俄尼斯部落代表团则努力争取行政区奖励，年度最佳代表团设立的荣誉。[2] 在担任议事会主席团职责时，潘狄俄尼斯部落代表团（与其他九个轮流）仍在梭洛斯聚会，这是在波塞蒂普斯二世任职期间就定下来的规矩。但在参加全体

---

[1] 有关行政区之间的通婚，见 Osborne 1985a：27—38 页（记录了 32 个行政区的内部婚姻和 131 个行政区的外部婚姻），Cox 1998：38—67 页。Jones（2004：16，65）试图贬低一个显然是通常的实践惯例的意义。雅典文学有丰富的例子讲到跨越社会阶层间的婚姻，而且这类"混合婚姻"被视作民主文化的特色：Lape 2004。对于公共任职如何可能对婚姻模式产生影响，是个值得更多研究的问题。

[2] 报酬：普通服务每天5欧宝，作为轮职主席部落代表团的成员每天6欧宝（1德拉克马）；见 Rhodes 1985：16—17 页。年度最佳部落代表团奖在前四世纪早期由议事会颁发，前四世纪中期由行政区颁发：Rhodes 1985：8 页，22—23 页。

议事会会议时，波塞蒂普斯六世通常坐在新的议事堂中（更多细节可以参看第五章）。与之前一样，大多议事会会议向雅典公众开放。曾在波塞蒂普斯二世时期商议过重建城市等议题的老议事堂，现在成了祭拜众神之母及储藏城邦文献的地方（更多见第六章）。在这里，议员和其他雅典人能查询雅典法律规章的记录。一些公共奴隶和公民组成的员工在此帮忙解决文献和技术问题，但这些员工从来没有成为任何意义的专业公务员。议事会的主要工作仍由议员自己来做。[1]

到公元前325年，一百八十多年来体制经验和政策实验的积累和传播的知识，以及雅典人当中一百八十多年网络纽带编织的结果，都可以以口头或文字的形式为人们所利用。"派遣条令"所任命的议员们，在比雷埃夫斯港的码头有办公地点，以确保派往亚得里亚海新殖民地的需要船只能及时出航。这些议员就能参考这样的知识库，这有助于解释为什么五百个业余人士却能提出如此细致、具体的建议。例如，议事会知道设立一、二、三等奖来奖励"最先到达码头的船只"的合理水平是500、300和200德拉克马（这是根据激励价值与城邦花费间的均衡点）；以及，战舰司令官间的法律纠纷有两天时间处理就足够了；还有，一般而言，1000德拉克马的罚款足够威慑渎职行为，即便对于处理主要事务的官员。[2]

总之，因为存在一个系统化的传承所学的能力，雅典议事会发展成为一

---

[1] 新、旧议事厅：Rhodes 1985：31—33页；Camp 2001：44页，127页。早期建筑日期和该建筑最早是否作为议事厅（此观点被 Rhodes 及 Camp 接受）存在许多争议。我个人倾向早期论点。见 Shear 1995；Raaflaub 1998：93—95页和参考文献；Papado-poulous 2003：260—297页；Pritchard 2005：146—147页。议会开会地点有时也在其它地点举办（Rhodes 1985：35—36页），如 Salamis、Acropolis、Piraeus、Eleusis 和 Theseion 以及体育馆。议会向公众开放：（Rhodes 1985：40—43页）. 在公元前360年代前，有个主要的"议会秘书"，公元前360年代后，还有另外三个其他公民秘书被议会每年任命，他们的任期也是一年一任。关于秘书见 Aristotle 的 Ath. Pol. 54. 3—5 以及 Rhodes 1985：16页，134—142页；M. H. Hansen 1999：123—124页，244—245页；Henry 2002. 公共奴隶看管在 Metroon 及 poletai 的记录；可能还有六位其它公共奴隶来为议会做事（SEG 24. 13）。Rhodes 1985：142—143页强调议会员工的数量有限：与现代典型的议会民主相比较，没有证据表明有专业的官僚群体专门为议会服务。

[2] 派遣条令是对公民大会层面的一个动议的批准，但议事会有责任总体监督此次任务。我假设但菲西芬条背后是议事会服务积累的经验。大约一半的已知雅典条规是由议事会推荐修改而成；另一半是由公民大会推荐或建议而修改的，见 M. H. Hansen 1990：140 及所引文献。

个学习型组织。随时间推移日益积累了宝贵经验，正式的档案体系也建立了起来，要完成议事会工作的许多常规事务都规章化了（第六章）。[1] 但每年一次的议员轮换和新议员在讨论中带来的各种丰富的新经验，却使议员的社会化从来就没有到达创新想法可能被常规僵化而抑制的程度。议事会由业余人士所组成，他们作为议员的经历最多只能两次。在实践上或原则上，两次任职是不可以连任的。创新的或常规的知识可以无缝汇集起来，并为议事会决策者所用，这使议员表现出专业人士依靠花费无数时间得来的个人专长特质。议事会自身的决策过程，随时间积累而演变成某种"专家体系"，能应对广泛而多样的问题。[2]

作为真实团队的行政官委员会

五百人议事会是雅典政府的一个极为重要的机制，古希腊历史学家也对之所知甚多，因此在本章中有如上长篇论述。但议事会从来都不是"雅典的真正政府"，也没有证据显示它想要成为政府机制的核心。[3] 我们要理解雅典成就中知识汇聚的作用，就必须明白议事会只是诸多机构之一。许多雅典政府机构必须团结一致、精诚合作，以解决重大政策难题，并取得普遍成效。从派遣条令中提到的 14 个正式机构中，这一点可以明显看到。[4]

到公元前四世纪中后期的亚里士多德、德摩斯梯尼以及我们想象的波塞蒂普斯二世的时代，除五百位议员外，雅典每年选出大约七百多位行政官。这中间约一百位是从公民大会中选出，另外六百位和议员一样是抽签产生。他们中大多以团队委员会的形式运作，一般由十位公民组成，也和议事会一样，由少量职员辅助（如公共奴隶或公民职员）；有些情况下（如十将军，每年由公民大会选出），委员会由每个部落一位成员组成；另外情形下，如

---

[1]　雅典条规中特有的程式化语言（Hedrick 1999）就是常规化的一个证据。

[2]　"专家体系"的术语一般指试图模仿（并从而常规化和使终端用户容易使用）专家的决策过程的电子计算技术，见 Jackson 1999。

[3]　De Laix 1973 提出的命题，即议事会事实上是雅典政府的高级机构，而公民大会无非是橡皮图章，在雅典历史学家中是少有认同的。

[4]　Rhodes 1985：137 页指出，前四世纪保存下的政治文字中，没有任何地方有暗示因为议事会太强大而无法控制，而需要对其严加监督；在第三章他讨论了议事会与其他雅典政府机构的紧密互动。

派遣官（本章前面提及），其委员会成员在全体公民中选出。[1]

委员会中没有预先正式指定的内部领导角色，每个委员会成员都要求一起作为团队工作，来完成在委员会章程中规定的具体职责（建立委员会所依据的法规——如在"派遣条令"中的派遣官）。这些行政官委员会处理大量公共事务——从在战争中指挥部队或海军，到监管公共节庆，以及支付烈士遗孤或伤残公民的福利费（第六章）。问责程序相当严格。没有哪个行政官在担任年度职务时不经过初始审查（*dokimasia*）——主要考察其行为举止、个性声誉等，而不是能力多寡。没有哪个行政官，在未经正式审查他及其所属委员会其他成员任职期间表现，尤其是他们控制下的所有公共资金之前，而可以离职。对渎职的惩罚可能针对个体，也可以是整个团队（Rorberts 1982；D. Harris 1994）。

如议事会中的五十人部落代表团一样，十人行政官委员会成员必须清楚如何一起共事，以达到只有在协作联合行为下才能取得的成就。在行政官委员会内部建立网络的机会显然是受限的，但委员会间的建立网络的机会很多，因为诸多委员会团队跨机构共事工作，如海军基地的项目，并且，大多雅典委员会相对规模较小，这也提供了相当的组织优势。

在解决公共行为难题上，提升个人工作满意度以及平衡共享身份与多种视角的优势时，雅典的机制环境显然接近卡森巴赫和史密斯（J. R. Katzenbach and D. K. Smith 1993，这里引述的是其 2003 修订版）所描述的"真实团队"的理想形式。在他们富有影响的研究中，卡森巴赫和史密斯描述并推荐的组织运作围绕团队而展开——拥有互补技能的人组成工作小组，有共同目的、共同的一套行为目标、对工作的共识态度，对他们的集体表现相互负责（2003：xvii）。他们声称，依据细致的案例分析可见，无论整体组织表现还是在个体工作满意度都有明显提高。[2]

在卡森巴赫和史密斯的模式中，并非熟悉的付诸命令—控制式的"单个领导驱动"形式，而是赋予了实际的工作团队相当大的明确的、在各个领域解决

---

〔1〕 雅典行政官的人数、职责和问责程序：M. H. Hansen 1999：225—245 页。

〔2〕 在卡森巴赫与史密斯（Katzenbach and Smith）工作的基础上的企业研究文献包括 Manz and Sims 1995；Purser and Cabana 1998. 有关团队式工作过程的社会的与心理的基础的学术研究，见 Cohen and Bacdayan 1994；Hargadon and Fanelli 2002；Mannix and Neale 2005. J. Roberts 2004：123—125 页指出，团队工作潜在的激励问题来自由于无法完全观察行动和搭便车所带来的道德风险；但他认为名声效应（在小团队成员就单一问题紧密合作工作时，人们很关心名声）可能提供解决方法。

问题的责任。通过引用一系列真实世界的案例（大多是赢利公司，也包括一些非营利机构），卡森巴赫和史密斯力图说明，团队运行为什么会以及怎样提升一个组织的竞争力。他们强调，落实可问责性，设置具体的成就挑战与"结果导向"并具有可衡量性的目标的工作团队的大小对团队的成就（从而组织的整体成就）是十分重要的：卡森巴赫和史密斯赞成相对少量的数目（从四到十二人），并提醒不可随意或经常变动团队成员。他们认为，建立有效团队一般不需要事先大量培训，并强调许多必要的学习可以采取"在做中学"的方式。

对团队研究表明，要有良好表现，团队必须避免普遍的小团队本位思虑综合征：当团队成员的视角太相近，或他们认定的身份太多元，就会出现谋求个人长远获利的职责行为，会导致团队短期不利结果的个人储藏知识、僵化的团队思维及信息跟风续动等现象（第五章）。如果这种思虑使人们更偏激，则立场的极端化就会扭曲个体的判断，并可能致使有用信息被压制。[1]

在雅典，大多团队在任职期间都相当紧张，但期限一般都在一年内。在一年中持续紧密的互动，可以让成员相互了解他人实际的长处和弱点，而短期任职降低了那些想获得长期回报的、有害策略行径的激励。相同的部落身份及公民资格，创造了一个文化相近的共同平台，而选举过程则事实上保证团队成员的个人角度是不同的。这些特点，再加上强调公共演讲中的正式平等，法律保护异议表达的文化背景，可以说最大程度地促进了有用的、独到信息的传达、听取，并在团队决议中被采纳的机会。[2]

虽然卡森巴赫和史密斯明显没有考虑到希腊城邦，但他们表述的理想类型的、以团队为基础的组织环境，与雅典行政官委员会的运作条件有几分相似：雅典的十人委员会就在他们所推荐的人数范围内，并有固定的（年度）成员。他们有清晰的目标，成就在正式评价中得以衡量。因为他们若渎职就将面临个人或集体受罚的风险，成员在个体与相互之间都是承担责任的。卡森巴赫和史密斯的结论是，"如果一个具体成就目标要求有集体工作、集体领导并及时共享多方技能、观点和经验，那么团队就是有效的"。这可以作为对雅典民主用行政官委员会进行管理的方式的一个清晰表述。总而言之，雅典的组织成功可以部分地归功于"团队为基础"的体制设计，从而避免了

---

〔1〕 有关思虑病理学，见 Gigone and Hastie 1993；Sunstein 2000, 2002, 2007；Mutz and Martin 2001；Mendelberg 2002；Delli Carpini et al. 2004；Ryfe 2005；Stasavage 2007。

〔2〕 对古代希腊协商民主实践的细致研究见 Ruzé 1997, Farenga 2006。我要向玛格丽特·尼尔（Margaret Neale）就此的讨论表示感谢。

通常的小群体本位思虑综合征——至少在大多时间中是如此。

如果我们把雅典委员会想象为团队，显示出"真实团队"特有的有效性（而非卡森巴赫和史密斯所谓的"虚伪团队"的那种毛病多多的团队），如果我们进一步假设，小的行政官委员会团队（与大得多的议事会一样），能够通过将过去经验的常规化与创新相结合，持续地维持并且汇聚"体制性学习"，那就很容易看出，各种与海军基地支援航行相关的行政官团队，是怎样协调并及时而有效地完成他们各自的不同任务的。

如果我们进一步假设不同团队成员之间由强、弱纽带相互联结——无论团队成员相互之间，或是与议事会成员之间，从而他们的工作是在一个扩展社会网络的背景下运行的（这一社会网络也可发挥一个知识网络的作用），那么，行政官委员会的工作与议事会之间能够协作，就不是一个神秘莫测的事实了。并且，在任何一年，有些议事会议员可能在各种委员会团队中工作，而有些委员会成员也会在议事会任职一年。由于对知识分享的激励，有跨机构工作体验的人在其他政府机构的先前经验也可以分享给他们的同事。机构之间人员的流动，增强了实践与技术相互获取的创新性机会。每年轮职的过程，虽然妨碍了个体在单个机构领域中深入的专业发展（和长期策略行为），却更容易让知识在机构之间交流，并可能达成雅典政府体系中普遍的创新与合作的提升。[1]

放逐制、公民大会和人民法院

雅典体制的许多特色，都能通过激励和惩罚、交易成本及以知识为基础体系的筛选等等，得以阐明。[2] 放逐制这个著名的（也可能是独特唯一的）

---

[1] 雅典体制从跨越机构界限进行有用知识转移中获益，从而使个体能将之前有所知的知识运用到"现在认为是可能的事情"中（Hargadon and Fanelli 2002：引述第297页）。有些全球分布企业有意识地将员工定期地、并且花费不菲地跨区域调动，这部分是为了获得交叉利用知识的创新性益处，但也是因为他们意识到建立内部社会网络的好处：Orlikowsky 2002。正如 Hargadon and Fanelli（2002：300）指出的："组织中的认知过程是作为一种社会现象而存在的，即在于个体间不断循环的社会互动。"

[2] Lyttkens 1992，1994，2006（税收）；Quillin 2002（特赦）；Schwartzberg 2004，2007（法律与外交）；Fleck and Hanssen 2006（农业经济）；Kaiser 2007（战舰司令官）；和 Teegarden 2007（反专制立法）。以上著作都是对雅典体制的各个方面进行解释的有名例子，它们着重在理性行为和激励，尽管它们首要关注的不是分散的知识。

机制，即雅典人每年有机会投票驱逐某人出境，就是个典型的例子。

每年在公民大会某个特定会议上，雅典人先投票决定是否启动放逐制，如果投票结果是肯定的，那么在集会广场就会举行一种特殊形式的"选举"：每个雅典人都有机会投上一票，把任何一个他不喜欢的人的名字写在陶瓷碎片上。"获胜者"（获票数最多的）被驱逐出雅典十年。最近学者澄清了这个令人费解的机制原本的政治意图和象征意义。在雅典人对放逐法的理解中，象征意义无疑是至关重要的。不过就公共行为和分散知识而言，放逐制可被看作一种优雅的方法，在两个问题上汇聚雅典的社会知识。在首轮的公民大会的集会上，雅典人回答了第一个问题："在城邦中是否有任何人十分危险，以至于无须审判就可以驱除之？"如果大多数人的回答是肯定的，那么在集会广场随后的法庭上计算陶片以回答第二个问题："他是谁？"[1]

放逐制的两个特色尤为令人震惊。第一点是无须假定任何之前有过失。放逐制不是个法律审判（尽管被放逐的人可以被缺席审判，见第五章），没有人提出任何指控。第二点是不提供公开的相关信息或辩论，不存在起诉或辩护的公开演讲。一旦决定实施放逐制，每位个体公民就要依据他自己已有的判断或找到的信息决定投票选谁。这两个特色表明，这个机制设计的重点在于使投票者关注预期的公共得失的计算，而不是公正或对过去行为渎职的惩处。因此我们可能会想，"他是谁"其实在问："在当前的领导人中间，如果他继续在下十年留在城邦，谁的破坏最可能超过其贡献？"这样来看，放逐制具有现代"预测市场"的某些特征，这是收集对可能发生的未来事件的看法的相当准确的非协商方式。（Sunstein 2007）

没有办法（当时或现在）知道，通过某次放逐是否有"正确答案"出现，但雅典在几乎有放逐制记录的半个世纪里（公元前480—440年代），显然从不缺少有革新能力、富有成就的领袖。大约在公元前417年（Rhodes 1994），在一位不适合被放逐的"获胜者"返回后（可能由于在两位最可能的候选者中的冲突），雅典再也没有就第一个问题——是否要在某年实施放逐制——投出"赞成"票。

公民大会和人民法庭一般被认为是雅典民主的象征性机构，他们的有效

---

[1] 放逐制作为一种仪式，及其在前六世纪"放逐危机"中的起源，见 Forsdyke 2000，2005，它们回顾并补充了早期文献。雅典以外放逐制的证据极少，见 Forsdyke 2005，附录2。

运作肯定是雅典政治组织中最神秘的部分。[1] 在各自的情况下，大量的听众（公民大会是 6000—8000 人，法庭是 200—500 或更多人）在对同一问题的各方公开演讲的基础上，在极短时间内，要做出相当重大的决定。大会成员通常在一天结束时（或经常在半天时间内）要做出许多决定，每位雅典陪审员在一天结束时也必须做出判定。无论是立法还是司法（尤其是公共犯罪法庭）场合，能言善辩的发言者们，往往会提出不同的、相互不一致的行动方案，向众多听众谈论复杂而重要的事务。在每一种情况下，听众听完后，通过简单多数投票机制来表达其决定，一般在公民大会是举手表决，而在法庭总是秘密投票。[2]

有些历史学家认为，公民大会和法庭决策过程的情形，必然导致那些擅长公共演讲的人不断扮演更为重要的角色。这些政治专家们，通过他们高超的言辞和对技术问题的掌握，支配了行政过程。这些学者问，普通平民在参加公民大会或坐在陪审团中时，怎么可能就相关复杂的问题，比如公共财政问题，做出理性判断？他们说，显然所谓的协商决策机构不过是个橡皮图章的机制。精英控制理论的首要假设是，公开协商对决策没有任何价值，汇聚分散公众知识也不会得出好结果。因而，根据此理论，雅典政府大体而言肯定一直由许多有多年经验的专家控制。因为雅典政府并没有为领导者提供持续执政的职位，精英控制理论就只能假设，在雄辩演讲的情形以及不可避免的投票模仿跟风中，一定会有内在的权力不对称性。因为杰出的雅典公共演讲家（常被提及的典型如伯里克利）擅长于政府统治，并在语言表达上受过良好训练，而普通人则容易被操控，只要他们还幻想"政府是由人民统治的"。[3]

如果本章所阐述的论证是有道理的，这种精英控制观点就是完全错误的，因为它假设了精英发言者与普通大众的信息极端不对称。精英统治论将

---

[1] 有关细节评价，见 M. H. Hansen 1987（公民大会）和 Lanni 2006（人民法庭）。

[2] 有关投票细节，见 M. H. Hansen 1999：125—160 页，及所引文献。讨论时间其实有严格限制，这一点的意义经常被低估，尽管这是雅典机制的关键设计原则之一；见 Manville and Ober 2003：133—135 页。

[3] Kallet—Marx 1994 和 Moreno 2008 认为精英政治家通过雄辩才能和对公共财政和谷麦贸易问题的专业才能垄断主导了公民大会。Kagan 1991 和 G. Anderson 2003 给出了前六世纪晚期和前五世纪雅典政治受"伟大领袖"驱动的描述；见 Pritchard 2005 对此看法的批评。Rhodes 2000 关注领导的重要性，但注意到要获得某种支配政治角色，从体制上看有非常大的难度。Rhodes 在即将出版的书中关注公民大会并拒绝"专业演讲人支配消极听众"的观念。我的许多早期研究，如 Ober 1989，1996，质疑了"精英统治不可避免性"的观点。有关跟风随动，可以进一步参看第五章。

200—500 名一起审判特定案件的陪审员，以及 6000—8000 名一起在特定公民大会上集会的雅典公民，当作一群乌合之众，在偏好上千差万别，但在无知上惊人一致。该论证接着指出，大众受制于精英，因为与政策决定相关的知识被精英完全垄断控制。然而，我却一直试图证明，大众无知论是错的；我们必须关注雅典个人在做出理性抉择过程中所拥有的资源。每个陪审员或集会公民，都应被理解为既是一个有能力学习的个体，也是广泛的社会网络（这同时也是知识网络）中的一个节点。

因为存在着以部落为基础的各种联合行为的机会，部落内的网络就十分紧密。就陪审法庭而言，抽签机制（至少用于公元前四世纪时）确保来自每个部落的人数均等，这样每位陪审员都可能会有"公平机会"遇上自己与其有纽带关系的人。在公民大会中，每位集会公民都知道，要讨论的问题之前已经被研究过，议程是由某个部落代表团设置并已由全体议事会通过。议事会成员明白社会的与知识的网络的价值，在他们致力确定并汇集与公民大会决定相关的信息和社会知识时，已经很充分地得到了各种实质事务的信息。

在人口统计学上可以肯定，每个陪审团或每次公民大会中都有相当高比例（到底多高取决于雅典人均寿命的模式：Hansen 1986）的人，曾经是议事会或各种行政委员会的成员。在此过程中完全可能成为雅典政府各方面的专家。尽管某个特定的雅典人出席陪审团或议事会时对讨论的话题不是很熟悉，但他完全有可能认识在座的许多人，他们对话题会更熟悉且更有经验。

例如，假设公民大会讨论通过派遣条令，让我们设想有个来自潘狄俄尼斯部落的年轻而无经验的人，试图理解色菲西芬的提议有何意义。在集会听众中，他发现了波塞蒂普斯六世，他那年在担任议事会议员，但其部落并非正在主持，所以他仅作为普通公民参加公民大会。这位无经验的潘狄俄尼斯部落年轻人现在有个判断争论的跟风对象。他可以假设（在他自己强、弱纽带联结的社会网络经验和它们的建构社会资本式奖惩过程的基础上），富有经验的波塞蒂普斯六世和自己一样，也偏好对城邦有利的结果。因而，他能根据波塞蒂普斯六世的意见来回应公共发言人的提议，而不会担心他在这种复杂的"公共政策游戏"中陷入易受欺骗的境地。波塞蒂普斯六世的引导并不会特别晦涩，雅典的公民大会（或陪审团）成员是以他们对公众发言人的大声而有力的回应（thorubos）而著称的。[1] 波塞蒂普斯六世的回应，又是

---

[1]　Bers 1985（法庭）；Tacon 2001（公民大会）。

建立在他自己对他的广泛的社会网络中的人的回应的观察之上。他知道这些人特别精通有关具体船只类型的战略优势，懂得对战舰司令官的激励的方式等。类似的汇聚过程在整个公民大会中进行，那些不是很有经验的人遵照更有经验的人，而更有经验的人则依据他们所信任的专家的判断。如我前面所述（第三章），这正好是亚里士多德在阐述他的"汇总论证"的著名篇章中所提及的那一类过程。

在公民大会进行关于派遣条令的辩论中，只有相对少数的一些人，同时拥有相关专业知识和语言演讲能力，有可能上台发言。毕竟，就算八千人中的百分之一参与者试图在大会上发言，结果都会混乱不堪。但尽管只有相当少数人走上发言席，分散在公民大会中的大量的专业知识因听众的数量而体现出来。走上讲台的人不可能期望"控制"相关议题的决定，因为他们不可能垄断专业知识。庞大的决策群体作为一个汇聚整体，其见识要远胜任何一位个体发言者，无论他可能有多么专业。群体中许多人已经对知识收集的机制化过程有相当经验，而另一些人则处于通过参与来熟悉流程的阶段。由于每一位发言者的提议都要受城邦综合汇聚知识的判断和检验，发言者只是个提议者，如果他的提议与大众集体意见相吻合，则能赢得听众的耐心；否则，很快就会被嘘下讲台。最终的投票可能采取信息跟风续动（第五章）的方式，但如果发言者的论证与集体的"听众智慧"有冲突，跟风续动就很难被启动。[1]

"专家精英控制无法避免论"之所以貌似合理，是因为大多现代人对于自治政府的参与式过程少有体验。我上面描述的网络式认知过程，要依靠相当的政治过程的默会知识的积累。（第三章）正如骑自行车或游泳一样，构成有效民主公民的默会知识可以从有经验的他人及通过个人经验学到，但很难简单地记载入一本"使用者手册"中。这可能至少部分地解释了为什么雅典到古典时代晚期仍然保持成就优势。也许特定的雅典机制能够、也已经有效地为其他城邦采纳，但雅典式民主的整体状况不容易为它邦所仿照，因为复杂的默会知识体系并不容易被移植。

今天我们大多数人都缺乏在协商集会中用来汇集知识的默会知识。由于实验显示在现代协商团队（陪审团或小群体）中容易出现各种病态现象，有

----

〔1〕 当代对大规模参与式民主的批判（较知名的如 Dahl and Tufte 1973：66—88 页）过于强调时间的投入，认为"参与"要求每个参与者在公民大会上都必须对每个议题发言（而且使用同等时间）。以上提到的网络方法论则认为，参与式民主可能在超出面对面的规模上运作良好；当然，它在现代民族国家层面是否可行是另一码事。

些当代学者甚至认为，大规模的协商是不可能的。雅典的例子证明这样的说法是站不住脚的；雅典政治史表明了，通过公开公众辩论的形式，就复杂政策问题收集必要知识进行理性决策的能力，并不是高深莫测的成就，而是普通人都能学习到的技能。[1] 看来很可能是（尽管这是个有待检测的假设），由于牵涉这么多的默会知识，我所论证的雅典大规模团队决策所特有的那种"快速"收集的社会与技术知识，应被视为一种只能在实践锻炼中掌握的技能。[2]

我一直集中讨论公民大会，因为人民法庭会在第五章中有较详细的阐述。简而言之，因为陪审员没有正式机会相互辩论，投票秘密举行，法庭陪审的认知过程既结合了放逐制的"预测市场"方式的某些方面，即个体（相对）独立的知识被汇聚；又结合了公民大会的一些特点，即各种观点协商和公开投票。在法庭上，审讯案件的许多事实都被诉讼当事人质疑，在相互矛盾的证据面前难以确切认定。这样的话，一个陪审员的决定经常依靠社会知识，即凭他过去所了解的或在庭审过程中所掌握的诉讼当事人的品性与生活方式。陪审员的投票就代表了新的和已存的社会知识的汇聚。

因此，在公民大会和法庭上汇聚知识的方法在一些重要的具体特点上有所不同，但它们在作为大规模的机构获取充分经验并相互传递上，是足够相似的。如我们即将在下面两章所见的，"机制化专业知识的低成本相互利用"的通行原则，是雅典民主的一贯特色。随着规范化行为和经验积累的丰富，创新性利用的机制化能力成为个体学习与组织学习的关键因素，这也有助于解释民主城邦的成就为何相对而言更为突出。

雅典政府体制不仅鼓励（通过激励），而且要求（为了获取更广泛的知识）不同人群的参与。我们看到（在第三章），公众参与的平等机会是重要的雅典价值观。本章分析的体制设计模式，是建立在对政治服务提供实质性奖励（荣誉的或物质的）基础上的。这种激励使公共服务成为可能，也为不

---

[1] 乔·克鲁斯尼（Jon Krosnik）向我指出这个立场可以加以检验。一个大规模协商调查（Fishkin 1991）能运用社会与政治心理学实验性标准方法，来检验一个大规模协商群体在相当长一段时间定期聚会和做出重大决定后的成就表现。这会是一个花费巨大的实验，但成本显然有其正当之处，因为"协商有效吗"这样的问题对民主理论家及实践者来说，都尤为重要。

[2] 个人参与公共事务的无可替代的教育价值，乃是所有现代参与式民主理论的核心。例如参见 Pateman 1970；Mansbridge 1983；Fung and Wright 2003：27—29 页；Freitag 2006；类似考虑也被雅典民主作家所提到：Ober 2001（＝2005，第六章）。

同阶层所希望。之前毫无经验的新手也有机会在政治事务上成为老手，事实上，甚至成为多少有些熟知民主政体运作方式的专家。通过累积经验并进而对他们自身能力有信心，他们不再对政治活动缺乏应有的热情。在精英与非精英社会阶层间还是有着相当的权力不平衡；但政治活动的机会在某种程度上，在公元前五世纪中期到前四世纪期间，通过使用抽签和支付公职报酬，而在雅典的各阶层间中达到了平等。

我在此所展示的模式可以预测，随着时间推移（即图4.1中从T1到T2），"政治积极公民"的人数在公民人口中的比例会不断增长，直到实际上等于全部公民人口。那些富裕公民以及居住更靠近城市中心的人所享有的明显特权被不断削弱。富人与城市居民过度代表政治积极人口的程度将会减轻。这个预测，被泰勒（Clare Taylor）对公元前四、五世纪间大约2200位政治上积极的雅典公民的人口学分析所证实。在公元前五世纪，19%的可确定的政治积极公民是有钱人（例如总体人口中4%，这些人是公共捐资阶层），58%来自邻近城区的行政区。总体议员名额为123/5000，占人口大约25/100到公元前四世纪，比较而言，只有11%的政治积极公民是富人，31%来自邻近城区行政区。泰勒的数字并没有证明公民在政治参与过程中积累的经验**导致**平等的趋势。但她的结果与此处的模式是一致的。而倘若结果是相反的（不断增加的参政不平等），则会证伪我的论断。[1]

汇聚知识的价值可以用来解释，为何代价昂贵的参与决策机制可能提升雅典的成就，即使如所有决策过程一样，雅典的决策过程并不是完美的，有时也会制定错误决策。汇聚过程的社会背景解释了为何雅典机制设计可以促进学习，无论是组织学习——使整个体系变得更专业化，还是个体学习——使公民们参与终身的公民教育。但收集知识只是雅典认知性民主的一个方面。为了解释汇集的知识是如何用于实践的，我们现在来关注第二个认知过程——对广泛散布于人群中的知识的协同过程。

---

[1] Taylor 2008 雄辩地论证了，外部因素（如由于疾病、战争、农村迁移城市等而引起的人口变化）不足以解释参与的增长。泰勒的数据与 Morris1998a 的结论非常吻合：235—236页，Morris 指出，相比较而言，尤其是与前民主时期相比较而言，前四世纪雅典的土地拥有模式**"极为平等"**（着重号是 Morris 自己的：基尼系数0.382—0.386）。

第五章 协同：共同知识、承诺和协调

行动一经计划，决定一旦形成，接下去便是如何执行了。要在一个团队中落实决定，便需要对各人的努力进行协同[1]。和知识的汇聚一样，知识的协同是一个认知过程，需要正确的人拥有正确的知识，并在正确的场合使用它。佩迪特和里斯特关于联合行动的论述中的第四个（也是最后一个）条件，是在执行众所周知的计划时，有关各方的信念和意向都被所有各方所知（见第一章）。如果认知的多样性被压抑，则共同知识会损害决策过程。然而在决定做出之后，缺乏共同知识却会造成执行的不协调、落实费用的过高以及机构效率的低下。

正如以民主方式制定计划时，需要搜集分散的知识，在没有命令—控制的情况下，执行计划也需要协同共同知识的机构。在雅典民主中，分散的政府部门和个人证明了，它们能够协调其行动使计划得以落实：军队集结出发，舰队汇合起航，税款得以征集，公共基金得以分发——所有这些都是在比现代社会少得多的行政控制和立法机构下取得的，而后者在今天看来似乎

---

[1] Alignment 是一个难以准确翻译的词，它的意思是设法让大家知道所有人的共识，从而解决行动中的互相猜疑、观望和害怕，不敢冒险出头，无法形成共同行动。该词翻译为"共享"，也能把握其部分含义：让大家的共识为所有人所享有。但是"共享"已经被用于前面的"汇聚共享"，即奥伯所强调的第一种知识政治活动：让分散在民间的知识（力量）汇聚起来，大家享受其益处。该词也可以翻译为"协调"。但是我们这里用"协调"翻译 coordination。所以我们决定将 alignment 翻译为"协同"。因为作者这里强调的不是分散无关的知识，而是共识其实早就有，但是大家不知道，不敢相信。于是，雅典民主政府通过一些机制，将其公诸于众，协而同之，成为大家的一个"共同知识"。——译者注

不可或缺。[1]

雅典的公共法令（第四章）和法律（第六章）通常以工作命令的形式，向各个机构团体和官员颁布任务职责，以便完成一个指定目的。[2] 很多命令的条款非常详细，特别是那些奖励和惩罚的条款。然而任务本身却只有提纲，并未详细列出每个机构应该如何去完成自己的角色，也并没有正式的管理协议指导雅典的官员如何做好他们的工作。如果雅典是一个等级社会，那么如此操作并不令人感到意外，因为各级公共部门都会从指令链条中获得行动指南。但令人困惑的是，一个没有中央的、参与型的民主社会能够将很多执行部门在没有正式的命令—控制，甚至没有明确的协议的情况下协调起来。[3] 就像在做决定的过程一样，这个谜团可以由分析雅典大规模地组织有用知识的过程来解决。就如知识汇聚一样，协同靠的是找到如下二者之间的平衡：不断进行制度创新和社会学习的日常有效性。

协同和等级制度

每一条雅典法令背后都毫无疑问会有一个潜在的假设：即使没有统一的执行条令，也仍然可以通过离散的选择和自我规范来取得协调。在没有中央权威下达指令的情况下，我们也许担忧各个政府部门会试图从工作命令的含混性中寻求各自资源和权力的扩张。然而，雅典的立法者认为，一旦激励和惩罚清晰地呈现给每个机构和个人，他们便会彼此合作以期实现共同目的。从雅典的长期表现（第二章）看，这个假设显然是成立的。

---

〔1〕　雅典的有效协调案例包括：在第四章中讨论过的派遣法令中涉及的一系列的机构，雅典海军的建立和在公元前 480 年代面对波斯入侵时的战略部署，对伯罗奔尼撒战争危机的处理，公元前 5 世纪末的法律改革。每次对这些重大行动计划的立法都要求不同的和新的机构和个人的参与。Mader 在 2006 年指出，德摩斯梯尼的著名抱怨"雅典公民大会只说不做"（亦即，通过法令但是没有执行）其实是一种言辞上的策略，而不反映雅典的真实情况。在现代社会的公共政策讨论中一个经常的话题，便是缺乏使得协调行动得以进行的必要知识，比如在国际援助和发展这些领域中：Bannerjee et al 2006。

〔2〕　那些在公元前 4 世纪由立法者（nomothetai）通过的公民大会关于税收和贸易的法令和法律，便属于这种类型。

〔3〕　这个问题也可表述为 Stinchcombe 2011 中的说法：雅典的法律和法令是一种看起来很有效的"形式"。但是，其之所以有效，是由于它们是有基础的，这一基础不是别的法律形式，而是一系列的非正式的但是可以确定的社会行为。参见第七章。

本章将探讨协同的认知过程，它使得雅典能够进行联合行动，从而使以公共法令和法律形式出现的大纲式工作计划能够实现公共目标。[1] 即便没有正式的协议书，协调也是可能的，因为那些位居政府各个部门的不同个人共享大量的有关社会知识。雅典的法律、政治和宗教机构有效地公开了共同的承诺、共同的社会价值和简单的程序规则。

协调众多的行动者的行为，使每个人都参加合作行动，追求共同的目的，这是人类社会有史以来在许多层面上普遍面临的问题。在希腊城邦这样的竞争性文化里，合作群体成员之间的协调非常有价值但也非常困难。在萨福的一首著名的诗中（Sappho, F 16 West），她描述了一场关于"最美好事物"的辩论：

> 世上最美好的是什么？
> 有的说是黑色大地上的一群骑兵，
> 有的说是一列行进的步兵，
> 还有的说是一支舰队；
> 但是，我说，你所爱的就是最美好的。

萨福想象的各位对话者各自提议某种军事阵型作为"最美事物"的候选者——一组人群和装备，其不同寻常的美来自其协调的运动。而军事行动是需要命令和控制的典型。协调的等级形式靠的是多层次的正式协议，其必然有利于在协议管理中的专家，从而助长了官僚主义，并且最终不可避免地导致米歇尔的结论：在组织命令面前，不可能有民主。在这个章节中，我们将知识协同问题追溯到几种促成精确跟随行动的机制上。在每种情形中，人们都有理性的理由去合作，因为他们都具有某些共同利益。这些参与者在为他们的共同目标奋斗时，那些机制并不需要正式的权威。

最简单的机制是：跟随第一选择。在这个情形中，只需某人做出了第一选择，然后其他所有人都据此跟随，便会形成协同性继起随动，[2] 从而达

---

[1] 现代政治科学文献有关在稳定的民主政体内机构之间的互动的研究倾向于重视机构的战略行动。参见第三章。Gomme 1951 正确地指出了雅典的机构中缺少成熟的"机构特征"，而这带来了服务周期的缩短和产出的提高。

[2] Cascade（继起随动）表明"一个追随着一个"的连贯跟随行动，亦可简称为"续动"或"跟风（行动）"。——译者注

到完美的协调。比如许多人围着一个圆形餐桌就餐，每人面前置有一个餐盘，每个餐盘之间的等距之处都有一个面包盘。就餐者应该使用左边的还是右边的那个面包盘？假定每个就餐者对用盘的礼仪一无所知，每人都想用面包盘，但无人知道该用哪个。此时，只要有一个就餐者（L）带头选择他左边的那个盘，这个问题就立即解决了。另一个就餐者（F1）就会跟着选用左侧的盘，接着另一个就餐者（F2）也会按照最初的那个带领者或者前一个跟随者的做法而选择了左边的盘。这一准确跟随的协同性继起随动使每个就餐者都得到了面包盘，随之这个协调问题也就迎刃而解。这样的协同是"一劳永逸"的（就这个聚餐而言），而且对任何大小的规模都一样有效。

　　简单的第一选择跟随，不需要领导者有特殊的信息，也不需要就餐者之前有任何共同的知识，他们也不必有事先的承诺。而且，第一选择跟随可以对共同知识做出贡献，比如"使用左侧的面包盘"便可以被确认为就餐社交礼仪。但是，第一选择跟随的应用很有限，因为它只能解决相对简单的协调问题。[1]

　　以下考虑的更加复杂的协调问题的解决，则需要增加几个特点，比如掌握信息的领导者、共同知识和可信的事先承诺。领袖跟随机制（例如运动中的动物所采用的方式）使得个体准确地跟随知情领袖（持有信息的领导者），从而使得整个动物群选择更好的运动方向。规则跟随机制（例如交通规则）使得人们遵循有关简单规则的共同知识，从而协调每个人的运动以达到不同的目的。战前集结时所用的承诺跟随机制，需要参与者可靠的事先承诺，因为，如果某些人不合作，便会给所有其他合作者造成高昂的代价。

　　在雅典复杂的参与型民主中，机构间的协调行动吸收了以上所有机制中的元素。政策一经决定，所有社会成员（个人、社会组织和正式机构）都行动起来以落实它。要协调他们之间的行动，便需要形成相互匹配的个人计划，而这必须基于每人对他人的可能行为的了解上。他们依靠如下方式达成协调行动：掌握相当数量的共同知识，跟随拥有信息的领袖，掌握一系列简单的程序规则，接受他人事先承诺的可靠性。公开传播使得相关知识能够被多样化的社会大众所享有；雅典的媒介还包括公共纪念碑和共同体仪式。公

---

〔1〕　这也使得那些对行动轮次比较靠后的人有利的战略计划成为可能。这可能就是为什么在公民代表大会的部落轮执顺序是由9次分别的抽签所决定，而不是由年初的1次"跟随第一个任意行动"的抽签所决定。参见 Rohdes 1985：19—20 页。

共建筑形式和公共空间便于公众的不同规模的集会。参与者的彼此可见性，有助于增加和政治相关的共同知识。协调机制和本章所述媒介之间的关系，在图5.1中有一个系统表现。

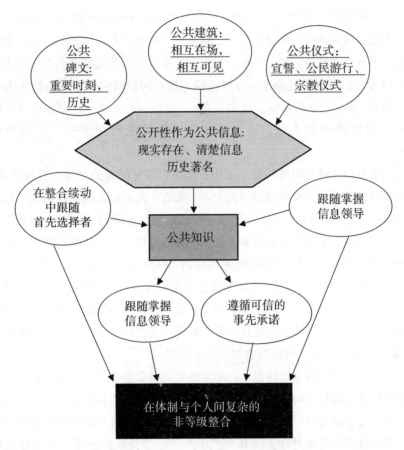

图5.1 雅典协同程序的示意图：建构共同知识的公开传播媒体和整合机制。

跟随领袖、规则和承诺

跟随知情领袖

在简单的"第一选择跟随"的情况下，领袖不必掌握特殊的信息，这是由于选择只有两个，而任何一个选择都会导致同样好的一劳永逸的结果。但是当可供选择的可能性及变化增多，而且不同的运动选择会导致或好或坏的结果时，那么跟随一个不掌握信息的领袖就会坏事。与此相反，跟随一个握有足够信息的领袖（informed leader）就会有好的结果。通常认为，集中式命令是这类"复杂的知情领袖跟随"的先决条件，因此协调良好的组织通常被认为必须采取主导性的等级制度。在一个有着明确权威结构的等级制度下，跟随者准确地听从领袖的命令，这解释了很多人类有组织的活动。如同我们在第三章阐述的，经济学家和组织理论家强调了等级制度具有生产力优势，因为它们可以通过命令—控制过程，在不同的时空协调所有的个人行为。但是，F. A. 哈耶克指出（第一章），在恰当的条件下，中央控制系统会被自由选择机制击败，因为后者能够有效地捕捉那些广泛离散的知识。[1]

在雅典，并没有明确的指令架构，公民中没有清晰的主导性等级系统，也没有任何被赋予全面领袖地位的个人。那么，在给定方向的准确跟随领袖的协调中，雅典人 F1（以及从而 F2……Fx）应该跟随哪个领袖？如第四章所述，雅典的民主政制的成功基于知识汇聚的过程，而此过程主要在于经常性的团体商谈，比如每个部落 50 人组成的 500 人议事会和十人行政委员会。商谈式汇聚过程使得"当前知情领袖"在决定形成的过程中扮演重要角色。下一个问题是：雅典是如何在没有命令和控制、没有主导性等级制度，也没有权威领袖的情况下将决定落在实处，如何从通过计划走向实施计划呢？对"动物群的迁徙"的实验研究有助于给出答案。

在没有主导性领袖的情况下，如何密切协调众多个体组成的群体？这是一直困扰着动物行为的研究者的一个一般性问题。显而易见的例子包括鸟群和鱼群。这个问题可以由简单的算法来解决：一个族群中的每个成员都天生偏好维持彼此间的某种距离（比如，不少于一个身长但不多于两个身长），但是对运动方向并没有偏好，并将跟随那些在行为上表现得最知情的个体。这样的算法使得精确复杂的跟随的大规模协同性继起随动成为可能：结果便是一大群鸟和一大群鱼的看似魔术式的全体迅速改变方向。每次这样的运动都是由个别刚好具备了必要信息的个体率先做出的，比如，根据发现了食物或者敌人的信息，或者是根据此前迁徙中获得的经验。群体越大，做出这样

---

[1] 我要为和罗滕博格（Julio Rotenberg）讨论精确跟随的协调现象而向他致谢。他研究了在信息不对称的情形下众多公司中的价格领导的现象。

整体协调运动所需的个体数量的比例越小。[1]

就如同在市场上的买方和卖方一样，一个鱼群里的绝大多数鱼并不知道谁拥有特定的信息，也不知道为什么那些在他们身边的鱼突然改变了前进方向——他们只是精确地跟随，并且通常因此而受益。根据哪些个体正好"知道"有用的信息，领导层不断在更换。有时持有信息的小团体同时有数个，而它们提供的运动方向又彼此不同，那么统一意见由多数决定：数量最大的那些具有信息的子集"获胜"，即整个鱼群跟随它们。如果向不同方向运动的有信息者的数量几乎相同，那么统一意见（从而整体的运动方向）由信息的质量所决定。在此情况下，那些决定整个群体运动的有信息者子集，便是那个在过往的指向运动中表现出失误最少的——亦即，其在内部表现出最佳协调的。[2]

支配动物群体运动的算法，显然不能机械地用在人类群体的选择上。但是它的确对民主协调有启发意义，因为它显示了，复杂的领袖跟随过程可以根据领导拥有的信息而非根据地位的显赫。这推翻了复杂跟随系统需要建制型领袖的说法。

跟随程序规则

在道路上靠右（或者靠左）行驶是一种我们熟悉的理性合作。正如在领袖跟随的模式中一样，我们不必担心反叛。但是，如果一个驾驶员开到了错误的一边，那么通常是由于失误，而不是由于他企图欺骗。而别的驾驶员肯

[1]　Couzin et al.，2005 和 Klarreich 2006。比如个别几条鱼偶然游在了鱼群的外围，突然发现了食物或者敌人。这些个体在这些信息的基础上做出了决定并且按此行动——游向食物或者游离敌人。鱼群中的其他成员便按照其维持彼此之间某种距离的标准而进行运算并行动。于是整个鱼群便精确地跟随了那些用改变方向来率领行动的领袖。有关大规模动物群体中的协调的常识看法是认为存在着"群体意识"，例如，把一群鱼看做是"准有机体"。常识看法被 Steinbeck and Ricketts 1976（1941）表述得很精彩。实际上，所有基因上唯一的（亦即非克隆的）群居动物都有协调问题。一个群体是由多个个体组成，而每个个体都在寻求自己的利益（至少在繁殖的机会上）。但是，每个个体的成功机会直接仰仗这个群体的成员行为的精确协调的能力。

[2]　Couzin et al. 2005：515 页论断："有效的信息转移和决定形成可以在动物群体中缺乏明显的信息或者缺乏复杂的信息转移机制的情况下完成。这表明，信息持有者和无知者并不需要彼此知道，而领导层的出现实际上是群体成员中信息持有的差别之函数，因此领导层是可以改变的。先天的个体之间的差距（比如个体大小的差距）并不构成领导层的理由，尽管这些性质也可以对群体的运动产生影响。进而，协调的机制……只需要少量的认知能力，并表明，个体可以自发地响应那些持有信息的个体。"

定会按喇叭或者喊叫让其纠正错误。每一个驾驶员都会出于理性的利益而遵循这个规则，因为这样协调的集体行动对每个人都有利：各自尽快抵达目的地并且尽少出交通事故。靠右行驶是一个"第一选择跟随"的例子，但是在车流中驾驶要比选择餐盘要复杂得多。其复杂协调的成功，必须附加各种程序规则，而且所有驾驶员对这些规则要形成共同知识。这和领袖跟随不同，每个个人都在追求自己独特的目的地，而且这个"跟随"方式的本质是基于规则而非领袖。

在交通系统中驾驶，并不需要主导性领袖或者来自权威的经常干涉，但是确实需要理性地设计的道路系统，以及所有驾驶员都掌握了一组标准化的相关程序规则，比如运行速度、放弃路权的条件等等。交通规则是相对容易的，所有正常的成人都可以迅速地学会，并通过练习和习惯成为其第二本能。开车并不需要特殊的专业技能。[1] 驾驶规则构建了协调，因为他们是驾驶员都遵循的共同知识。持续安全的交通（汇入、驶离、变道，等等）表明，不仅所有的驾驶员都知道这些规则，而且所有人（大多数时候）都遵循这些规则，并不需要另外的警察管理，而且每一个驾驶员都知道其他驾驶员也知道这些规则。当所有的驾驶员都知道这些规则时，他们的行为就是（基本上）可以预见的，因此交通车流可以相对平稳。如果所有人都知道这些规则，并且道路也是设计无误的，所有人都可以方便地抵达我们要去的地方。雅典的机构正是具有清晰和简单的程序规则。这些规则通过公开传播机制成为所有雅典人的共同知识，下面我们会阐述这些机制。

跟随事先承诺

在交通驾驶中，按规则行事显然符合共同的利益，而严重的违规很少，因为遵循这些规则对个人来说好处很多而代价很低。但是，在那些代价高昂的选择情形中，确保事先承诺的可靠性的机制就是必需的，特别是在那种联合行动带来的危险和参与者数量成反比的情形下。假定城邦 A 进攻城邦 D，[2] 如果 D 只有很少一些重装兵被召集，那么他们阵亡的机会就会很大。

---

〔1〕　在日常英语中，我们把车祸说成是"交通事故"：无意错误的结果，而不是某人故意反叛规则的结果。

〔2〕　假定 A 和 D 大致拥有相同的军事潜力，A 大规模入侵，D 以同样的规模才可以抵御。由于防御者在重装兵的战争中具有优势（较短的通讯和补给线，较好的对地形的熟悉程度），因此，如果 D 有相同的兵力便极可能战胜 A。

每个 D 的重装兵只有在他认为别的重装兵也会入伍时才会入伍。如果 D 想召集足够的重装兵，则它的重装兵就要有这样的共识：每一个重装兵都确信要反击敌人，所以只要别人入伍他们就会入伍。但是，成功的集结不仅需要抵御敌人的普遍信念，而且需要具备这样的条件，亦即这一信念被普遍拥有的事实，是众所周知的。换言之，成功集结的充分必要条件是，每个重装兵都知道其他重装兵都坚信要抵御敌人并且会集结。[1] 而且他进一步知道他们都知道他的信念……如此类推下去。

如果 D 的每个重装兵都持有相同的信念（亦即必须抵御敌人），但彼此并不知道他人对此的信念，那么每个重装兵都没有理由指望大规模的集结。这将导致每个重装兵都以为，如果他选择集结的话，便会面临巨大的个人危险。这便会导致没有多少人会理性地愿意承担这样的危险。其结果就是，尽管 D 的所有重装兵都相信必须抵御敌人，而集结却失败，从而 A 的入侵没有被有效抵御。由此可见，对偏好和承诺的公开传播的失败而导致的共同知识的缺乏可以是致命的，它导致一个社会无法为了一个共同追求的、本可实现的目的而协调行动。这个现象有助于解释为什么一个普遍被鄙视的专制可以长久苟延残喘，也同样可以解释突如其来的共同知识可以让它瞬间垮台。[2]

城邦 A 如果确信城邦 D 的人并没有下决心[3]抵抗其入侵，那么就更可能会入侵。如果 D 不决心抵抗，那么 A 的入侵的收益的代价就会很低。而如果 D 决心抵抗，而且 A 知道入侵的代价很高而成功的可能很低，那么 A 的决策者就不大会认为入侵是可行的。这样，D 便以抵抗的决心制止了入侵的发生，从而成功地达到了自己的目的；它靠的就是广泛地公开传播其重装兵的偏好和决心。而这样的决心必须对 A 是可信的，就如所涉及的内部协调问题一样，城邦之间的协调基于可信的决心，而这又取决于对此决心的公开传播。D 必须找到一种方式可以让 A 的决策者知道 D 的抵抗决心。[4] 如果 A

---

〔1〕 在解决此类问题时共同知识所扮演的角色，请阅读 Chwe 2001 和如下讨论。论事先承诺，见 Elster 1985，2000。

〔2〕 Kuran 1991：1989 东欧革命的范例。

〔3〕 本书中的 commitment 大多翻译为"承诺"，有时也翻译为"决心"。——汉译者注

〔4〕 斯坦利·库布里克的黑色喜剧巨作《奇爱博士》对此的诠释令人记忆犹新。苏联政府把自己和称作"末日机器"的庞大核报复系统捆绑在一起，这个核武器系统可以自动发射以回击美国的第一次核打击。主人公对苏联大使说："如果你把这个当做秘密，那么整个'末日机器'计划就毫无意义。为什么不告诉全世界呢？"大使回答道："在星期一的党代会上我们就宣布。你知道，总理喜欢惊喜。"

是一个雅典式的民主城邦，其决策机构是一个庞大多元的公民团体，那么，D 对自己坚决抵抗决心的宣传就要能让 A 的广大公民都知道。在有关的城邦是参与式民主体制的情况下，仅仅靠用私下交流来影响一个城邦的少许外交精英，是不可能使得城邦间协调成功的。

总而言之，D 必须使得自己的重装兵之间有共同知识，并且把这样的事实公之于众。如果 A 和 D 都是民主政体，那么 A 的公民必定知道 D 的公民所共同知道的事实。当 A 的公民们知道 D 的公民们都知道 D 的士兵决心战斗，并且 D 的公民也知道 A 的公民知道这点，同理，A 的公民也知道 D 的公民知道这些，以此类推……这样，D 的决心就是真实可信的。在这样的情况下，A 和 D 就有可能协调其对外政策以免发生灾难性的冲突。尽管在现实中这样的国际协调有时会失败（比如雅典在公元前 415 年入侵西西里就是如此），但很可能确实存在这样的国际间的"公开传播制度"，这解释了为什么在伯罗奔尼撒战争之前，城邦之间的冲突虽然经常不断，但却都是规模很小的边境冲突。如果我们假定城邦之间确实有这样的"公开传播制度"，那么我们就可以解释为什么古希腊的战争的破坏性并不严重，而且还使得大约有一千个城邦的古希腊城邦文化达到了某种平衡。[1]

古希腊城邦之间长期持续且范围广泛的战争，加上到公元前 6 世纪已经固定下来的军事组织形式，使得任何一个城邦里的居民内部之间的合作达到相当高度，也使得他们对彼此努力的协调非常有效，并带来了广泛的公开性，这使他们的承诺在城邦内的公民彼此间是可信的，同时也对其他城邦的居民具有可信性。斯巴达在重装兵作战方面的优势早就为人所知：他们有能力招募大量训练有素的重装兵进入战场。斯巴达文化着重于如下两方面并非偶然。首先是在战士中灌输这样的共同知识，亦即每个斯巴达人绝对不可以不服从；然后是向希腊世界甚至希腊世界以外公开传播展示自己对军事努力的决心。纪念在温泉关为了严守斯巴达法律而战死的 300 勇士的著名警句（希罗多德 7.227）彰显了这两者。[2] 斯巴达的例子是一个极端，但并非唯一。古风时代和古典时期希腊的社会规范由如下方式得以维系：公共庆祝仪

---

[1] 关于大部分传统希腊战争的有限破坏和有限目的，参阅 Connor 1988；Ober 1996，第五章。Krentz 2002 争辩说实际的伤亡可能会更高，但却注重那些有详实记载的主要战争冲突；而我认为，这些战争冲突通常是可以通过有限的协调避免的。

[2] 有关斯巴达的军事教育系统和斯巴达对其勇猛的自我宣传，请参见 Tigerstedt 1965；Cartledge 2001：79—90 页；Durat 2006。

式（比如游行）、激励（比如金钱奖励和荣誉）、制裁（比如冷遇和剥夺荣誉）；这些规范使得重装兵的正常集结成为一种共同知识。每个城邦的也用各种方式公开传播自己对战斗的承诺：建立胜利纪念碑，公开嘉奖英雄，以及组织公众仪式以庆祝年轻人开始勇士生涯。[1]

在公元前4世纪（很可能更早），雅典的 *ephebes*（最年轻级别的战士）的军事誓言是一个公开传播媒介，它准确地体现了这样的精神："如果我知道你们都会战斗，那么我也会战斗。"每个年轻战士都在不同神祇见证下，做出为城邦而战的神圣誓言："尽我所能，并和我全体战友一道。"这样的公开宣示使得每个年轻战士的战斗承诺成为一个共同知识。同时，宣誓自愿参与将来的某种行动，提高了每个战士承诺战斗的可信度，这也使得雅典年轻人作为一个整体的战斗承诺更加可信。甚至在面临高风险和潜在高付出的希腊重装兵战斗中，所有人，包括年轻战士自己、其他的雅典人以及雅典的敌人，都有足够理由相信这些年轻人的承诺是可信的。参与宣誓仪式和鲜明的承诺保证，建立了一种共同知识，使得年轻战士在城邦召唤时决定入伍是一种理性的选择。因此，共同知识和可信的事先承诺是誓言的核心和内在要素，此特点共存于希腊公共文化、特别是民主雅典的公共文化中。[2]

继起随动和社会平衡

古希腊的政治体制设计者们面临这样一个问题，即如何提升政治及军事实践中的协同。主导性中央权威下的命令和控制（比如波斯大王的统治），强大的意识形态［比如吕库古（Lycurgus）立法治下的斯巴达］，是两种可能的方式。但是这样的解决方式在参与型民主中是不可行的。修昔底德笔下的伯里克利声称（2.35—46），雅典拒绝斯巴达式的高压社会形式，而是依靠自由公民的自由选择来达到公共目的。雅典人靠着综合使用上述四种达到

---

〔1〕　有关和男性勇敢（*andreia*）相关的希腊庆典和赞美，请参见 Rosen and Sluiter 2003；Balot 2004；Roisman 2005。有关民主的雅典在这些社会价值和求生愿望之间的冲突，请参见 Christ 2006，第二章和第三章。

〔2〕　预备役的宣誓：，见 RO 88。日期，见 Siewert 1977。公民心理学，见 Farenga 2006。雅典公共宣誓的普遍性，见 Mirhady 1991；Cole 1996。。对希腊文化中宣誓的用途的一个综述：，见 Sommerstein 2007。。Lysias（2.62）and Sophocles Fragment 144（and Christ 2001：407 页）指出了军事宣誓的根本价值。关于美国现代教育家试图采用雅典年轻战士的誓言来构建民族主义的共同知识，参见 Hedrick 2004。

精确跟随的机制，获得个人之间和机构之间的高度协调，这些机制是：第一选择、知情领袖、程序规则和可信承诺。雅典正式机构（包括议事会和公民大会）都依赖一系列的机制来确保复杂的协调，不过，雅典人民法庭提供了一个特别好的样板。

陪审员和主持行政官由抽签方式分配到不同法庭，最终它通过使用一种精密的随机选择分配机（kleroterion）来加快这种选择过程。陪审团成员公开宣誓，承诺将遵循雅典法律的程序规则。雅典的律师们经常鼓吹自己通晓一切，在论证中经常引用各种公共知识。他们的讲演面对广大听众，并用书面文件的形式随后发放给大众。这样，雅典的公共知识库就通过司法实践，广泛深入地进入社会。雅典法庭上的唇枪舌剑要求在设计和提出论证时必须不断地创新。这就要求讲演者和听众都掌握了广泛的技术知识和社会知识。我认为，法庭的言辞交锋证明了：动态的创新和学习是提升雅典民主成就的发动机。最后，在人民法庭上和别的决策会议上一样，在协同和抵制协同之间的利害权衡，在维持社会平衡的同时，对雅典的非等级式认知平衡也做出了贡献。[1]

雅典的民众政府的某些机制维系了自身，这些机制使共同体能够在合适的时间协同一系列紧密跟随的继起随动。比如，雅典公民大会每年都要通过很多法令，其中不少有关日常事务。由于会议的时间有限，许多法令必须被一致同意通过；因此公民大会的成员必须经常同意委员会的建议，以此来紧密跟随具有信息者的领导。如此以继起随动的方式顺利通过那些无争议的事项，使人们可以把精力集中在艰难决策前的收集广泛信息的费时过程上。[2]

发生在错误时间的继起随动则是有害的。以所谓"集体思维"形式出现的共同知识，如果妨碍了在思考困难事务的过程中的多样化角度，便会损害

---

[1] 随机分配机（Allotment Machine），见 Aristotle Ath. Pol. 64.1—3, 66.1, 由 Rhodes 1981 注释。法庭陪审团员的随机选择的机制改变，见 Kroll 1872。律师的自画像，见 Hall 1995。雅典法律的程序主义，见 Todd 1993, 和 Carey 1998 的评论。更完整的关于雅典公开的辩论是如何例证了临时领袖，以及应用创新和学习，参见 Ober 1989。关于雅典的法庭程序和实践，参见 Christ 1990；Johnstone 1999；Lanni 2006。

[2] M. H. Hansen 1999：139—140 页，149 页讨论了由公民大会提出预案（probouleumata）并由大会一致通过。Bikchandani, Hirshleifer 和 Welch 1992 提出了一个信息继起随动和其社会效应的宏观理论；Kuran 1991, 1995 讨论了政治环境中的继起随动；Lohmann 2000 回顾了有关信息继起随动和共同知识。但是这些研究都没有阐述那些旨在激励和控制继起随动的正规机构的可能性。

决策过程。但是，在政策决定之后，共同知识则为人们提供了宝贵的认知财富，因为它使得每一个人都有理由在共同承诺的基础上去按照一个既定方针协同行动。由简单程序规则和历史先例构成的共同知识，以及主要人物对献身于将来可能代价高昂的行动所保障的可信承诺，使得雅典人在合作落实创新的计划中，有足够理由相信别人的行动会和他们一致。

在古典时期的雅典，可信的事先承诺和丰富的共同知识使得复杂的协调成为可能。但是，其过程由于社会的多样化而变得复杂。尽管雅典人对最终目的有着共同的核心价值取向，还是存在重大的分歧。这意味着一些协同性继起随动不仅会阻碍有用知识的获得，而且会导致社会动乱。例如，一个受大众欢迎的领袖为了推翻现存产权规则，也许会煽动雅典的贫穷大众的紧密跟随的继起随动；反过来，他也可以发起大多数有财产的雅典人协同性继起随动，来剥夺最贫穷雅典人的参政权利。当然，这就是所谓"多数人暴政"问题，托克维尔和其他对参与型民主持有批判态度的人对此特别担心。

雅典法庭对继起随动的阻力保障了雅典社会的平衡。比如，陪审团成员会固执己见，而不跟随那些社会上甚至非常著名的法律人士，这构成了雅典社会秩序的根本性的认知堡垒。按照雅典的法庭程序，陪审团团员均等地来自所有十个部落，并确保每人投票的私密性，这使得协同性继起随动相对难以发生在法律系统中，当基本价值发生冲突时尤其如此。[1]

对于普通公民和社会精英之间的普遍张力，雅典人感受很真切。社会精英们（亦即那些在教育、财富和地位上突出的人）总是倾向于追求政治上的主导地位。一些精英希望建立一种社会和政治等级制度，以确保其主导地位的永久和专属，但是绝大多数非精英的雅典公民则坚定地倾向于反对这种精英统治。柏拉图笔下的人物，《理想国》中的色拉西马库斯（Thrasymachus）和《高尔吉亚》中的卡利克勒斯（Callicles），复杂地表达了雅典人对民主的一种共同看法，亦即民主是"众多"弱者群体的协调反应，目的在于防止少数潜在统治者的统治。同时，有的雅典人则倾向于通过民主政府的法律和立法机构，对富人的微小过失施以严厉惩罚并征收重税来剥夺他们。如果雅

---

〔1〕 在人民法庭的表决是用秘密投票箱进行的，这和在公民大会上通常的举手表决不同。如果在雅典的司法中继起随动很普遍（和立法中相反），那么公诉人就会经常由于达不到 20% 的表决而受罚。但是有争论说，是对继起随动的恐惧导致了公诉人不太愿意办理较弱的案子，而被诉人则在认为自己的案子没有把握的时候寻求庭外解决，甚至是被诉人畏罪逃跑，比如希巴克斯案子（见本章稍后）中的希巴克斯就在开庭前逃离了城邦。

典的精英们出于权力欲而行动，而雅典的大多数人为剥夺少数精英的财产而行动，那么雅典的社会经济平衡就将被破坏。[1]

这种动态平衡的出现和持续，兼顾了精英和非精英的利益取向，从而稳定了制度并发展了生产力，进而保证了雅典民有政府的成功。在这样的平衡状态中，知情的个人便能够靠提倡和执行创新政策来承担领导角色。比如，像地米斯托克利（Themistocles）这样的公民大会讲演者们，能够在公元前480年用辩论让雅典人决定在萨拉米斯战斗（第二章，第四阶段）。同时，雅典还设计和落实了旨在使得个人和机构的承诺更加可信的程序规则和机制。法律系统不仅支持获得有用的社会知识和公开传播承诺，同时也提供了防止由紧密跟随的继起随动而导致社会动乱的合理安全保证。这种安全保证在公元前4世纪得到了进一步加强。

公元前5世纪末期（第八阶段）出现了短暂的民主机构的崩溃、社会平衡的破坏和由此引起的生产力的下降。在这个危机之后，新设和重建的机构化机制——法律和法令的区别、关于大赦的誓言、行政官就尊重私有财产的宣誓、一系列旨在让雅典富人承担更加公平的税收的立法议案——能增强各种社会团体对合作秩序的承诺的可信度。这样的秩序使精英和非精英的利益都得到保护和发展。同时，雅典的民主机构成倍地增加了雅典公民终身学习知识的机会。这些知识是大量而复杂的、有社会价值的共同知识。这些机制还使雅典公民做出和接受有约束力的社会承诺。

仔细解读一个法律案件，有助于阐明雅典的机构在建立和公布这些可信承诺和共同知识中的作用。同时，它也可以揭示两个目的之间的动态张力，这两个目的是：协同知识以提高国家安全，确保规则以维持社会平衡。

公元前 330 年的一起叛国案件审判

公元前330年，雅典的政治家吕库古对一个名叫利俄克拉特（Leocrates）的雅典商人提出叛国罪指控，但是以失败告终。此诉讼指认，利俄克拉特在应该留下来保卫雅典时却逃跑了。吕库古是著名雅典政治家、公共财政专家、重要民选官员、公共建筑的赞助人，并因此在其公民中享有崇高的荣誉。而利俄克拉特则默默无闻，至少肯定在政治上并非著名。雅典的法

---

[1]　这一观点的进一步研究见 Ober 1989, 1998。

律规范给予律师很大自由去构建其论点，因此诉讼人在主要案件审理中通常在大庭广众面前长篇大论，有时甚至看起来有点离题。吕库古仅存于世的那篇讲演在几个方面相当独特（Allen 2000a）。对我们这里的讨论来说，其价值在于详尽地描述了民主的联合行动，并且特别展示了一个民主城邦在确认和处理公共行动问题时，是如何向其公民提供物质和精神资源的。[1]

吕库古的讲演关注的是两个承诺的平衡，这两个承诺都是基于对共同知识的协同。第一个是公民们承诺在必要时付出牺牲以保证城邦的安全，这体现于雅典军队在兵败喀罗尼亚后他们的行动中。吕库古把在喀罗尼亚战役后城邦的安全称为共享资源——亦即由公民全体拥有的极具价值的财产。如果自私自利者从中多拿少还，便极易导致某种公共悲剧。第二个平衡是惩罚承诺，即对那些其行为破坏了第一种平衡的人进行惩罚。这两个平衡是互相关联的。吕库古阐述道，每个公民的保卫城邦的承诺必须对雅典人和非雅典人同样可信，并且，城邦对于那些破坏这个承诺的人进行惩罚的承诺，也要对内部和外部同样可信，这样才可以保证城邦的安全。[2]

由于不能肯定利俄克拉特在公元前338年离开雅典的行为是否真正破坏了法律，吕库古设定的讲演策略便是根据两个平衡来引发一种陪审员中的继起随动。他强调，陪审团成员的决定将会是他们信念的信号，亦即他们到底相信其中的哪一个。如果他们一边倒地认为利俄克拉特有罪，那么他们就释放出这样的信号：城邦安全是雅典人的共同优先取向。并且，由法律惩罚来维持之，是基于共同利益之上的理性协调，就如同在交通中每人都必须靠右行驶。如果这样，陪审团成员便展示了，他们认为利俄克拉特是一个在靠右行驶的交通系统中故意靠左行驶的司机，因此是一个危险的异动。相反，如果判利俄克拉特无罪，那么将释放出这样的信号：陪审团成员认为利俄克拉特选择离开雅典是理性和正当的，那么就揭示了在雅典集体行动上普遍存在的弱点。

---

〔1〕 莱库古斯及其演讲（1 Against Leocrates）：Humphreys 1985（政治文献）；Hintzen—Bohlen 1997（文化的和建筑的项目）；Moses 2007（1989）：181—188 页既现实地处理当下环境又有怀旧情绪的政策）；Allen 2000a（对演讲的修辞术分析）。关于这篇讲演的最新翻译（包括简短的引言），参见 Worthington、Cooper and Harris 2001。

〔2〕 雅典立法中可靠承诺问题：Schwartzberg 2004, 2007. 可靠承诺对民主的历史重要性：North and Weingast 1989；Bates et al. 1998；Schultz and Weingast 2003；Haber, Mauer, and Razo 2003；Stasavage 2003。Gurerk、Irlenbusch and Rochenbach 2006 着重指出了在成功运作的社会中的惩罚机构的基本角色。

还有第三种平衡，亦即陪审团成员宣誓要基于法律来裁决的承诺。到了这一天结束时，显然是第三种平衡击败了吕库古企图用演说在陪审团成员中造成继起随动的企图。在公诉方和辩护方的讲演后，陪审团成员进行了投票，结果是 250 对 250，赞成公诉方和赞成辩护方的各占一半。因此利俄克拉特被判无罪释放（Aescheine 3.252）。

吕库古未能成功地给利俄克拉特定罪，这一事件表明了雅典人联合行动中的规则跟随这个侧面：社会平衡是民主得以成立的条件，如果要让社会平衡得以延续，每个陪审团成员必须严肃对待现存法律。毕竟，他们每人都宣誓过，有法必须依法，而在法律未及之处则以公正为准绳（Johnstone 1999）。雅典的陪审团成员在裁量时会权衡许多方面（Lanni 2006）。感情、公平和当事人的声望，都是雅典司法裁量时考虑的相关部分。但是，如果陪审团不能证明其守住法律底线的承诺是自己在裁量时的基本限制的话，那么精英阶层的被告就不会有动力在这个系统中继续奉陪，因为他们不仅要面对在政治上野心勃勃的公诉方，而且要面对通常来自非精英阶层的陪审团。尽管我们现在无法知道，到底是什么动机使得那些陪审团成员在利俄克拉特案件审理中投了有罪和无罪的票，但是，吕库古的讲演内容和判决结果重墨浓笔了两种相互竞争的社会利益之间的微妙平衡———一种是日益增强的社会协调，另一种是对法律规则的可信承诺所带来的社会均衡。

吕库古断言，利俄克拉特是在 8 年前雅典的历史性紧急关头，当雅典公民亟需协调合作的时候逃离雅典。雅典在公元前 338 年的喀罗尼亚战役中失败后，立即通过了一个法律以应对战场上的失利。按照吕库古的说法（1.16），"全体公民都汇聚在公民大会上"，通过了这个保卫城邦的紧急立法。而利俄克拉特正是被起诉违背了这个法律。这一法律包括一条法令，不许雅典人离开阿提卡地区，显然这个法律把对叛国的定义扩展包含了"逃避为国家冒险之责任"。[1] 但是关键的问题是：利俄克拉特是否在这个法令通过之前就已经离开了雅典？吕库古案子的弱点就在于，他无法对此给出足够的证据。利俄克拉特看来并没有被列入重装兵的名单，没有担任官员，也没有宣誓从事特定的公共服务。在平常的情形下（即在这个紧急法律要求所有雅典人留在城邦之前），他可以随心所欲自由地出入雅典。吕库古的辩论策略着重于，对一个临阵脱逃者的惩罚所具有的公示作用，而不管利俄克拉特

---

〔1〕 参见 MacDowell 1978：178—179 页；185 页，其引用了 Theophrastus 的《法律篇》的片段（= Polluzd 8.52；Lexincon Rhetoricum Cantabridgiense s. v. eisangelil）。

的逃跑可能是道德缺陷而不是法律过失。

吕库古在他的讲演中通篇强调了，公民们出于志愿的合作努力是生死攸关的。他宣称，在战役失败后，在马其顿人直逼雅典的情况下，"每一个公民"都经历了个人的不幸（1.41），但是雅典公民们此时的反应是，为了共同利益而协同了各种协调行动的继起随动（1.44）：所有年龄的男人都志愿参加卫国行动，"有的志愿建造城墙，有的志愿修壕沟和栅栏，城邦里没有闲人。"在吕库古的雄辩演讲中，甚至没有生命的物体也被描述成了志同道合者：大地贡献了树木用以制造栅栏，已故者贡献出了墓碑以用于建造城墙，神殿贡献出了本来供奉给神的武器和铠甲。在这样的强烈和有序的联合行动的洪流中，利俄克拉特却选择了无视民选将军们的命令和公民同胞们做出的榜样，带上自己的财物，悄悄地溜出后门，乘船跑到了罗德岛（1.17）。吕库古说，利俄克拉特的行为并非无人看到，他的邻居当时就注意到了他逃离雅典的行为（1.19）。他逃离雅典的行为已经在希腊世界臭名昭著——尤其是因为这些举止和雅典前辈的气吞山河的爱国情怀形成了鲜明的对照（1.14）。

在吕库古的通篇起诉讲演中，他把利俄克拉特的逃跑行为和全体雅典人联合行动的协调努力和牺牲形成鲜明对照。他强调了，每个公民的个人选择对于作为城邦共同资源的城邦安全来说都是至关重要的：利俄克拉特必须承担雅典的整体安全责任，因为"城邦的安全必须由每个公民分担的努力才能获得"（1.64）。吕库古在法庭辩论的结尾再次强调，基于可信承诺的价值，这个8年前的恶劣行为必须被严厉惩处（死刑或者放逐，参照 Aeschines 3.252）。为了让对叛国罪的法律惩罚有效阻吓那些在重大危险面前选择逃跑的行为，整个城邦就必须确保对那些在共同危难时从合作承担危险中临阵脱逃的人进行惩处。而为了使得这样的承诺成为可信的，就必须在公民中成为共同知识。利俄克拉特的逃跑行为使城邦变得危险的另一个原因是：别的希腊人会丧失雅典人对保卫领土的承诺的共同知识。

吕库古要求惩处利俄克拉特的论证的核心，在于合作的习惯是雅典军事安全的基石；要使这一习惯被维系为一种平衡，就需要惩处逃兵。如果雅典对于逃跑行为的严厉惩处承诺是不可信的，那么别的雅典人就可能在危难时刻选择对他们自己明显有利的安全方式，从而迅速导致公共悲剧。进一步说，如果雅典没有对逃兵惩处的可信承诺，那么雅典的敌人就不会认为雅典的军事准备可信到足以阻吓侵略。值得注意的是，吕库古强调，对利俄克拉特的惩处将会教育雅典的年轻人（1.9—10），而且，整个希腊世界也在密切关注这个法庭审判（1. 14—15）。

吕库古的讲演论证了维持必要承诺对保有共同资源的必要性，并同时论证共同知识具有工具性价值。在吕库古的讲演中，反复强调公开传播性有助于维持民主宪法秩序在大规模公民团体达成协调行动的能力，而雅典机构能交互公开传播相关信息。为了证明对利俄克拉特的惩处是和雅典的光荣传统是一致的，吕库古不惜扯开去，回顾了一系列的历史事实，其中有如下一个例子，这是关于公元前 5 世纪初一个著名的雅典人逃离雅典躲避审判的事：

> 希巴克斯（Hipparchus，卡姆斯的儿子）因叛国罪而需在人民面前受审，但是他选择了逃离，从而导致了缺席审判，结果他们（雅典人）判处了他死刑。由于无法找到罪犯本人服刑，雅典人把他在卫城的铸像推倒熔化，做成了碑，通过法令在碑上刻上罪犯和叛徒的名字。希巴克斯和所有其他叛徒的名字就在上面。

吕库古首先让法庭人员宣读："公共法令授权把希巴克斯的塑像从卫城上推倒，然后宣读刻在碑底部的铭文和后来刻上的叛徒名字。"在法庭宣读了文件后，吕库古向陪审团提出了一个假想的问题："先生们，你对这些惩罚希巴克斯的雅典人有什么想法？他们会和你们一样怜悯罪犯吗？不！尽管他们无法抓到这个罪犯，但是他们会用所有可用方法去惩罚他，包括把曾经给予他的荣誉都抹去。"吕库古此段讲演以对公众意图的解释作为结束："仅仅把罪犯的铜像熔化，对他们来说是不够的；他们要为后世留下一个他们如何对待叛徒的永久范本。"亦即，他们要的是公开传播这个事件，既是为了当时的利益，也是为了将来后世的利益。

吕库古的讲述是我们关于希巴克斯事件的唯一信息源，而希巴克斯作为被陶片放逐法放逐的第一人而著名。这一关于叛国罪的审理大约发生在希巴克斯被放逐后不久的公元前 488—前 487 年。如果吕库古的叙述是正确的，那么此时应该是希波战争期间。吕库古关于叛徒之碑由来的故事，彰显了在民主国家"对荣誉的公共安排"中，著名纪念碑的重要性，凸显了雅典民众在授权建造公共纪念碑中的重要角色。[1]

---

[1] 希巴克斯是庇西特拉图的亲戚，也是雅典第一位被陶片放逐法放逐的人，见 Aristotle *Ath. Pol.* 22 and Plutarch *Nicias.* 11 。有关陶片放逐法，见 Forsdyke 2005 及本书第四章。荣誉的经济，见 Brennan and Pettit 2004 。

公民大会代表们形成了一个叛国罪法庭，对希巴克斯进行了缺席审判，判处其死刑。吕库古着重指出，雅典人在这个无法执行的死刑判决上，加上了令人震撼的公开羞辱，把希巴克斯立于卫城上的铜像推倒撤下，并熔化重铸成刻字的碑。整个过程可能就是在集市广场（指的是古雅典"Agora"，在卫城脚下——译者注）公开举行的。这个新的铜碑的树立是用公费支付的，碑的底部是解释其名单的性质的碑文。在碑的顶部是恶人榜，头条就是显著的希巴克斯的名字，碑的底部应该就是原来铸像的底部。现在不同的是，这不是一个褒奖虔敬个人事迹的塑像，而是一个谴责恶劣行径的碑，而他的名字就居于这一群恶行者和叛国者的首位。任何对雅典的惩罚叛徒的决心尚存怀疑的人，看了这块叛国者之碑之后就会必信无疑了。[1]

吕库古所描述的雅典人公开毁誉的程序，令人想到广为人知的罗马的"记忆谴责"（damnatio memoriae）的做法。但是在雅典，毁灭受谴责者的铸像并不是要把恶棍的名字从公共纪念碑上消除掉，而是用竖立纪念碑的方式让他的名字在公众记忆中保存下去。叛徒之碑的做法并不出格：那块在古典时期著名的"阿提卡碑"就是一个例子，它被树立在集市广场，用来公示对阿尔西比亚德及其同伙的惩罚。他们的罪行是在公元前415年对厄琉息斯秘仪的亵渎，而对他们的惩罚是没收并拍卖其财产。吕库古讲演中对叛徒之碑的提及，并非暗示远古时代的做法，而是提醒人们民主政体用惩罚来公布信念的一种成熟措施。[2]

吕库古坚称，公民大会代表们特别期望，用这个重铸的纪念碑给后世树立一个范例：对个人错误行为（叛国逃跑）的公开记录，正确的联合行动（对叛徒的惩罚），以及根本的政治原则（可信的承诺）。吕库古所关心的是开创和延续一种关于惩罚的可信承诺的共同知识，这是一条把不同时代的两个不同的讲演者为了公共利益而做出的选择联系在一起的线索：一个是公元前5世纪时的希巴克斯的佚名公诉人，另一个是150年后的吕库古自己。这也把如下两者联系在了一起：一是公民大会下令把私人的纪念碑换成公共

---

[1] 论弹劾（eisangelia）的法律程序，参见 M. H. Hansen 1975。论希腊古代时期的青铜铸像，见 Mattusch 1988；Osborne 1998。当时此类碑是标准的公开刻字的媒体，形状是长方形的，材料可以是铜的或者是大理石的。在赫菲斯托斯神殿的山坡上有当时青铜铸造活动的痕迹，赫菲斯托斯曾经是雅典神话中的神圣祖先，也是负责冶金和技术发明的神。

[2] 关于对罗马帝国晚期的"记忆谴责"（damnatio memoriae）及其和公众记忆的关系的极佳阐述，参见 Hedrick 2000。Attica Stelai：Pritchett 1953，1956；Furley 1996：45—48 页。

的，二是这个纪念碑本身。最终，共同知识跨越了时间和空间，把许多不同的雅典听众联系在了一起。陪审团在公元前 330 年的雅典法庭上倾听了吕库古的辩论，而他们的祖辈在一个半世纪前坐在公民大会上倾听了类似的辩论。许多访问者在这两者之间造访卫城并注意到了叛徒之碑，他们通过吕库古的语言被想象地带到了一起，融入了一个知识共享的社会。这个想象的社会分享了共同的知识——这就是叛国的邪恶和雅典人惩罚叛徒的决心。

吕库古希望，回顾一个跨越时空的统一社会和认清它的统一的共同知识，可以得到这样一个结果，即在目前的陪审团成员中，对处置恶行形成一个清晰的共同信念。他希望在此刻承担一个知情领袖的角色，以提醒整个社会其心照不宣的信念，并从而邀请全体和他一起判决利俄克拉特的行为应受惩罚。他希望，在对被告的判决进行投票时，每个陪审团员都会按照其共同知识去思考和行动，而这个共同知识正是其祖辈设立的不容妥协的正义的惩罚标准；也正是按照这个标准，他们的祖辈惩罚了希巴克斯并设立了叛徒之碑；每个陪审团员由于也和其他人一起参观过这个碑，因此也肯定受到祖先榜样的教育，懂得在面临逃兵问题时应当如何采取正确的集体行动。

通过对叛徒之碑以及别的公共纪念碑和共同体仪式的历史回顾，吕库古力争在陪审团员之中形成一种紧密跟随的协同性继起随动。就这一具体目的而言，他失败了。但是，他死后，雅典人为了他在提升城邦的繁荣中的作用而追认给他荣誉（Hedrick 2000，请注意荣誉颁发令着重在吕库古的责任心），这说明吕库古总的来说是一个成功的民主政治家。利俄克拉特的法庭审判结果彰显了这一事实，即雅典领袖们说服广大听众的权力受到了可靠的机构性限制，使得落实法律成为解决协调问题的方式。而吕库古的讲演显示，在用知识协同来落实民主政策的过程中，知情领袖及其对公开传播机制和媒体的参与发挥了重要作用。

在利俄克拉特的审判中，尽管陪审团员共同倾向于维护国家安全，并且都理解对逃兵行为的制裁有助于维护国家安全，但是他们中许多显然并不相信利俄克拉特确实触犯了法律。如果利俄克拉特并没有犯法，那么吕库古所寻求的紧密跟随式继起随动就会释放出这样的信号：陪审团员没有履行对法律的承诺，也没有履行自己宣誓要按照法律审判的承诺。如果不断地这样破坏法律，便会威胁到雅典的社会均衡，而这样的均衡是建立这一假设之上的：非精英的陪审团员（其永远是多数）承诺一定会按照现行法律来投票。吕库古未能引发他所希望的继起随动，这表明了法律机构在维护健康的社会平衡上的作用；而他要求应该按照共同知识的价值和可信承诺的原则惩罚逃兵的申诉，则彰显了法律讲演在建立共同知识中的作用，而这样的知识使得协调性继起随动可以发生在其他公共领域。[1]

共同知识和公开传播

如果司法系统的唯一目的是正确回答"X在法律面前是否有罪"，那么协同性继起随动和共同知识便无疑是坏事。[2]但是，尽管雅典的某些法律非常详尽具体（见第六章），还是有另一些法律给陪审团员留出了不少权衡裁量的空间（Lanni 2006）。雅典的陪审团员这样宣誓：在法律足够清晰之处遵循法律，而在法律不够清晰之处寻求正义。然而，并没有能在清晰和不清晰之间划出一条明显分界线的法律专家。[3]"人民法庭"的重要职责是对清的法律问题给出正确的回答，但是此外它们还有政治功能。普通的法庭可以对"宪法"问题做出裁决，可以推翻由公民大会通过的但被认定为侵犯了现行法律的立法。雅典法庭直接参与有时间限制的政策落实（比如发布参战出兵的法令），因此必须快速给出判决。从整体组织运行的角度来看，相比在共同价值和共同知识基础上所协同做出的判断，随意的和不可预知的法庭裁决具有更多的潜在危险。

利俄克拉特案件体现了由法律决定的正确答案的重要性，其重要性限制了由协同得出判断的倾向。不过，当法律未提供清晰的指导或者案件的事实模糊时，陪审团员则被要求按照其誓言做出最正义的结论。如果有了一批共享的共同知识和对维护民主价值的承诺，便意味着在这样的情形下，陪审团员通常能够协同到可预测的方向。这样的可预测性，使得精英和普通民众可以对其生活进行规划，并维持他们之间的社会均衡。但是，由于共同知识库

---

[1] 有关在希腊文化和雅典司法实践中的正义和程序公正之间的平衡的论述，参见 Ober 2005c。Tom R. Tyler 和他的合作者强调在近代组织中的程序公正的社会和心理价值：Lind and Tyler 1988；Tyler et al. 1998；Darley, Messick and Tyler 2001。关于雅典法庭中陪审团员的教育的论述，参见 Too 2001。

[2] 这是森斯坦（Cass Sunstein）的新作中关于美国陪审团中商议性缺陷的论述的要点：Sunstiein 2000, 2006, 2007。

[3] 陪审团员的誓言被令人赞叹地发现和复原后是这样的："我的投票将按照公民大会和议事会通过的法律和法令，但是，在没有相应法律的情况下，我将按照我对正义的良心，做到不偏不倚。我的投票将仅仅针对和指控相关的事务，并且我将毫无偏见地聆听控方和辩方。"

是在不断地扩大的，法律预测不会降格到僵化为日常习俗。雅典的法律裁决从整体上来说，对不断变化的环境做出了响应，而不仅仅是其反映。苏格拉底案件（公元前399年）和福基翁（Phokion）案件［公元前318年：Mosse 2007（1998）：203—207）提醒我们，这样的系统并非永远在法律上正确或正义，但是，出错是民主的不可避免的代价。基本的观点应该是：如果把雅典法庭对共同知识的诉求等同于民主机器出了故障，那么我们就错了。

在公共机构中建立共同知识，解决的是拥有共同目标的人们如何"贯彻"的问题。除非每人都相信别人会同样行动，否则他们不会付诸个人行动。在博弈论中，共同知识通常被假定为完美无缺和无限深刻，在现实生活中，这个假定是"极其荒唐的"（Ginti 2000, 13—14）。在真实的世界里，一个社团中的成员的共同知识总是不完善的。比如，在利俄克拉特的案件审理之前，很多陪审团员可能从未听说过希巴克斯的故事，他们也不知道别的陪审团员对此知道多少。甚至在吕库古的讲演完之后，也无法确信每个陪审团员都完全听明白了。但是，即便不完美的共同知识也有助于解决协调问题。在一个已定团体中，协调行动可以在满足这样的条件下发生，亦即，足够多的人知道 x，并且有足够理由相信足够多的别人知道 x，同时也知道足够多的别人知道他们知道，以此类推……这一群体的大小取决于文化变量和对合作所需要的个人代价的预期。[1]

公开传播可以被定义为信息的"公开呈现"。和正式的政府机构（法庭、公民大会、公民代表委员会、官员）一道，雅典的纪念碑、宗教庆典和公共建筑都作为公开传播的媒体。比如，吕库古所提及的叛徒之碑就是公共场所的一个醒目的纪念碑。每个雅典人都会合理地认为很多雅典人（即便不是所有人）曾看到它。纪念碑上镌刻的"惩罚雅典的叛徒"给出了清晰的信息，使得所见者能够容易地理解。不仅如此，这个碑还深刻地融入了雅典的历史。就像吕库古理解的那样，历史作为著名的过去事件和故事，其本身就是共同知识的媒体。显著的实物形象、清晰的言辞和历史名声作为"公共

---

〔1〕 当所有的参与者认为的 x 是完全一致的，那么共同知识可以被称作完美精确的。共同知识可以被描述为无限深远，如果它在彼此了解的无限层次上向下走，比如，层次1 = A 知道 x，层次2 = A 知道 B 知道 x，层次3 = B 知道 A 知道 B 知道 x，层次4 = A 知道 B 知道 A 知道 B 知道 x……按此类推，永无止境。Kuran 在1991年证明了，要在事先确定多少共同知识足够产生改变历史的继起随动，是多么的困难。参看 Chwe 2001：76—79 页论有关实践中的共同知识的认知问题，以及如何可能解决之。

传播三要素"，一再出现在雅典的其他纪念性建筑和庆典里。[1]

共同知识并不是被动地"接受"某个特殊的信息，而是主动的社会经历。人与人之间的互相在场（interpresence），特别是互相在场的人的相互可见性，营造了一种特别有效的创建共同知识的环境，这是由于，每个参与者不仅可以亲身观察别人共同知道某些信息，而且还看到别人是如何对这些知识做出反响的。由于陪审团员彼此一道出席法庭，因此他们共同分享了律师的陈述。而且，他们可以通过观察别的陪审团员的面部表情和感叹而得到更多的信息：雅典的陪审团是出了名地爱对律师的发言进行回应。通过采集一系列看见的、听到的关键线索，有经验的陪审团员就可以准确地得知其他各位陪审团员对每个律师的每个部分的阐述是如何回应的。[2]

而律师引用历史事件也增加了雅典人的共同知识库。法庭最终的公开宣判则使得判决本身成了共同知识中的一项。比如，在公元前330年晚些时候雅典的一次主要法庭审判上，公诉人就引用了利俄克拉特案件的最后判决结果（Aeschines 3.252）。我们看到，在法庭审判的过程中被公开化的知识，不仅涉及法律和判决，也涉及了纪念碑和碑文、政治历史、法律人士的个人名声、陪审团员对争辩和演说策略的反应。所有这些都被参与者和旁观者在第一时间分享，并且随后由口头传播和书面传阅而更加广泛地公开化。[3]

雅典的司法系统使用了由紧密跟随、程序规则和可信承诺组成的协调机制。雅典的陪审团对某个刑事审判的判决的公开宣布形式是：x 人投票认为

---

[1] 公开传播：Chwe 2001：13—16 页等；Brennan 和 Pettit 2004：141—194 页如此评价赞誉、名誉和声誉的角色："公开传播可以这样理解，听众的规模就是尊严经济的燃料。"Chwe 2001：87—91 页认为，从其与共同知识有关系看，历史就像是公开传播。这里，我认为历史属于公开传播范畴，但是我并不认为这给研究方法指出了任何有意义的差别。

[2] 有关目光接触的重要性，参看 Chwe 2001：30—36 页；有关雅典陪审团的声音性，参看 Bers 1985。关于雅典的公共论坛设计为鼓励"单向"（讲演者对听众）还是"双向"（讲演者对听众，听众对讲演者）的交流，还存在着争论，尽管可以毫无疑问地说，双向的交流确实是当时标准的实践；参见 Ober 1996，第 8 章的引文。但是，对共同知识的关注表明，听众之间的交流（以及"旁观者"当中的交流：Lanni 1997）是同样重要的。

[3] 律师对历史的引用：Pearson 1941；Nouhaud 1982；Worthington 1994，第六章。有关在雅典庭审中援引过去的曾用过的辩论，参见 Lanni 2004；Rubinstein 2007。Gossip：Hunter 1994：96—119 页。有关演讲文本的传播，参看 Worthiington 1996。Lewis 1996 给出了一个有关新闻是如何在希腊世界（特别是在雅典）传播的总体调查，强调了其非正式性和社会阶级的作用。

有罪，而 y 人投票认为无罪。这样的投票可以看作是一批拥有充分信息的公民的公开表达，也是一个具有相当分量（多数人的程度）的提示，以提示其余公民跟随这个具体引导。[1] 创新性的法律争辩和陪审团员对法律解释的相当余地，确保了司法系统对变化环境保持弹性和适应性，而雅典司法系统中清晰的程序规则（正式和非正式的），使得每个人可以做出自己理性的选择，为将来做计划，以及在行动上和别的公民进行协调。

几乎每天开庭的雅典的人民法庭和律师们的长篇大论，是使得知识公开传播的好机会。使用和发展公共知识的公共论坛很多，而法庭仅仅是其中之一。就是这些公民们，他们服务于陪审团，参加五百人议事会，成为地方长官，并且，他们和更加年轻的公民们一起参加公民集会和参军打仗。这样重复和叠加的参与公众机构中的经验，给予了雅典公民很多机会去汲取新知识并判断其他公民对此的响应，从而进一步扩展了共同知识库。其结果就是个人和机构日益能够在政策的实施中协调他们的行动。

理性庆典和公共纪念建筑

崔时英（Michael Chwe 2001）让我们注意到，"理性庆典"在建设共同知识以及进而在复杂社会中进行协调的作用。希腊城邦有着丰富多彩的公众庆典，这些庆典结合了宗教性质、纪念性质、庆祝性质和公民政治功能。主要的雅典庆典包括城际（Panathenian）和国际（Eleusinian）的游行、阵亡将士纪念仪式（雅典"祖辈习俗"：patrios nomos）、戏剧节，以及公共祭祀、社团节日、舞蹈和政治仪式（比如陶片放逐）。仪式的规模大小不一，举办方和参与者可以是：行政区（deme）、部落、全体公民、妇女、整个城邦。同时，地方组织（氏族、密仪团体、亲属团体）也举办各种各样小型的庆典（Jones 1999）。对某个庆典的参与的权利和参与的程度通常是有限制和规定的，比如要求本地居民、氏族成员、入会许可、性别或者社会地位，但实际上所有的雅典社团的成员都卷入了这样的公共的和私人的仪式之中，包括常住的外国人和奴隶。仪式通常是周期性的（每日的、每月的、每年的），并

---

[1] 比如，在利俄克拉特庭审中，投票结果是 250 对 250（大概有一个陪审团员没有投票）；而在公元前 399 年苏格拉底的庭审上，投票大约是 280 赞同起诉人米莱都（Meletus），220 赞同辩护人苏格拉底。在民事法庭，其结果是 x 票赞同律师 A，y 票赞同律师 B。相同地，Pettit and List 指出，孔多塞投票规则（其过程中投票是严格独立的）的价值在于发出一个表示强度的信号（亦即多数的程度）以显示其决定正确的程度。

且与社会学习有关（Osborne 1994）。不仅如此，雅典人还不断地对此进行改进，一如他们在别的领域：增加新的城邦和地方的庆典，由城邦确认新的神，不断增加公共纪念建筑和圣地。吕库古的名望，并不仅仅由于他是一个公诉人和金融专家，还由于他还致力于增加雅典的公共庆典的知名度。[1]

　　所有的希腊城邦都举行公开的庆典，而古典时期的雅典则更以其异常密集的庆典而闻名遐迩。古典时期的雅典得以闻名天下的，不仅由于她是成功的民主社会，而且也由于她是一个有着密集节日的社会，出色地致力于庆典的公开演出。表5.1显示了繁忙的雅典庆典日历，但此日历仍然是非常不完整的，因为仅仅列举了城邦的节日。据说，除了唯一的一个月美马克泰瑞（Maimakterion，横跨10月和11月的月份）之外，所有的月份在雅典都有许多行政区参加的祭奠和其他常规性庆典活动。在每个月开始的八天中，有对各种各样的神和英雄的庆典。总而言之，每年至少有120天，也许多达170天，雅典都有由城邦赞助的宗教庆典。[2]

表5.1　雅典全年庆典事件的日历（简化版）

雅典月	格利高里月	每年由雅典城邦举办的主要节庆活动
Hekatombin	六月/七月	Hekatombaia, Kronia, Synoikia,* Panathenaia, *Aphrodisia?
Metageitoion	七月/八月	Metageitnia?, Eleusinia*
Boedromion	八月/九月	Niketeria, 庆祝在 Plataea 的胜利, Genesia, 庆祝在 Marathon 的胜利（Charisteria）, Boedromia, 庆祝从 Phyle 返回（Demokratia?）, Eleusinian（Great）Mysteries, *Epidauria, Plemoxoai
Pyanopsion	九月/十月	Pyanopsia, Theseia*?, Kybernesia? Thesmophoria（仅限妇女）,* Chalkeia, Apatouria,* Oschophoria, Stenia（仅限妇女）,
Maimakterion	十月/十一月	Pompaia?（没有行政区祭祀, 本月仪式被记录）

〔1〕　对雅典城邦的宗教和庆典活动的精彩介绍可以参看：Garland 1992；Parker 1996, 2006。进一步可以参看 Mikalson 1983；Schimitt—Pantel 1992；Wilson 2000；Cole 2004；Goff 2004。公民生活的不少方面也被高度地节日化了：Bers 2000 让我们看到几乎每天发生的陪审团员进入法庭的过程也被庆典化了。有关莱库古斯的宗教"规划"，参看 Humphrey 1985；Hintzen—Bohlen 1997。

〔2〕　雅典有着全希腊最密集庆典日历的城邦的荣誉：（色诺芬）*Ath. Pol.* 3.2, 3.8.，行政区节庆，见 Jones 2004：88 页。

续表

雅典月	格利高里月	每年由雅典城邦举办的主要节庆活动
Posideon	十一月／十二月	Posidea?, Rural Dionysia, * Haloa
Gamelion	十二月／一月	Theogamia, Lenaia, * Patrios nomos?
Anthesterion	一月／二月	Anthesteria, * Diasia, Lesser Mysteries(at Agrai) *
Elaphebolion	二月／三月	City Dionysia, * Pandia
Mounychion	三月／四月	Delphiania, Mounychia, Hephaisteia?, Hiketeria, Olympieia
Thargelion	四月／五月	Thargelia, * Bendideia, Plynteria, Kallynteria?
Skirophorion	五月／六月	Skira(仅限妇女), * Dipoleia (Bouphonia), Diisoteria? Arrhephoria, 向 Zeus Soter 祭祀

资料来源：Mikalson 1975；Simon 1983。

备注：每月有 29 或 30 天。"＊"表示多天节日。"?"表示月份不明。括号是行政官的决定，并执行有点随意，因此，雅典日历与格里高利日历之间的一致性也只能是一个大概。雅典公民日历有十个分支（根据部落主持轮流），因此也难以与节庆日历相协调，这给现代学者带来很大的麻烦（见 Mikalson 1975；Pritchett 2001 讨论这块极具技术性与争论性的领域），但这些对希腊人似乎没有影响。每个节庆月都可能包含 3 到 4 次集会活动。全年庆典中月份不明的包括：the Brauronia, Arkteia 和 Herakleia。

鉴于相对没有严格控制的雅典的私人生活（至少相对斯巴达而言），社会人群的多样化，以及参与的代价和收益随阶级的不同而不同，因此任何个人都可以选择或多或少地参加庆典。但是，对于虔敬和爱国的统一信心，清晰地使每个雅典人认为应该参与城邦的庆典生活[1]。尽管我们现在无法知道当时雅典人平均每年参与多少次城邦和当地的庆典，但可以肯定，这个数字按照现代标准来看是很高的；而且就我们感兴趣的比较来说，其参与水平比别的希腊城邦要高。按照崔的说法，除了构建社会意义并从而帮助参与者更好地理解他们的生活，庆典也具有一种通过建立共同知识来提升协调的理性功能。如果崔的观点是对的，那么雅典要比其他后来的民主社会和其同时代相竞争的城邦做得更好。

---

[1] 苏格拉底不参加城邦庆典这一事实被广泛认为是他在公元前 399 年被定罪为亵渎神圣的因素之一。有关讨论可以参见 Brickhouse and Smith 1989。

崔的研究和我们比较熟悉的对庆典的以意义为中心的人类学研究不同，其首先不是关心厚重的社会意义的描述。尽管意义确实非常重要，但是首要关心的是庆典作为公共传播的媒体。在某个庆典的过程中会体现出更深层的意义，但同时，每个参与者也通过自己的参与而了解到一个简单事实：其他参与者也在见证他或她所见证的东西。正如在别的公共媒体中一样，如果 A 和 B 彼此一起参加了一个宗教仪式并见证了神迹，那么，A 便知道 B 知道这个神迹发生了，同时也知道 B 知道 A 知道……以此类推。A 和 B 共同分享了神迹的知识，无论他们从中所理解的社会意义是否相同。[1]

雅典所有的庆典（和其他地方的庆典相似）有着某些基本信息。庆典本身按照这些基本信息来执行、述说和展示，而参与者们对这些基本的信息也有共同知识。再者，雅典的许多庆典也和别的地方的庆典一样按照规定的日程重复举办。重复本身也有助于建立共同知识。如果仅偶尔举行一次庆典，那么参与者会费力地了解其中信息以及他人对此的反应。然而，参与者在重复举行的庆典中和那些同样重复的参加者一起，就会对其内容和其他参与者的反应都了若指掌。这样一来，那些已经是众所周知的信息便会更加准确和广泛地为人所知。

所有的公共庆典都可以说包含了共同知识，但是，那些有着公民政治内容的庆典（比如，成年礼宣誓和阵亡将士的公共葬礼），则更加关系着由人民政府来解决的协调问题。在民主社会中，与协调行动有关的共同知识，则是对雅典庆典的参与者最为重要的部分。对我们的讨论来说，值得注意的是显而易见的公民政治内容被加入到了主要的公共庆典之中，这些庆典的特点包括民主前的历史、公民和非公民的参与者，以及浓厚的政治以外的多层意义，比如厄琉息斯秘仪、泛雅典节和城邦酒神节。[2]

和社团庆典有着类似作用的是公共纪念建筑，其功能是作为公开传播媒体传递公民政治信息内容。著名的公共纪念建筑提供了共同参考的物质形式的"聚焦点"，人们从中获得足够类似信息，从而协调他们的行动而不必得到另外的详细指令，这有助于解决日常的协调问题。一个经常被人们引用的

---

[1] 从以意义为中心的人类学出发对庆典的研究，见 Geertz 1973，1983；Sewell 1999；Ortner 1999；Inglis 2000。关于雅典庆典的有影响的"格尔兹式（Geertzian）"论述包括 Connor 1987 和被 Dougherty and Kurke 收录的一些短文。

[2] 关于雅典庆典的公民内容的最新研究，参见 Strauss 1985；Winkler and Zeitlin 1990；Boegehold and Scafuro 1994；Alcock and Osborne 1994；Osborne and Hornblower 1994；Mosse 1998；Goldhill and Osborne 1999；Wilson 2000。

例子是，大中央火车站和帝国大厦就是这样的聚焦点，它们分别使纽约本地人和外地造访者用其作为参照地，约见彼此。作为聚焦点，纪念建筑本身就是关于空间的共同知识的一部分，所以能帮助人们在他们共同生活的大地上以协调的方式旅行。[1]

有的纪念建筑还有附加的协同功能。公共纪念建筑承载着显而易见的信息，所以，在共享的文化或历史的某些方面可以给予观众以人人可以得到的、相对清晰的和"统一"的阐释。就像我们看到的，吕库古引用青铜叛徒之碑作为一个承载信息的雅典纪念建筑的典范。在他的讲演里，这个碑通过其历史和碑文，典型地表达了公开传播的公共政治功用。

我们必须注意，鉴于人类有把新的（可能颠覆性的）意义附加于现存物体的能力，公共建筑所承载的信息的清晰性和一致性必然有一定限度。比如，马丁·路德·金 1963 年在华盛顿的林肯纪念堂前的讲演"我有一个梦想"，就是用非常著名的公共纪念建筑来对抗当时美国人普遍存在的关于种族和政治的理念。金非常有意识地运用林肯纪念堂（以及引用林肯的废奴公告），显示了林肯纪念堂具有经久不衰的力量，可以公开宣告一段独特的历史（针对非裔美国人的蓄奴和后来的废奴）和独特的价值（由"民有、民治和民享政府"代表的自由和平等）。金的那次精心的讲演地点的选择，说明了公共纪念建筑有助于有价值的社会协调，不仅仅在稳定共识的时期是这样，而且在社会动荡和内部冲突的时候也是这样。[2]

雅典城邦由民主政府的赞助或允许，建造了非常多的纪念性建筑。雅典的卫城就有很多这样的建筑：神庙、祭坛、雕塑、敬献的建筑和公共记录建筑（Hurwit 1999）。另外一些著名纪念建筑在下城区，特别是在集市广场里（见下文）。还有一些散布在乡村地带［比如为了纪念在公元前 490 年在马拉松牺牲的 192 位雅典士兵的索罗斯（Soros）纪念墓地］。当然，按照罗马时期的旅行家和作家包桑尼亚（Pausanias）详细记载的，别的希腊城邦和圣地也有不少著名的纪念建筑。这样的纪念建筑和民主并无关系。有些重要的雅典"聚焦点"纪念建筑是由僭主在民主化以前造的，其中著名的有在集市广场的"十二神祭坛"，它也作为测量在雅典境内距离的"原点"。许多雅典的著名建筑宣扬的是共同的历史和价值，比如帕特农神庙、卫城上巨大的帕

---

［1］　Schelling 1980；Chwe 2001：88—89 页，96—97 页。
［2］　参见 Ober 2005b，第三章。

特农雅典娜雕像、城邦雅典娜雕像或者是雅典供礼清单，它们都是用来宣扬"城邦民族主义"的（Hedrick 1994，2006）。尽管它们是这个非常成功的社会里十分显眼的昂贵产物，这些纪念性建筑并不有助于专门阐述共同知识在参与型民主中发挥作用的方式。

但是，雅典还有一些著名和独特的纪念建筑，它们被精心地安排在集市广场里面或近处，这些纪念建筑却是"民主"的高度聚焦点，它们承载了非常特定的有关本国民主历史的公民政治性信息。有的著名纪念建筑在民主公民的协调行动上发挥了重大作用，这包括了"弑暴君者"群雕和雅典英雄纪念碑，前者是在公元前447年由克里托斯（Kritios）和内西奥特斯（Nesiotes）雕刻的，而后者最初在公元前五世纪建立，后来在公元前四世纪在新的基座上重建。弑暴君者纪念碑在政治动乱中起到了雅典民主派的集合地点作用。雅典英雄纪念碑也是发布公告的地方，比如那些出发到前线的重装兵的名字就张贴在那里。也正是在那里，每个部落的成员可以找到有关其部落的特定信息。这些有意为民主服务的纪念建筑发挥了两个作用：以聚焦点的形式，使得公民在公共空间得以协调其运动；以历史课的形式，回顾民主的革命起源和此后建立的新的民主机构。它们都宣扬了清晰和一致的有关人民执政的信息，并以彰显特殊的历史和价值来做到这一点。和许多在雅典和希腊别处的纪念建筑不同，这些纪念建筑和与此类似的建筑之目的，仅仅在于将民主信息公之于众，并从而构建一批明确的民主性共同知识。[1]

建筑和互见性

崔强调了相互在场的人构成"内向圆形"（inward—facing circle）对于建立共同知识的重要性："内向圆形保证了最多的目光对视；每人都知道别人是否知道，因为每人都看到了别人是否给予了足够的注意力。"[2] 假定有那么一群观察者，他们排成这样一条直线（图5.2a），使得每人都可以观察到一个传递新信息的"事件"（比如一个讲演或者一个庆典）。在此情形下，

---

〔1〕 Hedrick 2000：330—331页强调了雅典民主题词的信息。作为民主聚焦点的"弑暴君者"雕塑：Ober 2005b，第10章；Teegarden 2007。城邦英雄纪念碑和其历史，见Shear 1970；Camp 2001：157—159页。

〔2〕 Chwe 2001：4—5页，30—35页，引文5。

他们每人都知道这个事件，但是他们的共同知识却受到限制，因为他们很难观察到别人对此事件的反应。但是，如果同一群人被安排在一个圆圈上，则当他们共同观察这个事件时，每个观察者还可以同时观察这个事件和其他观察者的反应（图5.2b）。

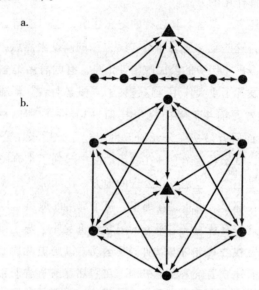

图 5.2 观众观察事件的发生，直线（a）和圆形（b）的情形。

崔指出，一些现代的会议空间就是这样故意地设计成内向圆形，以便所有与会人可以和别的与会人有最多的目光接触，从而知道他人是否在注意。比如，德克萨斯州的沃斯堡（Fort Worth）市政厅里的会议室就采用了改进的"圆形剧场"形式，其座椅一排排地都面朝向内，排在一个四分之三的圆弧的周边；另外四分之一则是市政官员的座位和一个讲台。多排观众座位意味着互见性将不充分（比如我看不见坐在我正前面的和正后面的眼神），但是，上下一层层排列的座位则可以使更多人被安置在同一个圆形区域中，同时还可以互相看到在场的大部分人（图5.3）。这样一来，大多数人都能看见和听见中心区，相互在场的参与者之间的互见性也被最大化。这当然是古希腊剧场对空间的处理方式，这种建筑样式最初是由雅典发明的。在这样的剧场空间里的观众，可以发展精确的共同知识，因为所有人都见证了相同的表演，尽管视角不同。他们的知识也更具广度，因为所有人都持续地意识到别的观众的在场，并且观察别的观众对表演的反应。

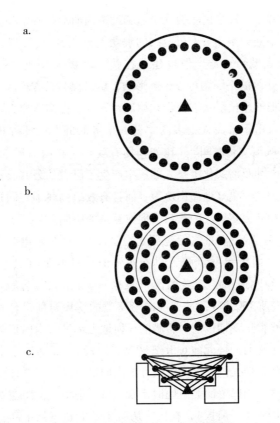

图5.3　内向形圆空间：简单圆（a）和希腊剧场（b和c）。

在内向圆形环境里交流的共同知识，未必就和民主参与或公民社会相关。在南美西南部吉瓦会堂（Kiva）土著人举行的庆典中的参与者和罗马斗兽场里的观众所分享的知识，其内容未必就是公民性的。但是内向的圆形确实很适应民主自我管理的商议性和学习性过程。沃斯堡市政厅的设计者爱德华·斯通（Edward Durrell Stone）希望提升每个参与者"观察其他人的感受和反应"的能力，并以此来重新创建传统的美国市政会议（参见第二章）。[1] 如果雅典的参与型民主需要共同知识，如果古希腊的建筑师也了解斯通和崔关于内向圆形的直觉和知识，那么我们可以预期雅典会建造内向形公民空间。这已经在多种规模的建筑上被广泛证实了。

---

[1]　Chwe 2001：30—31页，引用 Goodsell 1988：166。参照 Bryan 2004 对 Stone 期望重新创建市政会议的经验分析的细节。

在希腊城邦中，民主的雅典在建造和改进内向形公共空间方面的努力最为瞩目。这些空间大小不一，可容纳的观众人数从 50 人到 17，000 人不等。它们主要建造在城市中心，但也建造在整个阿提卡各地的较大的行政区（demes）中。建筑的平面图可以是圆形的，也可以是长方形的，但是建筑内部加一个内向形的座位形式。我们在第四章看到，许多雅典人在公共事务上花费很多时间。由于雅典人很多的"公共事务时间"（比如担任议事会成员）和他的"政治文化时间"（比如剧场看戏）是在内向形空间中度过的，所以在公众服务和政治文化上投入的成本产生了巨大的公共收益，这不仅是有效地汇聚知识从而更好地做出决策，而且有效地构建了共同知识，并因此在雅典庞大的和社会多样化的人口中促成复杂的协调。[1]

只是在雅典的民主时期（第三到十一阶段），雅典才建造了内向形的纪念性公共建筑。而迈锡尼希腊人早在青铜时代的晚期（公元前 1600—前 1200 年）就已经建造了纪念性的圆形墓冢（Tholos），在随后的黑暗时期（公元前 1100—前 750 年），具有内向形座位的房屋可能已经相当普遍。[2] 但是在公元前 6 世纪晚期以前，希腊的任何地方都没有内向形的纪念性公共建筑。雅典民主化前的公元前 6 世纪（第二阶段），雅典僭主主持建造了不少纪念性建筑物，但是其中无一被设计成内向形空间。纪念性内向形公共建筑的建造和改进，和民主的诞生同时出现（第三阶段），伴随着民主鼎盛时期而发展（第四到十一阶段），在民主历程中断时也突然中断。后民主的公元前三世纪，则是一个没有任何大型公共建筑的历史断层。纪念性建筑重新在公元前二世纪（第十二阶段晚期）开始出现，主要的新公共建筑是由希腊化时期的各地国王作为礼物送给雅典的，它们的形式是廊柱或者庙宇，而不

〔1〕 在这里我主要关注的是公共建筑作为公开传播媒体的功能，而非这些空间中进行的公民信息的表述功能。但是，我在别处（和别的学者一样具体地）阐述了，雅典观众在观看戏剧时所见证的台词同样具有公共内容，显然，其效果堪比专门为了用于政府事务而设计的建筑空间中的讲演和讨论。见 Euben 1986；Winkler and Zeitlin 1990；Wallace 1997；Goldhill and Osborne 1999；Wilson 2000。有关公共检验的内容，参见 Ober 1989；Yunis 1996；Johnston 1999；Hesk 2000。
〔2〕 圆形墓冢（Tholos）包括在迈锡尼的著名的"阿伽门农墓冢"，不过它们是希腊青铜时代标准的建筑形式。在阿提卡南部发现有一个体量适中的圆形建筑，其内部布置有长凳座位，Lauter 1985 证实了这确实是一个公共建筑。但是，这样的形式在古希腊黑暗时期的私人住宅中也是很普遍的：Morris 1998b。

再是设计为内向形的用于公民活动的结构。[1]

　　根据对考古学证据的最令人信服的分析，雅典在民主创立的公元前 508 年后，开始建造主要的新型内向形建筑。在大约公元前 500 年，雅典竣工了用于特殊目的议事会大厅（Bouleuterion），以用于五百人议事会，它位于雅典集市广场的西侧。同时，他们还建造了一个叫普尼克斯（Pnyx）的剧场（庞大、半圆形、座椅上下排列环绕），专门用于召开全体公民大会。同时，集市广场被正式指定为开放的公共空间，并在集市广场的进口处设立了标志。雅典人因不同目的而聚会在这里，包括观看跌宕起伏的悲剧演出。到公元前 6 世纪末，至少有两个行政区有这样的剧场（请看本章后面部分）。[2]

　　大约在公元前 470 年，亦即在建造议事会大厅一代人后，一个圆形梭罗斯（Tholos）在议事会大厅的南侧落成，这也是一个为特殊目的——*prutanikon*（议事执委会）而建的。每个部落的 50 个代表要在这里做一年中 1/10 时间的轮值主席，这个建筑提供给他们在这里开会和就餐的方便，还为其中的 1/3 提供住宿。在大致同期，雅典人在卫城南侧山坡上建造了专门的酒神剧场。这些建筑活动在希波战争后的这个时期蓬勃发展，随后是公元前五世纪中期的帝国时期的伟大的建筑计划。雅典帝国时代的建筑，正如同民主时期前的僭主建筑计划，专注于建造庞大威严的卫城神殿和乡村地带的圣殿。但是帝国时代的建筑也包括了一个瞩目壮观的内向形建筑——奥迪安（Odeion）剧场，这是一个新式的、可能有屋顶的公共演出空间，它紧挨着酒神剧场。[3]

　　在公元前 5 世纪末，在伯罗奔尼撒战争的最后阶段，老的议事会大厅被改建成档案馆并先给诸神之母（Metroon）。同时，紧挨着旧议事会大厅的后面，又建造了一座新的议事会大厅。战后不久，就重建了普尼克斯剧场，其布置方向也有所改变。大约 50 年后，在公元前 350—325 年左右，普尼克斯剧场再次被重建。大约在同一时间，酒神剧场被彻底重建，这属于由曾经公

---

〔1〕　雅典的公共建筑历史：Camp 2001。值得注意的是内向形公共空间（剧场和公民大会建筑）于公元前四世纪在小亚细亚的希腊城市变得非常普遍；很多有关功能和建筑的设计元素看起来是直接来自于民主的雅典，有的甚至就是直接照搬的。我们对雅典法庭的内部布置知之甚少（Boegehold 1995）；Carey 1994 则指出，雅典的司法系统的空间和别的公共空间并没有显著差别。

〔2〕　老议事堂：参见第四章。Pnyx I，见 Forsen 和 Stanton 1996。市场界石，见 Ober 2005b：185—188 页。

〔3〕　Tholos，Odeion，酒神剧院：Camp 2001：69—70 页，100—101 页，144—146 页。

诉利俄克拉特的吕库古领导的一个庞大的建筑计划。公元前四世纪在雅典城外建造内向形空间的工程特别活跃。我们有零散的公元前 4 世纪证据表明，这一时期在阿提卡乡村地带有 14 个剧场由行政区所建造和拥有，而别的由行政区所拥有的剧场也极可能建造在这个时期（见本章下面），虽然我们对此缺乏证据。[1]

到了公元前 4 世纪的下半叶（第十一阶段，亦即吕库古和亚里士多德的年代），雅典具有了一系列的为公众目的服务的内向形空间。根据它们在城邦中的不同功能，其容纳空间有很大不同：梭罗斯可容纳 50 人，议事会大厅（II）可容纳 500 人，奥迪安可以容纳大约 3000 人，普尼克斯（III）可以容纳 8000 人以上，酒神剧场可以容纳 17，000 人。梭罗斯和奥迪安基本上保持了原来在公元前 5 世纪的结构和功能，但是其他的内向形建筑则进行了设计改变。在旧的议事会大厅中，座位分布是方的 U 形；而在新的议事会大厅中，座位分布形式改变了，但是其细节不清晰，学者们争议很大。重建的酒神剧场与其公元前 5 世纪的前身比起来，则更具建筑雄心，也很可能要大得多（Csapo 2007）。在公元前 5 世纪末第一次重建的普尼克斯（即 Pnyx II），其会议空间的方向转了 180 度，这使得进场人数得到更仔细的监控。而三次重建后的普尼克斯在建筑学上提升了，并和酒神剧场一样，能容纳更多的观众。

对议事会大厅、酒神剧场和普尼克斯剧场的建筑改良，应该是由近代建筑学家称作为"程序设计问题"所驱动的——亦即，这些改变是来自人们使用空间的实践目的，而非美学上所谓的"建筑即大尺度的公共雕塑"。重建这些内向形建筑，显然不是由于建筑被损坏或者由于建筑审美观的改变。[2]在民主时期的雅典，对于那些不用于公共聚会的尚且完好的公共建筑，并没有像上述那样的努力去重建（比如，卫城的神殿，或是行政官员办公地的广场柱廊）。尽管还需证明，但是很可能雅典优先选择投入财力首先重建那些现存的政府建筑，是有意识地要增加各种大小的内向形空间。如果这种改变使得共同知识得到了相当的增加，那么这样的花费是非常值得的。

---

[1] 新议事堂：Camp 2001：127。Pnyx II and III：Forsen and Stanton 1996；Campl 2001：132 页，153—154 页，266 页。

[2] 比如，可以对比在希波战争中被摧毁和受损的雅典各神殿：Camp 2001：57—58 页。

不同规模水平上的共同知识

第四章讨论了政府在行政区、部落和城邦等多种规模尺度上提供了扩展社会网络的机会，进而促进了知识的汇聚。在这三个尺度上的公众聚会，提供了获得共同知识的机会，并因此促进了协同。我们已经了解了英雄纪念碑在部落尺度上公开传播信息的作用，以及密集的本地庆典在每个行政区的尺度上公开传播信息的作用。关于行政区、部落和城邦等规模水平上的共同知识的间接证据来自行政区剧场的历史。

这种对城内主要的内向形公共空间进行相继重建的模式，又再现于雅典城外保存得最好的剧场建筑历史中。这个剧场就在阿提卡南部银矿区的托里库斯行政区，它最初是在公元前6世纪末建造的，要么是在公元前508年的改革前［就像伊卡里亚（Ikaria）剧场，其通常被认为是建于公元前520年］，要么是改革后立即建造的。桑里戈剧场后来在公元前5世纪重建，然后又在公元前四世纪中期重建，最终可以容纳3,200名观众。[1]

行政区的剧场可以几乎肯定被用来演出悲剧、喜剧和"乡村酒神节"的赞美歌合唱。很可能（尽管我们对此没有直接的证据）这些剧场也被用于召开本行政区的公民大会。[2] 桑里戈大约有五或六个议事会代表名额（bouleutic quota），因此大约有300—400名成年男性公民。在公元前四世纪建造可以容纳3,200名观众的剧场，剧场建造者显然确信有比这多得多的观众。这样大的剧场容量看来不正常（比如Camp 2001：313），只能用阿提卡南部的银矿区的大量人口来解释。但是银矿区的大多数人是奴隶，而他们是不太可能去剧场的。

另一种可能的假说是，桑里戈的剧场有的时候被用于超出其行政区以外的目的。最可能在桑里戈的剧场聚会的，是行政区之上一级的共同体，即第五部落（tribe V：Acamantis，桑里戈行政区隶属于此部落）。行政区剧场具

---

〔1〕 托里库斯剧场：Camp 2001：312—313页；Csapo 2007：99—100页（附有观众席估算和参考文献）。

〔2〕 行政区可以按照其喜好和能力来演出悲剧、喜剧和歌会。行政区公民大会：Whitehead 1986：86—90页；Jones 2004：86—87页；已知的和假设的行政区剧场的使用：Whitehead 1986：212—222页；Jones 2004：87页，140—142页。

有为部落服务的功能，这一假说得到了间接的证据，即进来对一个剧场的座位容量的估测——在第一部落（tribe I：Erechtheis）里有一个较大的"城市行政区"欧尼默（Euonymon），它拥有 10 个公民代表名额，考古学家在那里发现了一个可以容纳 2,500—3,750 名观众的剧场。在公元前四世纪晚期，每个部落大约有 3,000 名公民，因此看起来桑里戈和欧尼默的剧场各自都可以容纳其部落的全部公民。[1]

已知的行政区剧场的地理分布也支持了这个假说，亦即，这些剧场确实有时被用来举行超过行政区人口的全体集会。范围更广的聚会必将形成更广泛的共同知识，并有助于达到一个积极目的：超越内在当地紧密网络关系的互动与团结。文本残片、碑文和考古学证据直接或间接佐证了 14 个行政区剧场的总数。[2] 由于这些残迹的实际留存极其稀少，因此可以判断，还存在很多别的行政区剧场。

所有这些被确定的 14 个行政区剧场中，有 13 个是在 38 个相对大的行政区中，这些行政区每年的公民大会代表名额从 4/5 个到 22 个不等；只有行政区克莱图斯（Kollytos，其公民代表大会名额为 3 个，是 5 个城内行政区之一）属于 101 个小行政区（公民代表大会配额小于或等于 4）。[3] 在名额小于 3 的所有 76 个行政区中都没有发现剧场。由于只有大约 1/4 的雅典行政区是相对大的，这样的剧场分布状态很难说是偶然产生的——那些大的行政区要比较小的行政区更有可能拥有剧场，而小行政区中很少有剧场。由于

---

〔1〕欧尼蒙剧场：Camp 2001：315 页；Csapo 2007：99—100 页；Moreno 2008：44—45 页，60 页假定——但是没有提出讨论——剧场的容量不会超过行政区的总人口。对部分保存下来的伊卡里亚和雷姆尼斯的剧场进行分析也许可以给出它们观众容量的估计（Gebhard 1974：434—436 页；Camp 2001：289—291 页，301—305 页）。

〔2〕行政区剧场的证据：Whitehead 1986：212—222 页。有直接证据（考古学和碑文）证明在阿提卡地区内有 7 个行政区剧场（罗马数字表示部落，阿拉伯数字表示公民大会代表配额）：Euonymon I—10，Ikarian II—5，Thorikos V—6，Archarnai VI—22，Aixone VII—8，Piraeus VIII—9，Rhamnous IX—8。有可靠的间接证据表明还有另外 7 个：Anagyrous I—6，Myrrhinous III—6，Paiania III—11，Halai Araphenides VII—6，Eleusis VIII—11，Eleusis VIII—11，Aigilia X—6。

〔3〕这 38 个最大的行政区仅仅占了全部 139 个行政区中的 27%，但是却占了议事会全部名额的 60% 强（这也大约是占了公民总数的比例）。城内行政区克莱图斯位于酒神剧场的南侧；因此可以想象，所说的在那里上演（很可能是乡村酒神节）的喜剧（Aeschines 1.157）和悲剧（Demosthenes 18.180，262）实际上是行政区借用酒神剧场上演的。

城外的戏剧和合唱表演都是在剧场里演出的，并且就像每年乡村酒神节所示，它们是雅典人生活中不可或缺的，于是我们可以假定，那些小行政区的居民去大行政区的剧场看戏，这导致了有相当多的跨行政区的观剧行为。

以目前的文本、碑文和考古的证据，还不能证明跨行政区的观剧是由部落组织的。但是根据相当平衡的已知的剧场分布来看，确实应该如此。所有14个已经被证实的行政区剧场分散在10个部落中的9个当中，而只有第四部落（Leontis）至今还没有找到确认的剧场。5个部落（V、VI、VII、IX、X）被证明其中都有一个行政区有剧场；在3个部落（I、III、VIII）中，都有两个行政区有剧场，而1个部落（II）有3个行政区有剧场。这14个剧场的分布近乎于最优化，它们平均地分布在10个部落中。这样的平均分布很难说是偶然造成的。[1] 因此，剧场如此在行政区中分布，应该也考虑到了部落的分布。这种分布机制可能是城邦高层的中央设计，但也完全可能是部落之间竞争模仿的结果。对我们来说，分布时考虑到部落因素，比起分配机制更加值得关注。[2]

总之，显然在公元前四世纪，每个部落都在其主要的行政区有至少一个剧场，而且剧场和这10个部落的活动有关。从上述已被确认的剧场在各个部落的平均分布，以及桑里戈和欧尼默剧场的观众容量看，这些行政区剧场在用于行政区的活动的同时，极可能被经常用于部落的活动。在这些剧场举行的部落活动，可能包括了部落大会、部落节日或者部落为了在城邦的合唱演出而进行的彩排。[3] 如果这个一般性假说是正确的，那么公民在依次上升的不同规模的公民社会（行政区、部落和城邦）中的知识汇聚的过程中受到的教育，在这三个规模水平上，在构建共同知识的内向形公共空间中得到

---

〔1〕 14 个剧场在 10 个部落中的实际分布是：3 2 2 2 1 1 1 1 1 0，而最优平均分布是：2 2 2 2 1 1 1 1 1 1。因此，只要做一个移动（从 3 到 0）便可以得到最优平均分布。从统计学上来看，要靠随机发生来得到这样的平均分布的概率是非常低的。我感谢戈尔和阿亨在这个问题上给予的帮助。

〔2〕 如果我们假定"较大的行政区更可能拥有剧场"成立，并假设"每个部落都至少有一个行政区有剧场"，那么我们可以猜测，Phrearrhici 有一个未被发现的剧场：这是部落 Leontis 中最大的行政区，具有 9 个公民代表大会名额。行政区剧场分布假说指出，剧场分布按照部落和行政区共享原则，那么，在行政区 Phrearrhioi 进行考古调查便可以对此假说进行检验。这个行政区在阿提卡的西南部分，是部落 Leontis 中的海岸三一区。（雅典有 10 个部落，每个部落由三个部分组成，即海岸、城市和内地。——译者注）

〔3〕 部落公民大会：Hoppers 1957：14—16 页；Jones 1999，161—169 页。

再次概括和总结。通过多种规模水平上对知识汇聚和协同的参与，随着民主社会不断发展更加精致的机构和建筑上的实践，公民对具有社会价值的认知过程的经验得到了增长。

内向形的座位，以及因此而获得的参与者之间的互见性，是为雅典公众聚会而设计、由民主政体建造的建筑物的一种持久性特点。城中集市广场可以被视为一种为了共同在场的每个人可以互闻互见的空间结构的原创性希腊模式，具有官方确定和严格执行的开放空间，在那里公民们可以汇聚在一起讲演和彼此会面。[1] 需要注意的是，把空间组织成可以互相在场和互相可见的形式，并非雅典的发明。韦尔南（J. —P. Vernant，还有其他研究者）强调，集市广场作为一个对公众开放和由公众共享的空间存在于希腊城邦的"中心"，是希腊古风时期晚期和古典时期基于公民平等的政治组织的特点。[2] 进而，内向形建筑也并非雅典特有。在公元前四世纪，另外一些城邦和泛希腊各处圣地也建造了它们自己的剧场，有的城邦具有至少一两个政府建筑被设计用作大规模会议的。在罗马时代，一般意义的共和式（民主制或选举权比较开放的寡头制）自我统治形式被狭隘的寡头制取代后，一些希腊城市（包括雅典）最初具有开放空间的集市广场就被巨大的柱廊和神庙所占据，而这些建筑不适于内向型公众会议。[3]

因此，以上所考察的雅典建筑历史，可以放在泛希腊的历史和政治的环境中来看。但是，大范围的希腊环境并不能充分解释雅典古典时期建筑发展的独特特点。没有任何另外一个古典时期的希腊城邦，曾像雅典这样建造了如此众多的城内城外的巨大内向形建筑。[4] 雅典的民主和增加互见性的建筑之间，是有历史关联的。像希腊剧场一样，雅典的大会场（*ekklesiaterica*，类似剧场的、召开公民大会的聚会空间，在雅典被称为"普尼克斯"）、议

---

〔1〕 理想的城邦便是 eusunoptos，亦即，一眼便可以知道公民彼此的品格，见［亚里士多德］*Politics* 1326b22—25，1327a1—3。

〔2〕 关于集市广场中的相互表达，及其对形成希腊人的独特的政治组织观的重要意义，参见 Vernant 1982。

〔3〕 Wycherley 1962 提出了这个论点。H. Thompson and Wycherley 1972（对照 Camp 1992 的更新）给出了雅典集市广场按照时间顺序的地图，图解了其演变过程。

〔4〕 如果我们按照 M. H. Hansen and Nielson 2004 *Inventory* 记录的公共建筑的相关形式 对"内向形公共建筑"进行计数（把所有重复的都记作 2，因此计数比实际的要少），则雅典的得分是 6。其最接近的竞争者叙拉古和奥林托斯的得分是 3。这些数字仅仅对于雅典的出类拔萃提供了一个主观的印象；不过，实际上不容置疑的是，古典时期的雅典确实建造了比任何别的古希腊城邦更多的内向形建筑。

事会大厅（巨大的、带屋顶的，为了大型议事会使用的建筑）、执委会会堂（*prutanikon*，为了数十位地方官员聚会的公共建筑，在雅典被称为"梭罗斯"）等，都可能是雅典的发明。很可能（但是也有争议）所有这些建筑形式是在雅典民主化后的最初几十年内在雅典首先落成的。当这些建筑形式被雅典以外的其他城邦采纳时，往往和这些城邦的民主政府联系在一起。[1]

　　庆典、纪念性建筑和建筑空间，都可以被视为公开传播媒体。沐浴在这些媒体当中，使得共同知识更广泛和更准确地传播，从而使得在多样化的人群中的各种协同努力成为可能。在公共庆典、纪念碑和建筑中的公共投入，如果可以使得一个社会能够解决其原本难以处理的协调问题，那么是物有所值的。我必须说，在一个参与型民主的社会里，建立共同公民知识的优点是显然的，它使得秩序可以在没有命令—控制机制时得以落实。共同知识并非与生俱来就是政治的，更非一定就是民主的。但是，一个民主统治当然可以采用它以达到其政治目的。内向形的聚会空间的推广、鲜明的公民庆典的增多，以及彰显民主历史的焦点性纪念建筑的建立，这些都扩展了雅典关于规则、承诺和领袖声誉的共同知识。由于雅典的公开传播媒体建立了共同的公民知识，并使得公众承诺更加可信，从而促进了认知上的协同。如果协同导致语境不当的继起随动，便会产生负面效果。但是在正确的社会语境中，协同非常有价值。由于协同的知识，使得协调的努力成为可能，从而促使了雅典城邦的政策贯彻，并提升了雅典的国家绩效。

---

〔1〕　McDonald 1943 是一个有用的综述，但是需要更新。

第六章　规则化：开放、公正和交易成本

在汇聚离散知识后做出的决定，通过协同共同知识来实施，如果它能成为一种规则化（codified）的知识，将对未来行为产生更大影响。在规则化的知识过程中，一个决定就形成了"游戏规则"的行动指南，在社会奖励与惩处的分配上有可能产生巨大影响。[1] 当规则凝固不变或拒绝重新解释时，它们将妨碍有益的变革。但是规则如果过于宽松，社会学习的回报又会很低。在理想高效的认知均衡情况下，规则应该既能够给出足够的行动指南，又留有相当的修改和解释的余地。在雅典，体现知识汇聚和协同过程的动态形式是通过规则化以形成法律或规章文本的。在许多情形下，文本是镌刻在大理石碑上并公开展示——名符其实的"勒石以记"。修改法律的宪政过程（尤其在公元前五世纪末的修改，见第五章）以及规则化法条运用的法律、社会环境，都使僵化的倾向得以避免。雅典的规章清晰而且稳定，足以让政治参与和公民教育有相当收益。规则化的知识使雅典人民能充满信心地为未来做出规划，同时，还鼓励他们考虑如何改变规则以使得其个人和集体的境况得到改善。

意图与解释

在参与民主中，规则知识并不是一成不变的，它会回到行动领域当中，并通过受新法规影响的人们所做出的选择而变化。雅典法律规章允许合法的争执，并根据争论者的选择，在多种程序和场合被听证。并且，由民主程序

---

[1] 有关经济回报的游戏规则，见 North 1990；Baumol 1993，2004；也参见 Greif 2006d 的讨论及本书第一章。古代法典实践调查，见 Livy 2000。

产生的雅典法律，在明确的修改法律的宪政规则下，通常可以被改正。在公元前四世纪，规则按等级划分为法令和法律。法令可以在单个协商团体（通常是公民大会）的投票下改变，而法律只能在政体中不同团体的一系列决定之后被修改。[1] 可修改性是雅典规则制定的一般原则，但并不是普遍原则。在少数例子中，尤其是有关外交政策的立法中，会有保障条令，为了防范修改法律而对任何提议改变规则的人加以惩处。[2]

规则化通过将规则制定者的意图投入未来而促进共同行为。意图在汇聚和协同的认知过程中极为重要。布拉特曼（Michael Bratman 1999）的共同行为的思辨模式及佩迪特与里斯特的集体行动者的模式都注重团体成员对于促成一个目的的共享意图，注重他们追求这个目标的意图，以及注重他们认为团体中其他人也有相似意图的共同信念（见第一章）。然而，随着共享的意图被投入未来，意图与行为的关系也随之变化。

人们最初在决策与实施中做出的选择与后来服从这些决定的人们做出的选择之间有着某种关联，但这种关联并不能够简化为分毫不差的跟随，（即）通过阅读文本去理解最初决策者的意图，然后严格遵守执行。包含在条规中的信息是要由遵从它的人们予以解释的，而解释则随情形而变。正如美国宪法学者们对立宪者的"初始意图"的争论所表明的，决策者过去的意图并非一目了然的，也肯定不能简单地从他们决策的实际效果来反向推演出来。[3]

合理诠释可以产生有效革新，同时又无须随时间变化而改变正式规则。它是社会认可的防范僵化的药剂。但某些时候，毫无约束的解释下的创新，可能导致规则作为行动指南的价值变得无效。条规化的雅典立法有助于雅典个体及其他服从雅典规则的人们权衡任何特定行为的可能代价或收益，并在评估风险时，对他们自己的抉择更有信心。当游戏规则是明确而公开的，游戏玩家们就能更好地做出选择。而一旦这些规则变得僵化，或被阴谋家们操控以达到反社会的邪恶目的，组织表现就会出现问题。与相关的汇聚与协同的认知过程一样，在学习与创新之间的均衡决定了规则化过程对结果的

---

[1] 法律与条令的正式区分是前五世纪法律改革中的一项创新，见 Hansen 1999：161—164 页。

[2] 有关法规保证的词汇，见 Boegehold 1996。Schwartzberg 2004，2007 将雅典立法的保证措施与民主的需要与保证其外交政策承诺的可信性联系起来，但她也指出其少见性及雅典关注保持"灵活性"，以便维持革新潜能和避免法律僵化。

[3] Cavanaugh 2001 有益地讨论了现代意图论宪法观，并提及了亚里士多德。有关在雅典法律演说中涉及立法者的意图，见 Yunis 2005。

影响。

要现代的古雅典历史学家们确定最初规则化立法的决策者及最初执行者的真实意图，可不是件容易的事，例如，海军基地的派遣条令（第四章）规定新基地用于保护雅典人和外国人的船只。这一对立法目的的陈述当然体现了、但无助于完全确定那些提议特定立法语言或运用相应社会的和技术的知识起草规则并投票通过的人们（如查拉格戈的色菲西芬，或假想的波塞蒂普斯六世）的复杂意图。但是，我们难以完全确认当时的意图，并不能成为放弃对雅典体制分析的理由。雅典人如色菲西芬或波塞希波斯的意图是在知识汇集与协同的体制化过程的具体社会条件下形成的。我在前两章说到过，如果我们能理解相应的过程，我们在某种意义上就能逆向分析整个体系：从镌刻的决定政策的规则文本（如派遣条令）和对政策如何实施的描述（吕库古的演说）出发，我们能大致形成一定的说法来解释哪种知识形成了某个规则，又有那些知识从规则中导出。[1]

在庭审上的雅典演说者们（如吕库古），经常将特定意图归于去世已久的法律制定者，比如，称梭伦希望他的法律带来特定效果。[2] 这样的话，法庭陈辞者可以争辩说，如果陪审员们在本案中做出正确的决定，那些最初希望的意图和益处就会被推进。雅典人对有关立法者意图的宣称，并不是最初立法意图的独立证据，但是这些宣称在一定程度上告诉我们，后来雅典人是如何解释和应用法律自我统治的。这也帮助我们确认规则化知识对于从属它的人们的某些实际影响。

与城邦政策有关的问题之一是，随时间推移，在与竞争对手一道面对机遇和困难时，它是否阻碍或促进了城邦的表现成就。本章将论证，我们所能确认的雅典立法意图以及能够度量的后果，都导向积极的方向。当然，不是所有的政策，无论是雅典的或其他城邦的，仅仅考虑生产力的增长。比如，某个特定立法的初始目的可以是为了促进社会正义和社会安全（参看本章后

---

[1] 我此处提倡的语境式研究方法类似"剑桥学派"政治思想学术史学家所运用的方法论，他们认为人们通过分析某个文本的论证背景，能更好理解重要文本（如霍布斯的《利维坦》）。见 Tully 1998，更多讨论见 Ober 1998，第一章。

[2] 这个做法某种程度上相似于当代对美国宪法"原创者"的解释；如同美国建国者们，梭伦被后世认作无与伦比的、充满智慧的立法者。梭伦的意图被人从他的文字（如他的诗或归于他的诗）和围绕他形成的一系列故事（克洛索斯故事：Herodotus 1.30—33）中加以推断。当然，所谓"梭伦本意"一定会适合演说者的论辩目的，见 Mosse 1979 及 Blok and Lardinois 2006 中的选文。

面），但不言而喻的是，竞争失败会导致城邦消亡；所以，压制生产能力的政策如果妨碍城邦与其他对手的竞争的话，就不能长期维持下去。

在现代国家中，大量的立法旨在专门通过经济刺激和金融工具来提升生产能力。尽管古代雅典缺少许多精致的工具可以用于设计政策，至少一些雅典立法措施旨在有意通过减少交易成本来提升生产力。下面我们会考察一个特别的例子：调控银币铸造的法律。

公开准入、公平程序和交易成本

一项新政策对生产的影响的因素之一是，它是否提高或降低交易成本，也就是（第三章）个体订立可能盈利的合同或进行交易时会发生的之前与之后的成本。如果交易成本被降低，生产力就会得到提升（至少潜在地），因为通过低成本的交易可以增加收益和交易次数，从而提高利润。这里我们要理解的是，雅典国家制定的政策如何影响在雅典领土内生活并从事生产的这些人所形成的广泛雅典共同体的成员所产生的交易成本。（在第二章）我已经论证过，在雅典历史的不同时期，雅典与其竞争对手相比，生产力的成就相当突出。在公元前五世纪的大多时候（第五至八阶段），雅典的生产力至少部分是由于强制的帝国主义及资源的暴力掠夺（至少可能的暴力），但在帝国时代之前的早期民主阶段（第三至四阶段）及后帝国的前四世纪（第九至十一阶段），雅典并没有真正意义的帝国来掠夺大量资源。在前帝国及后帝国阶段，雅典的经济成就主要依靠国内的生产与交易。[1]

在交易成本与生产能力的等式中，知识是核心因素：如果交易双方对交易的所有信息完全透明地享有，那么他们的交易成本就会大大下降；但在有限信息的状态下，尤其是当重要信息不对称拥有时，交易成本就会增加。比如，假设买方 B 与卖方 S 想用 B 的银币来交换 S 的谷物。如果 B 在谷物买卖

---

[1] 想象雅典在前478—前404年之前或之后没有帝国野心或倾向是错误的：如在前506年从查西斯（chalcis）吞并土地。雅典进行的外交政策在前四世纪上半叶也可以解释为是帝国主义的，见 Buckler 2003 的详细讨论。但是尽管如此，除控制爱琴三岛外，雅典帝国事业在前五世纪"帝国鼎盛"后不太可能产生净收益。更多见 Griffith 1978。卡雷亚尼斯和哈蒂斯（Karayinannis and Hatis）对帝国时期经济进行了交易成本分析，关注公民中的信任和社会资本的作用，而非租金收取。

中很专业，对 S 的谷物的细致检查可以让他们的信息实现一定程度的对
等。[1] 但等式的另外一面仍不公平：B 知道他所给的银币的质地，但 S 做不
到。S 要承受获取相应信息的成本，并只能用谷物价格来抵消成本。[2] 类似
地，S 提供的谷物质量对 B 是不清楚的，B 要先支付他衡量谷物的成本，才
能做这桩买卖。并且，如果 B 和 S 要花大量的时间和精力来亲自找到对方的
话，交易的成本会更昂贵（事先成本）。如果 B 或 S 不能确定一旦发生纠纷
由谁来为他们仲裁（事后成本），或有理由对仲裁程序不信任，他的风险因
素就更大。在每种情形下，交易成本如果上升，成功完成相互受益的交易机
会就下降了。

　　如果 B 和 S 同时受雇于一家公司，在一个统一的命令—控制等级体制
下，那么每个人上述的信息不确定性就会下降，这是科斯有关公司起源论证
（Coase 1988）的核心，也是威廉姆森的交易成本经济学的关键要点。在同一
个组织的框架之内，等级制（S 被命令在特定时间交给 B 特定数量的谷物）
和内在会计机制（谷物的价格和数量由组织事先确定标准单位加以衡量）保
证了交易的顺利进行。交易成本因而相当低。另外，B 和 S 也可以在国家规
定的法律框架内进行他们的私人交易，他们可能掌握国家发行的硬币的固定
纯度和重量及谷物衡量的标准。国家发行标准货币，制定标准度量衡的权
威，以及维护法律工具来处理纠纷，都像公司的命令—控制机制，旨在减少
交易成本。

　　交易成本经济学同样有助于理解为什么公司追求扩张，将看来边缘化的
运作加入核心程序中：在低交易成本体制中，纵向整合能全面增加生产。这
样又进一步保证扩展高效交易的空间，并从而提升整体盈利空间。同样的解
释也适用于等级制国家，它也运用大量的命令—控制机制及标准化会计实
践。但是，随着等级组织（公司或国家）的命令—控制日益扩张，所要求的
程序常规化就会压制其创新的动力。结果就可能损害灵活性和创新精神——

[1]　Levitt and Dubner 2005：55—85 页对与信息不对称相联的经济问题作了清楚表述。在
　　古典希腊，在商品价值确认（如谷物或肉）上普遍缺乏政府规定的标准，而且在标
　　准化度量衡（尤其是大量的、批发的货物）上有问题，是史蒂夫·琼斯东（Steve
　　Johnstone）正在研究的主题。
[2]　Van Alfen 2004—2005 页为了就赛特埃及（波斯控制期间：从前六世纪后期到四世纪
　　后期）从金银块货币向硬币贷币标准的转变，进行了案例研究。试图决定和显示银
　　纯度，导致精细的切割和敲打，这些操作明显提高了交易成本。切割和敲打在埃及
　　的硬币中依然较普遍，但在爱琴贮藏点的硬币中少见：Van Alfen 2000：2—7 页。

尤其当体系成长得相当庞大而复杂，获利能力下降之时。在面对更具革新和灵活性的对手时，组织变得更加脆弱。

现代企业希望重新赢得灵活性和创新优势，有时会试图创建内在竞争性市场，不过这些内在市场还是在整体企业的标准规则和会计机制的控制之下[1] 这种安排在某种程度上类似于一个致力于促进市场经济的现代民主国家的经济治理政策。在两种情形中，组织都在努力获得某些与等级相关的益处，同时又避免等级的压迫限制；也就是创造条件以使规则在"对称信息"主导这些交易条件的基础上，提供一个富有成效的交易均衡平台。目标是一种能确保交易成本优势的知识体制，这是靠对相关信息的平等获得，同时又允许个体选择以驱动交易，促进创新和开创性企业。我们所面临的问题是：参与式民主如何也能做类似的事情来获得对称信息和竞争市场的优势，同时又无需首先发展一个复杂的命令—控制的等级体系。

我在前面（第三章）假设，雅典的物质繁荣的部分原因是城邦成功地降低了交易成本。我认为，这可以通过对规则和操作的标准化和公开化而做到，这样有助于建立和维护一个相对可靠而安全的交易环境。我们要检测这个假设。首先让我们来认定，如果城邦的目标是优化交易成本（降低并保持低成本），在参与民主中有多少可资利用的各种工具；然后再问：雅典在多大程度上遵循或偏离了此优化状态（见表6.1）。但我们要记住，考虑到民主城邦追求的各种非物质目标（第一章），低交易成本只应该被认作是一项满足条件（也就是，试图满足与交易条件有关的充分性标准），而不是一个真正有待最优化的单一目标。

表 6.1   进行低交易成本买卖的城邦确定条件

机制	公开：开放性	公平：不偏不倚
1a. 正式规则（法律、条例和习俗）	公开公告或共同知识，稳定，存档，合法，简单，无矛盾，全面，与当前条件相关的，	对所有各方都公平，保护所有人的正直、繁荣和尊严。**受偏爱公民的个体正直与尊严**
1b. 争执程序（诉讼、仲裁）	快速、可靠、容易使用，难以滥权，适合所有人。**非公民不得享有某些立法程序。**	相似对待相似案例和相似争议。

---

[1] 见 Roberts 2004，讨论设计各种组织内部激励架构来维持创新，同时保持低交易成本优势。

机制	公开：开放性	公平：不偏不倚
1c. 制裁（惩罚，限制）	所有失职者接受一致的惩罚，对于违法恰当处理，广泛公开	对相似的违法采取相似的判决。故意谋杀者的公民受更严厉惩罚。**奴隶接受抽打作为额外的或代替的惩罚。**
2a. 交换媒介（硬币、重量，尺度、合同担保）	易获，全面、可靠、稳定、可识别标准化的	非人格的，对所有人有效的。**只有公民能拥有自己的地产（有些例外）**
2b. 设施（市场、沟通运输、储藏，安全）	集中的开放市场，低成本的交流，和运输体系，可靠和安全存储，全面提供房屋和宗教设施。	对所有人同等条件地开放。
3. 第三方租金（税收、贿赂保护费）	交易税收低、简单、集中，并返回生产体系。限制腐败、暴力寻租和滥用国家机器。	对相同案例相同对待。大多数外邦人付特殊税收。雅典海外定居和税收承包偏向雅典公民。

注：斜线 = 雅典人对最优条件的实质性和系统性的偏离。

　　参与民主可利用（其他更为等级化的组织也可以使用）的工具包括：用以保护个人及其财产的清楚而公开的正式规则条令（法律、习俗及行政协议），标准化的易于执行的争执解决程序（有约束力或无约束力裁决的强制模式或可选模式，仲裁法庭），惩罚罪犯的可靠的国家强制令。另一系列的工具包括：建立度、量、衡的标准，标准化的交易媒介（政府发行并保障的货币，标准形式的契约），便利的设施，如中央市场区域，设计完好的交通和通信网络，及高效的警察等。最后，国家要保持低交易成本，就要降低它（直接或间接）收取的租金，或者是允许其他人收取。[1]

　　如果要有效地降低交易成本，所有这些不同的工具都必须满足两个一般的特征：它必须是公开的，还必须是公正的。公开是指该工具在准入上是开

---

[1] 色诺芬的《雅典的收入》写于前四世纪中叶某时期，其明确目的是为了改善雅典城邦的收入，其建议是通过鼓励工业（尤其是开采银矿）和贸易（鼓励外邦人移民）来促成之。见 Gauthier 1976 和 Doty 2003 讨论及本章后面。

放的（与之相反是根据外部标准限制准入），而且在解释上是清楚的（相反的例子是只有内部人"知道"如何做解释）。公正是指该工具是不偏不倚地产生或好或坏的作用，根据无私的（相反是任意的或有利于内部人的准则）和去个人化的准则，即不按外部准则来确定或事先选定特定类别的个体，进行特别的对待（好的或坏的）。这些多重的优化准则在表6.1中系统地罗列出来。

从表6.1[1]可以看出，政府干涉市场的方式会使市场上的讨价还价尽可能达到毫无摩擦的程度，即尽可能达到著名的科斯定理所设想的理想状态。正如科斯本人特别强调的（1988，174—175），科斯定理的理想状态在现实世界中并不存在，也不可能存在；因此，即便在最好的情形下，政府也不可能彻底消除交易成本。一个政府要存在下去，要发挥低交易成本的体制作用，就必须有办法维持自己，那就必然要对某些交易征收某些种类的税收。（第三行）

任何一个现实世界的政府都不可能做到完全的公开和公正。这种不足的部分原因，至少是因为政府试图在立法中达到各种不同的目的。降低交易成本的目的可能与其他城邦政策目标相抵触，例如，在现代政府中，开放原则，就准入和清晰而言，就不仅会为安全考虑而被牺牲，还会因为与执行立法相关的规则，以及专职官僚们制造的管理行政协议而被牺牲。这些规则旨在实行重要的公众目标，它们的目的在于保护消费者不被欺骗或冒风险。现代规则的复杂性，它们使用的技术法律语言，都导致交易成本的提升。复杂的规则要求进行交易时要有法律专家来起草合同，并保证交易当事人不至被指控违规。这些规则（至少对于缺乏必要技术训练的非专家们）可以说远非清晰透明,[2] 这反过来阻止了那些无力购买必要法律专业技能的人们的进入。

与现代立法相比，雅典立法程序产生的政府规则和其他手段向公众开放，简单而清晰。比如，雅典的法律和规章相当简明扼要，用日常语言表达，发布在公共场合，以标准形式供人们讨论。[3] 如第三章提到的，没有

---

〔1〕 雅典对开放与公平的违背情况：Hansen 1999：87—88 页，97—99 页，116—122 页。

〔2〕 Huber and Shipan 2002 给出了一个二选式：现代立法者要么应起草详细的法案，要么将细节留给非选举的公务员起草的细节规则。无论哪种情形，结果是服从规则的人总是有待于对规则的专业解释。

〔3〕 例见 Thomas 1989：60—93 页，2005；D. Harris 1994；Hedrick 1999，2000；Richardson 2000；Davies 2003。

任何理由假设，在背后有复杂行政协议在操纵。但雅典政府工具也不完全是公开而不偏不倚的，不同的雅典工具也会根据有关的人的地位而区别对待。

下面，我们会简要地考察雅典规则的某些方面（主要是商业法律的发展）为交易提供的便利（包括度量标准），以及对第三方寻租的态度。我的目的在于，回答雅典人是如何遵从或背离在 6.1 表中所罗列的最优化交易成本体制的。但首先我们将具体考察一条特别的雅典法律，这条法律很好地揭示出城邦对降低交易成本的理性考虑，以及对不公平歧视的意识形态信守。细致地分析一项特定政策，可以更好理解知识规则化过程是如何运作，以及如何影响遵循雅典法律的人的行为意图。并且，关注公元前 370 年代的一项立法动议，有助于我们不至于将公元前四世纪雅典的经济理性化，误解为完全是雅典在公元前 357—前 355 年爱琴海战争中战败后推行财政改革的后果。[1]

银币法（公元前 375/374 年）

在公元前 375 年七月到前 374 年七月的一年时间里，在雅典公民大会的某次会议上，通过了某位尼克芬（Nikophon）的提议：城邦应考虑重新修订境内银币交易的现有法令。[2] 此决议可能是按照"重审法"（Review Law）进行的，即，年度公民大会上标准议程之一是，必须对雅典法典的每个部分重新审查并由大会投票表决。也有可能是，尼克芬对修改法律的提议是在一次普通的公民大会上，诉诸"废除法"（Repeal Law），即，对现存法规中的某条特定法律提出挑战。这种情形下，五百人议事会必须在大会之前积极考虑此事，并必须决定将"考虑修改银币法"放到相关大会的议程中。无论如何，在允许重新考虑修改银币法令的投票做出后，大会必须依法指定五名雅典人来为已有法律辩护。这五个人有责任在决定是否要改变当下法令时，千

---

[1] 有关这场战争（传统上被误称为"社会战争"），见 Buckler 2003：337—384。有关金融改革和新贸易法的发展，见后。要指出的是，如果有时被误认为埃及仿制的一些重要的猫头鹰币系列，事实上是雅典政府在前四世纪早期所发行的（正如 Kroll 2006 所建议的，这将会是第十阶段的雅典经济活动的进一步证据。

[2] RO 25 以及对某些早期学术研究的引用。包括评论的 *Editio princeps*：Stroud 1974。亦参 Figueira 1998：536—547 页；Engen 2005（以及详细的文献综述）。最好的分析性讨论是 van Alfen 2005。

方百计维护原法令不受尼克芬所挑战。[1]

修改法令的提议被大会通过了。尼克芬现在必须依法将他建议的新法律在白板上写下来，并且要表明，哪一条（如果有的话）现行法律必须被废除，并由他建议的新法令来取代。这块板应该就放在集会广场赫赫有名的英雄纪念碑前面的显要位置（第五章），这样，所有雅典人只要愿意都能思考尼克芬提议的具体内容，并与他人商讨。一段时间后，在大会第二次会议上，人们投票选出（在特定日子）并付酬法定数量的"立法员"，数量在501—1501人之间，也可能更多，这取决于大会认为提议的修改的重要程度。立法员通过从大约六千位登记的陪审员中抽签产生，这些人年龄在三十岁以上，曾经发过陪审员誓言，所以随时可以为人民法庭服务。[2]

在特定那一天，尼克芬将向立法员提交他要求改变法律的诉求，这相当于一位公诉人的简短陈辞。五位辩护人之前由大会选出，负责反对修改法令，此时担当现存法令的被告方。在此准审判中听取双方立场后，立法员投票，显然通过举手表决以简单多数来决定此事。因为尼克芬的提议被通过，他的建议就作为法律被写进雅典法典中，并被刻在大理石碑上。[3]

尼克芬的法律涉及的过程是在城邦中流通的银币被认可合法使用，或从流通中禁止。它确认了一个事先由城邦任命的银币鉴定师的职责，而且在比

---

〔1〕雅典立法程序，见 Hansen 1999：168—169 页。我们不知道这五个捍卫法律者如何选出，或者他们也许有些雅典法律上的某些特殊专长。无论怎样，我们可以假设他们被任命后，就被期待仔细研究现存法律，同时分析尼克芬建议的替代方案：如果他们来大会时还不是专家，那么在短期内就需要获取相应专长。

〔2〕白板规则（Davis 2003：325 页）允许雅典人决定是否需要让法律修改的程序开始启动。如果雅典人认为尼克芬的提议没有价值，投票不组建立法会或不提供薪水而终止提议。程序相对保守，它要让变革的提议能在时间上（两次公民大会及一次立法会）和不同机构组织（议会、公民大会和立法会）中都能得到持续；Harrison 1955 正确地将此程序比作民主刹车，可以制约否则太快的立法过程。议事会可以用拒绝在第二次会议审定议程上列入"建立委员会和付酬"来阻止此动议的继续，但，如果雅典公众观点是支持此提议的，议事会应当不会这么做。

〔3〕不清楚如果有许多冲突的新法律的提议时，程序会怎么走。根据特定提议需要多少时间决定，也许有可能在一天里讨论组讨论许多动议（Hansen 1999：169 页），但一旦立法者投票要修订，新法律就将产生。五位捍卫者，准备捍卫之前的法律，当他们刚反对结束时，将很难站在支持新法律的立场上。因此我们假设要么（无论传统还是法律）不可能有许多相互冲突的提议拿到一个特定立法讨论组前面，要么有某种筛选机制（抽签？）来决定提交的顺序，第一个挑战通过就结束进程。这样，替代的提议当然可以在下次公民大会中重新提起。

雷埃夫斯任命第二个鉴定师，负起同样的职责。它列出一系列的行政官委员会，以负责比雷埃夫斯鉴定师的任命，并指明对违法者进行的惩处。很幸运的是，考古学家 1970 年在市场上发现的一块大理石碑上刻有此法律，因此我们有了尼克芬法的较完整版本。法令很大程度上揭示了雅典法律机构的设计，说明雅典人极力通过政府机构降低交易成本以促进市场交易。以下是"尼克芬法"的译文，为引用方便我以大纲形式排列如下。

在希波达马斯执政官期间（archonship of Hippodamas，公元前 375/前 374 年），尼克芬做出的以下提议由立法员们通过：

1. 雅典银币应当被（所有销售者）接受，当

a. 由（银币鉴定师）认定是（纯）银制的；

b. 有公共印章（正面是雅典娜的胸像，反面是猫头鹰和字母 AOE 即"雅典娜"）。

2. 城邦银币鉴定师（一位城邦奴隶；参看下述），应当坐在（市集广场）钱庄间的桌子前，每天根据上述要求审核（银币），不过当存钱（城邦国库收入）时，（他坐在）议事会大厦中。

a. 如果有任何人带给（鉴定师）国外的银币并有阿提卡同样的印章，（只要质地过硬），[1] 他应将银币还给交来（作检验）的人；[2]

b. 如果质地是铜或铝或伪造（不纯的合金制造而非纯银），他（鉴定师）应立马将之切断并（没收）成为众神之母的财产，他应存入（五百人）议事会。

3. 如果鉴定师没有依法律坐着，或进行鉴别，他应被会议召集人（议事会 30 位常委，由每部落派出 3 人组成）抽打 50 次鞭刑（作为对奴隶的惩罚）。

4. 如果任何人不接受鉴定师认可的银币，他当天所卖的所有货物都将被没收。

---

[1] 斯拉德（Stroud）提议恢复此处的空白为"如果这是好的"。另外的恢复建议间 RO 25，114 页。

[2] 有关是否"外国铸造的雅典类型的好硬币"在由鉴定师还给买家时是作为已被认可（因此卖家必须接受），还是作为"不是雅典铸造，但肯定是好硬币（由卖家决定是否愿意接受）"，这个问题是有争议的。我后面将论证"是好的硬币，但不被认可"的看法。

5. 检举（检举他人违法行径的一个法律过程。在此，"违法行为"指销售者拒绝接受被认可的银币）应当（由个人向行政官提起，具体程序如下）

a. 谷物市场的事务报告给谷物保护官（抽签选出的行政官）；

b. 集会广场及城邦其他地方的事务报告给会议召集人；

c. 进口市场及比雷埃夫斯（其他地方）的事务报告给进口市场监控官，不过谷物市场的事务除外，因为谷物市场（中的检举）要报告给谷物保护官。

6. （在第5点提到的法律过程中）涉及的相关事务，如果（总量）加起来在10德拉克马以内，相应的行政官有权处理，而超出10德拉克马的话，他们（行政官）就应将之提交到人民法庭。

7. 抽签选出的六人执政官委员会（*Thesmothai*），应当根据要求（为5a—c中提到的行政官）配置一个人民法庭，否则将处罚1000（?）德拉克马。

8. 检举他人过错的人，应当分享一半（的罚款），如果他（作为法庭指控人）能确证被检举者的罪过。

9. 如果（被检举并认定）的销售者是个奴隶，无论男女，他或她将被鞭刑50次，由（5a—c的）行政官负责此事。

10. 如果任何行政官不能按此条令行事，他将被依法在五百人议事会上被有法律权利并有意愿的雅典人所指控（对行政官的谴责必须是有良好声誉的公民）。

a. 如果他（被指控的行政官）被认定有罪，就应解除职务；

b. 五百人议事会可能再追加最高500德拉克马的罚款。

11. 因为在比雷埃夫斯应当有个银币鉴定师来为所有船主、商人和其他（参与交易的）人服务，五百人议事会应当（或者）

a. 任命一位鉴定师，如果能从现有公共奴隶中选出的话；或者

b. 买一位奴隶，同意接受的人（抽签选中的行政官）就安排相应的购买经费。

12. 进口市场监管员们（上述5c）应当确保，他（比雷埃夫斯的鉴定师）坐在波塞冬的石碑前，他们（比雷埃夫斯的鉴定师和监管的行政官）应当与城邦中的鉴定师一样［见上述］运用法律。

13. 将此法律写在石碑上，并立到

a. 在城市中（钱庄的）柜台之间（城市鉴定师坐的地方）；

b.（将一座复制的石碑）立于比雷埃夫斯的波塞冬石碑前（比雷埃夫斯鉴定师坐的地方）；

c. 五百人议事会秘书应当为卖方（抽签选中的行政官）委托授权合同（来镌刻和竖立两块石碑），而卖方则应将合同提交议事会。

14. 在（比雷埃夫斯）进口市场的鉴定师的薪水支付，应当从他任命的当年开始，而支付给他的薪水应当尽可能与城市的鉴定师看齐，

a.（当年之后的两位鉴定师的）薪水的来源应当与制币工人同样。（即，由某些行政官小组控制的特别预算，这没有明说，但应当是雅典人可以确定的。）

15. 如果任何石碑上的法规与此法律（nomos）相违背，五百人议事会的秘书将废除该法规。

如同第四章中提及的海上基地派遣条令，此银币法令同样揭示了雅典机制如何解决公共行动难题。很明显，法律的一般意图旨在促成在雅典的两个主要市场区域的商贸交易：中心市场及五英里以南的港口城镇比雷埃夫斯。特设新的比雷埃夫斯鉴定师是为船主、商人及"其他人"的便利。法令显而易见的目的是，确保银币成为一个可靠而低成本的交换机制。无论在市场还是比雷埃夫斯，都有一位专业的城邦官员在现场，保证在雅典流通的银币质量上乘。法令笼统规定，在雅典从事贸易者要接受雅典生产的有标准"印章"的银币：正面雅典娜的头像和反面猫头鹰。另外具体规定，经鉴定师认可的银币必须被接受，这样，给了认可银币以"法律地位"。它意味着有些特定外国银币获得了良币的默许流通证书，而坏硬币则被没收。最终，它提供了恰当的激励和惩处，使雅典所有在此过程中相关的官员，都被激励起来完成他们的职责。它希望达到的效果是，在雅典市场上交易的所有人都得到一条共同的基本信息：在雅典流通的货币值得信赖，银币货真价实。

法令假定交易主要以银币的形式进行，在古典时期大多古希腊地区的标准交易媒介确实是如此。许多（并非所有）古典希腊城邦通过国有铸造厂发行他们自己相当高质量的银币，通常每个城邦的硬币有极具特色的正反面。在公元前四世纪，一些城邦（包括四世纪中期的雅典）也发行铜币，有些还发行金币或合金币。雅典在伯罗奔尼撒战争将近结束的危急时期，曾发放金币和镀银的铜币。但到前390年代中期，城邦发行的镀银铜币被正式取消，

银币则一直维持其雅典和其他地中海市场的主要交易手段的地位。我们可以简短偏离主题，讨论一下雅典银币生产的状况，这将有助于澄清相关的法律。[1]

猫头鹰银币、雅典人和模仿

雅典能铸造出惊人数量的银币，至少部分原因是南阿提卡有丰富银矿。我们不是很清楚在公元前四世纪之前城邦关于开采银矿的法律，尽管在公元前五世纪早期，城邦就肯定有银矿的相关规定。我们看到在公元前 483 年，雅典人决定利用从银矿中得到的意外收入，来支持公共目的的海军建造，而不是将这笔意外之财分发给城邦公民。到公元前四世纪中期，开始有一系列详细规定，来规范矿产权租赁及租赁人与当地土地所有人的关系等。这个立法的目的是保护财产权，在混合农业、工业区域经济下，各方牵涉的资本投入，无可避免地会有矛盾，如劳动力（在矿区大量使用奴隶，有时逃走），水（无论冲洗银矿石或用于农业），及开采银矿造成的外部不良后果：提炼中的酸烟、矿物残渣的废置等。[2]

雅典城邦从私人企业主回收炼好的银。这些人（至少到公元前 367 年或可能更早）每年一次向城邦租赁从矿区开采银矿的权利，矿区本身则为私人土地。租赁者还从矿石中生产出几近纯银的银块，运用相当复杂的洗涤与熔炼的工业设施。城邦是银矿租赁权的唯一卖家和银块的唯一买家，是供应链首尾两端的垄断者。但雅典给予个体租赁人的回报相当高，而城邦自己的利

---

[1] 古代硬币介绍，见 Howgego 1995。雅典硬币史：，见 Flament 2007。雅典战时金币与镀币，见 Head 1911：373 页；Grandjean 2006。镀币正式退出市场，见阿里斯多芬，《妇女公民大会》819。可以获得相关政体资料的 198 个城邦中：34 个没有铸币，17 个只生产铜币，44 个只生产银币，107 个铸造银币及其他金属币（从前四世纪开始，通常用铜，不过有时是金和琥珀金）。自前四世纪第一次出现始，铜的"小变化"硬币一直很流行，从考古学上看，铜币比稀有金属币更普遍：Callatay 2006。但银币始终是大宗交易的主要交易手段。

[2] 在前五世纪大多时间，尤其是前 449 年后，雅典城邦铸币量很大（除希波战争后短暂时期及伯罗奔尼撒战后危机期间）；在前四世纪后半叶相当大的量；对前四世纪早期的情况有不少争议：见 Kroll 2006 和 Flament 2007：55—58 页。雅典铸币政策史：Figueira 1998；Grandjean 2006。矿奴：Lauffer 1979。矿区和方法：Kounas et al. 1972；Mussche et al. 1975。矿区租赁者与所有者关系：Osborne 1985a，第六章。雅典法律中的采矿案例：MacDowell 2006。

润空间相当有限。在公元前四世纪，租赁价格是依据风险而定，已开采矿区的价格远高于投机性的"新矿区"。城邦从开采者购买银块时支付的钱，大约是银币价格减去铸造成本。尽管有理由相信矿区在公元前四世纪的前四分之一世纪就被租赁（我们最早幸存的租赁名单，始于公元前367/前366年，提到"更早的石碑"），在伯罗奔尼撒战争破坏下，要激励采矿动机可得费点时间。采矿租赁的碑文证据表明，矿区从战争造成的衰退中完全复苏，要一直到公元前340年代。到那时，城邦租赁矿区每年带来的收入可高达160塔兰特，这个数目大致相当于公元前五世纪中期帝国纳贡收入的25%。[1]

雅典银币在形态上是保守的：正面（雅典娜半身像）和反面（猫头鹰、橄榄枝、AOE），交易中使用的标准银币的面值是四德拉克马银币。尽管风格的差异不同可以让专业钱币学家按时期列出雅典硬币的系列，普通人则一开始会感到很难区分一个公元前五世纪晚期的四德拉克马银币与一个公元前四世纪早期的四德拉克马银币。这样，雅典银币的"品牌"因此得到充分确立（如同耐克图案或可乐文饰）。[2] 品牌代表着统一质量，雅典四德拉克马银币几乎是纯银并重量一致（后波斯战争的银币为17克，误差0.15克）。一枚真正的"猫头鹰"（银币被如此称呼，因为反面印着猫头鹰的图像）是极为令人信赖的交易媒介，本身质地值得信赖，并因此（被用于）降低交易成本。货物与银币"猫头鹰"交换，消除了检验银币纯度和重量的步骤（这是一个很费时、有难度而且有破坏性的过程）。虽然雅典"猫头鹰"和所有希腊银币一样，在交易过程中主要以它们的商品价值（银本身的价值）为基础，但它们还拥有"附加的信托价值"，即，由雅典城邦所保证的贵金属质地和标准重量。

在公元前五世纪后半期，雅典规定整个帝国内使用它的银币。[3] 到公元前四世纪，庞大帝国已经烟消云散，但雅典猫头鹰在地中海东岸地区仍然

---

[1]　雅典采矿运作：Conophagos 1980。租赁：Hopper 1953；Ober 1985：28—30页；Shipton 2001。

[2]　在前五世纪大多时期，猫头鹰币系列都相当单调。在前四世纪风格有了显著变化，尤其"pi"风格猫头鹰在世纪中叶问世。引人注目的是，世纪中叶的这些硬币改革正好与海事法庭及设置新执政官负责经济政策的某些方面等发展相一致：Kroll 1993：8页；Van Alfen 2000：21页；见后面内容。雅典硬币的纯度和重量始终保持一致。Head 1911仍是有用的综述。

[3]　硬币条令见 Meiggs and Lewis 1988。Figueira 1988 有最详尽的讨论，尽管他的解释在好多方面有争议。就当下我们的讨论而言，争议很大的条令日期问题并不重要。

是最通用的流通货币之一。[1]一个偏好雅典银币的市场对雅典有许多好处：城邦可以在每块生产的银币上稍有利润可图（银币的交换价值减去银块的成本及铸造成本），采矿使许多雅典人致富。它培育了当地区域经济，如在南阿提卡的托里库斯那样（见第五章，大型、精湛优良的托里库斯剧院）；最重要的是它有助于吸引商人及其生意到雅典，他们信任在此做买卖有相当可靠的交易媒介。[2]

遍布东地中海的猫头鹰的高度信誉，导致雅典之外仿制银币的生产。到公元前 370 年代中期，相当数量的仿制猫头鹰——也就是带有"雅典印章"、但并非雅典城邦发行的硬币——在东地中海市场上流通，包括雅典。"伪造猫头鹰"的现象被钱币学家完整记录，仿制的猫头鹰在公元前五世纪开始出现，但仅在公元前四世纪早期才开始普遍流行。许多仿制猫头鹰由外邦所制，尤其是埃及、黎凡特。其他银币则可能是个人所铸。有些伪猫头鹰质地精良，完全可以和雅典生产的猫头鹰在质量上相称。另外一些伪币看上去和真币相仿，但在质地上相去甚远，含银量不足。鉴定师的主要工作之一是区分好的与坏的伪造猫头鹰币，并相应进行分别处理。爱琴海地区尼克芬法时期流通的仿制猫头鹰币的例子在图 6.1 的 4—6 中得以展示。[3]

在钱币价值信托的经济中，人们很自然会认为所有仿制钱币是赝品，制作目的是为蒙骗、欺诈。但显然雅典法律并不在此意义上将所有仿制的猫头鹰币当作这个意义上的赝品。彼特·范·阿尔芬（Peter van Alfen）最近从更精确的专业角度看待有关钱币仿制的争论，他区分了七个类别的古代硬币：

---

[1] 雅典猫头鹰币的广泛流通，尤其在前四世纪，是显而易见的，具体证据见 Flament 2007（包括雅典猫头鹰币的贮藏目录），更多贮藏证据讨论见第二章和下面表 6.3。

[2] 色诺芬写于前四世纪中叶的《雅典的收入》论证为何应当将银作为交易中介。另见亚里士多德，《尼各马可伦理学》1133a。

[3] 猫头鹰币的仿制现象，见 Thompson 1973：154 页，200 页；Stroud 1974：175—178 页；Figueira 1998：528—535 页；van Alfen 2002：32—48 页，2005。Stewart and Martin 2005 提到猫头鹰仿币的猛增出现在公元前 400—前 375 年，正好与大量雅典制陶器出口埃及时间一致。Kroll 1993：4—5 页指出在雅典集市广场出土的 129 枚希腊银币中 22% 是"非官方"的（按范·阿尔芬类型看就是：非原型）；22 枚是镀制，5 到 7 枚是高银含量的仿制。Van Alfen 2005：344 页指出美国钱币协会收藏的 791 枚硬币中，约 19% 是高银含量仿制，8% 是镀制。这些统计有些乱，如范·阿尔芬所说的，尤其是，对一位专家是真币的，但对另一位却可以是仿制的。但是，这些信息至少说明仿币在雅典流通，所以鉴定师应当有事情干了。

图 6.1　雅典城邦发行的猫头鹰币（左列：1–3）和模仿的银币（右列：4–6）。

1. 雅典，前 5 世纪后期，四德拉克马（猫头鹰真银币）17.15 g

2. 雅典，前 4 世纪早期，四德拉克马（猫头鹰真银币）17.15 g

3. 雅典，前 405 年，一德拉克马，银或铜，（官方发行镀币，注意：此币被剪可能是在雅典不可流通）. 3. 65 g

4. 埃及？，前 4 世纪早期，两锡克尔？（匿名仿制，注意：出现在背面的这类反面标记，是近东及埃及的做法）16.82 g.

5. 巴勒斯坦，前 5 世纪后期和 4 世纪早期，两锡克尔？（有标记仿制：注意在脸颊上有阿拉姆语的" shin"）. 16.52 g

6. 巴比伦？前 4 世纪，两锡克尔（草率仿制：注意背面有剪痕，可能为检验纯度）16.97 g

1. 原型（国家发行的原始币，即真正的猫头鹰银币，如图 6.1 中的 1—2）

2. 艺术家仿真品（就如明显区别于原型的雕饰品，可能有不同的功能）

3. 匿名仿制品（高仿，与原型可能难以区分，如图 6.1 中的 4）

4. 标明的仿制品（接近原型的仿制品，但能被其生产者很明显地与原型区分开来，如增加一个特殊符号，这样不会被有经验的商人与原型混淆，如图 6.1 中的 5）

5. 草率的仿制（与原型没有任何程度的相似，如图 6.1 中的 6）

6. 官方镀制的低质量硬币（如在雅典战争紧急状态中发行的镀银铜币，如图 6.1 中的 3）

7. 镀制的劣质赝品（私人制作，以欺骗为目的）[1]

批准、认证和没收

尼克芬法首先要确保原型银币（雅典城邦发行的银币猫头鹰，彼特·范·阿尔芬第 1 类）在雅典的流通。法律接下来提及两大类主要的仿制品。尼克芬法第 2 条 a 中提到外国银币具有原型的两个真币属性：公共印章（看来，因石碑破损，此处的法律文本有些空白）和纯银含量。这些银币，我们可以称为"好的仿制品"，由鉴定师交还给送来鉴定的人。范·阿尔芬的第 3 和第 4 类（匿名仿制品及标明的仿制品）大概是其主要两种，虽然第 2 类和第 5 类硬币似乎也可归入此类之中。好的仿制猫头鹰与那些差的形成了对比，后者包括范·阿尔芬的第 7 类赝品，以及可能仍在流通的城邦发行的镀银币（第 6 类）。[2] 第 2 条法令 b 提到镀制的（铝、铜硬币）或"伪劣"的硬币，大概特指那些由银及低劣金属合金制成的赝品。这些低银含量的硬币可能会被误作实银猫头鹰币，目的是欺骗无知的商人。与好的仿制品不同，这些劣币将由鉴定师没收。

在希腊人中间长期担心的一件事情就是被伪币欺骗的风险。在古风时代的希腊诗歌中，"骗人的硬币"被用来比喻不诚实的人。[3] 因此，尼克芬法

---

〔1〕 Van Alfen 2005 精彩地讨论了尼可芬法在仿币问题的环境下的出现。雅典法律特别规定，凡是制造范·阿尔芬类型中的第七种仿制货币的，为死刑：Demosthenes 20.167。

〔2〕 法律对第六类硬币没有明确提及；对法律第二节的关键句的语法的严格解释似乎可以得出：所有镀制及伪造的硬币都被当作非雅典官方出品。不过，法律第一节特地指出有公共印章的阿提卡银币就必须接受，这似乎意味着应该有一类银币是"不被接受的有公共印章的阿提卡非银币"。无论怎样，战时出品的任何仍在流通的硬币都会被鉴定师视作外来伪币。

〔3〕 Kurke 1999；Seaford 2004。

中的一个特别引人瞩目的特色就是，它并没有将所有伪造硬币（因为是"非原型"的）归为一个统一的"坏硬币"范畴。好的仿制品，也就是那些看上去像猫头鹰币，并被鉴定师认定银的含量与真币相当的，将被交还给拿来验证的人。好仿制品是否应归还它们主人，作为被批准流通的货币，这个问题曾经激起过巨大的争议。尽管法律的语句对这一点并无决断说法，学术分歧也很大，我认为有很好的理由相信，交还的仿制银币并非"被批准"流通，故而商贩并非一定要接受它。[1] 但是很明显，好的仿制品并没有从雅典城邦流通中被禁止，它们的拥有者也没有被惩罚。事实上，既然被交还给硬币主人，就可以视为鉴定师已经"许可了"这个伪币，即从其专业视角肯定说银币是好的。而坏仿制品（镀制或赝品，2.b）及同样可能是雅典制作的镀制品（伯罗奔尼撒战争后期紧急状态下发行，后禁止流通，图6.1，3号），不仅被鉴定师没收，还被切断（如图6.1第3号的镀币），然后由五百人议事会交给诸神之母，显然这指的是存放到Metroon——老的议事会大厅，现在用作城邦档案馆。[2]

表6.2列出鉴定师大致的判断图，按来源（雅典或外邦的）和质地（好或坏的）的维度排列，在按他的专业判断得出硬币应当归于哪个"区块"后，鉴定师会做出一个权威判决，判定硬币是继续流通或被禁止。如果是好硬币（左栏），买方或者依法要求对方接受硬币（如果鉴定为良币并被认为是雅典货币），出售货物；或者，根据最可能的解释，他自由选择是否接受（如果鉴定为良币，但并不是雅典的）。

---

[1] Stroud 1974：尤其169、186页论证说法律要求接受好的仿币，即，被鉴定师还回来就意味着"被认可"。这个解释受到强烈质疑，尤其是被Buttrey 1981和1982质疑，Buttrey认为任何希腊城邦都不可能强制要求接受仿币。争论程序似乎看来有利于斯拉德的解释：假设被认可的硬币和不被认可的仿币都由鉴定师交还买家，就几乎无法分辨到底哪个是哪个？但有利于巴特雷的解释的是：强制接受非雅典官方出品硬币就打开了一个仿制的危险可能性，如果恶意仿制者仿制很难与真币区分的含有85—95%的银币，那邦将不得不要求人们使用坏仿币，而这是不可能的。我感谢彼特·范·阿尔芬在此点及有关尼可芬法和雅典硬币的其他问题上的澄清。

[2] Stroud 1974：177—178页讨论在档案馆—议事堂建筑群附近发掘出的两个镀币，并似乎有理地推断，这是被鉴定师没收并割开献给神母的（正如尼克芬法的称呼）。需要特别指出的是，没收的硬币都藏在国家档案馆的建筑中。可以假设，这些坏硬币是收集起来作为鉴定师研究藏品用的，他们在准备应对未来的可疑硬币时可以作参考；见后面的讨论。

表 6.2　鉴定师的判断矩阵，强制执行的措施（黑体），
及其可否作为流通和法定货币的后果（黑斜体）.

1. 雅典好的硬币（纯银）	3. 雅典坏的硬币（镀铜或战时发行）
被鉴定认可	**剪角、没收、祭献**
继续流通	*禁止流通*
强行接受	*不被接受*
2. 外邦仿制的好硬币（纯银）	4. 外邦仿制劣币（镀铜或铅，或伪造）
被鉴定合格并还给原主	**禁止流通**
继续流通	*不被接受*
选择性接受	*剪角、没收、祭献*

区块一的内容直截了当：法令的明确意图是保护雅典生产的银币面值，方式是确保其质量并要求其在交易中被接受。区块四的内容同样毫无疑问，因为赝品对雅典猫头鹰银币的品牌构成显见的威胁。同样，区块三的意图也很清楚，必须对城邦发行过的但现已禁止流通的战时系列硬币与真币做出区分。如果看上去像猫头鹰币，并被误作真币使用，但没有真币的含银量，假如这样的硬币充斥城邦并被允许自由流通，商人们就会对猫头鹰币作为交易媒介及整个雅典市场失去信心。如果城邦无视伪造赝品的流通引发的欺诈，那么根据如格莱欣（Gresham）法则，就会出现劣币驱逐良币的危险。这进一步会抬高被真猫头鹰币纯度的良好声誉降低的交易成本，因为商人会疑虑接受真币，担心可能会是伪造。城邦承担提供官方免费鉴定程序的代价，就是为了防止这样的不良后果的产生。

让鉴定师没收假币而不给其主人以补偿，对主人带来了风险——这些人大致可分为欺骗者（明知硬币是假的）和无知者（从他人那里接受了假币，但仍以为是真的）。鉴于没收的惩处（至少含银部分的损失），而且被专业鉴定师发现并没收的风险很大，谨慎的欺骗者很可能一开始就不敢入市。胆子大的欺骗者也会在入市后被发现。无论如何，他们的出局有利于净化市场。无知者由于他们的愚蠢受到城邦、而非掌握更多信息的投机商的惩罚。由于有鉴定师的存在，雅典无知的生意人们总是可以得到专家的服务；最终，如果手中有假币，也只能怪自己了。很明显，如果说没收无辜者的假币有不公正之处的话，那么这都可以被迅速清除市场上坏的假币并有效惩处欺骗者带来的收益所抵消了。

表 6.2 中的区块二开始令人费解，确实很难理解为什么法律允许可能与真币（图 6.1 的 nos. 1—2）混淆的硬币（如图 6.1 的 nos. 4—5）继续在流通

中存在。一块"被交还"的伪币事实上是拿到了"良币"的认证书，也就被城邦任命的货币专家宣布为"不是镀制，也不是劣制"。这样，雅典硬币的"真诚仿制品"的生产并不被雅典城邦所反对，伪猫头鹰币的交易也没有被禁止。事实上，法律专门规定一条，好的伪造猫头鹰币免于没收，是考虑给交易者们一个清晰保证：雅典会保护拥有好伪币的人的财产权。如果把伪币简单地归为赝品，上述所有这一切就会令人费解了。

如我们所见，猫头鹰的"品牌"效应对雅典市场环境很重要，雅典城邦从生产银币中的收获也颇丰。那么，为什么允许"仿真"猫头鹰币在城邦流通而不予惩处？为什么不直截了当没收伪币以保护品牌，或在伪币上标上可疑记号（如让鉴定师"先剪角再归还"），或向主人收取一定的重铸费？我认为立法员意识到惩处"好伪币"将提高交易成本，将不必要的负担加在合法交易上。雅典默许对其猫头鹰品牌的仿制，是因为这有利于交易。[1]

假定与事实相反，雅典选择没收所有伪造的硬币，无论好坏，不给予补偿，那么这就会使收取好伪币并出售相应货物的诚实交易者承受巨大的代价。许多好伪币与真币难以分辨，除非是专业人士来鉴别；即使当代专家在某个硬币或硬币系列究竟是雅典原型还是真诚仿品上，也存在着分歧。诚实的交易者应该不会比当代希腊钱币专家在辨别真币与"好的仿币"上更为专业。如果他每次交易时都冒着被没收好银币的风险，这将对雅典市场形成巨大的妨碍。另外一种选择是，假设城邦要求好的仿币在交来鉴定并被认出时就必须与雅典真币交换，那么，雅典人就应该决定谁来付重新铸造的成本——也就是收集并搬送好仿币，将银融化，铸成胚子，印上雅典官方印章等等的人工成本。

城邦可以（但事实上没有）主持重铸业务并有利可图；其实，后来希腊

---

〔1〕　有关硬币被割角后可能对其被接受的负面影响，见 van Alfen 2002：6 页，2004—2005：18 页。一个现代的类比是仿制药，它虽然不具备本来药物的"品牌"，但是从化学上说是相同的。药商想保护自己的利润和品牌，公共机关想提供便宜的健康服务，它们之间的谈判会导致复杂的规则。根据公元前 354/前 353 年的一条尚未颁布的雅典法律（《市场集成》no. 7495）上相对稀少的几行可以读出的文字，大致可以推断出尼克芬法颁布二十年后，雅典有过一次对猫头鹰币的普遍召回和重铸。这或许与"pi"系列有关；参看 Kroll 2006. 。该法律显然关注私人需求，希望快速完成目的。感谢理查森（Molly Richardson）让我就这一重要铭文阅读她正在进行的研究。

化埃及的托勒密王朝就是这么干的。[1] 然而，这些国家利润却给交易者带来相当高的成本。或者，城邦可以公开用真币与好的仿币交易，从而减少交易者的成本。但是由于市场上大量流通伪币，要经营亏本生意可能在成本上让城邦难以承受。最终，城邦也许可以收取好伪币与真币交换所需的费用，以抵消重铸费用。最后这个选择给交易者施加了适度成本。

　　立法人员的假想的决策树（图6.2）表明了尼克芬法实际所做的抉择：没收劣币但允许好的仿币继续流通，为有充分信息并诚实的交易者保持低交易成本，从而优化市场环境。同时，惩罚骗子和愚人。对比实际的（黑体的）与设想的决策树分枝，可以很明显看到，雅典对于保护城邦"品牌"和/或以强制缴纳重铸费的形式向交易者收取租金获得利润的兴趣，远不如对维持低交易成本的关注。[2]

　　法律区分了三种不同类型的硬币：原型（范·阿尔芬的第1类），好的仿币（范·阿尔芬的第2、3、4、5类）和劣币（范·阿尔芬的第6、7类）。区块表格（表6.2）显示每一类都受到不同的对待。但至于那些在边缘上的硬币呢？比如，有的好仿币的色泽不佳，可能表明银含量不足，但也可能是环境变化所致？或者，如果有的硬币极逼真地仿制了真币，甚至专家也很难快速判定是否是国产原型真币？有些案例如果不付诸辛苦检测是不会有客观结论的。但鉴定过程的快速和精准是有内在经济价值的：一个缓慢而不确定的鉴定过程还不如没有鉴定。这些都表明专业鉴定师不该被仅仅看作是某种自动机，被要求做仅仅是机械的，但有技术难度的工作。确切地讲，他是一位裁判，授权在本质上争执不清的案子中做出快速而权威的判定（没收或归还，确定并认可，或，确定但不认可）。正如棒球比赛中的一击如果或只要

---

[1]　埃及对硬币的垄断，见 Emmons 1954；Le Rider and Callatay 2006：140—144 页。Reden 2007b 给出了背景介绍。一条前四世纪中期的 Olbia 法令（Dubois 1996，no. 15 = Austin and Vidal—Naquet 1977，no. 103）模仿了尼克芬法（在 Olbia 找到了一份尼克芬法副本），但是强调居中的立场：Olbia 的金银币必须要接受，但是来自重铸的租金有限制。大约同一时期，有两位雅典人（以及他们的亲戚和奴隶）被授予了 Olbia 的特别贸易权（Dubois 1996，no. 21），这表明机制（在此是一条被接受的法律）的扩散与紧密的贸易联系也许是密切相关的。

[2]　罗伯特·基欧汉向我指出，维持货币流动性（如硬币量充足）是另一种雅典对仿币的官方容忍而带来的（在此指宏观经济上的）公共善。对贸易城邦来说，货币流动性很重要，而且在按照类别标准的通货中很难维系（比如，人们会囤积储藏硬币）。难以想象雅典会清楚理解此中的经济理由，即失去流动性就会有通货紧缩效应（压制货物生产并潜在带来经济衰退，如欧洲1873—1896 年）。但雅典肯定明白这样的经验事实，当银币（即使不是雅典生产的）充足时，市场就繁荣，而且他们应当意识到向"好仿币"收税就会抑制外来银子进入雅典市场。

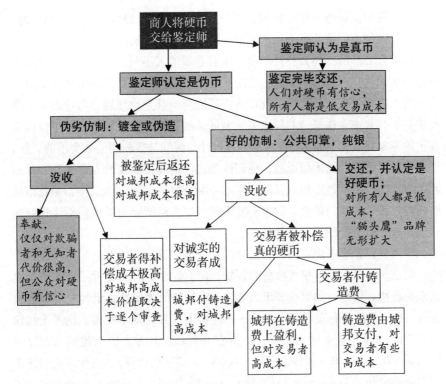

图 6.2 尼可芬决策树。斜线标志成本。（在灰框中）中的黑体标志实际的选择。

被裁判判定为有效，就是有效的。外邦伪造猫头鹰银币在雅典市场流通，如果或只要鉴定师认为是好的，它就是好的。一个硬币如果或只要鉴定师认定是真，则它就是真的。本质而言，通过在交易体系当中添加一名专家，雅典城邦给总是有内在含混之处的硬币增加了外加的信托价值。[1]

---

〔1〕 有关鉴定师可以用于快速判断的检验手段，见 Bogaert 1976，他所引述的是〔Arrian〕, Discourses of Epictetus 1. 20. 7—9 所提到的银币检验师通过看、触、嗅、听来检验银币。或许（当然完全是猜测）当检验师不在桌前上班时，会用专门的破坏性方法检验猫头鹰仿币新版的样品的精确的含银量。一旦一个系列中的少许样品"在实验室中"被检测过了，鉴定师就能有效地通过目光检查而在日常"桌前"工作中有效处理该系列的所有硬币。对检验活动的标准化的关切不仅限于古代。1856 年，英国议会委员会发现"管控金银检测的法律混乱不堪，几乎所有由议会章程或特许状建立的办公室都仅仅服务于自己。检测行动应该保护公众防范欺诈，而且是方便的增收措施，所以委员会认为应该继续进行。他们的建议是废除一些法令，消除在检测上的混乱，将各条法令整合为一个法令，以便建立和管理英国的全部检测办公室"（HMSO 1856m paper 190：Select Committee on Silver and Gold Wares）。

　　为使此准信托体系运作良好，两位鉴定师必须在相似案例上判断一致。如果两位裁判不能按几近一致的标准来做出判定，他们间的"差异"就有可能被更富有心计的交易者算计，而对少有心眼的人不利，这反过来会使在交易者中达到信息一致的初始愿望落空。这些考量就有必要让鉴定师具备专业性，两人之间要有充分协调。现在我们就能至少部分地理解，为什么鉴定师要求是公共奴隶。选择公共奴隶来从事此关键工作，意味着鉴定师可以成为真正的专家（见第三章）。投入了无以数计的时间从事相同的高要求的工作，仔细辨别了无以数计的硬币后，他们应当已经锻炼出高度的专业性和一致的判断力。如果由抽签选出只任职一年的业余公民来干鉴定师工作，那是很难胜任的。另外，我们还会看到由于鉴定师是奴隶，所以如果他们不能很好地忠于职守，就会受到严厉的惩处。

　　将这些因素都考虑在内，我们就能更好地想象这个体系是如何实际运作的。假定 S（卖方）有相当数量的谷物，B（买方）向 S 支付了 100 德拉克马来买谷物。因为，如果 S 要求做鉴定，B 的任何劣币被鉴定师发现都会被没收。B 一开始就有强烈意愿不给 S 任何劣币（即，既不欺骗，也不无知地拥有劣币）。S 想成交这笔买卖，但担心 B 硬币的质量。因为他们是在比雷埃夫斯交易谷物，B（或他的代理）陪同 S（或他的代理），将硬币交到比雷埃夫斯鉴定师手上。S 与 B 都很确信，他们能找到坐在波塞冬石碑前的桌子旁的鉴定师，因为他们知道如果他不在就会受惩处。鉴定师检验了 B 交来的硬币。真币被证实并认可，伪币在此过程中归还 B，不被认可。B 可能选择还是将此给 S，但可能打个折扣。S 有权要求支付真币；如果不是真币则可以取消交易。但 S 或许不会选择这个合法方式，因为 S 得到默许的保障，他无论如何都会得到"好的硬币"：B 和 S 现在在硬币质量上共享对称信息，可以达成公平的折扣率后接受好的仿币。

　　一旦交易所需的硬币被鉴定了，B 就将硬币给 S。但是假定 S 现在拒绝交易。假设交易中的所有硬币都已被认可，B（他本人或通过第三方）可以将 S "检举"到相关的行政官那里。因为交易的数量超过了 10 个德拉克马，行政官将此案提交人民法庭。如果法庭站在 B 一边，那么 S 将失去当天他所卖的所有谷物。城邦得到 S 谷物的半数，B（或第三方）得到另一半。因此，S 也有很大意愿接受被认可的硬币而不持异议。要求 S 接受被认可的硬币，可防止 S 去试图利用官方认定程序机制作为拖延的工具，在绑定 B 的钱财的同时，却去为他的货物找更高的买家。这样 B 就受到保护，不致让 S 以要求找鉴定师为借口，在维持 B 的出价同时却继续寻求更高出价的其他买家。因为 B 理解 S 的动机，也因为他的硬币只有是劣币才会被没收，所以 B 无须担忧将硬币交给鉴定师。交易成本不会因为失去交易或是失去本分持有的财产而增加。

强制接受的规定意味着 S 不会挑战 B 的硬币，除非他真的怀疑硬币质量，同时迫切希望做这些交易。因而，找鉴定师做鉴定所产生的交易成本不会涉及每笔交易。鉴定师的职位相当于城邦提供第三方保证，降低如果 B 知道其硬币质量而 S 却并不知晓的信息不对称。它并没有成为负担沉重的强制国家手段而进入雅典经商成本之中。

有价值的信息对称化的一个好处是，通过付诸鉴定师审查而得到了共同知识：S 和 B（或他们的代理）同时面对鉴定师，因此他们就对硬币价值拥有共同知识，也知道提供并接受硬币的人的诚意。这个共同知识会扩展到任何有兴趣的旁观者身上，因为整个过程是在公共场合进行的：B 不用劣币的想法更坚定了，因为如果鉴定师没收他的硬币，他就会失去诚实的信誉，同样，如果在检验完成后逃避这桩买卖，S 就会失去荣誉。

总之，鉴定体系同时保护了买家和卖家。如果我们假定 S 和 B 可以选择在哪个城邦市场做生意，并且假设雅典（至少一开始）是唯一提供专业鉴定师的城邦，我们就明白为什么 S 和 B 会选择雅典市场了。这里，我们就能理解为什么民主法律制度为雅典提供了与其竞争的城邦相比的独特优势。

雅典法律体系为交易者提供了使用雅典城邦铸造的猫头鹰币的激励。如果用被认可的真币在雅典做生意，B 就拥有了某种城邦提供的商业保险，即，可以轻易得到雅典行政官和法庭等官方机构的保护。交易者使用原型真币是自愿的，因为雅典并不制裁使用好的伪猫头鹰币，也就是其他城邦的硬币。但若有选择，知道自己在雅典做生意的商人更可能会喜欢原型猫头鹰币，故而雅典真币在希腊世界流通中有相当溢价。所以，公元前五世纪帝国时期强制要求交易者使用雅典猫头鹰币的做法，现在被自愿使用所取代，但效果几乎相同。

表 6.3 表明，公元前四世纪，如同公元前五世纪，雅典银币出现在更多的希腊硬币储藏点，比任何其他希腊城邦的硬币都多。在公元前四世纪的硬币储藏点，比起公元前五世纪的情形，相对其他城邦硬币，雅典硬币更受欢迎。总体比例表明，在公元前四世纪，非城邦铸就的硬币的增多限制了城邦铸币的"市场份额"。在总储藏硬币量中，前十名城邦的整体份额，从公元前五世纪的 21% 下降到公元前四世纪的 11%。一种或多种雅典硬币出现在约 10% 的公元前四世纪储藏点中，与前五世纪的 19% 相比下降了。所有竞

争城邦都经历了这种下降，但同时，雅典硬币在所有储藏点的比例从 3.7%
上升% 到 6.5%。竞争对手中，只有科林斯有相似的上升。这个数据可以有
多种解释，但雅典硬币在地中海世界，即使在帝国时代结束很久之后，仍保
持强劲需求，却是毋庸置疑的结论。

表 6.3　前 4、5 世纪希腊世界的前十位城邦在硬币储藏点中的城邦硬币比较

城邦	前 5 世纪储藏点		前 4 世纪储藏点		前 5 世纪硬币		前 4 世纪硬币	
	数量	%	数量	%	数量	%	数量	%
雅典	45	18.9	56	9.9	1,284	3.7	7,152	6.5
叙拉古	48	20.2	33	5.9	963	2.8	793	0.7
艾伊娜	24	10.1	25	4.4	960	2.8	535	0.5
阿卡拉加斯	35	14.7	8	1.4	698	2.0	22	0.0
泰雷斯	20	8.4	23	4.1	593	1.7	1,426	1.3
克罗敦	21	8.8	18	3.2	466	1.4	155	0.1
麦特邦提安	19	8.0	20	3.5	1,017	3.0	226	0.2
戈拉	30	12.6	9	1.6	565	1.6	72	0.1
奥比亚	11	4.6	21	3.7	456	1.3	813	0.7
科林斯	10	4.2	19	3.4	197	0.6	1,145	1.0
所有储藏点	238		564		34,385		109,433	
前十城邦%						20.9		11.3

注：储藏点数量 = 至少其中包含有一个城邦的硬币可确定日期的储藏点的数量。储
藏的百分比 = 至少其中有一个城邦的硬币有日期的储藏点的百分比。硬币数量 = 在
有日期储藏点城邦硬币的数量。硬币百分比 = 在有日期储藏点中在所有硬币中城邦
硬币的比重。所有储藏数量 = 所有有日期的储藏，所有有日期储藏点的硬币（包括
所有铸造的城邦或非城邦的）。前十城邦百分比 = 在所有有日期储藏点中所有来自前
十城邦硬币的整体百分比。

法律地位与社会地位

尼克芬法的显著特色之一，是它还是考虑到它所规范的那些人的法律地
位，尽管它在雅典市场创造了非人格化的、"与地位无关"的交易条件。如
我们看到的，鉴定师是公共奴隶，这在建立新比雷埃夫斯鉴定师的规章（第

11 条）上得到明确表达。他或者由国家从已有的奴隶中（应当是铸造厂工人或行政官的文员）选取，或者，如果在城邦当前人力资源库中没有合适候选人（具备相应专长），就在公开市场购买。我们已经知道，对鉴定师专业知识及持续工作的要求，使得此工作最好不要由抽签而定的年度公民行政官来做。

不同于自由人，奴隶鉴定师如果玩忽职守就会被鞭打，自由人犯了错误，"对应"的法律惩罚只是罚款。[1] 另外，如果商品卖主是一个奴隶，要是被检举拒绝接受被认可的硬币的话，那么除了没收购物外还要鞭打。此处可见明显的不对称：对奴隶的惩处要远远严厉于自由人，但奴隶还是被作为交易的完全责任方。比如，公共奴隶鉴定师领取固定薪水。法律第 14 条专门关注为两位鉴定师支付薪水的问题，还保证新的比雷埃夫斯鉴定师因预期不能全年服务，而得到恰当的补偿。那么，如何理解如此关注创造交易条件的对称性的这个体系中的不对称性呢？

一个奴隶卖家完全可能作为独立的责任方正当使用他自己的财产。奴隶与他们的主人"分开过"，将他们私人生意中的一部分收入上交主人的情形，在雅典有充分记录。[2] 在这样的情况下，额外处罚的目的可能是显示性的：鞭打奴隶以提醒所有人，在奴隶与自由人之间存在着不可逾越的鸿沟。在另外的情况下，作为卖主的奴隶可能担任他主人的代理。在此，则除了强化身份差异的目的之外，鞭刑之法律威胁还有一个理性的目的。

一个完全担任主人的代理人的奴隶可能选择从事欺诈商业行为（从而增加交易成本）。鉴于被国家没收的货物不是他自己的，奴隶不违背正常而诚实的商业活动的物质激励，就在于其主人不定期的监察和督促。考虑到这点，城邦增加了一条严厉的体罚，它的实施不取决于奴隶主本人是否选择惩处奴隶。

不过，奴隶主作为"不可见"的第三方，远离名誉的丧失，于是他在盘算财物被没收的风险之后，很可能会以惩罚威胁奴隶去干欺诈商业行为。城邦用自己的强制威胁来抵消这一（潜在）威胁，并（在其他法令中）限制主人对奴隶所能实施的强制权威的绝对性。[3] 这样，尼克芬法为作为卖主

---

[1]　雅典奴隶的体罚，见 Hunter 1994：154—184。假定一个德拉克马被认为等同于一皮鞭，见 Hansen 1999：121。

[2]　奴隶与主人分开住，见 E. Cohen 2000。

[3]　对有关傲慢（hubris）的法律的讨论：Ober 2000（= Ober 2005b，第五章）；建立 Theseion 作为官方奴隶避难所：K. Christensen1984。

的奴隶创造了一个"理性选择"局面：是选择被国家还是被其主人惩罚。两个选择都非常糟糕（即便不是同样糟糕），这一明显事实清楚地阐释了泰勒·摩（Moe）的论点，即为什么理性选择理论要将结构权力不对称考虑在内。雅典奴隶制允许奴隶做出选择，但是把奴隶对如何受折磨的选择仅仅看作经济风险选择的一个子集。这显然将会模糊该体系的基本道德特征及功能特征。[1]

尼克芬法特别好地诠释了雅典法律的某些普遍原则，也就是可执行性、权限管辖、责任性和透明。法律规定了相当的执行力量，针对那些在市场上可能违法拒收被认可硬币的人。因为雅典并没有发达的警察机构，推动执法的是那些看到违法行为的私人，这可能是受害者或相关第三方旁观者。法律第五条号召"检举"违法者。潜在的检举人之所以有意愿作为法律的"自愿"执行者，是因为能得到被判没收的财物的一半，无论检举的交易额在10德拉克马以下（由执政官快速做出定罪判决），还是数量更多（由法庭做出判决）。[2]

与条款第10条将对行政官进行谴责的权利限制在"良好声誉的雅典公民"中相反，第5条并没有指定潜在检举人的身份；这只表明：所有人只要有意，都可以检举任何非法拒绝接受已认可硬币的人。我们不能确切地说，这如何跨越雅典社会关系结构的多种身份种类（自由人/奴隶，男/女，居民/访客，公民/非公民）在实际中操作的。但在表面上，并没有对想检举的人作身份的限制。法律特别明确地说明这点，所以这不可能仅是尼克芬本人的一个疏忽。人人都可以参与执法机制，是一个重要的"体现公平领域"的特色，因为进行钱财交易的人包括雅典各种地位的身份群体。正如我们所见的，法律在惩罚上并没有同样对待自由人和奴隶，但关键的执法机制也没有容许公民男性有法律豁免，成为"特权的内部人"。这种正式的不对称将会明显抬高交易成本，因为"外部人"在被欺骗后，将缺乏法律援助，而且在交易中不得不补偿这一不对称性。[3]

---

〔1〕 Moe 2005。E. Cohen 1997 依据这些条文对奴隶制进行了深刻的剖析。

〔2〕 注意：检举可能只关注一种交易（卖家拒绝接受买家已被认可的硬币），但成功检举者分享买家当天所有商品的一半。因而，检举者从执政官总体判决所得的，可能达到5德拉克马。这样的话，对不诚实执政官的法律制裁必须相当严厉，以防范可能的利益共谋。

〔3〕 住在雅典以外的奴隶尤其可能"检举"和"指出"出口法令的违背者，这些法令使雅典在凯阿岛的四个小城邦中垄断特定矿石的三个（RO40，19—20行）：这里的奴隶成功起诉后能获得自由，并且享有部分罚没的资产。

管辖权与执法权紧密相连：法律不仅专门指定了两位鉴定师的地理管辖空间，还明确了各位行政官在执法时的司法管辖责任（第 5 条 a—c）。行政管辖是按地理和商品来组织的。落实行政官执法责任的基本划分是按地理原则，分为处理城市事务（尤其是集市广场，第 5 条 b）的召集人与处理比雷埃夫斯事务（尤其是进口市场，第 5 条 c）的监管人两种。但是，这种管辖权限的一般区分有个特别的例外之处。检举谷物市场的违法行为要向谷物护卫者报告（第 5 条 a，c）。与其他所有商品交易未做明确规定不同，法律特别关注谷物市场引发的问题由特别负责谷物的行政官委员会处理。谷物市场所具有的这一例外的法律地位表明，进口谷物对于城邦具有持久的重要性。不仅进口谷物是雅典的主要收入来源（从港口税），并且它是战略必需品，因为雅典的谷物庄稼至少周期性地不足以供应城市人口。[1]

如同派遣条令的例子一样（第四章），有关执政官责任的条款在硬币法令中占据了相当大的篇幅。公共奴隶鉴定师，如我们所见，如果不尽忠职守就会被鞭打（第三章），但其他执政官也同样要求尽职尽责。六位高级执政官面临公开的 1000 德拉克马集体罚款，如果他们不能召集法庭来审判由执政官交托给他们的被检举的严重案例的话（第 7 条）。与针对特定官员团体的这条法律相比，第 10 条授权任何有法律地位的雅典人（任何没有因法律问题而失去投票权的男性公民）都可向五百人议事会起诉执政官的玩忽职守。这是雅典法律普遍原则的一个确切表述，允许公民作为"公共"犯罪的起诉人，只要针对的是整体上危及城邦的侵权行为。在尼克芬银币法令中的起诉案例中，就正式的法律程序而言，五百人议事会成员显然作为陪审员，而自愿的"起诉人"作为起诉方，被指控的执政官作为辩护方。法律将定罪惩罚限定在开除公职，并可能另加最高 500 德拉克马的罚款。

与派遣条令不同，议事会作为一个整体在银币法令的运作中并不发挥全面管理者的作用，但是议事会及其一些成员会参与建立新政务机构的工作——任命新的比雷埃夫斯鉴定师（第 11 条），授权订立合同以树立集会广场和进口市场的两块石碑（第 13 条），毁掉记载了违背现行法律的法令的已存石碑（第 15 条）。在这些机制成立并运行后，议事会及其成员有责任收下劣币并存放到国家档案厅中（第 2 条 b），并负责鞭打玩忽职守的鉴定师

---

〔1〕　谷物的特殊地位，见 Garnsey 1988；Whitby 1988；Oliver 2007，第一章；Moreno 2008。
　　　特别的法律限制旨在确保在雅典订立的海事贷款合同的结果是谷物运到雅典市场：
　　　Lanni 2006：151—152 页，下面有讨论。

（第 3 条）以及审理集市广场的检举（第 5 条 b）。

当然，可以假设，当时他可能通过决议要求议事会自己承担这些工作，虽然事实上议事会看来负责的只是训练自己的成员中那些被任命承担负责法律所规定的具体职责的人。尼克芬法令，如同其他雅典法律，似乎在寻求人们追求的两种目标的折中：一个目标是分离有责任的个体与监督责任机构；另一个目标是行政效率，这得益于允许具有相当综合经验和流程知识的团体负起首要职责，即规训那些未能在此过程中完成任务的人。同样，在小额交易中给行政官以最终裁判权；但一旦超过 10 德拉克马的交易，就需要人民法庭的裁决，这也是折中的体现。在这个情况中，两个被追求的目标是：一方面快速从而低成本的终极裁判，另一方面又坚持民主原则，即重要处罚应该由大的团体而非个人行政官做出。[1]

尼克芬法所体现的最后一条法律原则是透明。法律的具体表述，对于那些可能需要求助的人来说完全能读懂。法律本身必须被分别公开颁布在两处石碑镌文上，一块竖立在城邦的集市广场内；流存下来的石碑显然就是集市广场的这块。另一块则竖立在比雷埃夫斯。两块碑竖立的地点，也是鉴定师端坐工作之地。

我们必须想象，每位鉴定师都在显著展现了法律的碑文的近旁履行职责，这部法律明确规定了他的职权，规定他如果玩忽职守则必须受到的处罚，同时还详细规定了如何处罚那些拒绝接受他的专业的和仲裁式判决的人。通过在这两个地点的同样公布，新法律很快成为那些诉诸鉴别程序的人们的共同知识。在鉴别中，任何人如果感觉没有尊重恰当程序，都可以很快从他或她的知识中知道应当怎样得到求助。再者，鉴定师个人的脆弱性，作为被赋予一定权力的城邦财产（奴隶），作为一个专家和城邦的代理人，都是显而易见的。尼克芬已经将他的法律的理性和表达这双重关联性的目标，表达得再清晰不过了。

规则和租金：历史考察

从公元前六世纪早期至前四世纪中期，雅典制度史的整体发展趋势是朝向更多的人能更多地接触到价值越来越高的公共信息和过程，并通过改变少

---

[1]　有个例外是某些特定类别的"当场被抓"的犯罪分子：Hansen 1976a。

数人才能获得规则化知识的方式，大大减少了公共偏袒性。这些趋势不是直线进展的，而且从最优水平和公正无偏性的角度来看，它们还全然是不完善的。正式的规则和文化习惯确保本地男性维持了大量具有重要经济意义的法律、政治和社会特权。自由民和奴隶之间的区别仍然是根本性的。与其他古代社会和敌对希腊城邦相比，公元前四世纪的雅典似乎已在开放和公正之路上走了很远。然而，当雅典与理想化开放型社会的标准相比较时，还显得相当不足。下面的历史性考察借鉴了第二章引用的叙述和研究，并且可以与Ober 1989 第二章中提到的详细的政体史互相参照起来看。

在古风时代早期（阶段一），统治着雅典社会的规则呈现出脆弱自然状态的特征。正式机制虚弱且不稳，精英家族之间的结盟也是易变的。公元前594 年梭伦（阶段二）被任命为掌握立法权的执政官，这件事除了引发其他巨变外，也成了雅典开放性和公正性的转折点。梭伦的法律以书面形式公开展示，因此至少在原则上，它对任何识字的人都是开放的。[1] 在梭伦的抒情诗中，它们所基于的原则则得到了明确的陈述。事实上，梭伦的改革使基本赦免权覆盖了当地全体人民：雅典人不再害怕会因为经济失败而最终导致地位下降，变成其他雅典人的奴隶或被卖到国外。新的法律程序使得地方官也可能被起诉，每位雅典人都有权代表他人起诉犯罪行为。高等公职仍然只对精英们开放，但是现在的限制基于相对公正的财富标准而非血缘考查。

后来，雅典人将许多法律都归于梭伦，包括一部关于反对傲慢的法律，此法宣判"以不敬的态度对待"雅典领地上包括奴隶在内的任何居民（法律上未定义）是有罪的；对违反法律的惩罚包括从罚款到处刑。半个世纪后，梭伦的法律显然已经普遍通用，僭主庇西特拉图至少在名义上保留了它们。庇西特拉图希望消除他所无法控制的庇护人网络，于是建立了流动审判官制度，并为农业项目提供资本贷款。这使得雅典乡下人同城市居民之间更加平等，并在解决纠纷的过程中取代了心存偏袒的当地精英们的位置。

在僭主时代，雅典人目睹了大量移民现象；公元前508 革命的直接后果是这些移民变成了公民（Badian 2000：452）。新的民主建立在一种独特的（年也许是急迫的）包容性行为上，而且从这一刻起，雅典的积极公民将包

---

〔1〕 梭伦时代或（就此问题而言）古典时代的雅典的基本识字率是难以确定的。学者们的推测出入很大。比如，参看 Harvey 1966；Thomas 1989，1992；W. Harris 1989；Hedrick 1999，2000；Richardson 2000。Thomas 2005 注意到成文法对于希腊人如何理解作为公平的正义极为重要。

括具备相对公平法律地位的精英和非精英。在公元前五世纪的第一个 1/3 世纪（时代 3—4），我们看到了一系列的制度改革，许多时代久远的精英家族被逐渐剥夺了司法权益方面的诸多传统特权。在公元前五世纪中期（时代 5），许多阶层的公民受惠于对担任公职和审判员工作的付酬制度，更能在实际上获得公职。由于有自觉能力和社会多样性的公民人数正迅速增多，他们总体而言对支配人民法庭、议事会和公民大会的规则十分熟悉，雅典的机制越来越抗拒精英的掌控。

到了公元前五世纪第二个 1/3 世纪，年轻的民主机制被用于为帝国统治服务，在雅典掌控的领土上所发生的纠纷依法应当到雅典法庭起诉。民主的批评者把陪审员们看作是一个集体庇护人（Ps—Xenophon 1. 16—18），"他"渴望通过限制获得法律帮助的渠道，来从帝国臣民那里榨取租金，且仅仅向那些玩转大局的人们提供有利的判决。雅典人有相对稳定的机构和一个（至少从古代的标准看）充满活力的公民社会，有一个能执行帝国管理任务（和收取租金）的公民团体，这些公民同时组成了拥有专门技能的军事专家团体。于是，雅典呈现出一种新型组织形式：一种成熟且民主的自然国家。这种组织形式在广泛领域中取得了意料之外的成功，引起了同时代人的好奇，并使得那之后的观察者们都对此深为着迷。

公元前五世纪的民主自然国家是否能以帝国主义形式长期稳定存在？历史的事实给出了否定的回答（Morris 2005b）。事实上，西西里远征的灾难严重地打破了精英和非精英公民之间的平衡。当民主在公元前 441 年寡头政治插曲之后重新复辟时，雅典人意识到他们需要调整正式规则；他们成立了一个委员会来收集雅典的法律。与此同时，旧议事堂被献给了神明之母，而今被称作 Metroon。它除了服务于许多其他职能，也充当了包括成文法律在内的官方档案库。[1]

公元前 406 年，在伯罗奔尼撒战争的最后阶段，我们看到了一种对雅典法律程序的严重违背。当年选出的将军们大多数都在公民大会上被集体审判，并被判处死刑。这违背了民主在运用多数人统治时的自我节制，而三十寡头的暴力统治也追随这种违法行为。寡头集团的头头们将法律豁免权限制

---

〔1〕 档案馆的建立：Boegehold 1972（认为时期是公元前 409—前 406 年）；Sickinger 1999；Davies 2003：328—329 页。Thomas 1989：66—83 页论证说雅典人其实很少查证成文档案——无论是镌刻的还是存档的。然而她的论证有违这些学者的看法：他们相信古典时期发生了从口传文化向文字文化的彻底转变。进一步可以参看 Hedrick 1999。

到一个3000名公民的名单上，而且随意删改名单上的名字。他们宣布出台新法律，却从未将其公布。已建立的司法程序也被摒弃了。如果领导者找想要指控谁，那被告就毫无希望自辩无罪；裁决投票也不再是秘密进行的了。陪审员害怕如果自己挑战了军政府的意愿，就会遭到报复。裁决变得武断。领导者心血来潮地没收富人（尤其是外邦人，定居的外国人）的财产；成千上万的人被逐出家园，成百上千的人被处决或消失了。

这种对通常雅典游戏规则的严重破坏，受到了复辟的民主的有力回应。最近收集到的法律被公开地展示、存储在城邦档案厅中。作为一种主要的宪政转变，公民大会的法令现在必须服从已经确立的法律。新法律由众多立法员委员会而非公民大会中的直接投票来建立（第五章）。允许在法庭中对违法裁令和不正当法律提出起诉的法律程序（graphai），使这种对规则的等级排序变得强大有效。作为一种对公民大会的多数人决策的民主制约，新的法律制度降低了多数人暴政的危险。一种宣布于法庭中且被强制执行的特赦令，防止了社会堕入循环报复和复仇之中。雅典的社会平衡得以恢复。

就在民主制恢复后不久，一种新的解决纠纷的程序得以到位：年龄达到六十岁的公民可以担任公众仲裁员。如今，"民间"纠纷（dikai）当事人在上法庭起诉之前，需要先经过一种相对快速（原则上）的法律仲裁。人们不必担忧业余仲裁员会更关注合宜而非正义，从而违背公正无偏原则，因为不满意的当事人可以向人民法庭上诉。在这个世纪当中，公民大会之间让出了（de factor or de iure）审判叛国罪的法律权限。如今人民法庭统一审判严重违反公共秩序罪，它规定必须秘密投票，并且对继起随动现象施加了更多制度化的钳制（第五章）。书面证据也在一些（尽管并非全部）雅典法律语境中变得越来越流行。从公元前五世纪至前四世纪，得以保存的雅典公共铭文（以及私人墓志）的数量急剧上升（Hedrick 1999）。

法律保护范围的扩展

公元前四世纪中期，随着审讯有关商人案件的新程序的建立，法律保护范围和公正无偏性都发生了显著改变。"海事诉讼"（dikai emporikai）有两个创新性的显著特点。首先，包括外邦人、短期来访者以及很可能包括奴隶在内的男性非公民，在这些商业案例中都享有与公民相同的法律地位。如今他们都有权提出起诉、作为证人，并自己的名义出面为自己辩护。其次，评审团的司法自由裁量权受到了限制——在提出指控和裁定案件时都必须参照书面合同。[1]

　　在海事案件中，陪审团的责任是判定一个具体的合同条款是否已被满足。尽管仍然需要判断当事人所提供的叙述的准确性，陪审团的解释范围还是明显受到了限制。因此，海事案件中陪审团的决定被称作"按规则进行"或"按书本进行"（*akribeis*：Demosthenes 7. 12, and Lanni 2006：149 n. 4）而非基于陪审团全面权衡考虑的判断——包括过去的行为和对涉事者的未来社会价值的估计。我们关于这次法律创新的知识主要依靠五个现存的演讲，而其中并未陈述新程序的提出动机。然而，通过给予他们与雅典人同等的免费解决纠纷的程序，这种动机被广泛且正确地假设为政府吸引外国商人到雅典的市场的期望。此外，每月审判新诉讼的规定（Demosthenes 33. 23）——尽管精确的意义有些模糊——其用意明确在于保证能迅速采取法律行动，从而消除当地人拖延诉讼以伤害暂住外商的利益的动机。

　　兰尼（Adriaan Lanni 2006：166）提出："海事诉讼的当事人似乎将其论证聚焦于合同的条款上。然而在非海事案件中，演说人提出更为语境化的阐述，他们的申诉不仅立足于对合同的适当解释，而且会考虑他们所理解的公平结果。"兰尼所说的"公平"涉及利益的公正分配，即各方的相对社会价值将决定公平的份额，而非上面我所强调的"作为公正无偏性的公平"。兰尼正确地指出，在海事案件的程序创新中，并未显示出一种对标准的雅典法律原则的革命。在她看来，对社会背景的持续关注以及在非海事案件中接受相对广泛的论证，都表明了一种持久的、雅典独特的那种赋予陪审团广泛解释权的司法程序承诺。正如我在别处所论证的（Ober 1989），陪审员一方的解释权空间，是一种防止精英掌控民主法庭系统的重要保障。

　　然而，我们不应该简单地认为海事诉讼是反常的，或者是完全受公元前四世纪中期的特殊需要所驱动的。相反，两种意义上的公平——程序正义和实质正义——代表了雅典民主价值观的两个方面。首先，程序性公平聚焦于

---

[1] Lanni 2006：149—174 页对海事审判提供了一个简洁的描述，并引用了大量早期学者的讨论。E. Cohen 1973 重启了对海事审判的学术兴趣，并且迄今为止都是最为详细的分析。不过 Cohen 认为海事案件由擅长商法的专业陪审团审判，这个看法的依据可疑，结论也不对。参看 Todd 1993：334—337 页。不过，Todd 1994 怀疑非公民无权参与海事案件之审理，也不能使人信服。E. Cohen 2005 提供了一个对于雅典商法的简明扼要的纵览。

审判的公正无偏之价值，这实际上是机会平等。第二种意义上的公正以取得最好、最公平的结果为中心。当这两种公正出现在法庭上时，如果当事人猜不出哪种才是更为重要的，那么同时存在的这两种意义上的公正会导致混乱、武断的判决以及广泛地退出法律体系。在公元前五世纪末的危机中，这种功能失调的堕落发展似乎非常之快。但在公元前四世纪法典化的法律环境中，这种制度恢复了其合法性，并因此在稳定民主平衡中发挥了有益作用。随着海事诉讼法的诞生，这两种不同的解决纠纷的领域被明确地区别开来，于是潜在的争议者就相当明白在某个特定案例中适用的价值和规则。

在公元前350年中期左右引入海事诉讼新程序前不久，高产且通常颇有创新性的雅典作家色诺芬发表了一本关于收入的小册子，提出了一些关于增加雅典国家收入的建议。他推荐了一些混合着寻租和扩大司法保护范围的措施。他最为倒退落后的建议就是让雅典人获得大量国有奴隶，出租给私人，尤其是充当银矿工人。色诺芬说正确的类比是"税收种植"，但是"奴隶种植"更加有利可图，因为这种方法更加容易操控。他声称，通过在奴隶身上纹"公共财产"的纹身和在矿区建立战略营地，我们即使是在战时也可以控制奴隶。色诺芬在流亡时期曾到过古典时代的斯巴达，并见到那里的国有农奴人口，这一切都隐然在他这些话中露出身影。

然而另一方面，斯巴达因定期大规模驱逐外国人的行为而闻名（Rebenich 1998），色诺芬却建议改变制度，以使雅典更加吸引外国人。其目标就是使经济增长："居民和来访者数目的增多，必然会使我国的进出口、销售、获取报酬的机会和关税得到相应的扩展。"（3.5）色诺芬所提倡的方法是开放进口市场，以及确保快速且公正地解决纠纷的程序。色诺芬提议，要给最公正、最迅速地解决纠纷的国家市场官员提供奖赏。他认为这将会产生以下结果——更多的大批商家将会与我们进行贸易，并且更加满意。（3.3）色诺芬提出要让外邦人从强制性兵役中解放，但允许他们担任受尊敬的志愿骑兵的角色。他还建议给予外国人房地产的所有权（*enktesis*：2.5）。他指出，所有这些只不过是简单的改变规则而已："这些（方法）无须使我们耗费任何东西，仅仅主要做出善意的公共决策（*psephismata*）并妥当予以实施"（*epimeleiai*：3.6）。

色诺芬承认，其他包括"为船东和游客建立新旅社"以及"为商人改善市场设施"的措施，都需要国家的大量资金投入。但色诺芬相信，雅典可以从私人资金中借来必要的资本。国家可以提供高利率，而且至少同样重要的是，贷款将由国家本身的信誉担保，"这无论怎么看都是最安全、最持久的人类制度。"（*ho dokei ton anthropinon asphalestaton te kai poluchrononiotaton einai*：3.9）尽管色诺芬没有明确说明，但恢复统治的民主制在还贷上的良好声誉（亚里士多德赞许过。*Ath. Pol.* 40.3）是此处的相关背景。色诺芬假设：基于其偿还贷款的可信承诺，民主可以通过借贷来摆脱金融/军事困境。这一想法预示了当代对"民主优势"的政治经济根源的论证（Schultz and Weingast 2003，以及上面第三章的讨论）。

我们很容易想象一下：在公元前四世纪中期，有一个议事会的部落小组在考虑色诺芬的观点；他们拒绝了色诺芬通过获得和培植公共奴隶来寻租的计划，但是把握住了给予非雅典经者更多法律权利的建议的真正价值。尽管现在还不清楚雅典决策者是否直接采纳了这种或色诺芬的任何其他建议，但他在《雅典的收入》中的某些建议和改革后的海事诉讼程序之间有相当大的相似性（参见 Lanni 2006：151 页）。这种相似性表明，公元前四世纪中期，至少色诺芬的一些观点是与政治实际所相符的。

与过去相比，雅典人在公元前四世纪比过去更愿意授予外邦人重要的荣誉，包括公民身份（Henry 1983），而且这些授予绝不仅仅只是空洞的姿态。随着富有且慷慨的外国人得以享受到雅典人对尊重、荣誉和相互感激的公共分配，他们也就获得了珍贵的担保：如果他们在自己家乡出了问题，就肯定可以在这个强大的城邦得到避难（K. Allen 2003）。在某些情况下，雅典的外国人居民团体被授予了 *enktesis*——购置房地产的公共许可，目的显然是建立他们自己故乡的宗教祭祀实践。举例而言，在公元前 333/332 年，公民大会授予了一群来自塞浦路斯的西顿（Citium）的在雅典定居经商的人以 *enktesis*，以建立献给阿芙罗狄蒂的圣殿，"就像埃及人建立了伊希斯的圣殿一样"。[1]

在这项法令中，还颁布了相关联的财产权和宗教崇拜形式的选择权，这一关联显然会降低在雅典长期定居者中的崇拜西顿的阿芙罗狄蒂与崇拜埃及的伊希斯的信徒们的心理成本。法令本身没有说为什么会批准这些事情，但确实提到这是批准给一些商人的。从表面上看，设立这项法案的目的很可能是为了使雅典更能吸引外国（包括非希腊的）商人。

雅典还有许多其他招商方式，至少其中一些可以归因于民主国家自觉采取吸引商人的开放保护和公正无偏原则。与许多其他城邦相似，雅典通过规

---

〔1〕 RO 91 以及 Simms 1989 讨论了其时间与立法意图。

定标准度量衡来保护零售商和他们的客户（Lang and Crosby 1964；Figueira 1998：296—315 页）。政府提供了各种各样的市场官员（*agoranomoi*, *sitophulakai*, *epimeletai tou emporiou*）和银币的检验师（上述）来加强实施公平贸易。比雷埃夫斯港口的设施在公元前四世纪得到了改进，这些设施是为了存储粮食而建设的（见下文）。在色诺芬的提议和海事诉讼法中都表明了对时间价值的关注，它也体现在城邦在广场提供了一个显著的、技术上复杂的水钟，它能根据季节的变化测量时间。[1] 通过计算来测量价值，能促进公正的交流。Reviel Netz（2002：334—340 页）记录了古典时期雅典"计算文化"的独特性，指出"西方算盘"的最有名的例子都来源于雅典国土，并认为雅典计数的技术与其经济发展与民主制度是有关的。

　　一些雅典规则限制了居住在雅典的商人的买卖自由。旨在确保城邦内充足粮食供应的法律，要求在雅典居住的商人将所有的粮食都运到雅典港口，且禁止贷款给不向雅典运送谷物的船只，而且可能限制将运至雅典的粮食重新出口的权利。但还是有大量的粮食被依法重新出口了（Whitby 1998；Oliver 2007, chapter 1）。有着众多人口的雅典是一个大型市场，这些调控规则似乎没有减少人们从事大宗商品大规模贸易的积极性。作为地中海贸易的中心，雅典看到了新型且复杂的银行和信用形式的发展。这种发展被雅典人和外国人同等地利用，且在一定程度上被国家法律所控制。总而言之，这些发展有助于解释公元前四世纪第三季度国家税收和国家能力的急剧上升。[2]

---

[1] 有关市场上的季节钟和时间观的辩护，参看 Allen 1996；也参见 Camp 2001：159 页。Reed 2003 第五章，和 Oliver 2007 第一章考察了古典时代的雅典国家对鼓励贸易的兴趣，以及所采取的措施。Oliver 2007 第三章阐明了雅典人热心于通过荣誉、宗教宽容和减税来吸引贸易者。这样的热切一直延续到公元前三世纪。

[2] 有关对于谷物贸易的限制，参看 Lanni 2006：151—152 页。有关银行和信用，参看 E. Cohen 1992。有关铭文所记录的雅典特有的抵押担保形式（*horoi*），参看 Finley 1953；Millet 1991。Millet and Finley 认为公元前 4 世纪这些新式的（或者至少新近从考古学可见的形式记录的）从土地拥有权中搞钱的手段是"非生产性的"，因为收集来的基金大多是为了社会目的（比如嫁妆），而不是（比如）投入购置更好的农具。但是，这没有必要地低估了社会资本的潜在经济价值；参看第四章。C. Grotta and M. Manganaro 研究了涉及来自 Camarina、Morgantina、Chalcidice 和 Cyclades 从公元前四世纪到二世纪的房屋、作坊和土地的抵押记录铅板。这些研究完全发表之后，将会让我们更好地理解希腊世界当中标准形式的信用是如何传播的。

民主与社会保障

民主与雅典更开放、更公平的趋势密切相关。曾在历史上通过在自然状态下限制进口来产生租金的雅典版精英同盟（North, Wallis, and Weingast, in progress）被雅典民主制度的产生和巩固所打破了。[1] 在公元前五世纪晚期寡头政治插曲时期、公元前 508 年和四世纪的革命结束后的那些年间，民主对精英统治的标准模式的成功挑战显得格外清楚。在这两种情况下，民主的创造和恢复都是为了反抗日益增强的精英垄断。公元前 508 年的"平等发言权"（Isagoras）和公元前 404 年的三十寡头都试图大幅限制对政治权利和法律豁免的享有范围，并以武断、暴力的方式运用权力。在后革命和后反革命时期的雅典（或许如其他方面一样），公平和开放尤其受到公众（至少在男性自由民们中）的普遍重视，因为人们已经习惯的大量权利被突然剥夺，出现了倒退。偏袒原则被直接用于促进精英的利益，同时以所有他人利益的损失为代价。

由于这种倒退的突发性和激烈性，精英统治的丑恶面目被暴露无遗；其意识形态面具，即精英合法性的幌子（基于对特殊出生、教育、智慧、财产继承等的声称）也被扯下来了。限制权利的机制是精英同盟统治的核心，当这一点如此赫然可见时，一种通过增加权利享有范围来予以对抗的民主反制对策必然也会显得更为明显。

在两个后革命时期中，通过机构改革来开放权利范围有助于稳定民主，因为它破坏了精英联盟的基础，并使精英们更难获得重建统治的必要资源（Ps—Xenophon 2. 19，3. 12—13；Teegarden 2007）。随着民主雅典向着更多地开放权利共享范围的方向前进，雅典社会与法律的某些部分开始显示出引人注目的现代性特色。不过，雅典经济的重要组成部分仍然基于一种有利于精

---

[1] De Ste. Croix 1983：96—97 页，283—300 页有益地总结了雅典所实践的民主是以什么方式限制富人对穷人的剥削（马克思意义上）的。参看 Shaw 1991。Loraux 1986 和 Wohl 1996, 1998 论证贵族意识形态的统治持续存在，不过也承认物质条件已经发生了根本性变化。

英与非精英本地男子的超级联盟寻租的交易规则和条件之上。[1] 因此，拥有适当信息的人之间自由签订的合同仅仅只是雅典经济的一部分。现代学者对雅典经济和社会的评估有着尖锐的分歧（有关综述参见 Morris 1994；Cartledge 2002），这在某种程度上源于学者们关注了这种双面的、既自然又开放的、既传统又现代的社会的不同面向。

　　雅典民主对传统精英榨取租金能力的限制，具有社会重要性，而且制造了历史上非同寻常的情况：雅典小农户们是在与历史上多数农民所经历的截然不同的情况下交换他们土地产品的。关键的区别是，雅典农民既非被迫向地主交租的佃农，也未受到国家的重税盘剥。雅典的税收制度是累进式的——只有相对富裕的雅典人需要支付基于他们农业财产的 eisphora 税，且只有最富有的人需要进行公共捐赠（Christ 2006：146—170 页）。小农户们能从他们产品的剩余额中获利，这就激励他们对自己的土地投资，且有更多的时间投入到公共事业中——积极参政又会带来新回报：继续维持使他们免于繁重征税负担的条件（Wood 1988）。雅典的精英们也未能维持一个强大的、非正式的人际依附式庇护制度。这种制度可以通过非对称地提供"好处"和服务，来向精英返还租金。雅典明显缺乏在其他前现代社会中常见的庇护体系。[2]

　　公共服务在经济上和其他方面对许多雅典人而言，都是很有价值的，但雅典政府从未堕落为一种政治分赃体制。大部分公职的任命靠抽签，而且任期有限，还伴随着严格的问责程序（每年任满之后的强制审查），这使雅典行政官难以使用其公权力从需要获得政府服务的人那里收取租金。尽管雅典人持续担心公共演讲人和外交官可能受贿，没有证据能表明普通官员中存在普遍的受贿行为。[3]

---

〔1〕 那些强调当地男子统治的研究详细地论证了这一点。这些人强调的是雅典民主不足的那一面。比如，参看 Jameson 1978，1997；Mactoux 1980；Loraux 1993；Johnstone 1998；Morris 1998b；Katz 1999；Rosivach 1999；Thompson 2003。不过我这里强调的是雅典民主积极的一面，因为这能更好地解释本书的主题即雅典例外性。当然，雅典在正义方面的不足，如果用当代平等和公平的标准来衡量，那是非常严重的。

〔2〕 雅典小农所享受的某些（但不是全部）好处在非民主的、但是共和的希腊城邦中也会很明显：Hansen 1995。雅典一般而言缺乏强大的私人庇护体系：Millet 1989，Mossé 2007（1994/1995）：189—195 页。Zelnick—Abramowitz 2000 提供了细微差异，不过 Millet 的主要观点还是站得住脚的。其他古代地中海社会中的庇护人体制：，见 Veyne 1992［1976］；Saller 1982；Wallace—Hadrill 1989；Domingo Gygax 2006a，2006b。

〔3〕 对贿赂的谴责：，见 Taylor 2001a，2001b。

雅典政府的成文规则将税收收入以各种形式的社会保障返还给社会，而没有将其变成少数出身名门的内部人士的租金来源。军事安全是最显著的保障，而且肯定是最昂贵的。就如我们（在第四章）所看到的，为了应对各种外部威胁（包括海盗），需要不断提供足够的军事安全保障，这要求政府投入大量的关注。不过，雅典公民在其他方面也是相对安全的。他们不必过于忧虑有组织的暴力犯罪。有时我们会听到入室抢劫、斗篷被偷的事件；甚至可以肯定，造成人身伤害和死亡的暴力犯罪是存在的。然而与其他的传统共同体相比，雅典显然算是相当和平的了。这些结果不是由勤奋的警务造就的。雅典没有现代意义上的有组织的警察部队。随法律秩序的成文规则一同发展的文化规范造就了相对和平的社会秩序。随着时间的发展，有关日常行为的法典不断内化于人心之中，这为每位居民减少了暴力威胁，使他们更加安全。[1]

民主政府还提供了各种各样的社会和经济安全保障。战死者的遗孤得到了国家的抚养；女儿们被赐予了嫁妆（Jones 2004：52）。残障公民们被给予了基本生活津贴（Lysias 24；[Aristotle] *Ath. Pol.* 49.4）。有能力劳动但贫穷的公民可以找到军舰桨手的工作。至于那些不能再干艰苦体力劳动的年长公民们，经常可以担任陪审团工作或其他形式的有偿公职。管理粮食进口的法律旨在确保群众食品的充足供应，且价格负担得起（M. H. Hansen 1999：98－99）。到了公元前四世纪中期，观剧基金保证公民们都会参加公共节日（Hansen 1976，1999：98）。它的一般宗旨是使雅典人（尤其是那些没有雄厚财力的人）比过去更能计划丰富充实的生活。他们可以为潜在的利益承担短期风险，可以通过把时间和精力投入在获取技术和社会知识中，来寻求具有长期回报的新机会。只有因政府将其收入的很大一部分以基本保险的形式返回给社会，才使得上述的一切成为可能。在一定程度上，雅典人缓解了某些苦难和灾难，这些灾害甚至在当今社会都还是我们耳熟能详的。结果，随着时间推移，使得全社会都过得更好了。[2]

法典化的民主规则按照预想重新分配财富，以提供军事和社会保障，这

---

[1] 雅典由公共官员和自助的方式提供的警务：，见 Hunter1994：120—153 页；Christ 1998。雅典的低暴力犯罪率：，见 Herman 1994，2006；Riess 2006.。

[2] 由国家提供社会保障：Burke 2005。鼓励牟利冒险：Ober 2005b：83—88 页。民主制雅典关心人们得到体面生活的基本物资，这与亚马蒂亚·森对民主和提供"能力"的关系的分析是一致的，参看 Amartya Sen (1993, 1999)。

么做最终使雅典精英也和平民一样共同受益。"民主"被证明并不是一项"民众通过从富人那里寻求巨额租金，来压倒精英地位"的零和游戏。虽然传统精英榨取租金的行为被民主推翻，富有的公民要承担主要税收负担，但是民主制度保护私有财产。精英家族发现他们有许多机会从强大且多样化的雅典经济中受益。具有政治野心的精英们再也不能简单地把权威的地位视作一种既定特权了。然而古老、富有的家庭中的成员们发现，新的民主政权提供了领导的机会。民主式领导必须适应民主制度和演讲的原则和实践。另一方面，随着雅典变得富裕和强大，领导的精神和物质奖励也相应提高了。伯罗奔尼撒战争前后民主的成功，使得对民主规则的适应足够吸引雅典社会精英阶层里相当大一部分人群，以形成大众和精英之间的一种创造性的社会平衡，而且随后得以一再恢复。[1]

　　大众与精英之间的社会平衡的巩固，意味着社会阶层之间普遍敌意所引发的风险的降低。正如我们（在第3章）已经看到的，即使不是由阶级分化所引起、也是由其所加剧的国内冲突，在古典时期的希腊城市十分常见，而且对生命、财产和国家能力有着极大破坏性。民主提供了一种很少发生公开内乱的社会环境，在此意义上，它也就提供了一种根本性的社会和政治安全保障。民主作为军事和社会安全保证的总价值是无法测量的，但显然非常之高。

　　人们广泛承认：民主提供的安全保障是有价值的，而且在非民主制度下通常难以获得，它有助于解释雅典历史的明显特点。在公元前404年，雅典精英、外邦人和奴隶冒着生命危险和普通公民一道与三十寡头战斗。同样，在公元前322后的那些年里，许多优秀的雅典人冒着相当大的风险为支持民主事业而战。这些人可能表面上看受到民主游戏规则的不利影响，他们之所以选择为民主而战，部分的原因是他们的理性预期：民主提供的安全保障强于其他替代的选择。这当然不意味着外邦人、奴隶或精英将民主游戏规则视为在利益分配上具有根本性的正义，也不会选择雅典式民主而非一种乌托邦式的其他体制。然而当他们面临的选择是民主还是相对狭窄的寡头政治时，

---

〔1〕　大众—精英关系以及精英在雅典民主制之下繁荣的条件：Davies 1981；Ober 1989；Rhodes 2000；Forsdyke 2005。将"居中"的重装兵纳入平衡之中：Hansen 1995：351—384页。公元前四世纪中叶某位"斯堪伯尼戴区的阿吉波斯"（Archippos of the deme Skambonidai）的墓志铭（IG II27393）提供了维持平衡的意识形态的一个思想概要：这个墓志铭强烈地反映了"塔鲁斯的世界"，它指出阿吉波斯是一个有福的人，因为他子孙满堂而且被雅典城邦授予金冠。Weingast 1997 提供了一个正式的模式，来解释民主如何可以创建牢固的民众—精英平衡。

他们中的一些人显然认为民主远远更能够满足他们的利益要求——无论如何，远到足以证明应当选择冒着极大的个人风险去维护它或恢复它。

公平的各种视野

或许公元404年为民主而战的部分非公民期盼着民主的恢复将在以下方面走向历史性的突破——政治权利享有范围的扩大，以及相应地减少对本国公民的偏袒。这可能确实发生了：公民大会决议通过将公民身份授予许多帮助了民主的人，不过这一决定被人民法庭所推翻。同时，一些雅典精英抱着相反的期望，他们希望新型民主将参政权限制在具有一定规模的地产的有产者范围内。尽管可能永远不会以投票形式来减少公民数目，但这个议题在当时战后几年内确实为人们所关心。最后，曾在公元前451年至公元前413年适用公民权的规则被重新肯定：公民身份不必有财产限制，但也并不大规模授予非本国人以公民权。就外国人归化标准而言，公元前五世纪末在司法程序中发生的实质性变化是新的标准变化无法比拟的。[1]

回想起来，与美国在内战过程中解放非洲奴隶相比，雅典未能在伯罗奔尼撒战争后民主复辟的过程中扩展权利享有的范围，看来是丧失了一个机会——这在道德上是可悲的，而且在其他方面也是站不住脚的。这种机会的丧失指明了维系着民主制的地位差距具有顽固性——在某些情况下，这种差别受到了规定法律相关信息来源的法律规则的支持。我们知道，雅典人认识到自由共享信息具有很大的价值，而且雅典人积极使用丰富的奖励来鼓励自由人分享他们所知道的事情。因此，如果我们看到雅典人坚持在大多数的法律场景中限制严刑逼供获得的奴隶证词，不免会感到特别反常，而且似乎这么做会影响效率。[2]

---

[1]　公元前404年和战后时期的非公民选择了支持民主：Strauss 1986；Ostwald 1986：503—509页；Loening 1987；Wolpert 2002；Ober 2005b：89—91页。支持民主的选择远非普遍存在的，试比较修昔底德（7.27.5）记载的两万多奴隶在公元前413年之后从雅典逃到斯巴达控制下的德克里亚（Decelea）。

[2]　雅典人为了获得司法证据而折磨奴隶：Thur 1977；Carey 1988；DuBois 1991；Gagarin 1996；Mirhady 1996，2000。这种做法是否常见，以及靠折磨得出的证据（这是学者们在此争论最多的）如何使用，对于我们目前的讨论来说并没有那么重要，重要的是这种做法在书中存在，而且经常被当事人提及。雅典公众对公元前415年发生的一系列事件（毁坏赫尔墨斯雕像和戏仿神圣密仪）的反应有些失控，这至少部分地是因为许多相关信息都由奴隶所掌握。有关详细讨论见 Furley 1996.

精英的和非精英的本国男性的超级联盟靠的是保持对非本国人和奴隶的限制，因为这有助于产生租金。雅典民主致力于保护私有财产，这包括保护动产奴隶（Mosse 2007［1981］：85—91 页）。从意识形态上说，雅典人不愿意在正义的天平之上考虑奴隶在个人自由、尊严和平等待遇方面的利益，尽管事实上自由、尊严和平等受到公民的高度重视。或许他们的不情愿是出于这样一种认识：如果给予适当的权重，那奴隶自由的利益就会超过奴隶主的财产利益。如果认真尊重他人的利益（作为正义）就有可能产生类似的后果，这样的认识的另外一个例子是雅典一直限制妇女的政治参与权，尽管一些公开上演的思想实验［比如阿里斯多芬的《吕西斯特拉忒》（*Lysistrata*）和《公民大会妇女》（*Assembly women*）］预设了妇女既有能力也有兴趣积极为公共的（以及私人的）利益而工作。雅典作为一个共同体的福祉可以说受到了危害，因为收集的租金和本地男性的超级联盟所支持的优越地位阻碍了发展民主决策过程的可能性，这种可能性本该认真考虑妇女和奴隶的公正问题，并重视只有他们所掌握的知识的价值。[1]

本地人对房地产私人所有权的近乎垄断，是一种根本上由规则所保护的特权。在公元前四世纪中期（Pecirka 1966），拥有房产权利的特许情况日益增多（*enktesis*），这表明公民垄断是可以被突破的，但是这种垄断还是保持了其常规地位。这种近乎垄断的措施确保了公民在通常需要土地作为抵押贷款的信贷市场中具有了一种优势。同样，公民对婚姻中合法结婚和合法继承权的限制，人为地限制了婚姻市场。公元前 451/前 450 年之后，雅典父亲们在为自己的女儿寻找合适对象的时候，不用同外国人竞争。如果这一市场开放的话，中等水准的嫁妆很有可能会提高。从长远来看，这可能对雅典经济是有好处的，但面对未婚女儿的前景，本地雅典父亲们都不愿用自己的、确定的短期利益来换取不确定的、普遍长远的社会效益。[2]

已流入国家和无论贫富的雅典个人的充足帝国租金（Finley 1978），随着雅典在伯罗奔尼撒战争中的战败，基本都丧失殆尽了。许多雅典人应该都意识到，他们已经不可能回到帝国时代了。就如我上面所说的，他们将获得财

---

〔1〕 这里的论证立足于 J. Cohen 1997.

〔2〕 要求"双重内婚"的公元前 451/0 年的伯里克利法和雅典婚姻体制：Humphreys 1993；Patterson 1981，1998，2005；Lape 2002，2003。Hoepfner and Schwander 1994 考察了希腊城邦与房地产的关系。Nevett 2000 描述了古典时期希腊的房地产市场，强调城里土地的价值。Leiwo and Remes 1999 指出了外国暂住者和公民的合作关系可以有效地绕过法律的限制。

富的方式成功地从强制榨取租金转变为依靠自有交换,这是解释公元前四世纪雅典国力复兴的关键。但是,尽管雅典作家(阿里斯托芬:《公民大会妇女》,色诺芬:《雅典的收入》,伊索格拉底:《和平》)尽了最大努力去制止它,"帝国的幽灵"(Badian 1995; Buckler 2003:221—225 页,383 页)继续纠缠着雅典的梦想。我们还是能找到帝国时代寻求租金的残余习惯。举例而言,在公元前四世纪中期,这种残余习惯试图将贸易垄断强加于凯阿岛(Keos)地区的三个岛屿城邦的赭石(一种着色剂)出口上(RO 40),以及国家支持的向阿提卡以外地区(尤其向萨摩斯岛)进行雅典移民上(Cargill 1995; Hall of and Habicht 1995; Salomon 1997)。还有一个很好的例子是:雅典依然直接控制着三个爱琴海岛屿(Lemnos, Imbros, and Skyros)上粮食税的包收。

这一税收体系是这样运作的:三个岛屿的每一个的粮食总产量的十二分之一的收税权,每年被拍卖给某个投标人或集团。这一体系告诉我们许多有关公元前四世纪雅典的混合经济的特色。十二分之一的税收在古代标准来看不算过分,但税收表明了一个事实:这三个岛屿的农业土地处于雅典国家的控制下。如果我假定当地人已经被公元前五世纪的雅典帝国法律所永久驱除了的话,被征收粮食税的农民们既不是受雅典管辖的当地岛民,也不是雅典交租定居者(cleruchs)。如果接受这一驱除假设(Moreno 2003, 2008),那么雅典人从这些岛屿所征收的,就是最基本意义上的租金。但是,即便我们假设当地人还拥有土地,而且他们所必须交的税是部分地为了得到自己的军事安全保障,雅典人对收税的方法还是按照对雅典居民有利的方式非对称地分配了风险。[1]

在这三个臣属岛屿上收税的新规则是由退休的民主领导人阿吉利奥斯(Agyrrhios)在公元前 374 年提议通过的法律所建立的,这正是我们上面讨论过的有关银币的尼克芬法律通过的第二年。[2] 通过寻求租金与公共安全

────────────

[1] 1/12 传统上是缴纳地租的比率,它在私人合同中会一再出现(以货币形式表达)。土地使用期和出租:Millett 1991。对比:斯巴达的希洛人的状况:Ducat 1990; Luraghi and Alcock 2003。雅典公共竞投的做法:Langdon 1994。

[2] 阿吉利奥斯法:Stroud 1998; RO 26, 附有详细评论;Moreno 2003, 2008。Harris 1999 建议说,这部法律描述的是过境税而非三个岛屿出产的粮食税。这个观点不对。参看 RO 的评论 123—124 页。阿吉利奥斯干的一件著名的事情是在民主复辟后第二年就引入并提高参加公民大会的酬劳。亚里士多德的 Ath. Pol. 41.3;对公民的社会保障的关切可能是联系这两个立法的动机的线索。

保障，通过使用市场的和非市场的机制，阿吉利奥斯的法律简明扼要地将公元前四世纪雅典公共经济中看似无关的要素结合到一起。这一法律明显旨在为雅典人提供公共利益，即更多的社会与军事安全保障：这些必须以粮食而非货币形式缴纳的贡税，是"为了使人民可以得到粮食的公共保障"（第5到6行）。一旦税粮被运到雅典，一个每年选出的十人官员委员会就会卖掉它，价格是由公民大会定的，合适的出售时间（某几天之后）也是由公民大会定的。卖粮获得的款项被归入军事预算之中（第36到54行）。通过决定出售时间，公民大会选择自己何时干预粮食市场的时机。选对了谷物出售的时机，有助于稳定粮价的目的，这些粮食对于雅典人和其他希腊人一样都是主食。[1] 通过设定即将投放市场的粮食的价格，公民大会就能精确地按照每年的情况，调校社会和军事安全的相对需求。如果对税粮设定较高的价格，就会增加军事预算，但是就必须补贴人民食品；反之亦然。

租税承包人自己承担运输、销售税和竞投费用的风险，但是一旦粮食到港，则国家接手负责提供安全储存的设施（15—16行）。对于标准度量衡的关切明显地体现在粮食法当中：各个岛屿的税收的承包要竞投，而参与竞投者（个人或者集团）都要以粮食而非货币的量为单位竞投。每个岛每年都要以股份的形式接受竞投；每一合同之股份是500迈迪姆诺（medimnoi，能力量度单位）的粮食。在竞投会上，那些投出最高数量的股份的潜在承包人将赢得在被投标的岛屿上收取租税的权利。一旦他所投标的总量的粮食被运到雅典市场，租税承包人便被要求称出他所投标的所有粮食。法律要求租税承包人运来的粮食是干燥且干净的，"在天平上使用标准量度，就像其他商人一样"（8—36行，译者为Rhodes and Osborne）。具体地要求粮食以"以一定重量提供一定数量"的形式缴纳，显然有服务于公共利益的目的，即控制粮食质量。其方法就是要求使用标准度量衡，以及在使用中遵循标准的商业规则。

一个成功的租税承包人需要具备相当的专业技能，能承受风险，并对规则的运作方式清晰明白。粮食的实际数量是一个岛屿产量的1/12（即一位成功竞投者依法可以收集的数量），然而具体的量每年都在变化，而每个岛的投标是在收获之前就要求租税承包人提交的。租税承包人要想在这笔交易中获得合法利润的话，那么他的成功竞投（他承诺运往雅典的粮食总量）就

---

〔1〕　Garnsney 1998. 一个现代类比情况是：建立国家储备银行以选择何时买卖货币，从而稳定国家通货的币值。.

必须最终低于他后来所收集到的粮食的数量。法律的意图是要向雅典人每年提供可以预测的标准质量的粮食,以及在出售粮食中所获得的金钱收入。这一意图依靠对质量控制的规定,这使得租税承包人很难欺骗国家。

因为国家有权惩罚,追求利润最大化的租税承包人基本上不敢欺骗雅典人民。不过,阿吉利奥斯法并未提及租税承包人通过收取超出 1/12 的粮食产量欺骗岛上农民的事情。如果我们假设有些农民是继续拥有并耕种其土地的当地人的话,那么这里的沉默就让人感到不祥:这会让当地农民与雅典租税承包人和军事统治者发生冲突。如果这意味着当地人都被强制赶走、土地被没收的话,这一沉默可能会更为不祥。如果是这样,则缴纳租金的农民是精英雅典人,而阿吉利奥斯法(就像规范每年捐助公共庆典的安提多西斯法那样)就是在使雅典精英们相互冲突,有关争端要上人民法庭解决。无论是哪种情况,国家权力都被启用来系统地榨取宝贵的资源。这一权力关系被用法典的形式固定在一部完全偏向雅典人利益的法律之中,这表明了雅典司法公平性的有限视野。

经济学家威廉·鲍莫尔(William Baumol)在讨论企业家的专著中,将不断创新的高创造力经济策略与历史上常见的寻租策略进行对比。鲍莫尔指出,一个社会中流行的文化的和体制性的贵族可以鼓励企业家要么关注创新,要么关注寻租。在雅典的法律中,我们两种都看到了。鲍莫尔的论证表明,就成文法规则保护公民不受竞争威胁而言,雅典的经济表现低于其充分的生产潜能。雅典能够在朝向一个公开、公平、创新取向的经济的路上走多远,同时又不失去国家提供的社会保障和利益,又不堕入意识形态的危机?对于这个问题,我们只能虚构地猜测了。但是它显然值得我们的深思。在阿吉利奥斯法中,通过一位具有企业家精神的政治家对体制过程的使用,产生了一条创新性的行政规则,将国家的收租工作外包给具有企业家精神的租税承包人。

结论：民治的政府

前面的章节已经描述了一幅作为公民具有参与权和商议权的民主制的古典雅典肖像。作为一个国家，雅典优于对手的部分原因是它对离散知识的利用格外有效。当然，没有任何历史记述可以宣称"不失毫厘"地把握了历史的所有复杂性（Novick 1988）。某些历史肖像，就像某些艺术肖像一样，也许并非过度强调"反映过去真实事件"意义上的精确性；这类概述并非逼真地描述对象的具体细节，却依然有其价值，因为它揭示了人类状况的某些真相。而另一些肖像，在决意揭示有关人类一般真相的同时，可以说也捕捉并展示了其研究对象的某些具体事实（即便那还不是全部真相）。我希望自己写下的历史描述是后者[1]。

我的描述侧重于认知的过程，这是鉴于在过去对希腊历史的描述中，以及在近年来对竞争环境中民主的表现优势的社会科学解释中，"有用的知识"这一角色通常都被忽视了。我的目标是借由突出知识、成就和民主机制之间的关系，而对其他研究视角提供一种补充。

行动中的知识

本书的第一幅图（1.1）提供了一幅有关知识过程和民主机构设置之间关系的静态图。图 7.1 描绘的是一幅动态的系统流程图，它是对前面几章关于雅典民治政府的讨论的一个总结概括。

---

[1] Hannah Adrent（1958）关于希腊城邦的描述是一种样本，它并非确切地代表真实的城邦历史，却抓住了其重要真相。

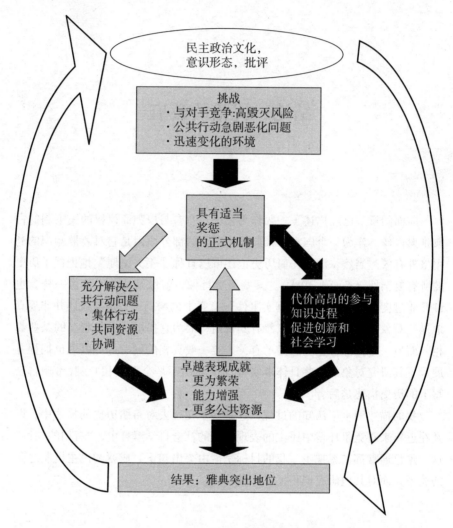

图 7.1 雅典民治政府的流程描绘。

图中突出了"代价不菲的参与型知识处理过程",这是因为本书通篇着重于对繁荣民主组织贡献重大却被低估的社会的、技术的和潜在的知识。图中的黑箭头指的是本书论证的基本流程:产生于竞争环境中的挑战,伴随着公共行动问题由于规模增大而恶化,有助于刺激具有适当奖励与制裁权力(旨在鼓励服务于公共目的的个人选择)的正式机构的发展。雅典人民可以信赖政府在有关私人财产权利、公民权以及法律程序上做出的承诺。这种承诺随着时间推移而更显出可信度。其他希腊共和城邦也采用承诺机制,但是雅典人在认知机构上发展出的完备体系却是独一无二的。雅典的机构处理了集体行动、公共资源共享和协调等领域中的重要的公共行动问题。这些问题部分地是被一系列明确的民主知识过程所处理的。这些认知过程不仅没有成为管理系统的累赘，而且对雅典超越其他共和政体对手的表现成就贡献重大。

借着知识的汇聚、协同和规则化的参与过程来处置公共行动问题（相对于更为熟悉的命令－控制的强制方式），当然会带来巨大的成本代价。为非精英公民参与政府的支出，是一项重大的公共开支。不过这项开支物有所值，因为开销不菲的参与过程产生了有益的效应：极大地促进了知识与统治之间的动态建设性关系。公共回报鼓励了实验的尝试，于是创新者进一步在决策和行政机构上设计并推广新政策，做出各种调整。因而，相较于雅典的大多数对手而言，雅典的政策在意外突发的挑战面前能做出更及时的应对，雅典政府机构在面对环境改变时的调整也更为迅捷。知识处理过程的进步反过来还有助于应对地方性的公共行动困境，例如通过削减信息不对称来降低交易成本。同时，社会协调性的增强，也有助于社会学习，这样的社会学习靠的是许多个人通过在自我管理型政府中亲自操作而获取的政治经验。

雅典鼓励社会学习方面的私人投入，这一过程反过来亦产生公共收益。私人在学习上的投入是理性的，因为不断发展的制度创新是建立在稳定的民主原则基础上的。雅典的制度可靠地建立在问责制、透明度以及正当异议的基础上。稳定的原则保证了在学习制度运作方面的努力不致白费，而不断发展的创新又使政府的日常运作避免僵化。因此，这种机制的设计使得创新和社会学习通过相互回馈而进行自我调节，同时奖励创新者和学习者。

雅典政府的基本原则是相当稳定的，因此个人在此基础上制定自己未来计划时可以持有相对充实的信心。新的正式机构被设计出来，而老的机制随着新挑战也与时俱进，因此社会活动家们有着源源不断的新机会。这个机制为那些学习和创新的成功者提供了各种激励（公共荣誉、物质奖励），而对那些学习上的失败者则给予制裁（斥责、罚款）。正是由于这些被充分激励的众多的参与者，一种卓有成效的"认知平衡"因此而产生，并且得到了动态的长期维系。因为有创新和学习的动态平衡，雅典经济在不断变化的环境中也能运作良好，从而取得全面物质繁荣昌盛，国家能力极大提高。其结果是，在林立的城邦竞争对手中，雅典能够更充分地利用自己相对更为广大的领土、自然资源和人力资本条件，取得在公元前五世纪的伟大成功，并在公元前四世纪重返辉煌。

　　这一体系在其真实运作中，远比仅以黑箭头所示要复杂。灰色的箭头表明这一体系的二级效应（从本研究的角度看）。卓越的雅典机制绩效，当然不可能纯粹只是一种出色的认知过程，对公共行动问题的制度化解决还可以通过在居民中建立信心、道德精神和团结而正面地影响绩效表现。同时，随着雅典的劳动生产率和税收的增长，各种机构的资金来源也更为充足，使其运作更有成效。随着机制更有能力奖励公共服务（如通过报酬与荣誉），使每个个体能够更加充分地以其储备的有用知识进行更加深入的参与，参与的范围也随之扩大了。

　　最后，白色的箭头所指，是文化、挑战、结果，以及作为本书主旨的机制化过程之间的某种稳定和互益的交换。雅典的民主文化，促进了扎根于以自由、平等和尊严为基本价值的意识形态。它也促进了对民主缺点的批评，因而抵制了那种思想僵化和墨守成规的群体思维趋势。这种文化建立和保持了一种对民主价值观的背景性承诺，这一背景性承诺保证了民主在遭遇基础设施毁坏、人口剧减灾难、政策失败、国内冲突、机构崩溃等之后，仍然能够存活下来。文化担当了某种"飞轮"角色，能够储存社会能量，当体系暂时无法完全偿还个体的参与代价时，它能挺身而出。公民文化与正规的政府机构之间的关系是互益的，因为机制在运作的同时也强化了民主文化。自我管理型政府的机制化过程，伴随着经济的繁荣和国家实力的壮大，通过将文化付诸实践，支持、扩展和深化了民主文化：作为民主文化中的共同所有者，雅典人理性地选择了公民参与的建设性工作。他们的选择反过来不断地再创造与保持了他们的文化。

　　如果这些结论是正确的话，那对我们思考今天的民主是有意义的。如果通过参与性机制对散布在一个多元的人群中的知识加以管理，帮助促进了古代雅典在竞争世界中的优良表现，那么，现代民主中的公民角色，就不应该仅仅局限于偶尔基于所属党派在相互竞争的精英中间做出选择。雅典的案例告诉我们的，正好与技术专家们和"民主精英主义"的标准论点相反，一个民主社会可以运作得很好，而并不需要模仿典型的寡头政治和独裁专制所特有的那种集中化的命令—控制体系。在那些通常被认为只有命令和控制模式才做得好的事物方面，雅典模式的参与性民主同样具有赶超的潜力，比如：在现有的信息基础上做出良好的决定，在个人和群体间进行协调，以及通过内化交易成本提高回报。

　　规模依然是一个问题（第3章）。但对思考现代而言，城邦国家和民族国家在规模上的不同，并未使雅典案例的潜在价值因此失效。最显而易见的是，绝大多数现代的非国家组织和许多亚国家政治机构并不比当时的雅典大。甚至在民族国家层面上，都有可能想象运用雅典在多重机构规模水平上复制认知过程和民主原则的做法。现代信息技术在促进知识汇聚和民主语境下的公共行动上的全部潜力，尚有待于进一步开拓（Sunstein 2006）。

重温民主与知识假设

本书的中心诸章节检测了第一章结尾处提出的假设：

> 民主雅典之所以能够充分利用它的规模和资源，并从而成功地长期在竞争中击败等级制对手，是因为政治参与实践的代价通过社会合作上的超级回报得到了补偿，而社会合作是来自有用的知识被组织起来用于民主机构和文化的语境中，这样的语境同时既鼓励创新，又立足于学习。

只要证明它的前提有误，则该假设就可能不成立：例如，可以证明雅典不如它的对手运行得好；城邦国家的环境并非竞争性的；雅典并不特别民主或并没有面对严重的公共行动问题；政治参与率相对较低或是参与者被限制在一个同质化的社会群体之中；雅典的认知机制并不是独特的。这一假设也可以这样被否定：证明雅典的机制是用以汇聚偏好而非汇聚知识的；证明雅典并未表现出高度的机制创新；雅典的机制和文化表明社会学习程度不高；认知过程并未在社会合作回报的增长中扮演重要角色；或某些外部因素造成了雅典的独树一帜。虽然我不能宣称系统地回答了所有这些失效条件或证伪条件，但它们都分别在前面的章节中得到了一定程度上的详细讨论。

我用以支持这一假设的论证，开始于一系列普遍性的前提：首先，做出良好决策所必须具备的信息和基本专业知识广泛地分布于社会各个不同的群体中。第二，一个有效地集成、协同和规则化知识，并同时能恰当平衡创新与社会学习的知识机制，有助于促进国家能力。第三，地方上的公共行动问题必须由设计完善的机构来处理，以达到信息交换和创新方面志愿合作的必要水准。最后，处理公共行动问题需要通过激励、制裁和习得的社会规范的合力来推动个人。然后，我用实际情况展示了雅典确实在繁荣与能力方面优于它的竞争对手们，即其他希腊城邦（第二章）。

鉴于繁荣的民主社会的经验事实，同时也考虑到并未有任何导致繁荣的外部因素，这一论证的前提预测了某些机制设计的特征：为决策的参与和商议设置的多种规模的制度化论坛，包括（但并不限于）面对面的论坛；兼具强与弱两种特征的广泛的社会网络的系统化发展；由"真实团队"管理国家事务；形成可信赖的社会承诺的程序；为普及共同知识而设的大量公共媒体；使得参与者之间相互可视性最大化的公共建筑；使得信息不对称降低从而减少参与者之间交易成本的工具与规则；在各种层面上对高效创新的奖赏；对不劳而获者的制裁；对轮流管理、透明度和问责制的持久关注；对公民教育而不是社会教条灌输的文化承诺。

上述预测的这些制度设计（以及其他种种）的每一项特征都在古典雅典得到了充分的验证。这些制度特征在前民主时代并无典型性；它们脱胎于民主过程中的参与和商议的实践，并构成其中一部分。此外，雅典在外交、国内和建筑政策方面能力的发展，与具有独特的知识特征的制度发展相关联，并由后者所引领。因而似乎可以公正地得出结论：雅典的繁荣确实可以（至少是部分地）归结于民主制度的创造和维持，在此制度中，参与的成本（随时间推移，就总体而言）远远低于参与性知识体系所产生的价值。

否定条件的缺失，所预测的制度特征的存在，加上实力与民主之间显而易见的互为关联，并不能得出对民主与知识的假设的无可辩驳的证明。不过，我确信它们有助于佐证这些假设。对于民主与知识假说的批驳很难做到，因为它必须对雅典繁荣以及民主与国力之间显而易见的历史关联做出一种截然不同的解释，同时还必须解释雅典机构中的相关特征的历史发展和持续存在。

既然这一假设成立，那么它就构成了对罗伯特·米歇尔的影响颇广的"寡头铁律"的一个反驳，该铁律认为参与性民主不可能有助于团体的长期成功，因为参与性民主无法承担组织的任务，从而无法持久存在。米歇尔的理论也许在大部分情况下是有效的，但并不普遍适用，因而不应再被认为是政治组织的"铁律"。进一步而言，雅典，尤其在前四世纪晚期，看起来在某些方面显著地类似于诺斯、华利斯以及温格斯特（North, Wallis, and Weingast，即将出版）所说的"现代开放性秩序"的一个早期案例。这反过来表明，在社会科学领域中，"现代性"作为一种分析性的概念，也许比作为一个独特编年时代的描述更加有用。

下一步的工作应该是寻求把雅典案例概括为一种正式的、积极的，从而是可以进行系统检验的参与性民主与知识组织的理论。这项工作不在本书范畴之内，但本书所作的经验上与学理上的努力，表明了它的可行性和潜在价值。

正式性与实验性

我留下了一个未解问题：雅典明显的繁荣现象有多少应归功于正式性（即，可以最早回溯至公元前六世纪后期对于国家治理的深思熟虑的蓝图），该体制又有多少产生于非正式的和试验性的试错过程。问题的回答毫无疑问是："一些正式性，一些实验性。"但要在这两者之间确定哪一种更多，似乎不太可能。前面的章节为不断进行的"试验－纠错"实验模式提供了相当多的证据。但是，在公元前六世纪后期，前五世纪后期以及前四世纪中期的关键时刻，一些可以合理地视为是全面的政府规划，正式定下并改进了大量早先试错所发展的结果。第六章中所讨论的银币检验的详细规则，体现了雅典有能力在必要时采用正式性模式，而在如（第四章）海军基地调遣令的机构协调上缺乏具体行政规章，则又表明雅典可以采用经验模式。同样的动态张力也体现在雅典的法律中，至公元前四世纪中期，大部分刑法与民法（第5章）中存在着司法自由裁量权，而在商法（第6章）中则细致严密和循规蹈矩。司法自由裁量权支撑了民主的实验性，而法律的缜密又为雅典市场的商人们提供了更牢靠的可预测性。

正式性问题要回答的是如何把大众政府的绩效与立法者最初的意愿相关联的问题。鉴于我们的证据有限，这些意愿大部分是不可寻觅了。但是，无论是从局部还是整体来看，其系统的一致性和稳定性表明立法者意识到并深思熟虑地关注了公共行动问题。雅典机制的设计者对公共行动是关注的，这一结论与古典雅典文献所载是一致的：阿里斯托芬、希罗多德、修昔底德、柏拉图和亚里士多德（以及其他居住在雅典的作者们）都对公共行动问题有相当的了解，也觉察到认知过程对于处理这些问题所具有的潜在价值（Ober，写作中）。

雅典制度的创新设计，尤其是涉及知识的组织的机构创新设计，不应该归功结于某个天才或甚至一系列天才。系统本身，正如雅典民主的意识形态、文化和政府机构所彰显的，展示出一种设计的内在逻辑，这种逻辑也许可以追溯到雅典民主第一次成形的革命时代。以后几代雅典人为应对新挑战而引入的创新，使得体系适应了新条件并扩展了体系的范围，同时坚守了民主的商议和参与的根本逻辑。亚伯拉罕·林肯那段引人共鸣的宣言只要稍加调整，就能表达这一逻辑："民有、民享，从而**必须**民治的政府。"

体制与意识形态

前面的章节着重于雅典的机制以及其机制是如何结合成为一个复杂而有效的治理系统的。但正规的机制，在雅典也如同在其他地方一样，必须在其文化语境中运作。机制在意识形态性格的基础上才能被接受为合法（或被拒绝成为非法）的。但同时，人们对正规机制的体验也是意识形态的来源，能够增强或削弱对这种意识形态的承诺。某种程度的机制与意识形态交互性会表现在任何一种政治系统的运作中。作为生活在制度权威下的民众，其意识形态性格必然受其对制度的服从的体验的影响。柏拉图以降，社会和政治批评的主要目的就是揭示制度化权威的运作，尤其是揭示其在促成意识形态性格上所扮演的角色，特别是机构能影响性格的发展——如果没有这些机构，个人本来不会选择这样的性格。

民主中的制度与意识形态的相互作用在某种程度上是独特的。民主比寡头政治或威权政治更倾向于视批评为合法。民主的公共讨论和制度权威很可能对那些提出真问题并指出了可行性方案的批评做出回应（也许略有差异）。制度和意识形态之间的互动在雅典模式的参与性民主中发挥了显著作用，因为其居民中有很高比例的人具有既担任过制度化权威官员，又作为其服从者的普通人的独特经验。

到了公元前五世纪初，没有任何一个雅典人会在毫无经验的情况下被选为行政官员，如 500 人议事会成员。他必定是在部分由民主机制决定的文化和意识形态定义的环境中成长起来的。作为这一环境下的产物，他和其他雅典人的互动使他对政府治理方面已经知道了许多。他已经被社会化为一位雅典公民，因为他已经参与了公共仪式和有组织的统治实践——例如，根据平等的公共发言权的原则参与商谈，作为一个与其他人平等的人在公民大会上对政策建议投票。他期待在议事会的讨论中，运用自己的社会知识和他所掌握的种种专业特长。同时他也期待着作为一个议事官员，从他的议事经历中学到许多关于技术和社会的知识。在他结束自己的公共服务后，他获得的这些作为议事官员的知识将会通过他每天的社会互动而回馈给文化。

雅典的政府运作表明了正式的政治原则，如透明与责任，现在这些已被承认是好政府的特征。雅典政府的运作还表明了不那么正式但却为人熟知的管理原则，包括对当地司法权的尊重、职务轮换、权威位置的轮流承担、关注他人论证的长处，和及时结束发言的必要性[1]。每个雅典行政官员所习得的实践和原则都被广泛运用到雅典政府的整个系统中。而且，这些标准的实践和原则，在雅典政府全系统的各个规模层面上都发挥作用。正如我们所知，雅典的管理是借着人数不同的各种团体组织运作起来的：10 人的执政官会议，50 人的部落议事会，200 人的民众法庭，500 人会议（议事会及处理公共案件的法庭），1500 人的陪审员会议，6000 人或更多人的公民大会及陶片放逐法投票会议。同理，雅典普遍组织了从族群、部落到城邦的各种规模层次的众多仪式和政治活动。机制之间及不同规模的实践和原则的一致性，有力地推进了雅典公民被社会化为接受支持民主的那些核心性的意识形态预设。

　　雅典的系统之所以有效，部分是因为它是一种公民教育的实践形式。通过参与民主的"运作机制"，个体的雅典人既被鼓励分享自己有用的知识，也有机会在政治上发展和深化自己不同类型的相关知识[2]。这种作为政治社会化的公民教育，可以被概括为某种组织化的学习。就这一点而论，它具有两个基本功能：第一，通过参照标准方式做事而建立共同经验，它为那些业余者所服务的机制功能带来较高的可预见性和效率，并使得业余者成为自己领域的某种专家。因为组织化学习是贯穿于（就实践与原则而论）雅典全部机制和所有层面的，雅典政府从整体上来说很容易获取过程标准化所带来的效率。其次，作为社会化的学习有助于通过让公民看到民主意识形态的合法性而支持民主。可预测性、标准化，以及合法性，这一切都降低了交易成本，因而也减少了每种复杂系统所固有的内在摩擦。

　　业余人士有机会在一生中通过长时间的实践，发展出堪与公共领域专业知识媲美的素质，这正是古代雅典公民的体验不同于现代类似者的地方。这显然有助于我们思考一个系统的认知特征为何能够产生实用的结果。出现在商议委员会（例如，部落派往议事会的团队）中的众多行业在公共政策方面经验丰富的人，不可避免地影响着公共商议的状况。现代实验结果表明，议事委员会的表现好坏参半（第 4 章）。商议的某些负面或正面特征也许与情

---

〔1〕　雅典民主的实践和过程，在 Manville and Ober 2003：119 – 150 页有更为详细的展示。
〔2〕　有关雅典公民教育，如需进一步了解，请见 Ober 2001（= Ober 2005b，第六章），及
　　　文献引用。

景无关。但现代商议团体缺乏类似古代雅典团体那种与运作绩效高度相关的特征：奖励与制裁对单个的现代商议官来说无关紧要，发展长期社交网络的机会受到限制，过往政治经验与商议程序的关联变得可疑。雅典案例的启示在于，为了衡量商议团体的真实潜质，各种实验尝试需要模仿雅典模式的政治社会化的一些关键方面，包括参与的专门知识，长期社会互动的潜质，高风险与收益，多种层面上的商议经验。

如果雅典公民制度生活经验的主要功能，仅仅是或主要是社会化以使公民接受意识形态规范，那么雅典就不太可能在如此漫长的、充满周期性和实质性环境改变的历史当中维持强大的运作绩效。正如我一再重复强调的（并参看詹姆斯·马奇和他的合作者的著作），在作为社会化的学习和为了创新的运用知识之间，存在着天生的张力。这种紧张状态一直是实证研究的主题，许多得到充分研究的检验案例都表明，太少或太多的社会化将导致糟糕的组织运行。理论模型点出了正面或负面的临界点（第 3 章）。没有一个达到学习与创新平衡的简单配方，但总体而言，长期来看，雅典似乎已经找到了兼顾学习与创新的高回报平衡点。

雅典因其热爱创造性实验而在古希腊时代享有盛名。修昔底德（例如 1.70.2 – 71）特地把雅典的创新与公元前五世纪帝国时代的斯巴达进行对比。创新的习惯一直延续到公元前四世纪的后帝国时代。创新的一种形式是新政治机构的创立，包括立法员、调度者、检验师和财务行政官员。现有制度内部的创新能力对于雅典历久弥新的成功也同样重要。公元前四世纪的例子包括了法典的修订，陪审员的招募和筛选，雅典最高法庭和 500 人议事会的新职责，修订税制，军队的动员和将领的职责。这些新机构创建和机构内改变的例子不胜枚举[1]。

雅典的制度应对持续多变的挑战的方法是，鼓励专业知识从一个领域到另一个领域的交叉分配，把社会知识与技术知识掺杂混和，让潜在的知识显明出来。雅典的公民认同也鼓励创新：雅典人认为他们是特别具有实验精神和创新精神的人，正如斯巴达人显然认为他们自己是特别保守的人一样。雅典人认为创新本身就有良好的价值，因为它是雅典人作为特殊、优秀的公共群体的标志，他们也视创新为获取其他益处的工具。无论是正式制度机构还是意识形态，都不可能被分隔开来作为创新驱动或者奖励。相反，民主体系

---

[1] 雅典人对于创新的独特和自觉专注也表现在其他文化领域中，例如，花瓶描绘风格（Neer 2002）和合唱表演（Wilson 2000：297）。

是通过意识形态和创新之间的循环和互惠关系产生并维系的。这种关系提供了一种卓有成效的循环，以维持政府管理的可预见性和可靠性，同时又为动态适应不断改变的环境提供了足够的空间[1]。

例外性与榜样性

本书主要关注的是解释在希腊城邦国家充满竞争的世界中，雅典何以出类拔萃的现象，因而一直专注于雅典例外论。雅典被当代希腊观察者们视为杰出的城邦，但并非完全不同于一般的"城邦"类型。例如，亚里士多德在写作《政治学》中就把从雅典的政治历史抽取的样本与当时的实践，以及其他城邦的实践与历史样本混和在一起。如果没有其他已知的城邦如雅典那样卓有成效，这并不意味着别的城邦与其他前现代城邦国家相比显得效率不高。如上所述，其他希腊共和城邦的特色是拥有促进有益于公共利益的私人选择的承诺机制。尽管雅典的一整套认知体系似乎是独一无二的（至少在古典时期），其他古典希腊城邦国家也采用议事会、行政官员轮换制、健全的货币，以及公开性媒介——所有这一切对雅典的显著成就都是非常重要的。

机构内部起驱动作用的创新/学习动态机制也发生在各种机构构成的生态环境中（Levitt and March 1988：329－332页）。民主的雅典机制基于希腊世界中广为人知的原则上（Robinson 1997，以及即将发表的著作）。更何况，雅典特有的机制和实践当时被广泛模仿，尤其在公元前四世纪和三世纪。在那些不胜枚举的例子中有：政治和节庆建筑，货币规定（例如在奥尔比亚），关于杀僭主的法律（Teegarden 2007），分配的筹码（薄铜签）和机器（古希腊投票机：Kroll 1972：268页）。因而，雅典应当是既被视为榜样，也应当被视为例外——雅典向世人展示了作为一种政治组织形式的希腊城邦，在合理地组织大量物质的与人力的资源的情况下，能够获得多么大的成就。我们不必诉诸虚谬的目的论式解释（所有希腊城邦都为更加雅典化而努力。这肯

---

[1] 雅典人在创新方面的骄傲是显而易见的，例如，在阿里斯托芬的喜剧中就可以看到。在剧中，诗人承担起喜剧家应有的批评角色（Ober 1998，第三章），经常指出创新可能导致麻烦，并提醒雅典观众连贯性和稳定性的价值。不妨进行一个反事实的思想实验：想象一下阿里斯托芬喜剧被翻译到斯巴达语境中，剧中的斯巴达人角色代替雅典角色，就可以看出两种社会之间的意识形态差别：几乎不可能想象一个"沉迷于创新的"（男性）斯巴达角色。

定不是真的），依然可以把雅典视为特别成功、高度发展，并且是一个得到深入研究的"共和/民主城邦"的一般范型。

　　更好地理解了雅典的运行绩效为何特别出色，会有助于我们理解其他城邦国家的运行绩效，而且，通过外推法，理解希腊城邦国家的文化整体。如果其他城邦国家的政治文化和制度像雅典，那么我们就可以预测它们会展示出雅典所特有的某些运作绩效。在更高的抽象层面上，我们甚至可以把希腊世界看作在某些方面宏观地再现了雅典这个微观世界：希腊的城邦国家文化，作为整体来看，更像雅典的分散型权力结构，而非像更为中央集权的体制，如罗马或中华帝国。

　　从榜样论而非例外论的角度来看，记载特别充分的雅典案例可以帮助我们理解前面每章的背景中潜伏的一个困惑，即如何理解一千多个希腊城邦国家文化的总体的出色表现。正如第 2 章和第 3 章所指出的，最近的研究表明，希腊世界也许比一般想象的前现代社会的人口密度更大；而且按人均计算，人口总体健康程度和富裕程度更高。根据各种不同测算，至少一些希腊城邦所在的地区在古典时期/希腊化时期的状态比后来状态都要好——直到二十世纪才改观[1]。总体而言，希腊城邦的政府并非基于严格的命令－控制模式，并且它们的经济不依赖疆界的不断扩张，故而以上惊人的历史事实就更显得不同凡响了。

　　如果我们假定——沿着道格拉斯·诺斯（Douglass North 1981）、玛格丽特·利末（Margaret Levi 1981）还有查尔斯·蒂利（Charles Tilly 1990）的思路——是掌权者的掠夺性寻租促成了早期国家的形成，那么我们可能会期待扩张式国家的出现，这些国家的特点是具有剥削性庇护制度，命令－控制模式的内部统治，并且受到垄断精英的主导。强制性国家建设逻辑似乎确实导致了标准的古代王国和帝国模式。如我在第 3 章所述，古典罗马提供了一种模式，它相当准确地符合早期现代欧洲在"充满强制的地域"建设国家的经验（Eich and Eich 2005，引自 32 页）。从这一诠释的观点来看，那种大型的（也许有 700 万人口）和长寿的希腊城邦国家文化可能显得是一种历史中的异常现象——例外只证明了规则的牢靠。

　　如果希腊城邦国家文化是贫困的和人口稀少的，那么这种表面上的反常就不会具有普遍意义。城邦文化确实曾被描述为"进化的死胡同"，从一开

――――――――――

[1]　关键研究包括 Morris 2004，2005a，Kron 2005，M. H. Hansen 2006b。

始就注定要在更完备地组织起来的列强手中灭绝。根据这个论证方向，希腊城邦的组织是致命地薄弱的：公民们缺乏等级制所必不可少的适当敬意，而且城邦"毫无例外全都是过于民主的"（Runciman 1990，引文见 p 364）。但就目前我们对这种文化的人口统计和经济运作绩效来看，很难认为希腊城邦只是微不足道的历史过客，与历史上那些庞大辉煌的帝国相比不值一提。值得思考的反而是，有马其顿和罗马帝国的经济成功恐怕在相当程度上应当归功于城邦国家文化的基础。

与共和主义相关的可信的承诺机制当然是希腊城邦生态的总体高度成就的重要因素。但对总体希腊城邦文化繁荣的一个部分解释，肯定可以从我对雅典机制运作的特别的认知解释中推出。希腊城邦国家生态，就其规模和持续时间而言，是一个历史例外；但从全部人类历史来看，还存在着其他城邦国家生态的样本（M. H. Hansen 2000，2002b）。中世纪晚期的意大利北部生态环境得到了特别完善的纪录，而且具有明显的"现代"特征（Greif 2006，Molho and Raaflaub 1991）。当例外开始大量出现时，原有规则就必须被重新考虑。如果我们拿当代世界中的民族国家作为正常标准，那么中央集权的古代帝国，以及它们的"扩张或崩溃"的国家建设动态历程，就其相对的分析性意义而言也就不那么重要了。分散权力的城邦国家"死胡同"文化，值得进一步的分析性关注。

和罗马与中华帝国大不相同的是，公元前四世纪中叶的多城邦希腊世界，在某种程度上是后 1989 的当代世界的一个缩小版图景：在两种情况下，我们都看到了不同规模数以百计的国家在进行国际间的经济和军事竞赛。总体来说，边境线相当稳定，侵略国的边境侵犯行为常常激起剧烈的军事反应。许多最成功的国家以共和与民主宪法为其特征，并有相对开放的经济。这些成功的国家能够随时间的推移保持经济的增长。有相当多关于多国联盟的成功实验。尽管有地方性的竞争，还存在着相当多的国与国之间由国际机制所促进的合作；但是，却没有一个权威性的中央"世界政府"[1]。

当然，希腊与当代世界的类比有着极大的限制，即使我们不把国家规模计算在内。十八世纪开始的认知革命持续到当下，科学、技术和商务，已经完全机制化了，它为更大的人口密度和更高的经济发展水平提供了空间。一神教是强有力的意识形态力量。今天已经不存在类似古代波斯、马其顿王国

---

〔1〕 现代世界作为一种多国家体系，在这一体系中为了控制交易成本和总体增长，必须既合作又竞争，有关这些看法，见 Keohane 1984，2002。

或罗马的命令—控制式帝国的巨大的外在威胁。然而，希腊城邦国家的历史案例使我们有可能产生全新的想法：我们自身的现代性也许并非在所有意义上都是空前和无与伦比的。

也许现代性并不需要完全建立在过去几百年人类历史中的那些独有的特点之上。现代性也许在某种意义上可以以古希腊（以及其他国家）为先驱，而且这并不一定指的是古希腊的直接影响。这就像欧洲早期现代国家建立的过程和古罗马的情况具有结构相似性一样，或许当代世界的民族国家文化也是靠某种组织环境维系的，而后者与维系雅典国家和古希腊城邦国家文化的生态环境十分相似。这种环境的特征正如我在前几章所说的：是多样性而非均质化，分散的知识而非集中的专长，民主和选择而非命令与控制。

我们提出的现代性与古典希腊之间的结构类比，对于民主的辩护者来说应该是一种有希望的思维。它认为，以分散的、共同的和规则化的知识为基础的政治组织，并非只是一个独特的历史时代的偶发特征。广泛的多国家文化，以自我管理为特征的民主国家，也许能提供一个取代更集中但更少民主的帝国系统的强有力选择方案。再说，如果参与和商议的认知民主能在一个多国家生态环境成功地竞争胜出，那么"民主"的内容就不需要被降格为只能在偶然竞选的精英领导者中作选择，或是成为一段转瞬即逝的政治时光，从结构上就注定最终会被组织铁律压倒。

雅典的和希腊城邦国家的历史表明，各种规模的民主的稳定有待于好的制度设计，但要得到正确的设计又并非易事。民主的、权利开放的国家的广泛文化的出现，并非历史的必然。古希腊历史没有提供任何理由让我们自满地假定，强制与掠夺的命令—控制模式帝国现在已经成了历史的遗迹。但是，如果一个拥有成功的民主制的多国家体系并不是源于独特条件的一次性事件，那么，做出正确的设计就不应该是一种偶然。

通观这一研究，我强调的是人类追求个体效用，同时也谋求其他类型的利益。对某些人来说，个体效用包括通过得到优势地位而获取控制他人的力量。因为，就像其他社会性动物一样，人类趋向于建立等级制；因此民主与平等似乎有悖于人的天性。但正如亚里士多德（《政治学》1253a）意识到的，人类在某些方面有别于其他社会性动物。我们人**尤其**是政治动物：不仅因为我们有理性，而且因为只有我们才具有高度复杂的交流能力。我们愿意在恰当的情况下去分享我们的知识，并在集体生活中热切地寻求意义。古典时期的雅典历史表明了参与和商议的民主对于等级政治来说，是一个现实的而且具有规范性吸引力的替代方案。这反过来表明，民主独特的认知特征与人与生俱来的能力和道德心理可以兼容。

民主，无论是古典还是现代的，都具有良好发挥的潜力，因为当我们每个人都享有实现人类潜力的发展机会时，理性合作和社会繁荣就会出现。这种潜力，显然包括了创新和学习的能力。在一个真正民主的社会中，我们可能学到的还有，当每个人都与他人分享知识时，社会将变得越来越好，同时我们的个体前景也会更为广阔。

附　录

附录 A　整体物质繁荣

样本来自《古风与古典时代希腊城邦志》（Hansen and Nielson 2004）索引中所提及的 164 个城邦，其中包括了政体形式和领土大小的指标。以相关索引为基础，收集的资料有名声、领土大小、公共建筑和城邦间活动等变量。

名声按照《城邦志》中提及的文本数量的简单计算来衡量。统计偏差不利于较著名的城邦（比如，按古典作家提到的次数来衡量），因为即使默默无闻的城邦也在文本中被提及。由于每一条都由一位学者制成，在收集的具体内容上（从而长度上）难免有差异，但总体上编辑控制做得相当细致，各条之间有极大的一致性。文本数之间的关联在其他两个标准及最新的百科全书式参考书（《牛津古典词典》第三版）中有很好体现：见表 A. 4。

领土大小依据的是索引 9，其中将领土按 1—5 的规模划等级，以便在等级上端得到更细致的数据；根据《城邦志》中提到的实际大小，我将等级扩展为九级。1—9 级分别对应以下的实际大小范围，按平方公里：1 = <25；2 =25—100；3 = 100—200；4 = 200—500；5 = 500—1000；6 = 1000—2000；7 = 2000—4000；8 = 4000—7000；9 = 7000—12000。更多见 Hanson 2006a，第十三章。

国际活动按下列每项的分值：在索引 14 中，"派遣公民去外邦"得 1分，"接待外邦人"得 1 分；在索引 15 中，每建立一个"接待圣所"（theorodokoi）就可得 1 分。在索引 16 中，每个记录了一个公民胜利的泛希腊圣坛得 1 分。统计偏差有利于有完好记录的城邦，其活动记录在文献或铭文中。统计偏差不利于那些有大量国际活动的城邦，即派遣并接待许多外事人员，派许多神职人员去同一仪式中心，及公民在某个泛希腊神庙活动中取得不少胜利的城邦。有些无名声的城邦没有国际活动的记录证据。

公共建筑的计算法：索引 24（政治建筑）和 25（庙、剧院、拱廊、体育场、竞技场）中每提到一个建筑得 1 分；如果建筑类型按复数表示时，得 2 分；如果在索引 23 中被作为"城镇"或"加防御"而提及，得 2 分；如果只提到其卫城是加防御的，得 1 分。统计偏差有利于那些建筑在文献或铭文中被提及、记录完好的城邦，以及被考古学家细心探测、精心挖掘的城邦。有些无名声的城邦没有任何公共建筑记录。对拥有许多相同类型建筑的城邦（如超过两处有记录的神庙），存在相当不利的统计偏差。

每个城邦的每个变量的原始数据于是转换为一个标准 20 分值量表上的分数。原始数据最高的得 20 分，其他的原始数据按恰当比例转移到 20 分值中。一个城邦在四个 20 分值量表中的总分，就是其整体"物质繁荣"的数值。所以，每个变量在计算总分值时的份量是相等的。

表 A.1—A.5 列出了变量的相关性与偏离，雅典的国际活动及公共建筑，前二十集团及"中间值"城邦集团。

表 A.1　皮尔逊关联系数，164 城邦

	综合	领土	名声	国际活动	建筑
综合	0.77	0.83	0.83	0.80	
领土	0.77		0.64	0.40	0.50
名声	0.83	0.64		0.61	0.74
国际活动	0.83	0.40	0.61		0.55
建筑	0.80	0.50	0.74	0.55	
政体	0.31	0.12	0.31	0.30	0.31
危机	0.61	0.53	0.62	0.39	0.45

注：综合：80 分值（领土 + 名声 + 国际活动 + 公共建筑）。领土大小，名声，国际活动，公共建筑：20 分值。政体形式：5 分值（从民主 = 5 到僭主制 = 1）；危机（记录的国内冲突）以原始数据为依据。见附录 D。

表 A. 2 国际活动：雅典，前 20，四分位区间 2 和 3

	外事派遣 （Cnt/Tot）	外事接待 （Cnt/Tot）	接待圣所 （Cnt/Tot）	泛希腊活动 胜利（Cnt/Tot）	国际的 （Tot/Med）
雅典	是	是	2	4	8
前 20	15/15	19/19	15/21	19/52	107/5
四分位区间 2 和 3 （总数 = 80）	23/23	46/46	28/31	24/40	140/2

注：四分位区间 2 和 3 = 综合分值排名在 41 – 120.

表 A. 3 公共建筑：雅典，前 20，四分位区间 2 和 3.

	政府建筑 （Cnt/Tot）	庙宇 （Cnt/Tot）	剧院 （Cnt/Tot）	柱廊 （Cnt/Tot）	健身房 （Cnt/Tot）	运动场 （Cnt/Tot）	建筑 （Tot/ med＊）
雅典	7	2	2	2	2	2	20
前 20	13/31	19/34	11/13	13/22	8/9	6/7	156/7.5
四分位区间 2 和 3 （总数 = 80）	27/32	46/70	22/23	13/16	0	2/2	291/3

＊包括防御工程及各种其它建筑。

表 A. 4 前 80 城邦的名声（文本数量）

	H/N 综合	目录	OCD[3]	Neue Pauly
H/N 综合		0.83	0.77	0.76
《盘存》	0.83		0.75	0.78
OCD[3]	0.77	0.75		0.87
Neue Pauly	0.76	0.78	0.87	

来源：汉森和尼尔森，《城邦志》，《牛津古典词典》，第三版；
注：皮尔逊关联系数对照标准参考工作

表 A.5　比较雅典、叙拉古、斯巴达标准偏离的数据.

	H/N 综合	名声	国际活动	建筑	储藏点	硬币
标准偏离	9.6	2.9	4.6	2.7	18.2	1098
中数	27.8	5.3	8.5	5.2	17	506
雅典	75	20	20	20	107	8477
叙拉古	50.5	11.5	10	9	81	1756
斯巴达	54.1	14.1	15	5		

附录 B 贮藏点硬币的分布

证据来自《希腊硬币贮藏点综览》（Thompson et al 1973 = *IGCH*）。样本是该书中公元前 550—前 300 年的所有 852 个贮藏点及 80 个城邦（根据附录 A 中的样本的整体物质繁荣度得出的前两个四分位数的城邦）。每个贮藏点根据以下变量进行编排：希腊世界内的不同地区（1 = 希腊，2 = 马其顿及北部，3 = 色雷斯和欧克森，4 = 南俄罗斯，5 = 小亚细亚，6 = 黎巴嫩及东部，7 = 埃及与北非，8 = 意大利，9 = 西西里），贮藏点埋藏时间（或者 1/4：n = 755，或者 1 个世纪：n = 97），硬币总量（对不同种类金属制成的硬币没有作区分），及在样本中 80 个城邦中每个城邦所发行的硬币数量。

样本中的每个城邦得到的原始数据如下。

贮藏点数：某城邦发行的一个（或更多）硬币曾经出现的贮藏点（在 852 个贮藏样本中的）数量。这项指标不存在很强的人为偏见。

硬币数量：在所有贮藏点中找到的某城邦发行的硬币总量。许多贮藏点记录很糟糕，考查者（往往是业余爱好者）倾向于记录那些稀缺的硬币，而忽视常见硬币。因此，*IGCH* 中的标记往往很含糊：比如，"雅典，四德拉克马，许多"。因为在此情况下很难决定到底有多少数量，不确定的多数就用 "2" 来表示。因而对那些有大量的但又属于非常普通类型的硬币（如雅典的四德拉克马）的城邦就有很强的不利偏差。

地区数量：只要城邦的硬币出现在某个地区贮藏点，就得一分（最高九分）。偏差不利于那些在许多地区都有大量贮藏的城邦，因为只要有一个贮藏点中有一个硬币，该城邦就可得一个 "地区分"。

日期数量：城邦硬币在每四分之一世纪出现在一个或多个点就可得一分。只能追溯到世纪的储藏点则被忽略。对有高贮藏点数量及各时期都有许多硬币的城邦，会有不利偏差。

跨地区百分比：被发现的城邦硬币位于该城邦所在地区以外的贮藏点的百分比。虽然这个变量不能作为 "货币成功" 的正面或负面的指标，但是确实存在大量跨地区分布的差异性。有些城邦（如雅典）在各地区都有很好的体现（这尤其被 "地区数量" 所把握），有些城邦，如科基拉，仅仅只在一个 "外部" 地区有充分体现。

一个城邦在希腊世界的硬币贮藏上的体现程度与它作为其钱币的铸造者和发行者的成功有某些明显的联系。在古风时代及古典时代储存这 852 个点的个体（或团体）之所以选择特定的硬币来保存（或储藏），一般来说首先是基于硬币作为金融工具的应有价值（更多见第六章）。很难得出物质繁荣与一个"货币成功"的综合分值相对应的具体结论。储藏数量至少整体而言是最佳的单一指标，其次是硬币数量，然后是日期数和地区数。跨地区百分比在衡量货币成功中，应当没有太多权重。地区或全球分布可能是策略性的，但没有理由在评价整体成功时偏向哪种策略。表 B1 和 B2 表明各种硬币变量，及硬币变量与附录 A 和 D 讨论的变量之间的关联。

表 B.1　皮尔逊关联系数，80 个城邦：硬币储藏点

	储藏点数量	硬币总量	地区数	日期范围数	跨地区储藏百分比
储藏点数	0.76	0.64	0.75	0.16	
硬币总量	0.76	0.55	0.46	0.22	
地区数	0.64	0.55	0.70	0.69	
日期范围数	0.75	0.46	0.70	0.28	
跨地区储藏百分比	0.16	0.22	0.69	0.28	

表 B.2　皮尔逊关联系数，80 个城邦：硬币储藏点与《盘存》得分.

	储藏数	硬币总量	地区数	日期范围数	跨地区储藏百分比%
H/N 综合	0.57	0.53	0.43	0.34	0.18
领土大小 20 分值	0.34	0.22	0.32	0.26	0.19
名声 20 分值	0.54	0.56	0.40	0.33	0.11
国际 20 分值	0.29	0.27	0.23	0.17	0.12
公共建筑 20 分值	0.53	0.63	0.31	0.26	0.12
实际公共机构	0.20	0.30	0.36	0.15	0.29
政体 1–5 分值	−0.16	0.15	−0.07	−0.22	0.10

附录 C　在古典希腊文献中的突出表现

在特定时期一个城邦的名字在希腊文献中的出现频率可以作为其在希腊世界的整体突出地位的参照。下列的衡量方式来自标准电子化的《希腊文献古文本》（*Thesarus Linguae Graecae*），通过找寻一个城邦被提及时最通常的词语（如雅典、雅典人、阿提卡，斯巴达、斯巴达人、拉柯尼亚、拉柯尼亚人、拉西第梦、拉西第梦人——但没有"雅典城邦"、"尤罗特城邦"等）。即便运用当前最先进的复杂搜索引擎，这也是相当耗费时间并无可避免会得出不精确的结果。因此只计算了古典希腊最突出的城邦。对于有活跃文学文化的城邦，其文学作品受重视并因而被后古典文化选择进行传播的，有相当正面的有利偏差。

十分显而易见的是雅典在古风时代的公元前八—前六世纪时只是文献上突出的城邦团体中的一员，但到前五世纪，希腊文献整体数量增幅巨大，而文字产品日益以雅典为中心，雅典开始压倒了所有对手。这个趋势在前四世纪的后帝国时代进一步加强。

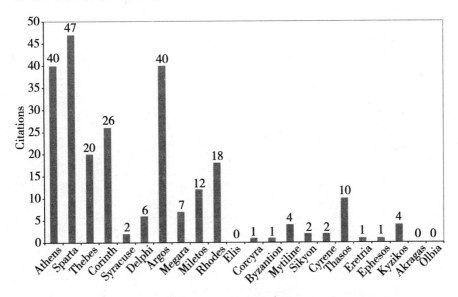

图 C.1　在古典作品中提到的城邦名字，前 8 – 6 世纪。

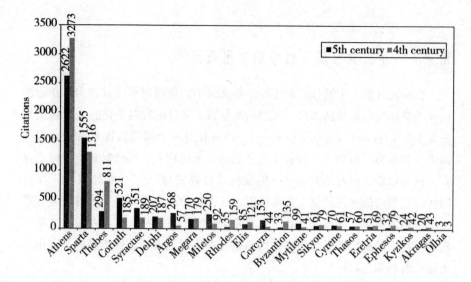

图 C. 2　在古典作品中提到的城邦名字，前 5 – 4 世纪。

附录 D　政体的影响和历史经验

样本与证据来源与附录 A 相同。样本中的每个城邦按以下记录。

宪政类型：按 Hansen and Nielsen（2004），《城邦志》的索引 11 列出的清单的名单。这个索引以简要的方式列出了已知城邦的政体历史。有些例子相当细致，另一些则只有城邦古风时代或古典历史的某个"宪政时期"的踪影。每个城邦按此信息得到一个政体分数，标准范围如下：1 = 僭主制，2 = 某种君主制，3 = 寡头制，4 = 温和寡头制 + 某种混合政体，5 = 民主制。打分难免是主观的，结论也有些异常：叙拉古由于在僭主制与民主制间转换的历史，平均得分为"3 = 寡头制"。这是简单便利的方法，但没有理由假定有倾向标度范围哪一端的系统偏差。

民主制、寡头制与僭主制的经历：城邦被记录为经历了特定类型的政府，如果索引 11 列出该国在前 6、5、4 世纪中存在那种政体。因为历史记载的不可靠性，更早的政体形式被排除在外，对有良好文献记录的城邦，偏差为正面的。

决策机制：根据《城邦志》的索引 12，每个城邦被列为是有或没有下列机制的：政府议事会（通常有准备议案的功能），公民大会，法庭，与公民大会不同的立法会。对有良好文献记录的城邦，偏差为正。

国内冲突：在索引 11 中记载的已知冲突的数量。对有良好文献记录的城邦的偏差非常正面，以至实际的冲突数量相对无关紧要；某种更好的指数可能仅仅表明冲突是否被记录。

毁灭：在索引 20 中记录了经历过毁灭的城邦。毁灭的程度从基础设施的物质破坏（城市被洗劫，比如前 480 年雅典被波斯人洗劫）到杀戮和放逐导致的人口整体灭绝（如前 415 年米洛斯被雅典毁灭）。对有良好文献记录的城邦，偏差为正。

表 D.1—D4 记录了变量间的各种相关性，按体制类型分析"物质繁荣"，并区分不同的 1/4 城邦团体（按整体物质繁荣分值排名）间的历史经验差异。

表 D.1 帕森关联系数, 164 个城邦: 民主化程度 (5 - 分值) 和《盘存》中的分数

综合分数	0.31
领土大小	0.12
名声 (列数)	0.31
国际活动	0.30
公共建筑	0.31
国内冲突	− 0.02

表 D.2 政体类型的平均分数, ＊164 个城邦, 20 分值

政体类型	综合分数 /4 ＊＊	领土大小	名声	国际活动	公共建筑
僭主制 n = 21	2.5	4.0	1.7	2.0	2.2
君主制 n = 33	3.9	6.9	2.7	3.0	3.0
寡头制 n = 56	4.8	6.2	3.6	5.6	3.8
温和寡头制 n = 33	6.5	8.0	4.9	7.8	5.1
民主 n = 21	4.9	5.6	4.0	5.6	4.4
雅典 n = 20	4.2	5.1	3.2	4.9	3.7

＊按 1 - 5 分值的政体类型划分如下: 僭主制, 1 - 1.5; 君主, 1.7 - 2.5; 寡头制, 3 - 3.4; 温和寡头制, 3.5 - 4; 民主, 4.3 - 5.　＊＊ 综合 80 分值减为 20 分值。

表 D.3 综合分数、政体、历史 (政体形式的经历), 164 个城邦, 按四分法

	综合分数 (平均)	政体类型 (平均)	经历僭主制 (百分比)	经历寡头制 (百分比)	经历民主 (百分比)
Q1 (n = 40)	34.2/31.2	3.3/3.5	23/58	33/83	31/78
Q2 (n = 40)	21.3/20.6	3.3/3.0	18/45	22/55	26/65
Q3 (n = 40)	14.0/14.0	2.9/3.0	14/35	18/45	18/45
Q4 (n = 40)	7.0/7.0	2.4/2.0	16/40	13/33	10/25
All 164	18.7/17.1	3.0/3.0	72/44	88/53	88/53

＊1 = 僭主制, 3 = 狭义寡头制, 5 = 民主制。

表 D. 4　综合分数和风险因素, 164 个城邦, 按四分法

	综合分数（平均）	国内冲突（数量/总数）	被毁坏（百分比）
Q1（n=40）	34. 2/31. 2	34/145	13/33
Q2（n=40）	21. 3/20. 6	24/45	12/30
Q3（n=40）	14. 0/14. 0	17/30	12/30
Q4（n=40）	7. 0/7. 0	6/7	6/15
All 164	18. 7/17. 1	81/227	43/26

附录 E　雅典国力与民主，公元前 600—前 250 年

　　根据已有证据（在第二章概要表达），雅典在三个方面（军事、公共建筑和国内项目）的表现的历史按两年一个时段进行区划。从前 600 年到前 250 年间每隔两年，三项指标每项都按 5 分值打分，其中最少可能的活动为零分，而在这 350 年中任何时间点上雅典城邦取得的最高值为 5 分。这三项量表综合为一个较主观的 15 分值量表；图 E.1 表示其结果。同样的方法也用在民主制上（图 E.2）。在民主制的例子中，综合整体的三项组成要素分别是：能够行使充分公民参与权的本地成年男性的比例，按多数统治的程序人民决定政策的权力（从而体制没有被"精英垄断"），及确立的法律程序的权威性和可靠性。

　　衡量过程当然难免是主观的。我们不会总是有特定两年期的细致历史证据。但总体而言，结果是建立在大量历史与考古资料上，因而不是主观臆断的。

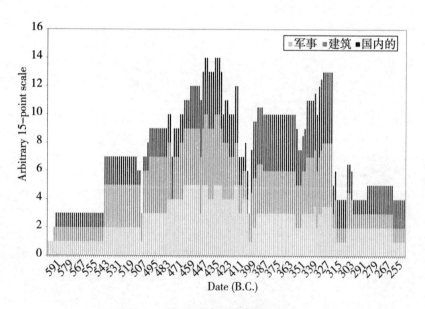

图 E.1　时间变迁中的雅典国家能力。

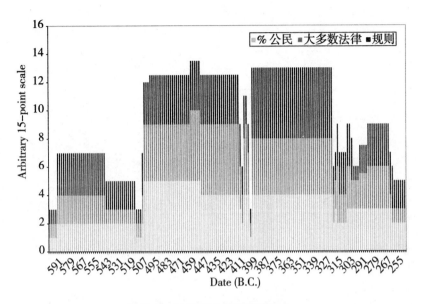

图 E.2　时间变迁中的雅典民主。

参考文献

Acemoglu, Daron, and James A. Robinson. 2006. *Economic Origins of Dictator-ship and Democracy.* Cambridge and New York: Cambridge University Press.

Ackerman, Bruce A. , and James S. Fishkin. 2004. *Deliberation Day.* New Haven: Yale University Press.

Adams, John. 2000. *The Revolutionary Writings of John Adams.* Indianapolis: Liberty Fund.

Aitken, Hugh G. J. 1985. *Scientific Management in Action: Taylorism at Watertown Arsenal*, 1908—1915. Princeton, N. J. : Princeton University Press.

Alcock, Susan E. 1993. *Graecia Capta: The landscapes of Roman Greece.* Cambridge and New York: Cambridge University Press.

Alcock, Susan E. , and Robin Osborne. 1994. *Placing the Gods: Sanctuaries and sacred space in ancient Greece.* Oxford and New York: Clarendon Press of Oxford University Press.

Alesina, Alberto, and Enrico Spolaore. 2003. *The Size of Nations.* Cambridge, Mass. : MIT Press.

Allen, Danielle S. 1996. "A Schedule of Boundaries: An exploration of time in Athens. " *Greece and Rome* 43: 157—168.

——. 2000a. "Changing the Authoritative Voice: Lycurgus' Against Leocrates. " *Classical Antiquity* 19: 5—33.

——. 2000b. *The World of Prometheus: Politics of punishing in democratic Athens.* Princeton, N. J. : Princeton University Press.

——. 2004. T*alking to Strangers: Anxieties of citizenship since Brown v. Board of Education.* Chicago: University of Chicago Press.

Allen, Katarzyna Hagemajer. 2003. "Intercultural Exchanges in Fourth-Century Attic Decrees. " *Classical Antiquity* 22: 199—246.

Althusser, Louis. 1990 [1966] . *For Marx*. London: Verso.

Amemiya, Takeshi. 2007. *Economy and Economics of Ancient Greece*. London and New York: Routledge.

Anderson, Elizabeth. 2003. "Sen, Ethics, and Democracy. " *Feminist Economics* 9: 239—261.

——2006. "The Epistemology of Democracy. " *Episteme: Journal of Social Epistemology* 3: 8—22.

Anderson, Greg. 2003. *The Athenian Experiment: Building an imagined political community in ancient Attica*, 508—490 B. C. Ann Arbor: University of Michigan Press.

Andreades, Andreas M. 1933. *A History of Greek Public Finance*. Cambridge, Mass. : Harvard University Press.

Andreau, Jean. 2002. "Twenty Years after Moses I. Finley's The Ancient Economy. " Pp. 33—49 in *The Ancient Economy*, edited by Walter Scheidel and Sita von Reden. Edinburgh: Edinburgh University Press.

Anton, John P. 1998. "Plato as a Critic of Democracy. " Philosophical Inquiry 20: 1—17.

Arendt, Hannah. 1958. *The Human Condition*. Chicago: University of Chicago Press.

Arrow, Kenneth Joseph. 1963 [1951] . *Social Choice and Individual Values*. New Haven: Yale University Press.

Austen-Smith, David. 1990. "Information Transmission in Debate. " *American Journal of Political Science* 34: 124—152.

Austin, J. L. 1975 [1962] . *How to Do Things with Words*. Cambridge, Mass. : Harvard University Press.

Austin, Michel, and Pierre Vidal-Naquet. 1977. *Economic and Social History of Ancient Greece: An introduction*. Berkeley: University of California Press.

Badian, E. 1995. "The Ghost of Empire: Reflections on Athenian foreign policy in the fourth century B. C. " Pp. 79—106 in *Die athenische Demokratie im 4. Jahrhundert v. Chr. : Vollendung oder Verfall einer Verfassungsform?*, edited by Walter Eder. Stuttgart: F. Steiner.

Badian, E. 2000. "Back to Kleisthenic Chronology. " Pp. 447—464 in *Polis and Politics* [Festschrift Hansen], edited by P. Flensted-Jensen, T. H. Neilsen, and L. Rubinstein. Copenhagen: Museum Tusculanum Press.

Baiocchi, Gianpaolo. 2005. *Militants and Citizens: The politics of participatory democracy in Porto Alegre.* Stanford, Calif. : Stanford University Press.

Balot, Ryan K. 2004. "Courage in the Democratic Polis. " *Classical Quarterly* 54: 406—423.

——. 2006. *Greek Political Thought.* Maldon, Mass. , and Oxford: Blackwell.

Bannerjee, Abhijit Vinayak, and others. 2006. "Making Aid Work. " *Boston Review* 31: 7—22.

Barber, Benjamin R. 1984. *Strong Democracy: Participatory politics for a new age.* Berkeley: University of California Press.

Barnard, Chester Irving. 1938. *The Functions of the Executive.* Cambridge, Mass. : Harvard University Press.

——. 1948. *Organization and Management: Selected papers.* Cambridge, Mass. : Harvard University Press.

Barnett, William P. 2008. *Red Queen among Organizations: How Competitiveness Evolves.* Princeton, N. J. : Princeton University Press.

Barnett, William P. , and Elizabeth G. Pontikes. 2006. "The Red Queen, Success Bias, and Organizational Inertia. " *Stanford GSB Research Paper* 1936.

Barro, Robert J. 1996. "Democracy and Growth. " *Journal of Economic Growth* 1: 1—27.

Bates, Robert H. , Avner Greif, Margaret Levi, Jean-Laurent Rosenthal, and Barry R. Weingast. 1998. *Analytic Narratives.* Princeton, N. J. : Princeton University Press.

Baumol, William J. 1990. "St. John versus the Hicksians, or a Theorist malgre' lui?" *Journal of Economic Literature* 28: 1708—1715.

——. 1993. Entrepreneurship, Management, and the Structure of Payoffs. Cambridge, Mass. : MIT Press.

——. 2004. "On Entrepreneurship, Growth and Rent-Seeking: Henry George Updated. " *American Economist* 48: 9—160.

Benkler, Yochai. 2006. *The Wealth of Networks: How social production transforms markets and freedom.* New Haven: Yale University Press.

Berent, Moshe. 1996. "Hobbes and the 'Greek Tongues'." *History of Political Thought* 17: 36—59.

——. 2000. "Anthropology and the Classics: War, violence and the stateless polis." *Classical Quarterly* 50: 257—289.

Bers, Victor. 1985. "Dikastic Thorybos." Pp. 1—15 in *Crux: Essays Presented to G. E. M. de Ste. Croix*, edited by Paul Cartledge and F. D. Harvey. Exeter, U. K.: Imprint Academic.

——. 2000. "Just Rituals: Why the Rigamarole of the Fourth-Century Athenian Lawcourts?" Pp. 553—559 in *Polis & Politics* [Festschrift Hansen], edited by Pernille Flensted-Jensen, Thomas Heine Nielsen, and Lene Rubinstein. Copenhagen: Museum Tusculanum Press.

'*l'oralite*': *Lectures des Lois de Platon*. Paris: Publications de la Sorbonne.

Bikhchandani, Sushil, David Hirshleifer, and Ivo Welch. 1992. "A Theory of Fads, Fashion, Custom, and Cultural Change as Informational Cascades." *Journal of Political Economy* 100: 992—1026.

Binmore, K. G. 1994. *Game Theory and the Social Contract I: Playing fair*. Cambridge, Mass.: MIT Press.

——. 1998. *Game Theory and the Social Contract II: Just playing*. Cambridge, Mass.: MIT Press.

Bleicken, Jochen. 1985. *Die athenische Demokratie*. Paderborn, Germany: Schoningh.

Blok, Josine, and Andre' Lardinois (Eds.). 2006. *Solon: New historical and philological perspectives*. Leiden: E. J. Brill.

Bobonich, Christopher. 2002. *Plato's Utopia Recast: His later ethics and politics*. Oxford: Oxford University Press.

Boedeker, Deborah Dickmann, and Kurt A. Raaflaub (Eds.). 1998. *Democracy, Empire, and the Arts in Fifth-Century Athens*. Cambridge, Mass.: Harvard University Press.

Boegehold, Alan L. 1972. "The Establishment of a Central Archive at Athens." *American Journal of Archaeology* 76: 23—30.

——. 1995. *The Lawcourts at Athens: Sites, buildings, equipment, procedure, and testimonia*. Princeton, N. J.: American School of Classical Studies at Athens.

——. 1996. "Resistance to Change in the Law at Athens." Pp. 203—214 in

Dc, *mo-kratia*, edited by J. Ober and C. W. Hedrick. Princeton, N. J. : Princeton Univer-sity Press.

Boegehold, Alan L. , and Adele C. Scafuro. 1994. *Athenian Identity and Civic Ideology*. Baltimore, Md. and London: Johns Hopkins University Press.

Boehm, Christopher. 1993. "Egalitarian Behavior and Reverse Dominance Hierarchy. " *Current Anthropology* 34: 227—254.

——. 1999. *Hierarchy in the Forest: The evolution of egalitarian behavior*. Cambridge, Mass. : Harvard University Press.

——. 2000a. "Conflict and the Evolution of Social Control. " *Journal of Consciousness Studies* 7: 79—101.

Boehm, Christopher. 2000b. "The Origin of Morality as Social Control: Response to commentary discussion. " *Journal of Consciousness Studies* 7: 149—183.

Boersma, Johannes Sipko. 1970. *Athenian Building Policy from 561/0 to 405/4 B. C.* Groningen: Wolters-Noordhoff Publishing.

Bogaert, R. 1976. "L'essai des monnaies dans l'antiquite'. " *Revue Belge de Numismatique* 122: 5—34.

Bowden, Hugh. 2005. *Classical Athens and the Delphic Oracle: Divination and democracy*. Cambridge: Cambridge University Press.

Bratman, Michael. 1999. *Faces of Intention: Selected essays on intention and agency*. Cambridge and New York: Cambridge University Press.

——. 2004. "Shared Valuing and Frameworks for Practical Reasoning. " Pp. 1—27 in *Reason and Value: Themes from the moral philosophy of Joseph Raz*, edited by R. Jay Wallace, Philip Pettit, Samuel Scheffler, and Michael Smith. Oxford: Clarendon.

Brennan, Geoffrey, and Philip Pettit. 2004. *The Economy of Esteem: An essay on civil and political society*. Oxford and New York: Oxford University Press.

Bresson, Alain. 2000. *La cite marchande*. Paris: Diffusion de Boccard.

Brickhouse, Thomas C. , and Nicholas D. Smith. 1989. *Socrates on Trial*. Princeton, N. J. : Princeton University Press.

Brock, Roger, and Stephen Hodkinson (Eds.) . 2000. *Alternatives to Athens: Varieties of political organization and community in ancient Greece*. Oxford: Oxford University Press.

Brown, John Seely, and Paul Duguid. 1991. "Organizational Learning and

Communities-of-Practice: Toward a unified view of working, learning, and innovation. " *Organization Science* 2: 40—57.

——. 2000. *The Social Life of Information.* Boston: Harvard Business School Press.

Bryan, Frank M. 2004. *Real Democracy: The New England town meeting and how it works.* Chicago and London: University of Chicago Press.

Buckler, John. 1980. *The Theban Hegemony*, 371—362 B. C. Cambridge, Mass. : Harvard University Press.

——. 1989. *Philip II and the Sacred War.* Leiden and New York: E. J. Brill.

——. 2003. *Aegean Greece in the Fourth Century B. C.* Leiden and Boston: Brill.

Budge, Ian. 1996. *The New Challenge of Direct Democracy.* Cambridge, U. K. , and Cambridge, Mass. : Polity Press, in association with Blackwell Publishers.

Burke, Edmund M. 1985. "Lycurgan Finances. " *Greek, Roman, and Byzantine Studies* 26: 251—264.

——. 1992. "The Economy of Athens in the Classical Era: Some adjustments to the primitivist model. " Transactions of the American Philological Association 122: 199—226.

——. 2005. "The Habit of Subsidization in Classical Athens: Toward a thetic ideology. " *Classica et Mediaevalia* 56: 5—47.

Burt, Ronald S. 1992. *Structural Holes: The social structure of competition.* Cambridge, Mass. : Harvard University Press.

——. 1997. "The Contingent Value of Social Capital. " *Administrative Science Quarterly* 42: 339—365.

——. 2004. "Structural Holes and Good Ideas. " *American Journal of Sociology* 110: 349—399.

Butler, Judith. 1997. *Excitable Speech: A politics of the performative.* New York: Routledge.

Buttrey, T. V. 1981. "The Athenian Currency Law of 375/4 B. C. " Pp. 33—45 in *Greek Numismatics and Archaeology: Essays in honor of Margaret Thompson*, edited by Otto Mørkholm and Nancy Waggoner. Wetteren, Belgium: Cultura.

——. 1982. "More on the Athenian Coinage Law of 375/4 B. C. " *Numismat-*

ica e Antichita` Classiche 10: 71—94.

——. 1993. "Calculating Ancient Coin Production: Facts and fantasies." *Numismatic Chronicle* 153: 335—351.

——. 1999. "The Content and Meaning of Coin Hoards." *Journal of Roman Archaeology* 12: 526—532.

Callatay, Franc, ois de. 1997. "Quelques estimations relatives au nombre de mon-'sors." *Revue Belge de Numismatique* 143: 21—94.

——. 2006. "Greek Coins from Archaeological Excavations: A conspectus of conspecti and a call for chronological charts." Pp. 177—200 in *Agoranomia: Studies in Money and Exchange Presented to John Kroll*. New York: American Numismatic Society.

Camassa, Giorgio. 2007. *Atene: La costruzione della democrazia*. Rome: "L'Erma" di Bretschneider.

Camerer, Colin F, and Eric J. Johnson. 1991. "The Process-performance Paradox in Expert Judment: How can experts know so much and predict so badly?" Pp. 195—217 in *Toward a General Theory of Expertise: Prospects and limits*, edited by K. Anders Ericsson and Jacqui Smith. Cambridge and New York: Cambridge University Press.

Camp, John McK. II. 1992. *The Athenian Agora: Excavations in the heart of classical Athens*. New York: Thames and Hudson.

——. 2001. *The Archaeology of Athens*. New Haven: Yale University Press.

Caplan, Bryan. 2007. *The Myth of the Rational Voter*. Princeton, N. J. : Princeton University Press.

Carey, Christopher. 1988. "A Note on Torture in Athenian Homicide Cases." *Historia* 37: 241—245.

——. 1994. "Legal Space in Classical Athens." *Greece and Rome* 41: 172—186.

——. 1998. "The Shape of Athenian laws." *Classical Quarterly* 48: 93—109.

Cargill, Jack. 1981. *The Second Athenian League: Empire or free alliance?* Berkeley: University of California Press.

——. 1995. *Athenian Settlements of the Fourth Century B. C*. Leiden: E. J. Brill. Cartledge, Paul. 2001. Spartan Reflections. London: Duckworth.

Cartledge, Paul. 2002. "The Economy (Economies) of Ancient Greece. " Pp. 11—32 in *The Ancient Economy*, edited by Walter Scheidel and Sita von Reden. Edinburgh: Edinburgh University Press.

Cartledge, Paul, Edward E. Cohen, and Lin Foxhall (Eds.) . 2002. *Money, Labour and Land: Approaches to the economies of ancient Greece.* London and New York: Routledge.

Cary, M. 1927/28. "Athenian Democracy. " *History* 12: 206—214.

Cavanaugh, Maureen B. 2001. "Order in Multiplicity: Aristotle on text, context, and the rule of law. " *North Carolina Law Review* 79: 577—662.

Cawkwell, George L. 1963. "Eubulus. " *Journal of Hellenic Studies* 83: 47—67. Chandler, Alfred Dupont. 1962. Strategy and Structure: Chapters in the history of the industrial enterprise. Cambridge, Mass. : MIT Press.

Chang, Myong-Hun, and Joseph E. Harrington. 2005. "Discovery and Diffusion of Knowledge in an Endogenous Social Network. " *American Journal of Sociology* 110: 937—976.

Christ, Matthew R. 1990. "Liturgy Avoidance and Antidosis in Classical Athens. " Transactions of the American Philological Association 120: 147—169.

——. 1998. "Legal Self-Help on Private Property in Classical Athens. " *American Journal of Philology* 119: 521—545.

——. 2001. "Conscription of Hoplites in Classical Athens. " *Classical Quarterly* 51: 398—422.

——. 2006. *The Bad Citizen in Classical Athens.* Cambridge: Cambridge University Press.

Christensen, Kerry A. 1984. "The Theseion: A slave refuge at Athens. " *American Journal of Ancient History* 9: 23—32.

Christensen, Paul. 2003. "Economic Rationalism in Fourth-Century Athens. " *Greece and Rome* 50: 1—26.

Chwe, Michael Suk-Young. 2001. *Rational Ritual: Culture, coordination, and common knowledge.* Princeton, N. J. : Princeton University Press.

Coase, R. H. 1988. *The Firm, the Market, and the Law.* Chicago: University of Chicago Press.

Cohen, David. 1995. *Law, Violence, and Community in Classical Athens.* Cambridge and New York: Cambridge University Press.

——. 1997. "Democracy and Individual Rights in Athens. " *Zeitschrift der Savigny-Stiftung fur Rechtsgeschichte* 114: 27—44.

Cohen, Edward E. 1973. *Ancient Athenian Maritime Courts.* Princeton, N. J. : Princeton University Press.

——. 1992. *Athenian Economy and Society: A banking perspective.* Princeton, N. J. : Princeton University Press.

——. 2000. *The Athenian Nation. Princeton*, N. J. : Princeton University Press.

——. 2005. "Commercial Law. " Pp. 290—302 in *The Cambridge Companion to Ancient Greek Law*, edited by Michael Gagarin and David Cohen. Cambridge and New York: Cambridge University Press.

Cohen, Joshua. 1986. "An Epistemic Conception of Democracy. " *Ethics* 97: 26—38.

——. 1996. "Procedure and Substance in Deliberative Democracy. " Pp. 94—119 in *Democracy and Difference: Contesting the boundaries of the political*, edited by Seyla Benhabib. Princeton, N. J. : Princeton University Press.

——. 1997. "The Arc of the Moral Universe. " *Philosophy and Public Affairs* 26: 91—134.

Cohen, M. D. , and P. Bacdayan. 1994. "Organizational Routines as Stored Procedural Memory: Evidence from a laboratory study. " *Organization Science* 5: 554—568.

Cole, Susan G. 1996. "Oath Ritual and Male Community at Athens. " Pp. 227—*mokratia: A conversation on democracies, ancient and modern*, edited by Josiah Ober and Charles W. Hedrick. Princeton, N. J. : Princeton University Press.

Cole, Susan Guettel. 2004. *Landscapes, Gender, and Ritual Space: The ancient Greek experience.* Berkeley: University of California Press.

Collins, James C. 2001. *Good to Great: Why some companies make the leap... and others don't.* New York: HarperBusiness.

Connor, W. Robert. 1987. "Tribes, Festivals, and Processions: Civic ceremonial and political manipulation in archaic Greece. " *Journal of Hellenic Studies* 107: 40—50.

——1988. "Early Greek Land Warfare as Symbolic Expression. " *Past and*

Present 119: 3—27.

Conophagos, C. E. 1980. *Le Laurium antique, et la technique grecque de la production de l'argent*. Athens: Ekdotike Hellados.

Couzin, Iain D. , Jens Krause, Nigel R. Franks, and Simon A. Levin. 2005. "Effective Leadership and Decision-Making in Animal Groups on the Move. " *Nature* 433: 513—516.

Cox, Cheryl Anne. 1998. *Household Interests: Property, marriage strategies, and family dynamics in ancient Athens*. Princeton, N. J. : Princeton University Press.

Cronin, Thomas E. 1989. *Direct Democracy: The politics of initiative, referendum, and recall*. Cambridge, Mass. : Harvard University Press.

Csapo, Eric. 2007. "The Men Who Built the Theatres: Theatropolai, Theatronai, and Arkhitektones. " Pp. 87—115 in *Epigraphy of the Greek Theatre*, edited by Peter Wilson. Oxford: Oxford University Press.

Csapo, Eric, and William J. Slater. 1994. *The Context of Ancient Drama*. Ann Arbor: University of Michigan Press.

Cyert, Richard Michael, and James G. March. 1963. *A Behavioral Theory of the Firm*. Englewood Cliffs, N. J. : Prentice Hall.

Dahl, Robert Alan. 1970. *After the Revolution? Authority in a good society*. New Haven: Yale University Press.

——. 1989. *Democracy and Its Critics*. New Haven: Yale University Press. . 1998. On Democracy. New Haven: Yale University Press.

Dahl, Robert Alan, and Edward R. Tufte. 1973. *Size and Democracy*. Stanford, Calif. : Stanford University Press.

Darley, John M. , David M. Messick, and Tom R. Tyler. 2001. *Social Influences on Ethical Behavior in Organizations*. Mahwah, N. J. : Lawrence Erlbaum Associates.

Davenport, Thomas H. , and Laurence Prusak. 1998. *Working Knowledge: How organizations manage what they know*. Boston, Mass: Harvard Business School Press.

Davies, John Kenyon. 1981. *Wealth and the Power of Wealth in Classical Athens*. New York: Arno Press.

——. 2003. "Greek Archives: From record to monument. " Pp. 323—343 in

Ancient Archives and Archival Traditions: Concepts of record-keeping in the ancient world, edited by Maria Brosius. Oxford: Oxford University Press.

——. 2004. "Democracy without Theory. " Pp. 319—336 in *Herodotus and His World*, edited by Peter Derrow and Robert Parker. Oxford: Oxford University Press.

De Laix, Roger Alain. 1973. *Probouleusis at Athens: A study of political decisionmaking.* Berkeley: University of California Press.

De Souza, Philip. 1999. *Piracy in the Graeco-Roman World.* Cambridge and New York: Cambridge University Press.

De Ste. Croix, G. E. M. 1972. *The Origins of the Peloponnesian War.* London: Duckworth.

——. 1983. *The Class Struggle in the Ancient Greek World: From the archaic age to the Arab conquests.* London: Duckworth.

Delli Carpini, Michael X. , Cook F. Lomax, and L. R. Jacobs. 2004. "Public Deliberation, Discursive Participation, and Citizen Engagement: A review of the empirical literature. " *Annual Review of Political Science* 7: 315-334.

Dewey, John. 1954. *The Public and Its Problems.* Denver: A. Swallow.

Diani, Mario, and Doug McAdam (Eds.) . 2003. *Social Movements and Networks: Relational approaches to collective action.* Oxford and New York: Oxford University Press.

Dietz, Thomas, Nives Dolsak, Elinor Ostrom, and Paul C. Stern. 2002. "The Drama of the Commons. " Pp. 3—35 in *The Drama of the Commons*, edited by Elinor Ostrom and others. Washington, D. C. : National Academy Press.

Dixon, Nancy M. 2000. *Common Knowledge: How companies thrive by sharing what they know.* Boston: Harvard Business School Press.

Doty, Ralph (Ed.) . 2003. Xenophon: Poroi: A new translation. Lewiston, N. Y. , and Lampeter, Wales: Edwin Mellen Press.

Dougherty, Carol, and Leslie Kurke (Eds.) . 1993. Cultural Poetics in *Archaic Greece: Cult, performance, politics.* Cambridge and New York: Cambridge University Press.

Downs, Anthony. 1957. *An Economic Theory of Democracy.* New York: Harper and Row.

Drucker, Peter Ferdinand. 2003. *The Essential Drucker: The best of sixty years of Peter Drucker's essential writings on management.* New York: HarperBusiness.

Dubois, Laurent. 1996. *Inscriptions grecques dialectales d'Olbia du Pont.* Geneva: Librairie Droz.

DuBois, Page. 1991. *Torture and Truth.* New York: Routledge.

Dunbar, R. I. M. 1993. "Coevolution of Neocortex Size, Group Size and Language in Humans. " *Behavioral Brain Science* 16: 681—735.

Eadie, John William, and Josiah Ober (Eds.) . 1985. *The Craft of the Ancient Historian: Essays in honor of Chester G. Starr.* Lanham, Md. : University Press of America.

Ehrenberg, Victor. 1973. *From Solon to Socrates: Greek history and civilization during the sixth and fifth centuries B. C.* London: Methuen [distributed by Barnes & Noble, New York] .

Eich, Armin. 2006. *Die politische O"konomie des antiken Griechenland.* Cologne: Bohlau.

Eich, Armin, and Peter Eich. 2005. "War and State-Bulding in Roman Republican Times. " *Scripta Classica Israelica* 24: 1—33.

Elster, Jon. 1985. *Ulysses and the Sirens: Studies in rationality and irrationality.* Cambridge: Cambridge University Press.

———. 1989. Solomonic Judgements: Studies in the limitations of rationality. Cambridge and New York: Cambridge University Press.

———. 1999. *Alchemies of the Mind: Rationality and the emotions.* Cambridge and New York: Cambridge University Press.

Elster, Jon. 2000. *Ulysses Unbound: Studies in rationality, precommitment, and constraints.* Cambridge and New York: Cambridge University Press.

Emmons, B. 1954. "The Overstruck Coinage of Ptolemy I. " *American Numismatic Society Museum.* Notes 6: 69—84.

Engen, Darel Tai. 2004. "Seeing the Forest for the Trees of the Ancient Economy: Review article. " *Ancient History Bulletin* 18: 150—165.

———. 2005. "Ancient Greenbacks": Athenian owls, the law of Nikophon, and the Greek economy. " *Historia* 54: 359—381.

Ericsson, Anders. 1999. "Expertise. " Pp. 298—300 in *The MIT Encyclopedia of the Cognitive Sciences.* Cambridge, Mass. : MIT Press.

Ericsson, K. Anders, and Jacqui Smith (Eds.) . 1991. *Toward a General*

Theory of Expertise: *Prospects and limits.* Cambridge and New York: Cambridge University Press.

Estlund, David M. . 2007. *Democratic Authority*: *A philosophical framework.* Princeton, N. J. : Princeton University Press.

Euben, J. Peter (Ed.) . 1986. *Greek Tragedy and Political Theory.* Berkeley: University of California Press.

———. 2000. "Arendt's Hellenism. " Pp. 151—164 In *Cambridge Companion to Hannah Arendt*, edited by Dana Richard Villa. Cambridge and New York: Cambridge University Press.

———. 2003. *Platonic Noise.* Princeton, N. J. : Princeton University Press.

Farenga, Vincent. 2006. *Citizen and Self in Ancient Greece*: *Individuals performing justice and the law.* Cambridge and New York: Cambridge University Press.

Fazal, Tanisha M. 2007. *State Death*: *The politics and geography of conquest, occupation, and annexation.* Princeton, N. J. : Princeton University Press.

Ferejohn, John. 1991. "Rationality and Interpretation: Parliamentary elections in early Stuart England. " Pp. 279—305 in *The Economic Approach to Politics*: *A critical reassessment of the theory of rational action*, edited by Kristen R. Monroe. New York: HarperCollins.

Ferejohn, John, and Frances Rosenbluth. 2005. "Republicanisms. " Working Paper.

Figueira, Thomas J. 1998. *The Power of Money*: *Coinage and politics in the Athenian Empire.* Philadelphia: University of Pennsylvania Press.

Finley, M. I. 1953. "Land, Debt, and the Man of Property in Classical Athens. " *Political Science Quarterly* 68: 249—268.

———. 1978. "The Fifth-Century Athenian Empire: A balance sheet. " Pp. 103—126, 306—310 in *Imperialism in the Ancient World*, edited by P. D. A. Garnsey and C. R. Whittaker. Cambridge: Cambridge University Press.

———. 1980. *Ancient Slavery and Modern Ideology.* New York: Viking Press.

———. 1985. *Democracy Ancient and Modern.* London: Hogarth.

———. 1999. *The Ancient Economy.* Berkeley: University of California Press.

Fishkin, James S. 1991. *Democracy and Deliberation*: *New directions for democratic reform.* New Haven: Yale University Press.

Fishkin, James S. , and Peter Laslett (Eds.) . 2003. *Debating Deliberative*

Democracy. Malden, Mass. : Blackwell.

Fitzgerald, Thomas H. 1971. "Why Motivation Theory Doesn't Work. " *Harvard Business Review* 49 : 37—44.

Fleck, Robert K. , and F. Andrew Hanssen. 2006. "The Origins of Democracy : A model with application to ancient Greece. " *Journal of Law and Economics* 49 : 115-146.

Fornara, Charles W. , and Loren J. Samons. 1991. *Athens from Cleisthenes to Pericles.* Berkeley : University of California Press.

Forsdyke, Sara. 2000. "Exile, Ostracism and the Athenian Democracy. " *Classical Antiquity* 19 : 232—263.

——. 2005. *Exile, Ostracism, and Democracy : The politics of expulsion in ancient Greece.* Princeton, N. J. : Princeton University Press.

Forse'n, Bjorn, and G. R. Stanton. 1996. *The Pnyx in the History of Athens : Proceedings of an international colloquium* organized by the Finnish Institute at Athens, 7—9 October 1994. Helsinki : Foundation of the Finnish Institute at Athens.

Forster, E. M. 1951. *Two Cheers for Democracy.* New York : Harcourt, Brace and Co.

Frank, Robert H. 1988. *Passions within Reason : The strategic role of the emotions.* New York : Norton.

Freitag, Markus. 2006. "Bowling the State Back In : Political institutions and the creation of social capital. " *European Journal of Political Research* 45 : 123—152.

Friedman, Benjamin M. 2005. *The Moral Consequences of Economic Growth.* New York : Knopf.

Frost, Frank J. 1984. "The Athenian Military before Cleisthenes. " *Historia* 33 : 283—294.

Fung, Archon. 2004. *Empowered Participation : Reinventing urban democracy.* Princeton, N. J. : Princeton University Press.

Fung, Archon, and Erik Olin Wright (Eds.) . 2003. *Deepening Democracy : Institutional innovations in empowered participatory governance.* London and New York : Verso.

Funke, Peter. 1980. *Homo' noia und Arche : Athen und die griechische Staatenwelt vom Ende des Peloponnesischen Krieges bis zum Ko¨nigsfrieden* (404/3—

387/6 v. Chr.) . Wiesbaden, Germany: F. Steiner.

Furley, William D. 1996. *Andokides and the Herms: A study of crisis in fifth-century Athenian religion.* London: Institute of Classical Studies.

Gabrielsen, Vincent. 1986. "Phanera and Aphanes Ousia in Classical Athens. " *Classica et Mediaevalia* 37: 99—114.

Gabrielsen, Vincent. 1994. *Financing the Athenian Fleet: Public taxation and social relations.* Baltimore: Johns Hopkins University Press.

———. 1997. *The Naval Aristocracy of Hellenistic Rhodes.* Aarhus, Denmark: Aarhus University Press.

———. 1999. *Hellenistic Rhodes: Politics, culture, and society.* Aarhus, Denmark and Oakville, Conn. : Aarhus University Press.

Gaddis, John Lewis. 2002. *The Landscape of History: How historians map the past.* Oxford and New York: Oxford University Press.

Gagarin, Michael. 1996. "The Torture of Slaves in Athenian Law. " *Classical Philology* 91: 1—18.

Gargiulo, Martin, and Mario Benassi. 2000. "Trapped in Your Own Net? Network cohesion, structural holes, and the adaptation of social capital. " *Organization Science* 11: 183—196.

Garland, Robert. 1992. *Introducing New Gods: The politics of Athenian religion.* London: Duckworth.

Garnsey, Peter. 1988. *Famine and Food Supply in the Graeco-Roman World: Responses to risk and crisis.* Cambridge and New York: Cambridge University Press.

———. 1996. *Ideas of Slavery from Aristotle to Augustine.* Cambridge and New York: Cambridge University Press.

Garvin, David A. 2000. *Learning in Action: A guide to putting the learning organization to work.* Boston, Mass. : Harvard Business School Press.

Gauthier, Philippe. 1976. *Un commentaire historique des Poroi de Xe'nophon.* Geneva and Paris: Droz and Minard.

Gebhard, Elizabeth. 1974. "The Form of the Orchestra in the Early Greek Theater. " *Hesperia* 43: 428—440.

Geertz, Clifford. 1973. The Interpretation of Cultures: Selected essays. New York: Basic Books.

———1983. *Local Knowledge: Further essays in interpretive anthropology.* New

York: Basic Books.

Gehrke, Hans-Joachim. 1985. Stasis: Untersuchungen zu den inneren Kriegen in *den griechischen Staaten des* 5. *und* 4. *Jahrhunderts* v. Chr. Munich: Beck.

Gerstner, Louis V. 2003. *Who Says Elephants Can't Dance? Leading a great enterprise through dramatic change.* New York: HarperBusiness.

Giddens, Anthony. 1979. *Central Problems in Social Theory: Action, structure, and contradiction in social analysis.* Berkeley: University of California Press.

Giddens, Anthony. 1990. *The Consequences of Modernity.* Stanford, Calif. : Stanford University Press.

Giddens, Anthony. 1992. *The Transformation of Intimacy: Sexuality, love, and eroticism in modern societies.* Stanford, Calif. ; Stanford University Press.

Gigone, D. , and R. Hastie. 1993. "The Common Knowledge Effect: Information sharing and group judgment. " *Journal of Personality and Social Psychology* 65: 956—974.

Gintis, Herbert. 2000. *Game Theory Evolving: A problem-centered introduction to modeling strategic behavior.* Princeton, N. J. ; Princeton University Press. Gintis, Herbert, Samuel Bowles, Robert Boyd, and Ernst Fehr (Eds.) . 2004. *Moral Sentiments and Material Interests: The foundations of cooperation in economic life.* Cambridge, Mass. : MIT Press.

Gladwell, Malcolm. 2000. *The Tipping Point: How little things can make a big difference.* Boston and London: Little, Brown.

Glover, Jonathan. 2000. *Humanity: A moral history of the twentieth century.* New Haven: Yale University Press.

Goff, Barbara E. 2004. *Citizen Bacchae: Women's ritual practice in ancient Greece.* Berkeley and London: University of California Press.

Goldhill, Simon, and Robin Osborne (Eds.) . 1999. *Performance Culture and Athenian Democracy.* Cambridge and New York: Cambridge University Press.

Goldman, Alvin I. 1999. *Knowledge in a Social World.* Oxford and New York: Clarendon Press.

Goldstone, Jack. 2002. "Efflorescences and Economic Growth in World History. " *Journal of World History* 13: 323—389.

Goleman, Daniel. 1995. *Emotional Intelligence.* New York: Bantam Books.

Gomes-Casseres, Benjamin. 1996. *The Alliance Revolution: The new shape of business rivalry.* Cambridge, Mass. : Harvard University Press.

Gomme, A. W. 1951. "The Working of the Athenian Democracy. " *History* 36: 12—28.

Goodsell, Charles T. 1988. *The Social Meaning of Civic Space: Studying political authority through architecture.* Lawrence: University of Kansas Press.

Gordon, Stacy B. , and Gary M. Segura. 1997. "Cross-National Variation in the Political Sophistication of Individuals: Capability or choice?" *Journal of Politics* 59: 126—147.

Gould, Roger V. 1995. *Insurgent Identities: Class, community, and protest in Paris from 1848 to the Commune.* Chicago: University of Chicago Press.

Graham, Oliver J. 2007. *War, Food, and Politics of Early Hellenistic Athens.* Oxford: Oxford University Press.

Gramsci, Antonio. 1971. *Selections from the Prison Notebooks.* New York: International Publishers.

Grandjean, Catherine. 2006. "Athens and Bronze Coinage. " Pp. 99—108 in *Agoranomia: Studies in Money and Exchange Presented to John H. Kroll*, edited by Peter G. van Alfen. New York: American Numismatic Society.

Grandori, Anna, and Bruce Kogut. 2002. "Dialogue on Organization and Knowledge. " *Organization Science* 13: 224—232.

Granovetter, Mark S. 1973. "The Strength of Weak Ties. " *American Journal of Sociology* 78: 1360—1380.

——. 1983. "The Strength of Weak Ties: A network theory revisited. " *American Journal of Sociology* 78: 1360—1380.

——. 1985. "Economic Action and Social Structure: The problem of embeddedness. " *American Journal of Sociology* 91: 481—510.

Green, Donald P. , and Ian Shapiro. 1994. *Pathologies of Rational Choice Theory: A critique of applications in political science.* New Haven: Yale University Press.

Green, Peter. 1996. The Greco-Persian Wars. Berkeley: University of California Press.

Greif, Avner. 2006. *Institutions and the Path to the Modern Economy: Lessons from medieval trade.* New York: Cambridge University Press.

Griffith, G. T. 1978. "Athens in the Fourth Century. " Pp. 127—144 in *Im-*

perialism in the Ancient World, edited by Peter Garnsey and C. R. Whittaker. Cambridge and New York: Cambridge University Press.

Grofman, Bernard (Ed.) . 1993. *Information, Participation, and Choice: An economic theory of democracy in perspective.* Ann Arbor: University of Michigan Press.

Gurerk, O¨zgur, Bernd Irlenbusch, and Bettina Rockenbach. 2006. "The Competitive Advantage of Sanctioning Institutions. " *Science* 312: 108—111.

Gutmann, Amy, and Dennis Thompson. 2004. *Why Deliberative Democracy?* Princeton, N. J. : Princeton University Press.

Haber, Stephen H. 1989. *Industry and Underdevelopment: The industrialization of Mexico*, 1890—1940. Stanford, Calif. : Stanford University Press.

Haber, Stephen H. , Noel Maurer, and Armando Razo. 2003. *The Politics of Property Rights: Political instability, credible commitments, and economic growth in Mexico*, 1876—1929. Cambridge: Cambridge University Press.

Habicht, Christian. 1997. *Athens from Alexander to Antony.* Cambridge, Mass. : Harvard University Press.

Haidt, Jonathan. 2006. *The Happiness Hypothesis: Finding modern truth in ancient wisdom.* New York: Basic Books.

Hall, Edith. 1995. "Lawcourt Dramas: The power of performance in Greek forensic oratory. " *Bulletin of the Institute of Classical Studies* 40: 39—58.

Hallof, Klaus, and Christian Habicht. 1995. "Buleuten und Beam te der athenische Kleruchie aus Samos. " *Athenische Mitteilungen* 110: 273—304.

Handy, Charles B. 1998. *The Hungry Spirit: Beyond capitalism: A quest for purpose in the modern world.* New York: Broadway Books.

Hansen, Mogens Herman. 1975. *Eisangelia: The sovereignty of the people's court in Athens in the fourth century B. C. and the impeachment of generals and politicians.* Odense, Denmark: Odense University Press.

——. 1976a. Apagoge, *endeixis and ephegesis against kakourgoi, atimoi and pheugontes: A study in the Athenian administration of justice in the fourth century B. C.* Odense, Denmark: Odense University Press.

——. 1976b. "The Theoric Fund and the graphc, paranomon against Apollodorus. " *Greek, Roman, and Byzantine Studies* 17.

——. 1983. "Rhetores and Strategoi in Fourth-Century Athens. " *Greek, Ro-*

man, *and Byzantine Studies* 24: 151—180.

——. 1984. "The Number of rhetores in the Athenian ecclesia, 355—322 B. C." Greek, Roman, and Byzantine Studies 24: 227—238.

——. 1986. *Demography and Democracy*: *The number of Athenian citizens in the fourth century B. C.* Herning, Denmark: Systime.

Hansen, Mogens Herman. 1987. *The Athenian Assembly in the Age of Demosthenes.* Oxford: Blackwell.

——. 1999. *The Athenian Democracy in the Age of Demosthenes*: *Structure*, *principles*, *and ideology.* Norman: University of Oklahoma Press.

(Ed.) . 2000. *A Comparative Study of Thirty City-State Cultures*: *An investigation.* Copenhagen: Kongelige Danske Videnskabernes Selskab.

——. 2002a. "Was the Polis a State or a Stateles Society?" Pp. 17—47 in *Even More Studies in the Ancient Greek Polis*: *Papers from the Copenhagen Polis Centre* 6, edited by Thomas Heine Nielsen. Stuttgart: F. Steiner.

. (Ed.) . 2002b. *A Comparative Study of Six City-State Cultures.* Copenhagen: Kongelige Danske Videnskabernes Selskab.

——. 2006a. *Polis*: *An introduction to the ancient Greek city-state.* Oxford: Oxford University Press.

——. 2006b. *The Shotgun Method*: *The demography of the ancient Greek citystate culture.* Columbia: University of Missouri Press.

——. 2006c. *Studies in the Population of Aigina*, *Athens and Eretria.* Copenhagen: Royal Danish Academy.

2006d. " Review of Samons 2004. " Bryn Mawr *Classical Review.* 2006. 01. 32.

Hansen, Mogens Herman, H. L. Bjertrup, T. H. Nielsen, L. Rubinstein, and T. Vestergaard. 1990. "The Demography of the Attic Demes: The evidence of the Sepulchral Inscriptions. " *Analecta Romana* 19: 24—44.

Hansen, Mogens Herman, and Thomas Heine Nielsen. 2004. *An Inventory of Archaic and Classical Poleis.* Oxford: Oxford University Press.

Hansen, Morten T. 2002. "Knowledge Networks: Explaining effective knowledge sharing in multiunit companies. " *Organization Science* 13: 232—249.

Hanson, Victor Davis. 1995. *The Other Greeks*: *The family farm and the agrarian roots of western civilization.* New York: Free Press.

Hardin, G. 1968. "The Tragedy of the Commons." *Science* 162: 1243—1248.

Hardin, Russell. 1982. *Collective Action*. Baltimore: Johns Hopkins University Press.

——. 2002. "Street-Level Epistemology and Democratic Participation." *Journal of Political Philosophy* 10: 212—229.

——. 2002. *Trust and Trustworthiness*. New York: Russell Sage Foundation.

Hargadon, Andrew, and Angelo Fanelli. 2002. "Action and Possibility: Reconcil-ing dual perspectives of knowledge in organizations." *Organization Science* 13: 290—303.

Harris, Diane. 1994. "Freedom of Information and Accountability: The inventory lists of the Parthenon." Pp. 213—226 in *Ritual, Finance, Politics: Athenian democratic accounts* presented to David Lewis, edited by Robin Osborne and Simon Hornblower. Oxford: Clarendon Press.

——. 1995. The Treasures of the Parthenon and Erechtheion. Oxford: Clarendon Press. Harris, Edward M. 1999. "Notes on the New Grain-Tax Law." *Zeitschrift fur Papyrologie und Epigraphik* 128: 269—272.

——. 2002. "Workshop, Marketplace and Household: The nature of technical specialization in classical Athens and its influence on economy and society." Pp. 67—99 in *Money, Labour and Land: Approaches to the economies of Ancient Greece*, edited by Paul Cartledge, Edward E. Cohen, and Lin Foxtrall. London: Routledge.

Harris, William V. 1989. *Ancient Literacy*. Cambridge, Mass. : Harvard University Press.

Harrison, A. R. W. 1955. "Law-making at Athens at the End of the Fifth Century B. C. " *Journal of Hellenic Studies* 75: 26—35.

Harvey, F. D. 1966. "Literacy in the Athenian Democracy." *Revue des E' tudes Grècques* 79: 585—635.

Hayek, F. A. 1937. "Economics and Knowledge." *Economica* 4: 33—54.

——. 1945. "The Use of Knowledge in Society." *American Economic Review* 35: 519—530.

Head, Barclay Vincent. 1911. *Historia Numorum: A manual of Greek numismatics*. Oxford: Clarendon Press.

Hedrick, Charles W. , Jr. 1994. "Writing, Reading, and Democracy. " Pp. 157—174 in *Ritual, Finance, Politics*: *Athenian democratic accounts presented to David Lewis*, edited by Robin Osborne and Simon Hornblower. Oxford: Clarendon Press.

——. 1999. "Democracy and the Athenian Epigraphic Habit. " Hesperia 68: 387—439.

——. 2000. History and Silence: Purge and rehabilitation of memory in late antiquity. Austin: University of Texas Press.

——. 2004. "The American Ephebe: The Ephebic oath, U. S. education and nationalism. " *Classical World* 97: 384—407.

——. 2006. *Ancient History*: *Monuments and documents*. Oxford: Blackwell.

Henry, Alan S. 1983. *Honours and Privileges in Athenian Decrees*: *The principal formulae of Athenian honorary decrees*. Hildesheim and New York: G. Olms.

——. 2002. "The Athenian State Secretariat and Provisions for Publishing and Erecting Decrees. " *Hesperia* 71: 91—118.

Herman, Gabriel. 1994. "How Violent Was Athenian Society?" Pp. 99—117 in *Ritual, Finance, Politics*: *Athenian democratic accounts presented to David Lewis*, edited by Robin Osborne and Simon Hornblower. Oxford and New York: Clarendon Press of Oxford University Press.

——. 2006. *Morality and Behaviour in Democratic Athens*: *A social history* (508—322 *B. C.*) . Cambridge: Cambridge University Press.

Hesk, Jonathon. 2000. *Deception and Democracy in Classical Athens*. Cambridge: Cambridge University Press.

Hignett, Charles. 1952. *A history of the Athenian Constitution to the End of the Fifth Century B. C.* Oxford: Clarendon Press.

Hintzen-Bohlen, Brigitte. 1997. *Die Kulturpolitik des Eubolos und des Lykurg*: *Die Denkmaler-und Bauprojekte in Athen zwischen 355 und 322 v. Chr.* Berlin: Akademie.

Hitchner, R. Bruce. 2005. " 'The Advantages of Wealth and Luxury': The Case for Economic Growth in the Roman Empire. " Pp. 207—222 in *The Ancient Economy*: *Evidence and models*, edited by Joseph Gilbert Manning and Ian Morris. Stanford, Calif. : Stanford University Press.

Hitz, Zena. 2004. "Plato and Aristotle on the Failings of Democracy. " PhD dissertation in Philosophy, Princeton University, Princeton, N. J.

Hoepfner, Wolfram, and Ernst-Ludwig Schwandner (Eds.) . 1994. *Haus und Stadt im klassischen Griechenland*. Munich: Deutscher Kunstverlag.

Holkeskamp, K-J. 1992. "Arbitrators, Lawgivers and the 'Codification of Law' in *Archaic Greece*. " Metis 7: 49—81.

Holkeskamp, Karl-Joachim. 1999. *Schiedsrichter, Gesetzgeber und Gesetzgebung im archaischen Griechenland*. Stuttgart: F. Steiner Verlag.

Hopper, R. J. 1953. "The Attic Silver Mines in the Fourth Century B. C. " *Annual of the British School at Athens* 48: 200—254.

——. 1957. *The Basis of the Athenian Democracy*. Sheffield, U. K. : The University.

Horden, Peregrine, and Nicholas Purcell. 2000. *The Corrupting Sea: A study of Mediterranean history*. Oxford and Malden, Mass. : Blackwell.

Hornblower, Simon. 2002. *The Greek World, 479—323 B. C.* London and New York: Routledge.

Hornblower, Simon, and Antony Spawforth (Eds.) . 1999. *The Oxford Classical Dictionary*. Ed ed. Oxford and New York: Oxford University Press.

Howgego, C. J. 1990. "Why Did Ancient States Strike Coins?" *Numismatic Chronicle* 150: 1—25.

——. 1995. *Ancient History from Coins*. London and New York: Routledge.

Huber, John D. , and Charles R. Shipan. 2002. *Deliberate Discretion: The institutional foundations of bureaucratic autonomy*. Cambridge: Cambridge University Press.

Humphreys, S. C. 1985. "Lycurgus of Butadae: An Athenian aristocrat. " Pp. 199—252 in *The Craft of the Ancient Historian: Essays in honor of Chester G. Starr*, edited by John W. Eadie and Josiah Ober. Lanham, Md. : University Press of America.

——. 1993. *The Family, Women and Death: Comparative studies*. Ann Arbor: University of Michigan Press.

Hunter, Virginia J. 1994. *Policing Athens: Social control in the Attic lawsuits, 420—320 B. C.* Princeton, N. J. : Princeton University Press.

Hurwit, Jeffrey M. 1999. *The Athenian Acropolis: History, mythology, and archaeology from the Neolithic era to the present*. Cambridge and New York: Cambridge University Press.

Inglis, Fred. 2000. *Clifford Geertz: Culture, custom, and ethics.* Cambridge, U. K. , and Malden, Mass. : Polity Press.

Jackson, Peter. 1999. *Introduction to Expert Systems.* Harlow, U. K. , and Reading, Mass. : Addison-Wesley.

Jameson, Michael H. 1978. "Agriculture and Slavery in Classical Athens. " *Classical Journal* 73 : 22—45.

——. 1997. "Women and Democracy in Fourth Century Athens. " Pp. 95—117 edited by Pierre Brule' . Rennes: University Press of Rennes.

Johnstone, Steven. 1998. "Cracking the Code of Silence: Athenian legal oratory and the history of women and slaves. " In *Women and Slaves in Greco-Roman Culture: Differential equations*, edited by Sandra R. Joshel and Sheila Murnaghan. London: Routledge.

——. 1999. *Disputes and Democracy: The consequences of litigation in ancient Athens.* Austin: University of Texas Press.

Jones, Nicholas F. 1999. *The Associations of Classical Athens: The response to democracy.* New York: Oxford University Press.

——. 2004. *Rural Athens under the Democracy.* Philadelphia: University of Pennsylvania Press.

Jongman, Willem M. 2006. "Roman Prosperity. " Paper given at American Philological Association, Annual Meeting, San Diego.

Kagan, Donald. 1974. *The Archidamian War.* Ithaca, N. Y. : Cornell University Press.

——. 1981. *The Peace of Nicias and the Sicilian Expedition.* Ithaca, N. Y. : Cornell University Press.

——. 1987. *The Fall of the Athenian Empire.* Ithaca, N. Y. : Cornell University Press.

——. 1991. Pericles of Athens and the Birth of Democracy. New York: Free Press Kaiser, Brooks A. 2007. "The Athenian Trierarchy: Mechanism design for the private provision of public goods. " *Journal of Economic History* 67 : 445—480.

Kallet-Marx, Lisa. 1994. "Money Talks: Rhetor, demos, and resources of the Athenian empire. " Pp. 227—252 in *Ritual, Finance politics: Athenian democratic accounts presented to David Lewis*, edited by Robin Osborne and Simon Hornblower. Oxford: Clarendon Press.

Karayiannis, Anastassios D, and Aristides N. Hatzis. 2007. "Morality, Social Norms and Rule of Law as Transaction Cost-Saving Devices: The Case of Ancient Athens. " Working Paper http: //ssrn. com/abstract = 1000749.

Kateb, George. 1992. *The Inner Ocean: Individualism and democratic culture. Ithaca*, N. Y. : Cornell University Press.

——. 2000. "Political action: Its nature and advantages. " Pp. 130—148 in *Cambridge Companion to Hannah Arendt*, edited by Dana Richard Villa. Cambridge and New York: Cambridge University Press.

Katz, Marilyn. 1999. "Women and Democracy in Ancient Greece. " Pp. 41— 68 in *Contextualizing Classics* [Festschrift for John Peradotto], edited by M. Falkner, Nancy Felson, and David Konstan. Lanham, Md. : Rowman and Littlefield.

Katzenbach, Jon R. , and Douglas K. Smith. 2003 [1993] . *The Wisdom of Teams: Creating the high-performance organization*. Revised edition. Boston: Harvard Business School Press.

Keohane, Robert O. 1984. *After Hegemony: Cooperation and discord in the world political economy*. Princeton, N. J. : Princeton University Press.

——. 2002. *Power and Governance in a Partially Globalized World*. London and New York: Routledge.

Keyt, David. 1991. "Aristotle's Theory of Distributive Justice. " Pp. 238— 278 in *A Companion to Aristotle's Politics*, edited by David Keyt and Fred Dycus Miller. Oxford: Blackwell.

King, Barbara J. 1994. *The Information Continuum: Evolution of social information transfer in monkeys, apes, and hominids*. Santa Fe and Seattle: SAR Press. Distributed by the University of Washington Press.

King, Gary, Robert O. Keohane, and Sidney Verba. 1994. *Designing Social Inquiry: Scientific inference in qualitative research*. Princeton, N. J. : Princeton University Press.

Kinzl, Konrad H. , and Kurt A. Raaflaub (Eds.) . 1995. *Demokratia: Der Weg zur Demokratie bei den Griechen*. Darmstadt: Wissenschaftliche Buchgesellschaft.

Klarreich, Erica. 2006. "The Mind of the Swarm. " *Science News* 170: 307—

349.

Kogut, Bruce, and U. Zander. 1992. "Knowledge of the Firm, Combinative Capabilities, and the Replication of Technology. " *Organization Science* 3: 383—397.

——. 1996. "What Firms Do: Coordination, identity, and learning. " *Organization Science* 7: 202—518.

Kopelman, Shirli, J. Mark Weber, and David M. Messick. 2002. "Factors Influencing Cooperation in Commons Dilemmas: A review of experimental psychological research. " Pp. 113—156 in *The Drama of the Commons*, edited by Elinor Ostrom and others. Washington, D. C. : National Academy Press.

Kounas, Dionysios A. (Ed.) . 1972. *Studies on the Ancient Silver Mines at Laurion. Lawrence*, Kan. : Coronado Press.

Krackhardt, David. 1992. "The Strength of Strong Ties: The importance of Philos in organizations. " Pp. 216—239 in *Networks and Organizations: Structure, form, and action*, edited by Nitin Nohria and Robert G. Eccles. Boston: Harvard Business School Press.

Krehbiel, Keith. 1991. Information and Legislative Organization. Ann Arbor: University of Michigan Press.

Krentz, Peter. 2002. "Fighting by the Rules: The invention of the hoplite Agon. " *Hesperia* 71: 23—39.

Kroll, John H. 1972. *Athenian Bronze Allotment Plates*. Cambridge, Mass. : Harvard University Press.

——. 1993. *The Greek Coins*. Princeton, N. J. : American School of Classical Studies in Athens.

——. 2006. "Athenian Tetradrachms Recently Recovered in the Athenian Agora. " *Revue Numismatique* 162: 157—163.

Kron, Geoffrey. 2005. "Anthropometry, Physical Anthropology, and the Reconstruction of Ancient Health, Nutrition, and Living Standards. " *Historia* 54: 68—83.

Krueger, Anne O. 1973. "The Political Economy of the Rent-seeking Society. " *American Economic Review* 64: 291—303.

Kuran, Timur. 1991. "Now Out of Never: The element of surprise in the East European revolution of 1989. " *World Politics* 44: 7—48.

——. 1995. Private Truths, Public Lies: The social consequences of prefer-ence falsification. Cambridge, Mass. : Harvard University Press.

Kurke, Leslie. 1999. *Coins, Bodies, Games, and Gold: The politics of mean-ing in archaic Greece*. Princeton, N. J. : Princeton University Press.

Lang, Mabel L. , and Margaret Crosby. 1964. *Weights, Measures, and To-kens*. Princeton, N. J. : American School of Classical Studies at Athens.

Langdon, Merle K. 1994. "Public Auctions at Athens. " Pp. 253—268 in *Ritual, Finance, Politics: Athenian democratic accounts presented to David Lewis*, edited by Robin Osborne and Simon Hornblower. Oxford: Clarendon Press.

Lanni, Adriaan M. 1997. "Spectator Sport or Serious Politics: Hoi peri-estekotes and the Athenian lawcourts. " *Journal of Hellenic Studies* 117: 183—189.

——. 2004. "Arguing from 'Precedent': Modern perspectives on Athenian practice. " Pp. 159—172 in *The Law and the Courts in Ancient Greece*, edited by Edward M. Harris and L. Rubinstein. London: Duckworth.

. 2006. *Law and Justice in the Courts of Classical Athens*. Cambridge: Cam-bridge University Press.

Lape, Susan. 2002/3. "Solon and the Institution of the Democratic Family Form. " *Classical Journal* 98: 117—139.

——. 2003. "Racializing Democracy: The politics of sexual reproduction in classical Athens. " *Parallax* 9: 52—63.

——. 2004. *Reproducing Athens: Menander's comedy, democratic culture, and the Hellenistic city*. Princeton, N. J. : Princeton University Press.

Laslett, Peter. 1973. *The World We Have Lost*. New York: Charles Scribner.

Lauffer, Siegfried. 1979. *Die Bergwerkssklaven von Laureion*. Wiesbaden, Germany: F. Steiner.

Lauter, Hans. 1985. *Lathuresa: Beitrage zur Architektur und Siedlungsge-schichte in spatgeometrischer Zeit*. Mainz, Germany: Verlag Philipp von Zabern.

Lavelle, Brian M. 2005. *Fame, Money, and Power: The rise of Peisistratos and "democratic" tyranny at Athens*. Ann Arbor: University of Michigan Press.

Lebow, Richard Ned, and Barry S. Strauss (Eds.) . 1991. *Hegemonic Rivalry: From Thucydides to the nuclear age*. Boulder, Col. : Westview Press.

Leifer, Eric. 1988. "Interactional Preludes to Role Setting: Exploratory local action. " *American Sociological Review* 53: 865—878.

Leiwo, Martii, and Paulina Remes. 1999. "Partnership of Citizens and Metics: The will of Epicurus." *Classical Quarterly* 49: 161—166.

Levi, Margaret. 1981. "The Predatory Theory of Rule." *Politics and Society* 10: 431—465.

Levitt, Barbara, and James March. 1988. "Organizational Learning." *Annual Review of Sociology* 14: 319—340.

Levitt, Steven D. , and Stephen J. Dubner. 2005. *Freakonomics: A rogue economist explores the hidden side of everything.* New York: William Morrow.

Lewis, David M. 1963. "Cleisthenes and Attica." *Historia* 12: 22—40.

Lewis, Sian. 1996. News and Society in the Greek Polis. London: Duckworth. Lind, E. Allan, and Tom R. Tyler. 1988. The Social Psychology of Procedural Justice. New York: Plenum Press.

Lintott, A. W. 1982. *Violence, Civil Strife, and Revolution in the Classical City*, 750—330 *B. C.* London: Croom Helm. Lippmann, Walter.

———. 1956. Essays in the Public Philosophy. New York: New American Library.

Lipset, Seymour Martin. 1981 [1960] . *Political Man: The social bases of politics.* Baltimore: Johns Hopkins University Press.

List, Christian. 2005. "Group Knowledge and Group Rationality: A judgment aggregation perspective." *Episteme: Journal of Social Epistemology* 2: 25—38.

List, Christian, and Robert E. Goodin. 2001. "Epistemic Democracy: Generalizing the Condorcet jury theorem." *Journal of Political Philosophy* 9: 277—306.

List, Christian, and Philip Pettit. 2004. "An Epistemic Free-Riding Problem?" Pp. 128—158 in *Karl Popper: Critical Appraisals*, edited by Philip Catton and Graham Macdonald. London: Routledge.

Locke, Richard, and Monica Romis. 2006. "Beyond Corporate Codes of Conduct: Work organization and labor standards in two Mexican garment factories. " *Working Paper:* MIT Sloan School of Management.

Loening, Thomas Clark. 1987. *The Reconciliation Agreement of 403/402 B. C. in Athens: Its content and application.* Stuttgart: F. Steiner Verlag.

Lohmann, Susanne. 1994. "Information Aggregation through Costly Political Action. " *American Economic Review* 84: 518—530.

Lohmann, Susanne. 2000. "I Know You Know He or She Knows We Know

You Know They Know: Common knowledge and the unpredictability of informational cascades. " Pp. 137—173 in *Political Complexity: Nonlinear models of politics*, edited by Diana Richards. Ann Arbor: University of Michigan Press.

Loraux, Nicole. 1986. *The Invention of Athens: The funeral oration in the classical city*. Cambridge, Mass. : Harvard University Press.

——. 1993. *The Children of Athena: Athenian ideas about citizenship and the division between the sexes*. Princeton, N. J. : Princeton University Press.

Low, Polly. 2002. "Cavalry Identity and Democratic Ideology in Early Fourth-Century Athens. " *Proceedings of the Cambridge Philological Society* 48: 102—122.

——. 2007. *Interstate Relations in Classical Greece*. Cambridge: Cambridge University Press. Luraghi, Nino, and Susan E. Alcock (Eds.) . . 2003. *Helots and Their Masters in Laconia and Messenia: Histories, ideologies, structures*. Washington, D. C. : Center for Hellenic Studies.

Lyttkens, Carl Hampus. 1992. "Effects of the Taxation of Wealth in Athens in the Fourth Century B. C. " *Scandinavian Economic History Review* 40: 3—20.

——. 1994. "A Predatory Democracy? An essay on taxation in classical Athens. " *Explorations in Economic History* 31: 62—90.

——. 1997. " A Rational-Actor Perspective on the Origin of Liturgies in Ancient Greece. " *Journal of Institutional and Theoretical Economics* 153: 462—484.

——. 2006. "Reflections on the Origins of the Polis: An economic perspective on institutional change in ancient Greece. " *Constitutional Political Economy* 17: 31—48.

Ma, John. 2000. " Seleukids and Speech-Act Theory: Performative utterances, legitimacy and negotiations in the world of the Maccabees. " *Scripta Classica Israelica* 19: 71—112.

MacDowell, Douglas M. 1978. *The Law in Classical Athens*. Ithaca, N. Y. : Cornell University Press.

——. 2006. "Mining Cases in Athenian Law. " Pp. 212—232 in *Symposion* 2003: Vortrage zur griechischen und hellenistischen Rechtsgeschichte, edited by HansAlbert Ruprecht.

Mackie, Gerry. 2003. *Democracy Defended*. Cambridge and New York: Cambridge University Press.

Mackil, Emily. 2003. "Koinon and Koinonia: Mechanisms and structures of political collectivity in classical and Hellenistic Greece." PhD dissertation in Classics, Princeton University, Princeton, N. J.

——. 2004. "Wandering Cities: Alternatives to catastrophe in the Greek polis." American Journal of Archaeology 108: 493—516.

——. 2008. "The Greek Koinon." In The Oxford Handbook of the Ancient State: Near East and Mediterranean, edited by P. Bang and Walter Scheidel. Oxford: Oxford University Press.

Mackil, Emily, and Peter G. van Alfen. 2006. "Cooperative Coinages." Pp. 201—246 in Agoranomia: Studies in money and exchange presented to John Kroll, edited by Peter G. van Alfen. New York: American Numismatic Society.

Mactoux, Marie Madeleine. 1980. Douleia: Esclavage et pratiques discursives dans l'Athe'nes classique. Paris: Belles lettres.

Mader, Gotfried. 2006. "Fighting Philip with Decrees: Demosthenes and the syndrome of symbolic action." American Journal of Philology 127: 376—386.

Mandel, Ernest. 1968. Marxist Economic Theory. New York: Monthly Review Press.

Manin, Bernard. 1997. The Principles of Representative Government. Cambridge and New York: Cambridge University Press.

Manning, Joseph Gilbert, and Ian Morris (Eds.). 2005. The Ancient Economy: Evidence and models. Stanford, Calif.: Stanford University Press.

Mannix, Elizabeth, and Margaret A. Neale. 2005. "What Differences Make a Difference? The promise and reality of diversity teams in organizations." Psychological Science in the Public Interest 6: 31—55.

Mansbridge, Jane J. 1983. Beyond Adversary Democracy. Chicago: University of Chicago Press.

——. 1990. Beyond Self-Interest. Chicago: University of Chicago Press.

Manville, Brook, and Josiah Ober. 2003. A Company of Citizens: What the world's first democracy teaches leaders about creating great organizations. Boston: Harvard Business School Press.

Manville, Philip Brook. 1990. The Origins of Citizenship in Ancient Athens. Princeton, N. J.: Princeton University Press.

——. 1996. "Ancient Greek Democracy and the Modern Knowledge-Based Organization: Reflections on the ideology of two revolutions. " Pp. 377—399 in *De-mokratia*: *A conversation on democracies, ancient and modern*, edited by Josiah O-ber and Charles W. Hedrick. Princeton, N. J. : Princeton University Press.

Manz, Charles C. , and Henry P. Sims. 1995. *Businesses without Bosses*: *How self-managing teams are building high-performing companies.* New York: John Wiley and Sons.

March, James. 1991. "Exploration and Exploitation in Organizational Learn-ing. " *Organization Science* 2: 71—87.

Marshall, C. W. , and Stephanie van Willigenburg. 2005. "Judging Athenian Dramatic Competitions. " *Journal of Hellenic Studies* 124: 90—107.

Mattingly, Harold B. 1996. *The Athenian Empire Restored*: *Epigraphic and historical studies.* Ann Arbor: University of Michigan Press.

Mattusch, Carol C. 1982. *Bronzeworkers in the Athenian Agora.* Princeton, N. J. : American School of Classical Studies at Athens.

——. 1988. *Greek Bronze Statuary*: *From the beginnings through the fifth cen-tury B. C.* Ithaca, N. Y. : Cornell University Press.

Maurizio, Lisa. 1998. "The Panathenaic Procession: Athens' participatory de-mocracy on display?" Pp. 297—317 in *Democracy, Empire, and the Arts in Fifth-Century Athens*, edited by Deborah Dickmann Boedeker and Kurt A. Raaflaub. Cambridge, Mass. : Harvard University Press.

McDonald, William A. 1943. *The Political Meeting Places of the Greeks.* Bal-timore: Johns Hopkins University Press.

McLean, Iain, and Fiona Hewitt (Eds.) . 1994. *Condorcet*: *Foundations of social choice and political theory.* Aldershot, Hants, U. K. , and Brookfield, Vt. : Elgar.

McLennan, Andrew. 1998. "Consequences of the Condorcet Jury Theorem for Beneficial Information Aggregation by Rational Agents. " *American Political Science Review* 92: 413—418.

Meier, Christian. 1998. *Athens*: *A portrait of the city in its Golden Age.* New York: Metropolitan Books/H. Holt and Co.

Meiggs, Russell. 1973. *The Athenian Empire.* Oxford: Clarendon Press.

Meiggs, Russell, and David M. Lewis (Eds.) . 1988. *A Selection of Greek Historical Inscriptions to the End of the Fifth Century B. C.* Oxford: Clarendon

Press.

Mendelberg, Tali. 2002. "The Deliberative Citizen: Theory and evidence." *Political Decision Making, Deliberation and Participation* 6: 151—193.

Michels, Robert. 1962 [1911] . *Political Parties: A sociological study of the oligarchical tendencies of modern democracy.* New York: Collier Books.

Mikalson, Jon D. 1975. *The Sacred and Civil Calendar of the Athenian Year.* Princeton, N. J. : Princeton University Press.

——. 1983. *Athenian Popular Religion.* Chapel Hill: University of North Carolina Press.

Miller, David. 2000. *Citizenship and National Identity.* Cambridge, U. K. , and Malden, Mass. : Polity Press and Blackwell.

Miller, Margaret Christina. 1997. *Athens and Persia in the Fifth Century B. C. : A study in cultural receptivity.* Cambridge UK and New York: Cambridge University Press.

Millet, Paul C. 1989. "Patronage and Its Avoidance in Classical Athens." Pp. 15—48 in *Patronage in Ancient Society*, edited by A. Wallace-Hadrill. London: Routledge.

——. 1991. *Lending and Borrowing in Ancient Athens.* Cambridge and New York: Cambridge University Press.

Mirhady, David C. 1991. "Oath-Challenge in Athens." *Classical Quarterly* 41: 78—83.

——. 1996. "Torture and Rhetoric in Athens." *Journal of Hellenic Studies* 116: 119—131.

——. 2000. "The Athenian Rationale for Torture." Pp. 53—74 in *Law and Social Status in Classical Athens*, edited by Virginia J. Hunter and J. C. Edmondson. Oxford and New York: Oxford University Press.

——. 2007. "The Dikast's Oath and the Question of Fact." Pp. 48—59 in *Horkos: The oath in Greek society*, edited by Alan H. Sommerstein and Judith Fletcher. Bristol, U. K. : Bristol Phoenix Press.

Moe, Terry. 2005. "Power and Political Insitutions." *Perspectives on Politics* 3: 215—233.

Mokyr, Joel. 2002. *The Gifts of Athena: Historical origins of the knowledge economy.* Princeton, N. J. : Princeton University Press.

Molho, Anthony, and Kurt A. Raaflaub (Eds.) . 1991. *City States in Classical An-tiquity and Medieval Italy.* Ann Arbor: University of Michigan Press.

Monoson, Susan Sara. 1994. "Citizen as Erastes: Erotic imagery and the idea of reciprocity in the Periclean funeral oration. " *Political Theory* 22: 253—276.

Monoson, Susan Sara. 2000. *Plato's Democratic Entanglements: Athenian politics and the practice of philosophy.* Princeton, N. J. : Princeton University Press.

Montgomery, Hugo. 1983. The Way to Chaeronea: Foreign policy, decision-making, and political influence in Demosthenes' speeches. Bergen, Norway: Universitetscforclaget.

Moreno, Alfonso. 2003. "Athenian Bread-Baskets: The grain-tax law of 374/ 3 B. C. reinterpreted. " *Zeitschrift fur Papyrologie und Epigraphik* 145: 97—106.

——. 2008. *Feeding the Democracy: The Athenian grain supply in the fifth and fourth centuries B. C.* Oxford: Oxford University Preses.

Morris, Ian. 1987. *Burial and Ancient Society: The rise of the Greek city-state.* Cambridge: Cambridge University Press.

——. 1994. "The Athenian Economy Twenty Years after The Ancient Economy. " *Classical Philology* 89: 351—366.

——. 1998a. "Archaeology as a Kind of Anthropology (A Response to David Small) . " Pp. 229—239 in *Democracy 2500? Questions and challenges*, edited by Ian Morris and Kurt A. Raaflaub. Dubuque, Iowa: Kendall/Hunt Pub. Co.

——. 1998b. "Remaining Invisible: The Archaeology of the Excluded in Classical Athens. " Pp. 193—220 in *Women and Slaves in Greco-Roman Culture*, edited by Sandra R. Joshel and Sheila Murnaghan. New York: Routledge.

——. 2003. "Mediterraneanization. " *Mediterranean Historical Review* 18: 30—55.

——. 2004. "Economic Growth in Ancient Greece. " *Journal of Institutional and Theoretical Economics* 160: 709—742.

——. 2005a. "Archaeology, Standards of Living and Greek Economic History. " Pp. 91—126 in *The Ancient Economy: Evidence and models*, edited by Joseph Gilbert Manning and Ian Morris. Stanford, Calif. : Stanford University Press.

——. 2005b. "The Athenian Empire (478—404 B. C.) . " *Princeton/Stanford Working Papers in Classics.* 120508.

———. 2005c. "Military and Political Participation in Archaic-Classical Greece." *Princeton/Stanford Working Papers in Classics.* 120511.

. In progress. *Why the West Rules (For Now)* .

Morris, Ian, and Joseph Gilbert Manning. 2005. "Introduction." Pp. 1—44 in *The Ancient Economy: Evidence and models*, edited by Joseph Gilbert Manning and Ian Morris. Stanford, Calif. : Stanford University Press.

Morris, Ian, and Barry B. Powell. 2005. *The Greeks: History, culture, and society.* New York: Prentice Hall.

Morris, Sarah, and John K. Papadopoulos. 2005. "Greek Towers and Slaves: An archaeology of exploitation." *American Journal of Archaeology* 109: 155—225.

Morrison, James. 1999. "Preface to Thucydides: Rereading the Corcyraean conflict." *Classical Antiquity* 18: 94—131.

Mueller, Dennis C. 2003. *Public Choice III.* Cambridge and New York: Cambridge University Press.

Munn, Mark Henderson. 2000. *The School of History: Athens in the age of Socrates.* Berkeley: University of California Press.

———. 2006. *The Mother of the Gods, Athens, and the Tyranny of Asia: A study of sovereignty in ancient religion.* Berkeley: University of California Press.

Mussche, H. F. , Paule Spitaels, and F. Goemaere-De Poerck (Eds.) . 1975. Thorikos and the Laurion in Archaic and Classical Times: Papers and contributions of the colloquium held in March, 1973, at the State University of Ghent. Ghent: Belgian Archaeological Mission in Greece.

Mutz, D. , and P. Martin. 2001. "Facilitating Communication across Lines of Political Difference." *American Political Science Review* 95: 97—114.

Namier, Lewis Bernstein. 1957. *The Structure of Politics at the Accession of George III.* London: Macmillan.

Neer, Richard T. 2002. *Style and Politics in Athenian Vase-Painting: The craft of democracy, ca.* 530—460 *B. C. E.* Cambridge and New York: Cambridge University Press.

Netz, Reviel. 2002. "Counter Culture: Towards a history of Greek numeracy." *History of Science* 40: 321—352.

Nevett, Lisa C. 2000. "A Real Estate 'Market' in Classical Greece? The example of town housing." *Annual of the British School at Athens* 95: 329—347.

———. 2005. "Between Urban and Rural: House form and social relations in Attic villages and deme centers. " Pp. 83—98 in *Ancient Greek Houses and Households: Chronological, regional, and social diversity*, edited by Bradley A. Ault and Lisa C. Nevett. Philadelphia: University of Pennsylvania Press.

Nixon, Lucia, and Simon Prince. 1990. "The Size and Resources of Greek Cities. " Pp. 137—170 in *The Greek City: From Homer to Alexander*, edited by Oswyn Murray and S. R. F. Price. Oxford and New York: Clarendon Press.

North, Douglass Cecil. 1981. *Structure and Change in Economic History*. New York: Norton.

———. 1990. *Institutions, Institutional Change, and Economic Performance*. Cambridge and New York: Cambridge University Press.

———. 2005. *Understanding the Process of Economic Change*. Princeton, N. J. : Princeton University Press.

North, Douglass Cecil, John Joseph Wallis, and Barry R. Weingast. In progress. *A Conceptual Framework for Interpreting Recorded Human History*.

North, Douglass Cecil, and Barry R. Weingast. 1989. "Constitutions and Commitment: The Evolution of Institutions Governing Public Choice in Seventeenth Century England. " *Journal of Economic History* 49: 803—832.

Novick, Peter. 1988. *That Noble Dream: The "objectivity question" and the American historical profession*. Cambridge: Cambridge University Press.

Nussbaum, Martha Craven. 2001. *Upheavals of Thought: The intelligence of emotions*. Cambridge and New York: Cambridge University Press.

———. 2006. *Frontiers of Justice: Disability, nationality, species membership*. Cambridge, Mass. : Harvard University Press.

Ober, Josiah. 1985. *Fortress Attica: Defense of the Athenian land frontier, 404—322 B. C.* Leiden: E. J. Brill.

———. 1989. *Mass and Elite in Democratic Athens: Rhetoric, ideology, and the power of the people*. Princeton, N. J. : Princeton University Press.

———. 1996. *The Athenian Revolution: Essays on ancient Greek democracy and political theory*. Princeton, N. J. : Princeton University Press.

———. 1998. *Political Dissent in Democratic Athens: Intellectual critics of popular rule*. Princeton, N. J. : Princeton University Press.

———. 2000a. "Political Conflicts, Political Debates, and Political Thought. "

Pp. 111—138 in *The Shorter Oxford History of Europe I*: *Classical Greece*, edited by Robin Osborne. Oxford: Oxford University Press.

——. 2000b. "Quasi-Rights: Participatory citizenship and negative liberties in democratic Athens." *Social Philosophy and Policy* 17: 27—61.

——. 2001. "The Debate over Civic Education in Classical Athens." Pp. 273—305 in *Education in Greek and Roman Antiquity*, edited by Yun Lee Too. Leiden: E. J. Brill.

——. 2004. "I, Socrates ... The Performative Audacity of Isocrates' Antidosis." Pp. 21—43 in *Isocrates and Civic Education*, edited by Takis Poulakos and David Depew. Austin: University of Texas Press.

——. 2005a. "Aristotle's Natural Democracy." Pp. 223—243 in *Aristotle's Politics*: *Critical essays*, edited by Richard Kraut and S. Skultety. Lanham, Md. : Rowman and Littlefield.

——. 2005b. *Athenian Legacies*: *Essays in the politics of going on together*. Princeton, N. J. : Princeton University Press.

——. 2005c. "Law and Political Theory." Pp. 394—411 in *Cambridge Companion to Ancient Greek Law*, edited by Michael Gagarin and David Cohen. Cambridge: Cambridge University Press.

Ober, Josiah. 2006a. "The Original Meaning of Democracy: Capacity to do things, not majority rule." APSA Paper (annual meeting). Princeton/Stanford Working Papers in Classics 090704.

——. 2006b. "Thucydides and the Invention of Political Science." Pp. 131—159 in *Brill's Companion to Thucydides*, edited by Antonios Rengakos and Antonis Tsamakis. Leiden: E. J. Brill.

——. 2007a. "Athenian Military Performance in the Archidamian War: Thucydides on democracy and knowledge." Princeton/Stanford Working Papers in Classics. 090702.

——. 2007b. "Natural Capacities and Democracy as a Good-in-Itself." *Philosophical Studies* 132: 59—73.

. In progress. *Information*, *Choice*, *and Action in Greek Political Thought*.

Ober, Josiah, and Charles W. Hedrick, (Eds.) . 1996. *Dcmokratia*: *A conversation on democracies*, *ancient and modern*. Princeton, N. J. : Princeton University Press.

Oliver, Graham J. 2006. "Polis Economies and the Cost of the Cavalry in Early Hellenistic Athens. " Pp. 109—124 in Agoranomia: Studies in money and exchange presented to John H. Kroll, edited by Peter G. van Alfen. New York: American Numismatic Society.

——. 2007. War, Food, and Politics in Early Hellenistic Athens. Oxford: Oxford University Press.

Olson, Mancur. 1965. The Logic of Collective Action: Public goods and the theory of groups. Cambridge, Mass. : Harvard University Press.

Orlikowski, Wanda J. 2002. "Knowing in Practice: Enacting a collective capability in distributed organizing. " Organization Science 13: 249—273.

Ortner, Sherry B. 1999. The Fate of "Culture": Geertz and beyond. Berkeley: University of California Press.

Osborne, Michael J. , and Sean G. Byrne. 1996. The Foreign Residents of Athens: An annex to the Lexicon of Greek personal names: Attica. Leuven, Belgium: Peeters.

Osborne, Robin. 1985a. Demos, the Discovery of Classical Attika. Cambridge and New York: Cambridge University Press.

——. 1985b. "Law in Action in Classical Athens. " Journal of Hellenic Studies 105: 40—58.

——. 1987. Classical Landscape with Figures: The ancient Greek city and its countryside. London: G. Philip.

——. 1990. "The Demos and Its Divisions in Classical Athens. " Pp. 265—93 in The Greek City: From Homer to Alexander, edited by Oswyn Murray and S. R. F. Price. Oxford and New York: Clarendon Press.

——. 1994. " Ritual, Finance, Politics: An account of Athenian democracy. " Pp. 1—24, in Ritual, Finance, Politics, edited by Robin Osborne and Simon Hornblower. Oxford: Clarendon Press.

——. 1995. "The Economics and Politics of Slavery at Athens. " Pp. 27—43 in The Greek World, edited by Anton Powell. London and New York: Routledge.

——. 1996. Greece in the Making, 1200—479 B. C. New York: Routledge.

——. 1998. Archaic and Classical Greek Art. Oxford and New York: Oxford University Press.

Osborne, Robin, and Simon Hornblower (Eds.) . 1994. Ritual, Finance,

Politics: *Athenian democratic accounts presented to David Lewis.* Oxford: Clarendon Press.

Osterloh, Margit, and Bruno S. Frey. 2000. "Motivation, Knowledge Transfer, and Organizational Form. " *Organization Science* 11: 538—550.

Ostrom, Elinor. 1990. *Governing the Commons*: *The evolution of institutions for collective action.* Cambridge and New York: Cambridge University Press.

——. 2003. "Toward a Behavioral Theory Linking Trust, Reciprocity, and Reputation. " Pp. 19—79 in *Trust and Reciprocity*: *Interdisciplinary lessons from experimental research*, edited by Elinor Ostrom and James Walker. New York: Russell Sage Foundation.

Ostrom, Elinor, and others (Eds.) . 2002. *The Drama of the Commons.* Washington, D. C. : National Academy Press.

Ostwald, Martin. 1986. From *Popular Sovereignty to the Sovereignty of Law*: *Law, society, and politics in fifth-century Athens.* Berkeley: University of California Press.

Padgett, John F. , and Christopher K. Ansell. 1993. "Robust Action and the Rise of the Medici, 1400—1434. " *American Journal of Sociology* 98: 1259—1319.

Page, Benjamin I. , and Robert Y. Shapiro. 1992. *The Rational Public*: *Fifty years of trends in Americans' policy preferences.* Chicago: University of Chicago Press.

Page, Scott E. 2007. *The Difference*: *How the power of diversity creates better groups, firms, schools, and societies.* Princeton, N. J. : Princeton University Press.

Papadopoulos, John K. 2003. *Ceramicus Redivivus*: *The early Iron Age potters' field in the area of the classical Athenian Agora.* Princeton, N. J. : American School of Classical Studies at Athens.

Parker, Robert. 1996. *Athenian Religion*: *A history.* Oxford: Clarendon Press.

——. 2006. *Polytheism and Society at Athens.* Oxford and New York: Oxford University Press.

Pateman, Carole. 1970. *Participation and Democratic Theory.* London: Cambridge University Press.

Patterson, Cynthia. 1981. *Pericles' Citizenship Law of 451—50 B. C.* New

York: Arno Press.

——. 1998. *The Family in Greek History.* Cambridge, Mass. : Harvard University Press.

——. 2005. "Athenian Citizenship Law. " Pp. 267—289 in *The Cambridge Companion to Ancient Greek Law*, edited by Michael Gagarin and David Cohen. Cambridge and New York: Cambridge University Press.

Pauly, August Friedrich von, Hubert Cancik, and Helmuth Schneider (Eds.) . 1996. *Der neue Pauly: Enzyklopadie der Antike.* Stuttgart: J. B. Metzler.

Pearson, Lionel. 1941. "Historical Allusions in the Attic Orators. " *Classical Philology* 36: 209—229.

Pecírka, Jan. 1966. *The Formula for the Grant of Enktesis in Attic Inscriptions.* Prague: Universita Karlova.

Petrey, Sandy. 1988. *Realism and Revolution: Balzac, Stendhal, Zola, and the performances of history.* Ithaca, N. Y. : Cornell University Press.

——. 1990. *Speech Acts and Literary Theory.* New York: Routledge.

Pettit, Philip. 1997. *Republicanism: A theory of freedom and government.* Oxford and New York: Clarendon Press.

Pettit, Philip. 2002. *Rules, Reasons, and Norms: Selected essays.* Oxford and New York: Oxford University Press.

Pettit, Philip, and Christian List. In progress. *Agency incorporated.*

Pettit, Philip, and David Schweikard. 2006. " Joint Action and Group Agency. " Philosophy of the Social Sciences 36: 18—39.

Phillips, Derek L. 1993. *Looking Backward: A critical appraisal of communitarian thought.* Princeton, N. J. : Princeton University Press.

Picard, O. 1997. "Monnaies de fouilles et histoire grecque: L'exemple de Thasos. " Pp. 29—39 in Numismatic Archaeology, Archaeological Numismatics: Proceedings of an international conference held to honour Dr. Mando Oeconomides in Athens 1995, edited by Kenneth A. Sheedy and Ch. Papageorgiadou-Banis. Oxford: Oxbow.

——. 2000. "Argos: Un autre de'mocratie. " Pp. 297—314 in *Polis and Politics: Studies in Greek history*, edited by P. Flensted-Jensen, T. H. Neilsen, and L. Rubinstein. Copenhagen: Museum Tusculanum Press.

Pitkin, Hanna F. 1967. *The Concept of Representation.* Berkeley: University of California Press.

Polanyi, Michael. 1964. *Personal Knowledge: Towards a post-critical philosophy.* New York: Harper and Row.

——. 1966. The Tacit Dimension. Garden City, N. Y. : Doubleday.

Popkin, Samuel L. 1991. *The Reasoning Voter: Communication and persuasion in presidential campaigns.* Chicago: University of Chicago Press.

Powell, Anton. 2001. *Athens and Sparta: Constructing Greek political and social history from 478 B. C.* London: Routledge.

Premack, David, and Ann James Premack. 1995. "Origins of Human Social Competence. " Pp. 205—218 in *The Cognitive Neurosciences*, edited by Michael S. Gazzaniga and Emilio Bizzi. Cambridge, Mass. : MIT Press.

Pritchard, David. 2004. "Kleisthenes, Participation, and the Dithyrambic Contests of Late Archaic and Classical Athens. " *Phoenix* 58: 208—228.

——. 2005. "Kleisthenes and Athenian Democracy: Vision from above or below?" *Polis* 22: 136—157.

Pritchett, W. Kendrick. 1953. "The Attic Stelai, Part I. " *Hesperia* 22: 225—299.

——. 1956. "The Attic Stelai, Part II. " Hesperia 25: 210—317.

Przeworski, Adam. 2000. *Democracy and Development: Political institutions and material well-being in the world*, 1950—1990. Cambridge: Cambridge University Press.

Przeworski, Adam, Susan Carol Stokes, and Bernard Manin (Eds.) . 1999. *Democracy, Accountability, and Representation.* Cambridge and New York: Cambridge University Press.

Purcell, Nicholas. 1990. "Mobility and the Polis. " Pp. 29—58 in *The Greek City: From Homer to Alexander*, edited by Oswyn Murray and S. R. F. Price. Oxford and New York: Clarendon Press.

Purser, Ronald E. , and Steven Cabana. 1998. *The Self Managing Organization: How leading companies are transforming the work of teams for real impact.* New York: Free Press.

Putnam, Robert D. 1993. *Making Democracy Work: Civic traditions in modern Italy.* Princeton, N. J. : Princeton University Press.

——. 2000. *Bowling Alone: The collapse and revival of American community.*

New York: Simon and Schuster.

———. 2007. "E Pluribus Unum: Diversity and Community in the Twenty-first Century. The 2006 Johan Skytte Prize Lecture. " *Scandinavian Political Studies* 30: 137—174.

Putterman, Louis. 1982. "Some Behavioral Perspectives on the Dominance of Hierarchical over Democratic Forms of Enterprise. " *Journal of Economic Behavior and Organization* 3: 139—160.

Quillin, James. 2002. "Achieving Amnesty: The Role of Events, Institutions, and Ideas. " *Transactions of the American Philological Association* 132: 71—107.

Raaflaub, Kurt. 1998. "The Thetes and Democracy (A Response to Josiah Ober) . " Pp. 87—103 in *Democracy* 2500? *Questions and challenges*, edited by Ian Morris and Kurt A. Raaflaub. Dubuque, Iowa: Kendall/Hunt Pub. Co.

Raaflaub, Kurt, Josiah Ober, and Robert W. Wallace. 2007. *The Origins of Democracy in Ancient Greece.* Berkeley and Los Angeles: University of California Press.

Rawls, John. 1971. *A Theory of Justice.* Cambridge, Mass. : Belknap Press of Harvard University Press.

———. 1996. *Political Liberalism.* New York: Columbia University Press.

Rebenich, S. 1998. "Fremdenfeidlichkeit in Sparta? Überlungen zur Tradition der spartanischen Xenelasie. " *Klio* 80: 336—359.

Reden, Sitta von. 2002a. "Money in the Ancient Economy: A Survey of Recent Research. " *Klio* 84: 141—174.

And " the rhetoric of money in fourth-century Athens. " Pp. 52—66 in *Money, Labour and Land: Approaches to the economies of ancient Greece*, edited by Paul Cartledge, Edward E. Cohen, and Lin Foxhall. London and New York: Routledge.

———. 2007a. "Consumption. " In *The Cambridge Economic History of the Greco-Roman World*, edited by Walter Scheidel, Ian Morris, and Richard P. Saller. Cambridge: Cambridge University Press.

———. 2007b. *Money in Ptolemaic Egypt: From the Macedonian conquest to the end of the third century B. C.* Cambridge: Cambridge University Press.

Reed, C. M. 2003. *Maritime Traders in the Ancient Greek World.* Cambridge and New York: Cambridge University Press.

Reger, Gary. 1994. *Regionalism and Change in the Economy of Independent*

Delos, 314—167 *B. C.* Berkeley: University of California Press.

Reiter, Dan, and Allan C. Stam. 2002. *Democracies at War*. Princeton, N. J. : Princeton University Press.

Rhodes, P. J. 1981. *A Commentary on the Aristotelian Athenaion Politeia*. Oxford and New York: Clarendon Press of Oxford University Press.

——. 1985. The Athenian Boule. Oxford: Clarendon Press.

Rhodes, P. J. 1994. "The Ostracism of Hyperbolus. " Pp. 85—98 in *Ritual, Finance, Politics*, edited by Robin Osborne and Simon Hornblower. Oxford: Clarendon Press.

——. 2000. "Who Ran Democratic Athens. " Pp. 465—477 in *Polis and Politics* [Festschrift Hansen], edited by P. Flensted-Jensen, T. H. Neilsen and L. Rubinstein. Copenhagen: Museum Tusculanum Press.

(Ed.) . 2004. *Athenian Democracy*. Edinburgh: University of Edinburgh Press.

. Forthcoming. "Demagogues and demos in Athens. " In Festschrift for John K. Davies. Rhodes, P. J. , and David M. Lewis. 1997. *The Decrees of the Greek States*. Oxford: Clarendon Press.

Rhodes, P. J. , and Robin Osborne. 2003. *Greek Historical Inscriptions*: 404—323 *B. C.* Oxford: Oxford University Press.

Richardson, M. B. 2000. "The Location of Inscribed Laws in Fourth-Century Athens: IG II2 244, on rebuilding the walls of Piraeus (337/6 BC) . " Pp. 601—615 in *Polis and Politics* [Festschrift Hansen], edited by P. Flensted-Jensen, T. H. Neilsen, L. Rubinstein. Copenhagen: Museum Tusculanum Press.

Riess, Werner. 2006. "How Tyrants and Dynasts Die: The semantics of political assassination in fourth-century Greece. " Pp. 65—88 in *Terror et Pavor. Violenza intimidazione, cladestina` nel mondo antico*. Pisa: Edizioni ETS.

Roberts, John. 2004. *The Modern Firm: Organizational design for performance and growth*. Oxford: Oxford University Press. .

Roberts, Jennifer Tolbert. 1982. *Accountability in Athenian Government*. Madison: University of Wisconsin Press.

——. 1994. *Athens on Trial: The antidemocratic tradition in Western thought*. Princeton, N. J. : Princeton University Press.

Robinson, Eric W. 1997. *The First Democracies: Early popular government outside Athens.* Stuttgart: F. Steiner.

———. 2000. "Democracy in Syracuse, 466—412 B. C. " *Harvard Studies in Classical Philology* 100: 189—205.

———. 2007. "The Sophists and Democracy beyond Athens. " *Rhetorica* 25: 109—22.

. forthcoming. *Democracy beyond Athens: Popular government in the Greek classical age.* Cambridge: Cambridge University Press.

Rodrik, Dani. 1999. "Democracies Pay Higher Wages. " *Quarterly Journal of Economics* 114: 707—738.

———. 2000a. "Participatory Politics, Social Cooperation, and Economic Stability. " *American Economic Review* 90: 140—144.

———. 2000b. "Institutions for High-Quality Growth: What they are and how to acquire them. " *Studies in Comparative International Development* 35: 3—31.

———. 2003. *In Search of Prosperity: Analytic narratives on economic growth.* Princeton, N. J. : Princeton University Press.

Rodrik, Dani, and Romain Wacziarg. 2005. "Do Democratic Transitions Produce Bad Economic Outcomes?" *American Economic Review Papers and Proceedings.* 95: 50—56.

Roisman, Joseph. 2005. *The Rhetoric of Manhood: Masculinity in the Attic orators.* Berkeley and Los Angeles: University of California Press.

Rorty, Richard. 1979. *Philosophy and the Mirror of Nature.* Princeton, N. J. : Princeton University Press.

Rosen, Ralph Mark, and I. Sluiter (Eds.) . 2003. *Andreia: Studies in manliness and courage in classical antiquity.* Leiden: E. J. Brill.

Rosivach, Vincent. 1999. "Enslaving barbaroi and the Athenian Ideology of Slavery. " *Historia* 48: 129—157.

Rothschild, Emma. 1973. *Paradise Lost: The decline of the auto-industrial age.* New York: Random House.

Rousseau, Jean-Jacques. 2002 [1762] . *The Social Contract; and, The First and Second Discourses,* edited by Susan Dunn and Gita May. New Haven: Yale University Press.

Rubinstein, Lene. 2000. *Litigation and Cooperation: Supporting speakers in the courts of classical Athens.* Stuttgart: F. Steiner Verlag.

——. 2007. "Arguments from Precedent in Attic Oratory. " Pp. 359—371 in *Oxford Readings in the Attic Orators*, edited by Edwin Carawan. Oxford and New York: Oxford University Press.

Runciman, David. 2007. "The Paradox of Political Representation. " *Journal of Political Philosophy* 15: 93—114.

Runciman, W. G. 1990. "Doomed to Extinction: The polis as an evolutionary dead-end. " Pp. 348—367 in *The Greek City*, edited by Oswyn Murray. Oxford: Oxford University Press.

Ruschenbusch, E. 1985. "Die Zahl der griechischen Staaten und Arealgro¨sse und Burgerzahl der Normalpolis. " *Zeitschrift fur Papyrologie und Epigraphik* 59: 253—263.

Ryan, Alan. 1995. *John Dewey and the High Tide of American Liberalism.* New York: W. W. Norton.

Ryfe, D. M. 2005. "Does Deliberative Democracy Work?" *Annual Review of Political Science* 8.

Saller, Richard P. 1982. *Personal Patronage under the Early Empire.* Cambridge and New York: Cambridge University Press.

——. 2005. "Framing the Debate over Growth in the Ancient Economy. " Pp. 223—238 in *The Ancient Economy: Evidence and models*, edited by Joseph Gilbert Manning and Ian Morris. Stanford, Calif. : Stanford University Press.

Salmon, John. 2001. "Temples the Measures of Men: Public building in the Greek economy. " Pp. 95—108 in *Economies beyond Agriculture in the Classical World*, edited by D. J. Mattingly and John Salmon. London and New York: Routledge.

Salomon, Nicoletta. 1997. *Le cleruchie di Atene: Caratteri e funzione.* Pisa: ETS.

Salthouse, Timothy A. 1991. "Expertise as the Circumvention of Human Proessing Limitations. " Pp. 286—300 in *Toward a General Theory of Expertise: Prospects and Limits*, edited by K. Anders Ericsson and Jacqui Smith. Cambridge: Cambridge University Press.

Samons, Loren J. 2004. *What's Wrong with Democracy? From Athenian practice to American worship.* Berkeley: University of California Press.

Samons, Loren J. (Ed.) . 2007. *The Cambridge Companion to the Age of*

Pericles. Cambridge and New York: Cambridge University Press.

Saxonhouse, Arlene. 2006. *Free Speech and Democracy in Ancient Athens.* Cambridge: Cambridge University Press.

Scaff, Lawrence. 1981. "Max Weber and Robert Michels. " *American Journal of Sociology* 86: 1269—1286.

Scheidel, Walter. 2004. "Demographic and Economic Development in the Ancient Mediterranean World. " *Journal of Institutional and Theoretical Economics* 160: 743—757.

——. 2005a. "Military Commitments and Political Bargaining in Ancient Greece. " Princeton/Stanford Working Papers in *Classics* 10501

——. 2005b. "Real Slave Prices and the Relative Costs of Slave Labor in the Greco-Roman World. " *Ancient Society* 35: 1—17.

. 2006. "Population and Demography. " Princeton/Stanford Working Papers in *Classics* 040604.

——Schelling, Thomas C. 1980. *The Strategy of Conflict.* Cambridge, Mass. : Harvard University Press.

Schmitt, Carl. 1985 [1926] . *The Crisis of Parliamentary Democracy.* Cambridge, Mass. : MIT Press.

——. 2004 [1932] . *Legality and Legitimacy.* Durham, N. C. : Duke University Press.

Schmitt-Pantel, Pauline. 1992. *La cite' au banquet: Histoire des repas publics dans, aise de Rome.*

Schofield, Malcolm. 2006. *Plato: Political Philosophy.* London and New York: Oxford University Press.

Schultz, Kenneth A. , and Barry R. Weingast. 2003. "The Democratic Advantage: The institutional foundations of financial power in international competition. " *International Organization* 57: 3—42.

Schumpeter, Joseph Alois. 1947. *Capitalism, Socialism, and Democracy.* New York: Harper.

Schwartzberg, Melissa. 2004. "Athenian Democracy and Legal Change. " *American Political Science Review* 98: 311—325.

——. 2007. *Democracy and Legal Change.* Cambridge and New York: Cambridge University Press.

Scott, James C. 1998. *Seeing Like a State: How certain schemes to improve the human condition have failed.* New Haven: Yale University Press.

Seaford, Richard. 2004. *Money and the Early Greek Mind: Homer, philosophy, tragedy.* Cambridge and New York: Cambridge University Press.

Searle, John R. 1995. *The Construction of Social Reality.* New York: Free Press.

Sen, Amartya Kumar. 1993. "Capability and Well-Being. " Pp. 30—53 in *The Quality of Life: Studies in development economics*, edited by Martha Craven Nussbaum and Amartya Kumar Sen. Oxford and New York: Oxford University Press.

——. 1999. "Democracy as a Universal Value. " *Journal of Democracy* 10: 3—17.

Sewell, William. 1996. "Historical Events as Transformations of Structures: Inventing revolution at the Bastille. " *Theory and Society* 25: 841—881.

——. 1999. "The Concept (s) of Culture. " Pp. 35—61 in *Beyond the Cultural Turn: New directions in the study of society and culture*, edited by Victoria E. Bonnell and Lynn Avery Hunt. Berkeley and Los Angeles: University of California Press.

Sharples, R. W. 1994. "Plato on Democracy and Expertise. " *Greece and Rome* 41: 49—56.

Shaw, Brent D. 1991. "The Paradoxes of People Power. " *Helios* 18: 194—214.

Shaw, Tamsin. 2006. "Max Weber on Democracy: Can the people have political power in modern states?" APSA Paper (annual meeting) .

Shear, Julia L. 2003. "Prizes from Athens: The list of Panathenaic prizes and the sacred oil. " *Zeitschrift fur Papyrologie und Epigraphik* 142: 87—105.

Shear Jr. , T. Leslie. 1970. "The Monument of the Eponymous Heroes in the Athenian Agora. " *Hesperia* 39: 145—220.

Shear, T. Leslie, Jr. 1995. "Bouleuterion, Metroon, and the Archives at Athens. " Pp. 157—189 in *Studies in the Ancient Greek Polis*, edited by Mogens Herman Hansen and Kurt A. Raaflaub. Stuttgart: F. Steiner Verlag.

Sickinger, James P. 1999. *Public Records and Archives in Classical Athens.* Chapel Hill: University of North Carolina Press.

Shipley, D. Graham J. , and Mogens H. Hansen. 2006. "The Polis and Federalism. " Pp. 52—72 in *The Cambridge Companion to the Hellenistic world*, edited by Glenn Richard Bugh. Cambridge: Cambridge University Press.

Shipton, Kirsty. 2001. "Money and the E'lite in Classical Athens. " Pp. 129—144 in *Money and its uses in the ancient Greek world*, edited by Andrew Meadows and Kirsty Shipton. Oxford and New York: Oxford University Press.

Sieloff, C. G. 1999. " 'If only HP Knew What HP Knows' : The roots of knowledge management at Hewlett-Packard. " *Journal of Knowledge Management* 3: 47—53.

Siewart, Peter. 1977. "The Ephebic Oath in Fifth-Century Athens. " *Journal of Hellenic Studies* 97: 102—111.

——. 1982. *Die Trittyen Attikas und die Heeresform des Kleisthenes*. Munich: C. H. Beck.

Simms, Ronda R. 1989. "Isis in Athens. " *Classical Journal* 84: 216—221.

Simon, Erika. 1983. *Festivals of Attica: An archaeological commentary*. Madison: University of Wisconsin Press.

Simon, Herbert Alexander. 1955. "A Behavioral Model of Rational Choice. " *Quarterly Journal of Economics* 65: 99—118.

——. 1976 [1947] . *Administrative Behavior: A study of decision-making processes in administrative organization*. New York: Free Press.

Sinclair, R. K. 1988. *Democracy and Participation in Athens*. Cambridge and New York: Cambridge University Press.

Smith, Douglas K. 2004. *On Value and Values: Thinking differently about we in an age of me*. Upper Saddle River, N. J. : Financial Times, Prentice Hall.

Smith, Douglas K. , and Robert C. Alexander. 1988. *Fumbling the Future: How Xerox invented, then ignored, the first personal computer*. New York: W. Morrow.

Smith, Tara. 2006. *Ayn Rand's Normative Ethics: The virtuous egoist*. Cambridge and New York: Cambridge University Press.

Snodgrass, Anthony. 1980. *Archaic Greece: The age of experiment*. London and Toronto: J. M. Dent.

Sommerstein, Alan H. (Ed.) . 2007. Horkos: The oath in Greek society. Bristol,

U. K. : Bristol Phoenix Press.

Sowell, Thomas. 1980. *Knowledge and Decisions*. New York: Basic Books.

Stanton, G. R. 1984. "The Tribal Reform of Kleisthenes the Alkmeonid. " *Chiron* 14: 1—41.

Starr, Chester G. 1970. *Athenian Coinage*, 480—449 *B. C.* Oxford: Clarendon Press.

Stasavage, David. 2003. *Public Debt and the Birth of the Democratic State*: *France and Great Britain*, 1688—1789. Cambridge and New York: Cambridge University Press.

——. 2007. "Polarization and Publicity: Rethinking the benefits of deliberative democracy. " *Journal of Politics* 69: 59—72.

Steinbeck, John, and Edward Flanders Ricketts. 1976 [1941] . *The Log from the Sea of Cortez*. New York: Penguin Books.

Stewart, Andrew, and Rebecca S. Martin. 2005. "Attic Imported Pottery at Tel Dor Israel: An overview. " *Bulletin of the American Institutes of Oriental Research* 337: 79—94.

Stinchcombe, Arthur L. 2001. *When Formality Works*: *Authority and abstraction in law and organizations*. Chicago: University of Chicago Press.

Strauss, Barry S. 1985. "Ritual, Social Drama and Politics in Classical Athens. " *American Journal of Ancient History* 10: 67—83.

——. 1986. *Athens after the Peloponnesian War*: *Class, faction and policy* 403—386 *B. C.* London: Croom Helm.

——. 2004. *The Battle of Salamis*: *The naval encounter that saved Greece— and western civilization*. New York: Simon and Schuster.

Stroud, Ronald S. 1974. "An Athenian Law on Silver Coinage. " *Hesperia* 43: 157—188.

——. 1998. *The Athenian Grain-Tax Law of* 374/3 *B. C.* Princeton, N. J. : American School of Classical Studies at Athens.

Sunstein, Cass R. 2000. "Deliberative Trouble? Why groups go to extremes. " *Yale Law Journal* 110: 71—119.

——. 2002. "The Law of Group Polarization. " *Journal of Political Philosophy* 10: 175—195.

——. 2006. *Infotopia*: *How many minds produce knowledge*. New York: Oxford University Press.

——. 2007. "Deliberating Groups versus Prediction Markets (or Hayek's Challenge to Habermas) . " *Episteme*: *Journal of Social Epistemology* 3: 192—213.

Surowiecki, James. 2004. *The Wisdom of Crowds*: *Why the many are smarter than the few and how collective wisdom shapes business, economies, societies and nations*. New York: Doubleday.

Syme, Ronald. 1939. *The Roman Revolution*. Oxford: Clarendon.

Tacon, J. 2001. "Ecclesiastic Thorubos: Interventions, interruptions and popular involvement in the Athenian assembly. " *Greece and Rome* 48: 173—192.

Tavares, Jose', and Romain Wacziarg. 2001. "How Democracy Affects Growth. " *European Economic Review* 45: 1341—1379.

Taylor, Claire. 2001a. "Bribery in Athenian politics. Part I: Accusations, allegations, and slander. " *Greece and Rome* 48: 53—66.

——. 2001b. "Bribery in Athenian politics. Part II: Ancient reactions and perceptions. " Greece and Rome 48: 154—72.

——. 2007. "An Oligarchy of the City? The sociological impact of election and lot in Athenian democracy" *Hesperia* 76: 323—346.

——. 2008. "A New Political World. " Pp. 72—90 in *Debating the Athenian Cultural Revolution*: *Art, literature, philosophy, and politics* 430—380 B. C. , edited by Robin Osborne. Cambridge: Cambridge University Press.

Teegarden, David. 2007. "Defending Democracy: A Study of ancient Greek anti-tyranny Legislation. " PhD dissertation in Classics, Princeton University, Princeton, N. J.

Tetlock, Philip. 2005. *Expert Political Judgment*: *How good is it? How can we know?* Princeton, N. J. : Princeton University Press.

Thomas, Rosalind. 1989. *Oral Tradition and Written Record in Classical Athens*. Cambridge and New York: Cambridge University Press.

——. 1992. *Literacy and Orality in Ancient Greece*. Cambridge and New York: Cambridge University Press.

——. 2005. "Writing, Law, and Written Law. " Pp. 41—60 in *The Cambridge Companion to Ancient Greek Law*, edited by Michael Gagarin and David Cohen. Cambridge and New York: Cambridge University Press.

Thompson, F. H. 2003. *The Archaeology of Greek and Roman Slavery*. London: Duckworth.

Thompson, Homer A. , and R. E. Wycherley. 1972. *The Agora of Athens: The history, shape, and uses of an ancient city center*. Princeton, N. J. : American School of Classical Studies at Athens.

Thompson, Margaret, Otto M ? rkholm, and Colin M. Kraay (Eds.) . 1973. *An Inventory of Greek Coin Hoards*. New York: Published for the International Numismatic Commission by the American Numismatic Society.

Thompson, W. E. 1978. "The Athenian Investor. " Rivista di Studi Classici 26: 403—423.

Thur, Gerhard. 1977. *Beweisfuhrung vor den Schwurgerichtsho¨fen Athens: Die Proklesis zur Basanos*. Vienna: Kerlag der O¨sterreichen Akademie der Wissenschaften.

Tigerstedt, Eugene Napoleon. 1965. *The Legend of Sparta in Classical Antiquity*. Stockholm: Almqvist and Wiksell.

Tilly, Charles. 1990. *Coercion, Capital, and European States, A. D. 990— 1990*. Boston, Mass. : Blackwell.

Tocqueville, Alexis de. 2000 [1835] . *Democracy in America*. New York: Harper and Row.

Todd, S. C. 1993. *The Shape of Athenian Law*. Oxford: Clarendon.

——. 1994. "Status and Contract in Fourth-Century Athens. " Pp. 125—140 in *Symposion 1993: Vortrage zur griechische und hellenistische Rechtsgeschichte*, edited by G. Thur. Cologne and Vienna: Bohlau.

Too, Yun Lee. 2001. "Legal Instructions in Classical Athens. " Pp. 111— 132 in *Education in Greek and Roman Antiquity*, edited by Yun Lee Too. Leiden: E. J. Brill.

Traill, John S. 1975. *The Political Organization of Attica: A study of the demes, trittyes, and phylai, and their representation in the Athenian Council*. Princeton, N. J. : American School of Classical Studies at Athens.

——. 1986. *Demos and Trittys: Epigraphical and topographical studies in the organization of Attica*. Toronto, Canada: Athenians Victoria College.

Tully, James (Ed.) . 1988. *Meaning and Context: Quentin Skinner and his critics*. Princeton, N. J. : Princeton University Press.

Tyler, Tom R. , Roderick Moreland Kramer, and Oliver P. John. 1998. *The Psychology of the Social Self.* Mahwah, N. J. : Lawrence Erlbaum Associates.

Urbinati, Nadia. 2002. M*ill on Democracy: From the Athenian polis to representative government.* Chicago: University of Chicago Press.

——. 2006. *Representative Democracy: Principles and genealogy.* Chicago: University of Chicago Press.

van Alfen, Peter G. 2000. "The 'Owls' from the 1973 Iraq Hoard. " *American Journal of Numismatics* 12: 9—58.

——. 2002. "The 'Owls' from the 1989 Syria Hoard, with a Review of Pre-Macedonian Coinage in Egypt. " *American Journal of Numismatics* 14: 1—57.

——. 2004/5. "Herodotos' 'Aryandic' Silver and Bullion Use in Persian-Period Egypt. " *American Journal of Numismatics* 16—17: 7—46.

——. 2005. "Problems in Ancient Imitative and Counterfeit Coinage. " Pp. 322—354 in *Making, Moving, and Managing: The new world of ancient economics, 323—31 B. C. ,* edited by Zofia Archibald, John Davies, and Vincent Gabrielsen. Oxford: Oxbow.

Vanderpool, Eugene, James McCredie, and A. Sieinberg. 1962. "Koroni: A Ptolemaic Camp on the East Coast of Attica. " *Hesperia* 31: 26—61.

Vernant, Jean Pierre. 1982. *The Origins of Greek Thought.* Ithaca, N. Y. : Cornell University Press.

Veyne, Paul. 1992 [1976] . *Bread and Circuses: Historical sociology and political pluralism.* London: Penguin.

Waldron, Jeremy. 1992. " Minority Cultures and the Cosmopolitan Alternative. " *University of Michigan Journal of Law Reform* 25: 751—793.

——. 1995. "The Wisdom of the Multitude: Some reflections on Book III Chapter 11 of the Politics. " *Political Theory* 23: 563—584.

Walker, Rob. 2004. "The Hidden (in Plain Sight) Persuaders. " *New York Times Magazine,* December 5: 69—76ff.

Wallace, Robert W. 1997. "Poet, Public, and Theatrocracy': Audience performance in classical Athens. " Pp. 97—111 in *Poet, Public, and Performance in Ancient Greece,* edited by Lowell Edmunds and Robert W. Wallace. Baltimore, Md. : Johns Hopkins University Press.

——. 2005. "Listening to the archai in Democratic Athens. " Pp. 147—158 in *Symposion* 2001: Vortrage zur griechischen und hellenistischen Rechts-geschichte, edited by Michael Gagarin and Robert W. Wallace.

Wallace-Hadrill, A. (Ed.) . 1989. *Patronage in Ancient Society.* London and New York: Routledge.

Wallach, John R. 2001. *The Platonic Political Art: A study of critical reason and democracy.* University Park: Pennsylvania State University Press.

Waltz, Kenneth Neal. 1979. *Theory of International Politics.* New York: Random House.

Weingast, Barry R. 1997. "The Political Foundations of Democracy and the Rule of Law. " *American Political Science Review* 91: 245—263.

Welwei, Karl-Wilhelm. 1999. *Das klassische Athen: Demokratie und Machtpolitik im* 5. *und* 4. *Jahrhundert.* Darmstadt: Primus Verlag.

Wenger, Etienne. 1998. *Communities of Practice: Learning, meaning, and identity.* Cambridge and New York: Cambridge University Press.

Westbrook, Robert B. 1991. *John Dewey and American Democracy.* Ithaca, N. Y. : Cornell University Press.

Whitby, Michael. 1998. "The Grain Trade of Athens in the Fourth Century. " Pp. 102—128 in *Trade, Traders, and the Ancient City,* edited by Helen Parkins and Christopher John Smith. London and New York: Routledge.

White, Lawrence H. 2006. "Can Economics Rank Slavery against Free Labor in Terms of Efficiency?" Paper prepared for San Jose State University seminar, February 13, 2006.

Whitehead, David. 1977. *The Ideology of the Athenian Metic.* Cambridge, U. K. : Cambridge Philological Society.

——. 1983. "Competitive Outlay and Community Profit: Philotimia in Democratic Athens. " *Classica et Mediaevalia* 34: 55—74.

——. 1986. *The Demes of Attica,* 508/7—ca. 250 B. C. : *A political and social study.* Princeton, N. J. : Princeton University Press.

——. 1993. "Cardinal Virtues: The language of public approbation in democratic Athens. " *Classica et Mediaevalia* 44: 37—75.

Williamson, Oliver E. 1975. *Markets and Hierarchies, Analysis and Antitrust Implications: A study in the economics of internal organization.* New York: Free Press.

——. 1981. "The Economics of Organization: The transaction cost approach." *American Journal of Sociology* 87: 548—577.

——. 1985. *The Economic Institutions of Capitalism: Firms, markets, relational contracting.* New York and London: Free Press.

Wilson, Peter. 2000. *The Athenian Institution of the Khoregia: The chorus, the city, and the stage.* Cambridge: Cambridge University Press.

Winkler, John J. , and Froma I. Zeitlin (Eds.) . 1990. *Nothing to Do with Dionysos?*

Athenian drama in its social context. Princeton, N. J. : Princeton University Press.

Wohl, Victoria. 1996. "Eusebeias kai philotimias: Hegemony and democracy at the Panathenaia. " *Classica et Mediaevalia* 47: 25—88.

——. 1998. *Intimate Commerce: Exchange, gender, and subjectivity in Greek tragedy.* Austin: University of Texas Press.

——. 2002. *Love among the Ruins: The erotics of democracy in classical Athens.* Princeton, N. J. : Princeton University Press.

Wolin, Sheldon S. 1994. "Norm and Form: The constitutionalizing of democracy. " Pp. 29—58 in *Athenian Political Thought and the Reconstruction of American Democracy*, edited by J. Peter Euben, John Wallach, and Josiah Ober. Ithaca, N. Y. : Cornell University Press.

Wolin, Sheldon S. 1996. "Transgression, Equality, and Voice. " Pp. 63—90 in Demokratia: A conversation on democracies ancient and modern, edited by Josiah Ober and Charles Hedrick. Princeton, N. J. : Princeton University Press.

Wolpert, Andrew. 2002. *Remembering Defeat: Civil war and civic memory in ancient Athens.* Baltimore: Johns Hopkins University Press.

Wood, Ellen Meiksins. 1988. *Peasant-Citizen and Slave: The foundations of Athenian democracy.* London and New York: Verso.

Worthington, Ian. 1994. *Persuasion: Greek rhetoric in action.* London and New York: Routledge.

——. 1996. *Voice into Text: Orality and literacy in ancient Greece.* Leiden and New York: E. J. Brill.

Worthington, Ian, Craig R. Cooper, and Edward Monroe Harris (Eds.) . 2001. *Dinarchus, Hyperides, and Lycurgus.* Austin: University of Texas Press.

Wright, Gavin, and Jesse Czelusta. 2002. "Exorcizing the Resource Curse: Minerals as a knowledge industry, past and present. " Working Paper, *Department of Economics*, . Stanford University 02—008.

Wycherley, R. E. 1962. *How the Greeks Built Cities*. London: Macmillan.

Young, H. P. 1988. "Condorcet's Theory of Voting. " *American Political Science Review* 82: 1231—1244.

Yunis, Harvey. 1996. *Taming Democracy: Models of political rhetoric in classical Athens*. Ithaca, N. Y. : Cornell University Press.

——. 2005. "The Rhetoric of Law in Fourth-Century Athens. " Pp. 191—208 in *The Cambridge Companion to Ancient Greek Law*, edited by Michael Gagarin and David Cohen. Cambridge and New York: Cambridge University Press.

Zelnick-Abramowitz, Rachel. 2000. "Did Patronage Exist in Classical Athens?" *Classique* 69: 65—80.

译名表

一、人名

克莱斯·阿亨 Chris Achen

阿尔西比亚德 Alcibiades

阿尔芬 Alfen

鲍莫尔 Baumol

布拉特曼 Bratman

布莱恩 Bryan

伯特 Burt

卡利克勒斯 Callicles

卡特莱奇 Cartledge

色菲西芬 Cephisophon

钱德勒 Chandler

奇蒙 Cimon

崔时英 Michael Chwe

克里斯提尼 Cleisthenes

科斯 Coase

孔多塞 Condorcet

达尔 Dahl

唐斯 Downs

吉登斯 Giddens

戈登 Gordon

高丁 Gortyn

格兰诺维特 Granovetter

格雷夫 Greif

汉森 Hansen

哈耶克 Hayek

希巴克斯 Hipparchus

克罗尔 Jack Kroll

基恩 Keen

基欧汉 Keohane

兰尼 Lanni

莱普 Lape

利俄克拉特 Leocrates

李普曼 Lippman

吕库古 Lycurgus

戈尔 Lynn Gale

麦基 Mackie

麦奇尔 Mackil

曼宁 Manning

曼维尔 Manville

马奇 March

马歇尔 Marshall

米歇尔 Michels

米太亚德 Miltiades

米特拉达提 Mithradates

摩 Moe

莫里斯 Morris

穆勒 Mueller

尼克芬 Nikophon
诺斯 North
奥尔森 Olson
奥斯邦 Osborne
包桑尼亚 Pausanias
庇西特拉图 Peisistraid
波塞蒂普斯 Poseidippos
罗德斯 Rhodes
佩迪特 Pettit
福基翁 Phokion
熊彼特 Schumpeter
阿玛特亚·森 Amartya Sen
夏皮罗 Shapiro
西蒙 Simon
施特劳斯 Strauss
森斯坦 Sunstein
泰勒 Taylor
提嘉顿 Teegarden
塔鲁斯 Tellus
地米斯托克利 Themistocles
色拉西马库斯 Thrasymachus
维尔南 J.—P. Vernant
温格斯特 Weingast
威廉姆森 Williamson
色诺芬 Xenophon

二、地名

埃各斯波塔米 Aegospotami
埃基那 Aigina
安纳托利亚 Anatolia
阿戈斯 Argos
阿提卡 Attic
波埃提亚 Boeotia

喀罗尼亚 Chaeronea
卡尔基斯 Chalcis
希俄斯 Chios
科林斯 Corinth
基克拉迪群岛 Cyclades
德尔菲 Delphi
提洛 Delos
厄琉息斯 Eleusis
埃雷特里亚 Eretria
欧尼默 Euonymon
格拉 Gela
伊卡里亚 Ikaria
里布罗斯 Imbros
爱奥尼亚 Ionian
麦加拉 Megara
美塞尼亚 Messenia
米洛斯 Melos
米提林 Mytilene
利姆诺斯 Lemnos
留克特拉 Leuctra
吕克昂 Lyceum
奥迪安 Odeion
奥林图斯 Olynthus
潘狄俄尼斯 Pandionis
帕罗斯 Paros
比雷埃夫斯港 Piraeus
普拉泰亚 Plataea
普尼克斯 Pnyx
普拉西埃 Prasiai
雷姆尼斯 Rhamnous
雷吉昂 Rhegion
萨拉米斯 Salamis
萨摩斯 Samos

斯基罗斯 Skyros

索罗斯 Soros

苏尼翁 Sounion

斯巴达 Sparta

叙巴里斯 Sybaris

叙拉古 Syracuse

塔雷斯 Taras

泰格阿 Tegea

忒拜 Thebes

色萨利 Thessaly

梭洛斯 Tholos

托里库斯 Thorikos

图利奥 Thourioi

色雷斯 Thrace

译者后记

奥伯教授是当代古典学领域中的重要领军人物之一。他在到斯坦福之前曾经在普林斯顿大学执教16年。目前是斯坦福大学文理学院讲席教授,古典学系和政治学系双聘教授。他的这本《民主与知识》在学术上独树一帜,最终完成了他关于雅典政治与思想的"三部曲"重头戏(另外两部是《民主雅典的政治异议者》和《民主雅典的精英与大众》)。

奥伯是雅典直接参与式民主的研究者与捍卫者。但是他的路径与众不同。赞成古典民主的学者大多是从规范的角度入手,论证民主的内在价值。这一点,奥伯在其三部曲中的另外两部中有论证。但是本书——《民主与知识》——却是要从民主的现实功效入手论证民主。这似乎是选择了一条困难的路。因为社会科学大多认为分散式管理根本不算管理,会扯出来许多公共选择、公共行动的难题。但是,奥伯立足于历史事实。他首先提醒大家:雅典在古代是不是一度非常非常成功?(雅典例外论)这似乎是一个常识。但是奥伯还详细地从社会科学研究的良好指标论证了雅典的成功:整体物质繁荣度,在古典文献中被提及频度,发行的硬币被收藏的广度与数量,等等。然后,奥伯又与众不同地论证:这一成功并不仅仅是因为民主带来的国家凝聚力(这是修昔底德笔下的伯里克利已经认识到和强调的),而是因为从"知识经济"的角度看,雅典的民主制度,可以视为是一个成功的"知识—运作"的典范。

把城邦国家看成一个公司?而且是当代那种知识型公司?这真有些出人意表了。但是奥伯有严谨的论证。他提醒人们考虑:直接民主制的那许许多多的体制,比如成千上万人的日常参加公民大会、议事会、陪审法庭(一次审判可能出场上千"人民陪审员"!),等等,都是要花费巨大代价的。天下没有白吃的午餐。反过来想:如果这些林林总总的体制—运作不能带来巨大的收益,那么怎么能维持下去,怎么能达到"收支平衡"?古希腊的城邦世界可以看作是一个充满激烈竞争的角斗场，国家犹如现代商业社会中的大小公司，如果不能够有效地将知识组织运用起来，形成共同协作的优势，则肯定有被淘汰出局的危险。

奥伯从认识论角度对古典雅典民主制度进行了细致的梳理和独到的剖析，将古雅典所创造的繁荣经济、强盛国力的原因归功于民主制度能够让大量分散在民众中间的有用知识，通过各种汇聚、协同和规则化的方式，有效地为雅典城邦服务。对知识的汇聚用来解决知识分散问题；对知识的协同则解决行动无序问题；对知识的规范解决交易成本问题。最终，雅典在古希腊那种城邦间剧烈竞争的生态环境中不仅存活下来，而且脱颖而出。

奥伯的论述非常有启发性。相信关心古典学、政治哲学和历史学的读者必能从中得到丰富的思想刺激。尤其是，奥伯是一个非常坦诚的学者。他将自己的论证的框架明明白白地展现开来。在第一章的结尾，清晰地概括提出他的假设，然后具体指出对于这一假设将用怎样的论证来证明，以及在什么情况下它会被证伪。这让我想到波普尔对科学的定义：唯有敢于置身于可能被证伪的地位上的学说，才是科学。

2013 年 3—6 月，有幸受奥伯教授邀请，我到斯坦福大学政治学系做访问学者，度过了一段愉快而难忘的时光。奥伯教授给予了我各方面的照顾，并特意安排了他的博士研究生范德丽卡·克古娣（Federica Carugati）协助我，她对古希腊研究的热爱和专业的熟悉让我钦佩无比。本书翻译的分工如下：林炎平（中文版前言、第五章）、孙箐琰（第六章）、文敏（第七章），其余为许晓光译。我要衷心感谢我的各位合作者的翻译，感谢包利民教授对译文的校勘。

许晓光

于浙江大学西溪校区

2015 年 10 月 22 日